이것이 우크라이나 전쟁이다

(평화를 원한다면 전쟁을 준비하라)

권주혁 지음

이것이
우크라이나 전쟁이다
평화를 원한다면 전쟁을 준비하라

초판 1쇄 인쇄	2022년 6월 10일
초판 1쇄 발행	2022년 6월 20일

지은이　　　권주혁
펴낸이　　　권순도
펴낸곳　　　퓨어웨이 픽쳐스 출판부
　　　　　　출판신고 | 제312-2010-000021호(2010년 4월 28일)
　　　　　　주소 | 서울시 서대문구 서소문로 45 에스케이리챔블 빌딩 1002호
　　　　　　전화 | 070-8880-5167
　　　　　　e-mail | hc07@daum.net | urmovie@naver.com

ⓒ 권주혁, 2022
ISBN　978-89-964457-9-1

*책값은 표지 뒤쪽에 있습니다.

싸울 날을 위하여 마병을 예비하거니와 이김은
여호와께 있느니라
(구약성경 잠언 21장 31절)

머 리 말

　현대 세계사를 경제논리보다 안보논리에 기반한 시각에서 볼 때 제2차 세계대전 이후부터 미국과 소련이 주도한 민주, 공산 진영 사이의 대결의 장(場)인 냉전(冷戰)체제는 냉전의 상징이었던 베를린 장벽이 1989년말에 무너지고 1991년말 소련이 해체되면서 끝나고 세계는 미국 중심의 단축(單軸) 체재로 변모하였다. 그러나 이러한 탈(脫)냉전 시대는 오래 가지 못하고 2014년 3월, 러시아가 우크라이나의 크림(크름)반도를 합병하는 시점을 전후로 신(新)냉전의 씨앗이 뿌려졌다. 그리고 이 씨앗은 8년이 지난 뒤 우크라이나 본토에서 신냉전(New Cold War) 시대의 도래를 전세계에 확인시켜주었다. 다른 말로 표현하자면 우크라이나 전쟁은 평화에 젖어있던 세계(특히 유럽)를 각성시키고 우려스러운 세계의 미래를 보여준 것이다.

　한편, 제2차 세계대전 이후 지구상에는 6·25 한국전쟁, 중국 내전, 베트남 전쟁, 중국·베트남 전쟁, 아프리카 국가들 사이에 일어난 무수한 전쟁, 4차에 걸친 중동전쟁, 이란·이라크 전쟁, 걸프전쟁, 이라크 전쟁, 아프가니스탄 전쟁, 인도·파키스탄 전쟁, 영국·아르헨티나 전쟁, 프랑스의 알제리아 전쟁, 온두라스·엘살바도르 전쟁 등 수많은 전쟁이 일어났다. 석유 산지에서 일어난 중동전쟁은 세계에 유류 공급문제를 야기시킨 적이 있었다. 그러나 그 어느 전쟁도 세계의 에너지(원유, 천연가스 등)와 식량 문제를 글로벌 전체에 영향을 주어 세계 경제를 휘청거리게 만들고, 냉전 종식이후 수많은 국가들을 2개의 진영으로 다시 양분시키고 현대전을 치루는 새로운 방식의 하이브리드 전쟁방식을 만들어낸 전쟁은 우크라이나 전쟁밖에 없다. 이것이 우크라이나 전쟁이다.

우크라이나 전쟁은 표면상 러시아와 우크라이나 두 국가가 싸우는 것이나 한 장의 꺼풀을 벗겨보면 폭력과 선동에 능한 사회주의·전체주의와 자유민주주의의 싸움이다. 그러므로 두 나라 사이의 전통적인 군사충돌을 직시하는 한편, 인간 생명과 인류보편적 가치를 중시하는 시각에서 우크라이나 전쟁을 볼 필요가 있다. 본서는 이러한 시각에서 우크라이나 전쟁을 평이하고 간명하게 쓰려고 하였으나 전쟁을 다루다 보니 본의 아니게 문체가 딱딱한 분위기를 주는 것같다.

2022년 2월 24일 새벽에 10만병이 넘는 러시아군이 유엔헌장을 무시하고 불법으로 우크라이나의 북·동·남부에서 전격적으로 우크라이나를 침공하였다. 침공이전에 많은 군사전문가들과 러시아 전문가들은 두 나라 사이의 전쟁이 일어 날 가능성을 높게 보지 않았다. 그리고 대부분 전문가들의 예상을 깨고 전쟁이 일어나자 막강한 전력을 가진 러시아가 수일 안에 우크라이나의 수도 키이우를 점령하고 항복을 받을 것으로 관련 전문가들을 포함한 많은 사람들이 예상하였다. 그러나 이 예상도 빗나갔다. 하루가 멀다하고 눈부시게 발전하는 현대과학의 최첨단 첩보위성과 각종 빅데이타를 포함하여 첨단 통신이 만들어준 온갖 정보를 분석하였지만 전문가라는 말이 무색할 정도로 우크라이나 전쟁은 예상밖에 일어나고 예상밖의 방향으로 진행되고 있으며 그 후폭풍은 지구촌 전체의 글로벌 정치지형과 경제지형이 지각(地殼)변동을 일으키도록 강타하고 있다.

2022년의 이 전쟁은 2014년에 일어난 러시아의 크림반도 강제합병과 우크라이나 동부 지역인 돈바스 내전의 연장이라고 할 수 있다. 상대적으로 전력이 약한 우크라이나군이 러시아군에 대해 예상과 달리 선방을 하고 있다고 하더라도 참혹한 전쟁이 일어나고 있는 장소는 러시아가 아니고 우크라이나이므로 전쟁으로 인해 민간인이 생명과 재산을 잃는 쪽은 우크라이나이다.

  안전사고가 일어나기 전에 이미 그 사고가 일어날 가능성이 보인다고 하는 하인리히의 법칙이 있다. 미국 보험회사의 직원이었던 하인리히(Herbert Heinrich)는 7만5천 건의 산업재해를 분석한 결과 '1:29:300 법칙'이라고 부르는 법칙을 만들었다. 이 법칙은 어떤 상황에서도 문제가 될 수 있는 현상이나 오류를 초기에 미리 발견하여 대처 할 수 있다는 사실과 초기에 신속하게 대처하지 못하면 나중에 큰 재난이 될 수 있다는 것을 보여주고 있다. 그리고 이 법칙은 비단 산업 분야에만 적용되는 것이 아니라 국가사이의 문제에도 동일하게 적용될 수 있다는 것이 필자의 생각이다.

  하인리히의 법칙을 우크라이나 사태에 대입해보면 2022년 2월, 러시아군의 침공이 일어나기 이전에 이미 그 침공은 예견된 것이었다. 즉, 2014년 3월에 일어난 러시아의 크림반도 합병사건, 2014년 7월에 돈바스 지역 상공의 말레이시아 항공기 추락사건, 2018년에 크림반도에서 일어난 우크라이나 군함의 피납 사건 등은 2014년부터 돈바스 지역의 내전 그리고 우크라이나 전쟁과 유기적으로 연결된 것이다. 그리고 그 이전인 2008년에 러시아가 조지아의 일부지역을 합병하기 위해 일어난 러시아·조지아 전쟁이 이미 크림반도의 암울한 합병을 사전에 암시하였다.

그러므로 우크라이나 전쟁은 관련국들과 유엔이 사전에 충분히 막을 수 있는 전쟁이었지만 결국 일어나고 말았다.

러시아의 푸틴 대통령은 크림반도와 그 후 여러 사건에서 우크라이나와 미국·서방국가들이 보여준 미지근한 항의와 제재 조치에 자신의 계획이 성공한 것을 보고 자신감을 얻어 우크라이나에 대한 전면적 침공 계획을 실행으로 옮기는데 주저하지 않은 것 같다. 그러나 침공초기 며칠이면 막강한 러시아군 앞에서 우크라이나가 무기를 내려놓고 항복할 줄 예상하였으나 우크라이나군과 국민은 결사항전으로 러시아군의 공세를 곤경에 처하게 만들었다. 러시아가 자랑하는 전차부대는 미국이 우크라이나에 공급한 대전차 미사일에 의해 전차고유의 기동돌파 임무를 할 수 없었다. 동시에 국제사회가(중국, 인도, 북한, 이란 등 서너 국가만 제외하고) 러시아의 침략을 규탄하며 우크라이나를 돕는데 나서고 러시아 국내에서 조차 반전 시위가 일어나자 푸틴은 핵무기, 생화학무기 사용을 언급하면서 세계를 위협하고 있다.

본서는 우크라이나 전쟁을 배경부터 이해하기 위해 우크라이나의 역사, 지정학적 관계, 러시아 정교회와 우크라이나 정교회의 대립, 그리고 우크라이나가 소련에서 독립한 이후 겪은 사회 불안과 정책 실패가 우크라이나 전쟁과 어떠한 인과관계를 만들었는가에 대한 일반적인 사항을 앞부분에 우선 기술하였다. 이어서 크림반도 합병, 돈바스 내전을 포함한 우크라이나 전쟁 진행상황과 현대전의 특성 그리고 우크라이나 전쟁을 통하여 우리가 받아야 할 교훈에 대해 기술하였다. 그리고 냉전이 끝나고 이어진 탈냉전 시대가 저물고 신냉전 시대가 확실하게 도래하고 있음을 설명하였다.

우크라이나 전쟁은 인터넷 등 최신 통신기술로 전세계에 전쟁의 참혹성을 실시간으로 중계해 주었다. 이렇게 실시간으로 전세계인 전쟁 상황을 자세하게 알게 된 경우는 유례가 없다. 특히 냉전이 끝났다고 평화에 젖어 있던 미국과 유럽국가들에게는 국제질서의 냉혹한 현실을 다시 인식시켜 자유진영 국가들이 단결하는 계기가 되었고 러시아와 중국도 서로의 필요에 의해 새롭게 동맹국이 되어 세계는 미국·서방국가 vs 러시아·중국 이라는 두 진영이 대치하는 상황이 만들어져 신냉전의 시대가 확실하게 전개되고 있는 것이다.

지리적으로 러시아와 서방국가들 중간에 자리 잡은 우크라이나는 지정학적으로 전형적인 '피봇(Pivot) 국가'이다. 미국과 EU(유럽연합)는 유럽에서 러시아 다음으로 큰 영토를 갖고 풍부한 자원을 가진 우크라이나를 자기들 영향 안에 편입시키려고 하고 러시아도 유라시아 지역의 패권을 잡기 위해 우크라이나를 놓칠 수 없다. 우크라이나 전쟁은 평화분위기에 빠진 유럽과 세계에 전쟁이 무엇인지를 현대의 첨단 통신기술을 통해 실시간으로 실감나게 알려주고 교훈을 주었는바 무엇보다도 한국이야 말로 우크라이나 전쟁에서 가장 큰 교훈을 받아야 할 나라이다. 우크라이나와 마찬가지로 지정학적으로 피봇 지역인 한반도에 있는 우리나라 국민은 한반도에서 전쟁의 위협을 막기 위해 우크라이나에서 전쟁이 일어난 원인을 제대로 연구하고 인식하여 장차 한반도에서 일어날 수 있는 전쟁을 막고 한반도의 자유민주 통일을 이루어야 한다.

서기 4세기 로마의 군사전략가 베게티우스(Vegetius)는 그의 논문에서 "평화를 원한다면 전쟁을 준비하라"는 명언을 남겼다. 중국에도 거안사위(居安思危:평안할 때 위기를 생각하라)라는 경구(警句)가 있다. 핵무기로 우리를 위협하는 북한과 북한을 지원하는 중국, 러시아에 인접해서 현대를 살아가는 우리나라 국민처럼 이 명언들을 깊이 마음속에 새겨야 할 국민은 없는 것 같다. 이러한 냉혹한 현실이지만 듣기에 달콤하고 말하기 쉬운 '평화'와 '종전선언'을 이야기하며 표를 얻기 위해 국민의 눈을 가리는 수많은 정치지도자들이 활개를 치고 있는 곳이 오늘날의 한국이다. 평화는 저절로 얻는 것이 아니고 평화를 지킬 힘이 있을 때 얻을 수 있는 것이다. 우리가 배워야 할 우크라이나 전쟁의 교훈에 대해서도 책 곳곳에 기술하였다. 사실 이것이 이 책을 저술한 가장 큰 목적이라고 말할 수 있다.

필자도 우크라이나를 방문하여 관련 자료를 조사하였으나, 우크라이나를 방문하여 다른 방향에서 조사한 자료(사진 포함)와 조언을 필자에게 아끼지 않은 조선대학교 군사학과의 신종태 교수, 청주대학교 정치학과의 양병기 교수 그리고 단국대학교 송운수 초빙교수(예, 육군 소장) 세분에게 감사한 마음을 표한다. 우크라이나 자료 번역을 노와준 우크라이나인 볼로디미르 카딜리예예프(Volodymyr Kadyrlyeyev)씨에게도 감사한다.

평화는 피와 땀과 눈물로 만들어지는 힘으로 얻는 것이지 듣기 편하고 그럴듯한 말로 얻어지는 것이 아니다. 이는 인류 역사가 증명하고 있다. 다시 언급하지만 이 책이 아무쪼록 '평화', '종전선언' 등 듣기에 그럴듯한 말에 현혹되지 않고 우크라이나 전쟁을 타산지석(他山之石)으로 삼아 역사와 현실을 제대로 직시하고 위기에 대비하는 지혜를 우리 국민 독자들에게 조금이라도 줄 수 있다면 이는 필자의 기쁨이다.

2022년 6월 1일
인왕산 기슭에서 권주혁

목 차

머리말 ··· 04

제1장 우크라이나 일반

1. 역사 • 19
   - (1) 고대 ··· 19
     - 1) 스키타이족의 정착 2) 키이우 공국 슬라브 국가들의 뿌리 3) 블라디미르 대공
   - (2) 중세 ··· 22
   - (3) 근·현대 ··· 24
     - 1) 소비에트 연방편입 2) 기아 3) 우크라이나인 집단매장 사건 4) 제2차 세계대전
   - (4) 독립과 러시아 관계 ·· 28

2. 인구·언어·종교 • 31
   - (1) 인구 ··· 31
   - (2) 언어 ··· 31
   - (3) 종교 ··· 32

3. 지리 • 34
   - (1) 주요 도시 ·· 35
     - 1) 키이우 십일조 교회 | 독립광장 | 전승기념탑 | 페체레스크 라브라 | 군사박물관 | 대통령관저
     - 2) 하르키우 3) 오데사 4) 마리우폴
   - (2) 지형 ··· 51

4. 주요산업 • 53
   - (1) 농업 ··· 53
   - (2) 항공·우주, IT 산업 ··· 54
   - (3) 지하자원 ··· 57

5. 문학·예술 • 58
   - (1) 문학 ··· 58

(2) 음악 ··· 59
　　(3) 미술 ··· 60

　6. 한국과의 관계 • 63
　　(1) 고려인 ·· 63
　　(2) 한국정원과 식물원 ··· 63
　　(3) 무역 ··· 66
　　(4) 한국기업의 투자 ·· 67

제2장 러시아의 크림반도 합병

　1. 우크라이나의 지정학적 중요성 • 70

　2. 민주주의로의 험난한 여정 • 72

　3. 푸틴주의 • 73
　　(1) 푸틴의 출생과 러시아 정교회 ··· 73
　　　1) 푸틴의 유아세례　2) 푸틴과 러시아 정교회
　　(2) 푸티니즘 ··· 75
　　　1) 푸틴의 대통령 임기　2) 푸티니즘의 요소
　　　3) 푸틴의 논리 러시아인의 DNA | 푸틴의 불만 | 뮌헨 연설 | 러시아의 신무기 개발 | 푸틴의 결의 | 푸틴의 소명감
　　(3) 러시아 국내의 인기 ·· 84

　4. 크림반도 합병 • 86
　　(1) 군사대국, 우크라이나의 몰락 ·· 86
　　　1) 독립시 군사대국　2) 무기감축
　　(2) 오렌지 혁명 ·· 88
　　(3) 우크라이나의 내부 분열 ··· 90
　　　1) 동서지역 갈등　2) 유로마이단 혁명 반정부 시위 | 친러 독재자 축출
　　(4) 미국의 나약한 외교 ··· 95
　　(5) 러시아의 무혈 점령 ··· 97
　　　1) 크림반도의 역사 강대국들의 각축장 | 얄타 회담과 한반도 분단 | 우크라이나에 편입된 크림 반도
　　　2) 세바스토폴 항구와 흑해함대　3) 세바스토폴 군항의 소유권 분쟁 군항의 공동 운용 | 친러시아 주민 시위와 공격
　　　4) 사기가 떨어진 우크라이나군　5) 러시아군에 포위된 우크라이나군　6) 주민투표
　　　7) 우크라이나군 철수　8) 미국의 뒷북 조치
　　(6) 푸틴의 압승 ·· 111
　　　1) 크림반도 합병관련 연표　2) 이웃 나라의 우려　3) 러시아 경제의 타격　4) 합병후 크림반도 경제와해
　　(7) 동서대결 악화 ··· 116

제3장 우크라이나 전쟁

1. 전쟁발발전 주요 사건 • 120

(1) 말레이시아 여객기 추락 ·· 120
　1) 돈바스 상공에서 민항기 추락 2) 러시아제 지대공 미사일 3) 미해결된 추락사건

(2) 나포된 우크라이나 군함 ·· 125
　1) 공해상 나포 2) 러시아의 묵살

2. 서방과 러시아의 대리전쟁 • 128

(1) 양측의 두려움 ·· 128
　1) 러시아 2) 서방국가

(2) 돈바스 지역 내전 ·· 132
　1) 위치와 역사 2) 내전의 진행 러시아의 반군지원 | 휴전협정 | 민스크 평화협정
　3) 러시아군, 돈바스 진입 가짜 깃발작전 | 기습침공 4) 부다페스트 안전보장각서 5) 돈바스 내전 연표

(3) 우크라이나의 악화된 상황 ··· 143

(4) 새로운 지도자의 등장 ·· 144
　1) 대통령 선거 2) 코미디언 출신 대통령 3) 우크라이나의 처칠 4) 크름 플랫폼

3. 러시아군 침공 실행 • 150

(1) 바이든의 유화정책 ··· 150
(2) 러시아의 상황판단 ··· 152
　1) 허약한 우크라이나 2) 국제사회의 오판과 결집력 국제사회의 오판 | 국제사회의 러시아 규탄
(3) 유엔의 결의와 한계 ·· 156
　1) 유엔의 결의 2) 인권이사회 퇴출 3) 유엔의 무력함과 한계
(4) 푸틴의 선전, 선동 ··· 160
(5) 러시아의 전쟁 목적 ·· 160
(6) 서방의 전쟁저지 시도 ·· 163
(7) 러시아의 기만전술 ··· 165
　1) 2021년 러시아군 철수 2) 러시아군 철수발표 가스관 사업 | 우크라이나의 중립화 | 순진한 서방언론
　3) 러시아의 기만책 4) 미국의 정확한 판단

4. 전면전쟁 • 172

(1) 침공군 규모 ·· 172
　1) 침공준비 2) 대대전술단
(2) 침공개시 ·· 177
(3) 우크라이나군 전력 ··· 180
　1) 우크라이나 국군의 구성 2) 육군: 무장과 조직 | 보유 전차 | 장갑차·보병전투차 | 포병전력 | 대전차 화력 |
　교육(육군사관학교) 3) 공군 항공전력 | 방공전력 4) 해군 빈약한 함대 | 연안포병
(4) 라스푸티차 ··· 194
(5) 제공권 ·· 195

(6) 북부전선 …………………………………………… 196
　1) 키이우 2) 원거리 미사일 공격
(7) 동부전선 …………………………………………… 199
(8) 남부전선 …………………………………………… 200
　1) 지미니섬 방어 2) 마리우폴 3) 헤르손 4) 오데사
(9) 서부전선 …………………………………………… 206
(10) 우크라이나군의 반격 ………………………………… 206
　1) 키이우 인근 탈환 2) 러시아 본토 공격

5. 우크라이나의 항전 • 209
(1) 대전차 미사일의 효능 ………………………………… 209
　1) 제4차 중동전에서 등장한 대전차 미사일 2) 우크라이나군의 대전차 미사일
(2) 드론의 활약 ………………………………………… 213
(3) 러시아 공군력에 대항 ………………………………… 214
(4) 전국민의 총력항전 …………………………………… 214
　1) 국민 동원령 2) 인간 띠 3) 일반 시민의 애국심 4) 국가위기 앞에 뭉친 여·야

6. 러시아군의 고전 • 219
(1) 공격의 둔화 ………………………………………… 219
(2) 핵무기 사용 위협 …………………………………… 221
(3) 진공 폭탄사용 ……………………………………… 223
(4) 극초음속 미사일 …………………………………… 224
(5) 원자력 발전소 공격 ………………………………… 225
(6) 러시아 장군, 피격 사망 ……………………………… 226
(7) 평화회담과 암살단 ………………………………… 227
(8) 전쟁범죄 행위 ……………………………………… 228
　1) 마리우폴 극장 2) 반인륜적 폭탄사용 3) 어린이 납치 4) 민간인 학살 5) 성폭행
　6) 여군포로 학대 7) 유적지 파괴 8) 약탈
(9) 러시아인의 엑소더스 ………………………………… 232

7. 국제사회의 지원 • 234
(1) 국가별 ……………………………………………… 234
　1) 미국 동맹국 결속 | 군사정보 제공 | 미국국민의 기부 2) 캐나다 3) 독일 4) 일본 5) 스웨덴 6) 아일랜드
　7) 스위스 8) 폴란드 9) 체코 10) 슬로바키아 11) 프랑스 12) 발트 3국 13) 영국 14) 호주
　15) 헝가리 16) 터키 17) 몰도바 18) 루마니아
(2) 기부 ………………………………………………… 250
　1) 개인 2) 단체, 기구
(3) 정신적 지원 ………………………………………… 251
(4) 난민지원 …………………………………………… 252
　1) 택시운전기사들의 봉사 2) 이웃국가들의 도움

8. 국제사회의 제재 • 255
　(1) 대러시아 ··· 254
　　1) 금융제재　2) 경제제재　3) 경제제재 조치의 미약한 효과
　(2) 대벨라루스 ·· 257
　(3) 친러 중앙아시아 국가 ·· 257
　(4) 영공통과 금지 ··· 258
　(5) 선박 압류·나포 ··· 259
　　1) 선박 압류　2) 선박 나포
　(6) 반전시위 ··· 259
　(7) 민간 기업의 참여 ·· 260
　(8) 연예·문화·예술·스포츠계의 참여 ····························· 261

9. 전쟁의 향방 • 264
　(1) 평화회담 ··· 264
　(2) 러시아의 계획 ··· 265
　　1) 초기방침 변경　2) 돈바스 결전
　(3) 전쟁의 전망 ·· 268

제4장 급변하는 세계질서와 신냉전

1. 하이브리드 전쟁 • 272
　(1) 국적없는 군인 ··· 274
　(2) 소셜 미디어를 통한 실시간 전쟁중계 ······················ 275
　(3) 사이버 전자전 ··· 275
　(4) 사이버 외교전 ··· 278
　(5) 안면 인식기술 ··· 278
　(6) 민간 위성과 투명한 전쟁 ·· 279
　(7) 해커의 사이버전 ·· 281
　　1) 러시아의 사이버 공격　2) 해커들의 우크라이나 지원
　(8) 가상화폐 기부 ··· 283
　(9) 종교를 통한 선동 ·· 283

2. EU의 우크라이나 지원 • 285

3. 서유럽의 국방 강화 • 287

4. 고립되는 러시아 • 288
(1) 푸틴의 판단 착오 ································· 288
   1) 크림 반도와 동일 상황 2) 우크라이나군 전력 저평가 3) 우크라이나 국민정신 저평가
   4) 미국의 제재경고 무시 5) 측근의 보고 맹신 6) 단결된 국제공조
(2) 제재 대비 정책실패 ····························· 294
(3) 살인적 인플레 ·································· 295
   1) 인플레 2) 디폴트 위기
(4) 국내 반전시위 ·································· 297
   1) 시위자 체포 2) 노벨 평화상 메달 경매 3) 음악가 사임 4) 방송사 편집자의 전쟁 반대 5) 외교관 사임
(5) 러시아 경제몰락 ································ 300
(6) 국제외교 고립 ·································· 303

5. 반미 국가들 • 305
(1) 이란 ··· 305
(2) 베네수엘라 ····································· 305
(3) 북한 ··· 306

6. 중립국가 • 308
(1) 중립입장에 선 국가들 ························· 308
(2) 중국이 보는 우크라이나 ······················ 308
(3) 중동국가들의 모호한 태도 ··················· 309
   1) 아랍에미리트 2) 사우디아라비아 3) 이스라엘
(4) 인도의 이권 ···································· 312

7. 중국·대만 양안 관계 • 314
(1) 양안 상황 ······································· 314
(2) 우크라이나 상황과 대만의 안보태세 ········ 315

8. 우크라이나 전쟁과 세계경제 • 317
(1) 에너지 ··· 318
(2) 식량 ··· 322
(3) 광물 ··· 324
(4) 인플레 ··· 325
(5) 방위산업 ·· 325
(6) 일반산업 ·· 326
   1) 제조업 2) 경제 블록화
(7) 우리나라 산업이 받는 영향 ··················· 327
   1) 에너지 가격 급등 2) 제조업 타격

9. 재편되는 세계질서 • 330

(1) 국제전쟁으로 비화 ·· 330
  1) 국제의용군 2) 우크라이나 전쟁의 제2회전
(2) 재정립되는 미국의 주적 ·· 334
  1) 러시아 2) 중국
(3) 유럽국가들의 친서방 노선 ·· 336
(4) 유럽국가들의 EU 가입러시 ·· 337
  1) 우크라이나의 가입 신청 2) 가입 신청국
(5) 서방세계의 단결 ·· 339
(6) 아시아 제국 ·· 342
  1) 호주 2) 일본 3) 대만 4) 한국
(7) 핵전쟁 가능성 ··· 345
(8) 성전 ··· 347
  1) 종교 이용 2) 두 나라 정교회의 분리 동방정교회 | 우크라이나의 분노 | 러시아 정교회에서 분리
  3) 주변국에 영향

10. 신냉전 • 353

(1) 신냉전의 씨앗 ·· 353
  1) 고르바초프와 신냉전 2) 중거리 핵전력 조약파기
(2) 러시아·중국의 신동맹 ·· 355
  1) 6·25 전쟁의 전우 2) 양국 공동성명 3) 우크라이나 침공지지 4) 중앙아시아에서 협력 5) 두명의 독재자
(3) 새로운 2개의 진영대립 ·· 362
(4) 탈세계화 ··· 363

11. 우크라이나 전쟁과 한국 • 365

(1) 우크라이나 전쟁과 한국경제 ··· 365
  1) 러시아와의 무역 2) 산업 대러시아 제재영향 | 원자재 문제 | 원유수입 | 폭락한 러시아 증시
(2) 한국정치인과 국민의 역사인식 ·· 368
  1) 듣기 좋은 평화에 열광하는 국민 러시아와 조지아 전쟁 | 휴지가 된 평화조약
  2) 한국인의 국방의식 정치인의 국방의식 | 한국 국방의 롤 모델 | 이스라엘
(3) 순양함 모스크바와 한국 경항모 ······································ 371
(4) 한국정부의 비굴한 자세 ··· 372
  1) 명분과 실리를 잃은 동참 2) 젤렌스키 연설에 반응
(5) 동맹의 중요성 ··· 376
  1) 동맹의 없는 우크라이나 2) 껍데기만 남은 한미동맹 3) 동맹을 잘못 맺어 망한 국가들 4) 자주 국방

저자 후기 ·· 385
참고 문헌 ·· 389
찾아 보기 ·· 392

제1장

우크라이나 일반

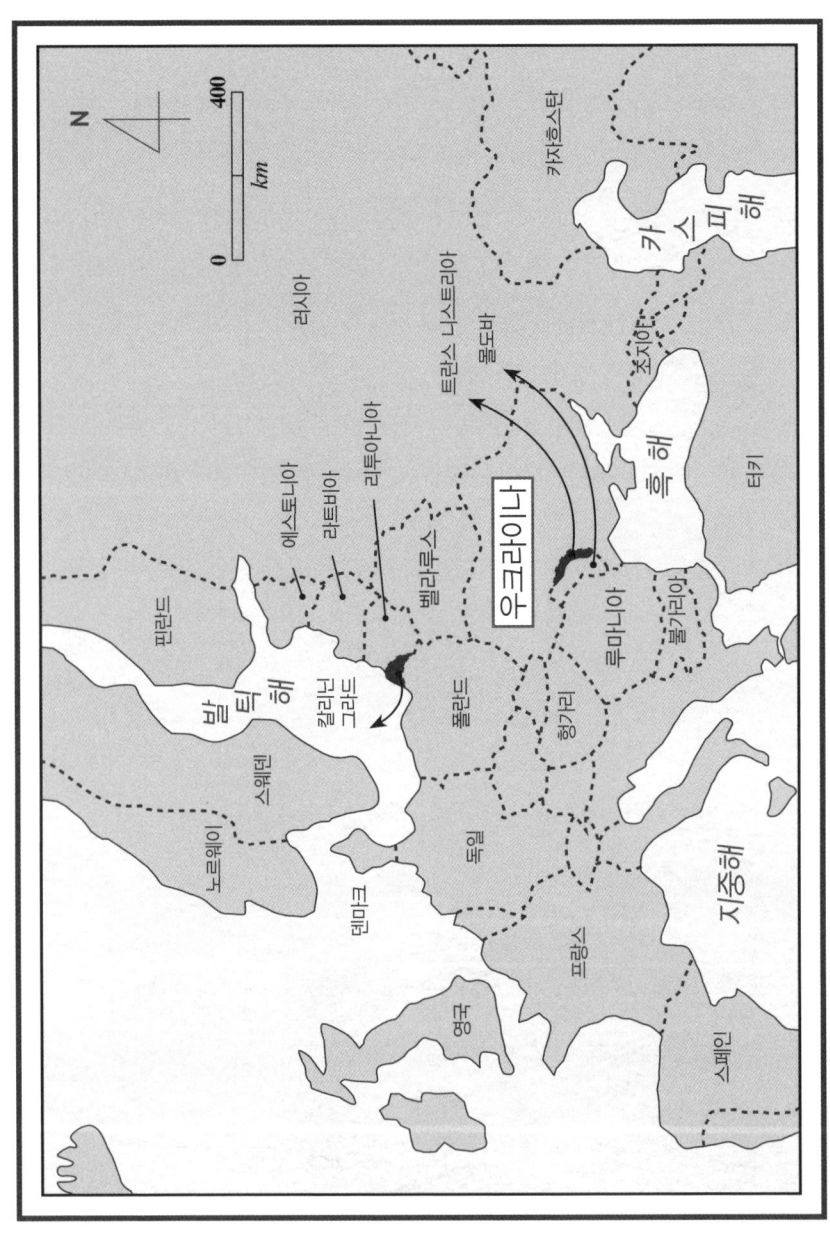

우크라이나의 위치

1. 역사

(1) 고대
1) 스키타이족의 정착

 오늘날 우크라이나와 러시아의 조상은 3천여년 전에 시베리아의 한 가운데인 알타이 산맥 인근에서 나타난 스키타이인(Scythian)이라고 알려져 있다. 이들은 유목을 하는 한편 날렵하게 말을 타며 활을 쏘는 기마 민족으로서 동쪽으로는 중국의 중부와 서쪽으로는 오늘날의 우크라이나까지 진출하였다. 유라시아를 무대로 활동한 유목, 기마민족임에도 이들은 높은 수준의 예술 문화를 갖고 있었고 특히 이들이 만든 황금 문화는 항상 움직이는 유목 민족의 것이라고 믿겨지지 않을 만큼 정교하고 뛰어났다. 이들이 만든 황금유물은 스키타이 문화의 상징이라고도 할 수 있다. 스키타이족의 일부는 2,700여년전에 오늘날 우크라이나와 크림반도에 정착하였다. 우크라이나는 농사에 적합한 흑토지대를 가졌으므로 이곳에 정착한 스키타이는 유목생활을 하는 전통적인 스키타이와 달리 유목생활에서 농경생활로 변신을 하고 정착한 것이다. 스키타이족은 흑해 연안에 만들어진 그리스 식민지와 우랄 산맥을 넘어 동족으로 진출하면서 교역을 통해서도 부(富)를 쌓았다. 그러므로 슬라브족인 러시아와 우크라이나는 같은 스키타이 조상을 공동의 뿌리로 갖고 있으며 양국의 문화와 언어도 비슷하다.

2) 키이우 공국
🚂 슬라브 국가들의 뿌리

슬라브 민족인 러시아, 우크라이나, 벨라루스는 9세기말(879년)에 오늘날 우크라이나 지역에서 루스인들이 처음 세운 나라인 '키이우 루스(Kyiv Rus, Kievan Rus)'를 같은 뿌리로 하고 있다. 키이우 루스 공국(公國)은 몽골이 침공한 13세기 중반(1240년)까지 계속되었으며 오늘날 러시아와 벨라루스의 이름은 키이우 루스에서 나왔다. 키이우 루스의 수도는 879년부터 882년까지 노브고로드(Novgorod)였고 그후 키이우로 옮겼다. 첫 통치자인 북유럽 노르만족의 올레그(Oleg)는 동쪽의 하자르(Khazar)[01]족의 침략으로부터 교역을 보호하기위해 전략적으로 유리한 키이우로 수도를 옮겼다. 11세기 중반에 그 영토는 북쪽의 백해에서 남쪽으로는 흑해까지, 서쪽으로는 폴란드의 비스와(Vistula)강에서 동쪽으로는 흑해의 타만(Taman) 반도까지 130만㎢에 이를 정도로 광대하였다. 그러나 11세기부터 비잔티움 제국의 콘스탄티노플이 쇠퇴하면서 이와 교역하였던 키이우도 동반하여 쇠락하기 시작하다가 1240년대 몽골군이 침입하자 몽골 수중에 함락되었다. 당시 키이우의 인구는 약4~5만 명이었다고 추정된다.

우크라이나의 국장(國章)에는 삼지창(三枝槍; Trident)이 그려져 있는 바 이것은 키이우 공국의 국장을 유산으로 받은 것으로서 러시아가 2022년에 침공해 왔을 때 우크라이나 국민은 러시아에 결사항전하는 국민의 상징으로 여겼다. '삼지창'이라는 이름을 가진 우크라이나 민족주의 단체도 있을 정도이다.

---

[01] 터키계의 유목민족으로서 6세기 중반에 동부유럽에 등장하여 7세기에 하자르 칸국을 세웠다. 유대교를 국교로 채택하였다.

🛡 블라디미르 대공

앞서 언급한대로, 키이우 공국은 9세기에 북유럽에 살던 노르만족의 지도자 올레그가 드니프로 강변에 세운 나라이다. 그 후 공국의 통치자 올가(Olga) 공주는 기독교인이 되고 세례를 받아(955 또는 957년) 헬렌(Helen)이라는 세례명을 받았다. 그녀의 손자 블라디미르 스비아토슬라보비치(Vladimyr Svyatoslavovich) 또는 블라디미르 대공[02]은 '노브고로드의 왕자', '키이우의 대공(Grand Prince of Kyiv)'이라는 별명을 갖고 '키이우 루스 공국(Kyiv Rus State)'의 대공(大公)으로서 980년에 통치자가 되었다. 그는 키이우 루스 공국의 러시아인들을 기독교도로 만든 인물이다. 전설에 의하면 그는 28세가 될 때까지 난봉꾼이고 비(非)기독교인으로서 기독교를 박해하고 그의 형 야로폴크(Yaropolk)를 죽이고 그의 아내를 유혹하였다. 그러나 그 후 988년에 비잔티움 교회교인(기독교인)이 되어 키이우 공국 안에 러시아 정교회를 세우고 13명의 자녀를 두었다.

드니프로강을 내려 보는 블라디미르 대공의 동상
(키이우 시내의 마리인스키 공원)

---

02) 956년 또는 958년 출생. 1015년 사망

그가 집권하였을 때 비잔티움 제국에서는 반란이 일어나 비잔티움의 바실리우스 2세[03]는 블라디미르에게 구원병을 요청하면서 대신 여동생 안나(Anna)를 키이우 공국에 시집보내겠다고 약속하였다. 이에 블라디미르는 군대를 보내 바실리우스 2세가 반란을 진압하는 것을 도와주었으나 바실리우스는 블라디미르가 동방정교회 신자가 아니므로 여동생을 보낼 수 없다며 약속을 지키지 않았다. 그러므로 블라디미르는 988년에 동방정교회에서 세례를 받아 바실(Basil)이라는 세례명을 받고 비잔티움 제국 황제의 여동생과 결혼을 하고 동방정교회를 키이우 공국의 국교로 정하였다. 그리고 시민들을 드니프로강에서 세례를 받게하여 기독교인으로 만들었다.

(2) 중세

몽골이 키이우 루스 공국을 멸망시킨 후, 16세기에 폴란드가 리투아니아와 함께 우크라이나 지역을 지배하였다. 그러자 15세기에 이 지역에 주요 세력으로 등장한 우크라이나의 군사집단인 자포로자 코사크(Zaporozhian Cossacks)[04]는 16세기에 드니프로강 유역을 장악하고 명목상으로는 폴란드 왕국에 속하였으나 실제는 독자적인 사회조직을 갖고 있었다. 이들은 17세기 중반에 폴란드에 대항하여 무장봉기를 하였다. 이야기가 잠시 옆으로 나가지만, 19세기 우크라이나 태생의 작가 니콜라이 고골(Nikolay Gogol)의 소설 '타라스 불바(Taras Bulba)'는 폴란드에 대항하는 코사크족의 대장(隊長)에 관한 내용이다. 우리나라에는 '대장 부리바'라는 제목으로 번역되었고 1960대초에 할리우드에서는 영화로 제작하였다.

---

03) 출생 958년, 사망 1025년
04) 영어의 코사크를 러시아에서는 카자키, 우크라이나에서는 코자키, 폴란드에서는 코자치라고 부른다.

당시 기병대로 용맹을 떨친 코사크 부대의 지도자였던 흐멜니츠키(Bohdan Khmelnytsky)는 1648년부터 폴란드군을 격파하며 바르샤바 인근까지 진격함으로써 폴란드로부터 자치권을 보장받고서 1649년에 키이우에 귀환하였다. 그러나 1651년에 폴란드가 약속을 어기고 우크라이나를 위협하자 흐멜니츠키는 모스크바 대공국(大公國: 러시아) 황제에게 코사크를 러시아의 보호를 받는 자치국으로 받아달라고 요청하였다. 결국 러시아의 토지협의회(Zemsky Sobor)는 1653년 10월에 이를 받아들였고 알렉시스(Alexis) 차르(황제)는 코사크에 대표단을 파견하였다. 그해 12월에 코사크는 폴란드와의 전투에서 크게 패하였다. 코사크는 키이우 동남쪽 60km에 위치한 페레아슬라프(Pereyaslav)에서 러시아 대표단을 맞이하고 조약의 뼈대를 협의하였고 구체적인 합의는 1654년 3월에 모스크바에서 합의되었다. 이 페레아슬라프 협정에 의해 코사크가 러시아의 보호령이 되어 얻은 토지는 오늘날 우크라이나 면적의 절반정도 크기였고 위치는 현재 우크라이나의 중부지역이었다. 폴란드는 러시아와 13년간 전쟁을 하여 1667년에 러시아와 함께 우크라이나를 양분하였다. 키이우 시내를 흐르는 드니프로강을 중심으로 서쪽은 폴란드, 동쪽은 러시아가 지배한 것이다. 18세기에 러시아, 독일, 오스트리아가 폴란드를 분할한 이후에는 당시 강대국이었던 오스트리아·헝가리 제국이 우크라이나 서부지역을 점령한 적도 있다.

한편, 페레아슬라프 협정은 300년 이상이 지난 후에도 우크라이나와 러시아 사이에 불씨를 만들었다. 이 협정문의 원본이 사라진 상태에서 러시아는 러시아가 우크라이나를 도와주는 조건으로 우크라이나인은 러시아 황제에게 충성을 맹세하였으므로 우크라이나는 러시아에 복속한 땅이라는 것이다. 반면 우크라이나는 그 협정은 단기적 군사동맹에 관한 것이라며 러시아측의 주장을 인정하지 않고 있으며 협정의 원본이 없는 상태에서 러시아가 역사를 날조하고 있다고 주장한다.

(3) 근·현대

1) 소비에트 연방편입

우크라이나는 제1차 세계대전중인 1917년에 독립을 시도하였으나, 그 해에 러시아에서 볼셰비키 공산주의 혁명이 일어나고 혁명에 성공한 적군(赤軍: 공산군)은 1922년말까지 러시아 전역을 장악하였으므로 우크라이나는 러시아의 적군(赤軍)에 진압되어 뜻을 이룰 수 없었다. 우크라이나는 제1차 세계대전이 끝나고 잠시 소련, 폴란드, 루마니아, 체코슬로바키아에 분할점령된 적도 있었으나 1922년에 공산국가인 '소비에트 연방(소련)'에 편입되었다. 소련 연방에 편입될 당시 우크라이나의 크기는 1654년 페레야슬라프 협정에 의해 러시아로부터 할당받은 지역(현재 우크라이나의 중부지역으로서 크기는 현재 우크라이나 국토면적의 절반 정도였음)이었으나 볼셰비키 혁명을 이끌고 소련의 지도자가 된 블라디미르 레닌(Vladimir Lenin)은 당시 우크라이나 동부에 면한 지역을 우크라이나에 할당하였다. 레닌에 이어 권력을 잡은 절대 권력자 이오시프 스탈린(Iosif Stalin)은 당시 우크라이나의 서쪽에 면한 지역을 우크라이나에 추가로 할당하여 오늘날 우크라이나 서부 지역(르비우 등)은 그 때 우크라이나에 통합되었다. 그 후 1954년에 니키타 흐루쇼프(Nikita Khrushchev) 서기장이 크림반도를 우크라이나에 할당함으로써 우크라이나는 2014년 러시아가 크림반도를 합병하기전의 영토 모습을 갖출 수 있었다.

2) 기아

　1921년부터 1922년까지 우크라이나에는 가뭄이 심하여 작물 생산이 크게 감소하였다. 특히 이 기간 동안에는 1917년에 공산혁명에 성공한 공산당이 세력을 확장하는 시기였으므로 공산당은 우크라이나에서 생산된 농작물을 강제로 수탈하여 러시아의 다른 지역으로 보냄으로써 우크라이나에서는 식량부족으로 약100만명의 아사자(餓死者)가 발생한 것으로 추산되고 있다. 이어서 스탈린의 통치시대에 소련은 1928년부터 제1차 경제개발 5개년 계획을 시행하면서 그 일환으로 1929년부터 집단농장인 콜호스와 국영농장 솝호스에 우크라이나 대다수의 농민들을 강제로 가입시켰다. 적지 않은 농민들이 이러한 농장에서 강제로 일하는 것을 반대하였으나 스탈린은 이 정책에 반발하는 농민은 엄하게 응징하면서 정책을 밀고나갔다. 봉건적인 농촌을 사회주의 방식으로써 농업생산을 혁명적으로 개선하려고 하였으나 오히려 곡물 생산은 15~20% 감소하였다. 그럼에도 스탈린은 우크라이나에서 수확량의 40% 이상을 강제로 공출하였다. 그러자 먹고사는 것이 힘들어진 농민들이 조직적으로 정부에 반발하자 소련 정부는 1932년에 체포한 농민 가운데 5백명을 처형하는 등 강압조치를 하였다. 이 과정에서 식량이 부족해진 우크라이나 전역에서 아사자가 속출하여 1932~1933년에 약300~350만명이 죽었다고 하나 일부 우

키이우 시내의 역사탑.
우크라이나의 주요역사가 기록되어 있다.

역사탑 옆면에 기아 연도(1921~1922, 1932~1933년)가 표시되어 있다

크라이나인들은 당시 1천만명이 굶어주었다고 주장한다. 기근이 너무 심해 식인(食人)행위도 일어났다. 우크라이나에서 1930년대초에 일어난 이러한 대규모 아사 사태를 우크라이나인은 홀로도모르(Holodomor)라고 부른다. 소련의 수탈정책으로 수많은 우크라이나인들이 죽은 것에 대해 아직도 우크라이나인들은 분노하고 있는바 특히 서부 지역주민들 사이에 반(反)러시아 감정이 심하다. 당시 많은 유대인들(수만명으로 추정)이 우크라이나인들에게 학살당하기도 하였다. 오늘날 키이우 시내에는 1920년대와 1930년대의 대기근을 상기시키는 역사탑이 서있다.

3) 우크라이나인 집단매장 사건

　키이우 동쪽에 있는 비키브니아(Bykivnia)에는 큰 숲이 있다. 이 숲은 850만평(여의도의 약10배)으로서 수종의 90%가 소나무이다. 1920년대부터 1940년대까지 소련비밀경찰인 NKVD가 스탈린 체제에 반대하는 사람들을 국가의 적으로 규정하여 수천명 내지 수만명을 고문하고 학살한 뒤 이곳에 매장하였다. 그리고 소련은 자기들의 만행을 감추기 위해 독일군이 이러한 만행을 저질렀다고 주장하였다. 그리고 이러한 비밀을 영구히 덮으려고 1970년대에는 매장지 위를 콘크리트로 덮어 버스터미널을 건설하려고 하였다. 그러나 1990년대에 우크라이나계 캐나다 여기자 크리스티아 프릴랜드(Chrystia Freeland)가 현지에서 이 사건을 파헤쳐 진실이 백일하에 드러났다. 소련이 붕괴한 뒤에야 이런 사실이 공식으로 인정되어 우크라이나 정부는 1990년대에 우크라이나 전역에서 이러한 매장지 210곳을 발굴함으로써 소련비밀경찰에 의해 희생된 우크라이나인이 수십만명에 달한다는 사실을 밝혀내었다. 이 여기자가 현재 캐나다 부총리겸 재무장관이다. 이러한 불행한 역사적 사건을 인식하고 있는 우크라이나인들은 러시아를 신뢰하지 않고 있다.

우크라이나는 소련연방에 편입된 이후에 1920년대와 1930년대의 대량 아사 사건, 1920년대부터 1940년대까지 걸쳐서 우크라이나 전역에서 비키브니아숲 사건을 포함하여 소련비밀경찰이 행한 학살사건에 더해 2014년에 크림반도를 러시아에 탈취당한 우크라이나인들의 러시아 감정은 골이 깊다. 그러므로 러시아에 대한 신뢰를 잃고 러시아를 거부하는 우크라이나인들은 러시아로부터 자기들을 지켜줄 방편으로 나토(NATO: 북대서양 조약기구)에 가입하려는 것이라고 필자는 생각한다.

4) 제2차 세계대전

제2차 세계대전중 독일군은 1941년 6월 22일, 독·소 불가침 조약을 무시하고 소련을 공격하였다. 바르바로사(Barbarossa) 작전으로 명명된 이 침공작전에 투입된 독일군 162개 사단(3백만명 이상, 전차 3천대 이상)은 4천대가 넘는 항공기의 지원을 받으면서 북부군, 중앙군, 남부군으로 나누어 광대한 러시아 평원으로 기갑부대를 앞세우고 전격전을 실시하여 초기에 소련군을 대파하였다. 중앙군은 민스크를 통해 모스크바로 진격하고 50만명의 남부군은 키이우를 통해 코카서스의 유전지대로 진격하였다. 독일군은 키이우를 9월 20일에 점령하고 1942년 7월 2일에는 크림반도의 세바스토폴 요새를 점령하였다. 그러나 전쟁이 진행되면서 반격에 나선 소련군은 1943년에 우크라이나를 탈환하였다. 한편, 1917년에 독립을 시도하다가 러시아군에 의해 진압된 우크라이나에서는 1929년에 우크라이나 민족주의자단(團)이 결성되어 독립을 추진하였으나 역부족이었다. 마침 1941년에 독일이 침공해 오자 민족주의자단은 나치 독일의 후원을 받아 독립하기 위해 독일군에 협력하였다. 그러나 소련군이 우크라이나를 탈환하고 이어서 제2차 세계대전에서 승리하자 우크라이나인의 독립시도는 다시 실패하였다.

(4) 독립과 러시아 관계

고대 스키타이 유목, 기마 민족을 공동의 조상으로 둔 러시아와 우크라이나는 같은 슬라브 민족으로서 각각 모스크바 공국과 키이우 공국을 뿌리로 하여 발전하였다. 키이우 공국은 1240년에 몽골군에 멸망하였으나 당시 키이우 공국보다 변방에 있었던 모스크바 공국은 몽골에 조공을 바치면서 연명하다가 1480년에 몽골의 지배에서 벗어났다. 그 후 양국은 서로 다른 역사적인 환경에 처하면서 1917년 러시아에서 공산주의 혁명이 성공하여 1922년에 소비에트(소련) 연방이 세워지자 우크라이나도 소련 연방의 일원이 되었다. 그 후 1991년 12월에 소련 연방이 공식적으로 해체되기 바로전인 1991년 8월 24일, 우크라이나는 구(舊)소련에서 독립하였다. 그러나 우크라이나는 소련을 승계한 러시아에 대한 경제의존도가 높았다. 러시아는 우크라이나의 주요 수출 대상국이면서 2014년에 크림반도 합병을 할 시점에 우크라이나 국채 300억 달러를 보유한 최대 채권국이다. 러시아의 국영 은행들이 우크라이나 기업에 자금을 빌려주고 있었던 것이다. 2014년의 경우, 러시아 천연가스 수출물량의 60%가 우크라이나를 통하고 가스 산업의 20%와 철강·통신 분야의 40%에 러시아 자금이 투자되었다.

무엇보다도 우크라이나는 유럽에서 러시아 에너지 의존도가 가장 높은 국가 가운데 하나로서 에너지 소비량의 약60%를 러시아산 원유와 천연가스로 충당한다. 그러므로 두 나라 사이에 마찰이 있을 때마다(2004년, 2006년, 2009년) 푸틴은 가스수송관을 잠궈 우크라이나를 정치적으로 압박하는 데 사용하였다. 즉, 2005년에 빅토르 유셴코(Victor Yushchenko) 대통령의 친서방 정책에 불만을 갖게된 러시아는 우크라이나에 공급하는 가스 가격을 4배나 인상시켰다. 우크라이나측이 이를 거부하자 러시아는 한겨울인 2016년 1월, 영하 20도가 넘는 추위 속에서 우크라이나에 가스공급을 갑자기 중단하여 많은 사람이 동사(凍死)하였다. 2009년 1월에도 푸틴 대통령은 우크라이나에 천연가스 공급을 2주 동안 중단하여 한겨울에 우크라이나 국민을 추위에 떨게 하였다. 이러한 배경에서 보듯이 우크라이나가 구소련에서 독립한 이후에도 러시아는 우크라이나를 줄곧 독립주권 국가로 인정하지 않고 소(小)러시아, 또는 동생 취급을 하였다. 한편, 우크라이나는 진정한 주권 독립국가가 되기 위해서 러시아의 간섭에서 벗어나려는 시도를 하였다.

같은 슬라브 민족인 우크라이나어와 러시아어는 한국어와 일본어 사이보다 더 비슷하므로 대부분의 우크라이나 국민은 러시아어도 이해한다. 그러나 국민의 성향은 다르다. 러시아인은 절대권위적이고 경직한 분위기의 집단주의를 선호하는 데 비해 우크라이나인은 자유스러운 개인주의 성향이 강하다. 이것은 구소련과 러시아에서 정권에 대항하여 시민혁명이 일어난 적이 없는 데 비해 우크라이나에서는 2004년(오렌지 혁명)과 2014년(유로마이단 혁명)에 부패한 정권에 대한 혁명이 일어난 것을 보아도 알 수 있다. 이러한 배경을 바탕으로 러시아계가 거주하는 동남부 지역 주민은 자연히 권위적인 친러 경향이 있고, 러시아보다 자유스러운 폴란드와 오스트리아의 지배를 받았던 서북부 지역 주민은 친서방 성향을 갖고 있는 것이다. 그러나 2022년 2월에 동남부 지역에 침공한 러시아군에 대항하여 동남부 지역주민이 우크라이나군에 협조하여 결사항전을 벌임으로써 푸틴을 비롯한 러시아 전쟁지도자들을 놀라게 하였다.

우크라이나는 독립이후 서방과 가까운 관계를 유지하는 반면, 러시아와의 관계는 러시아가 크림반도를 합병하고 동부의 돈바스 지역의 친러 주민을 지원하자 급속히 악화되었다. 러시아계 주민이 서북부보다 많음에도 불구하고 러시아군이 비인간적으로 민간인 지역을 포격, 폭격으로 파괴하는 것을 본 친러시아계 주민들은 러시아군에 분노하여 무기를 들고 러시아군에 항거한 것이다. 뿌리깊게 반목하던 동남부와 서북부 주민을 우크라이나 사태는 이들을 하나로 뭉치게 하는 계기가 되었다.

2. 인구, 언어, 종교

(1) 인구

  소련으로부터 독립한 이후인 1993년 인구는 5,140만명이었으나 그 후 인구가 계속 감소하여 2001년에는 4,876만명으로서 우크라이나계 77.8%, 러시아계 17.3%, 타타르족(중앙아시아의 몽골계 유목민과 터키계 종족) 0.5%이었다. 러시아계는 크림반도를 비롯한 동남부 지역에 분포하고 있다. 러시아가 크림 반도를 2014년에 무력으로 합병한 뒤에 러시아와의 군사적 긴장사태가 계속되자 부유층과 젊은 인재들이 우크라이나의 미래를 우려하여 독일 등 서유럽으로 이민을 떠나 인구는 계속 줄고 있다. 특히 2022년 2월에 러시아의 침공으로 시작한 전쟁 때문에 500만명 이상(2022년 4월말까지)이 우크라이나를 떠나서 인근국들에 피난을 갔으므로 정확한 인구는 불확실하지만 약4천만명 이상으로 추산된다. 만약 2014년 4월부터 현재(2022년 5월)까지 친러시아 반군·러시아군과 우크라이나군이 전투중인 돈바스 지역이 러시아군에 점령당한다면 우크라이나의 인구는 4천만명 이하로 크게 감소될 것이다.

(2) 언어

  우크라이나는 러시아, 벨라루스와 함께 범(汎)슬라브 민족 국가이지만 초기에 국가를 구성한 부족이 달랐으므로 처음부터 러시아어 키릴

(Cyrillic) 문자(10세기경 형성됨)를 읽는 방법이 약간 달랐다. 스페인인, 포르투갈인, 이탈리아인은 서로의 언어를 몰라도 3국의 언어가 거의 비슷하므로 서로 의사를 소통할 수 있다. 이보다는 덜하지만 러시아어와 우크라이나어도 비슷한 점이 많다. 한국어와 일본어의 차이보다는 차이가 작다. 오늘날 우크라이나어는 우크라이나의 공식 언어이다. 인구의 약 68%가 우크라이나어를 사용하고 약30%는 러시아어를 사용하며 나머지는 소수언어를 사용한다. 그러나 우크라이나 국민의 대다수는 러시아어를 말할 수 있거나 이해하고 있다

(3) 종교

우크라이나의 경우 종교에 있어 동방정교회(東方正敎會, Eastern Orthodox Church)에 뿌리를 둔 우크라이나 정교회에 속한 주민이 인구의 78%로서 대부분이지만 교회의 수장을 로마 교황으로 하는 '동방 가톨릭 교회(Eastern Catholic Church)'인 우니아트(Uniate) 교회 신자도 10% 이다. 우니아트는 '연합'이라는 의미로서 우니아트 교회는 1596년, 리투아니아의 브레스트(Brest)에서 개최된 회의에서 폴란드가 지배하는 우크라이나 지역에서 정교회와 로마 가톨릭 교회가 접목한 개별 교회라고 선언을 하였으나 실제로는 정교회와 우니아트 교회는 대립, 반목하는 관계이다. 이외 개신교인이 3%, 그외 유대교 등의 신자들이 있으나 소수이다.

구(舊)소련 공산당 통치시절에는 종교가 탄압을 받았으나 우크라이나가 1991년에 소련으로부터 독립한 이후에는 종교의 자유가 보장되어 있다. 2014년 러시아가 크림반도를 합방하자 그 이후부터 우크라이나 국민의 대부분이 동방정교회에 뿌리를 둔 러시아 정교회에서 우크라이나 정

교회를 분리하자고 주장하여 2018년에 우크라이나 정교회는 러시아 정교회로부터 분리되었다. 이 조치는 우크라이나에 있는 모든 정교회에 획일적으로 적용되는 것이 아니므로 아직도 우크라이나에는 러시아 정교회에 속한 예배당이 있다. 그러나 2018년 이후 많은 러시아 정교회 예배당이 우크라이나 정교회 예배당으로 바뀌었다.

3. 지리

우크라이나는 서부유럽과 러시아 사이에 위치하고 있어 지정학적으로 전략적 요충지이다. 그러므로 유럽에서 서방측과 러시아의 이해관계가 서로 부딪히는 곳이다. 슬라브 어원으로서 우크라이나는 '변경지역' 또는 '국경지역'이라는 의미이다. 이는 러시아쪽에서 볼 때 변방이 아니고 폴란드 등 유럽쪽에서 볼 때 변방이고 국경지역이라는 뜻이다. 말의 뜻처럼

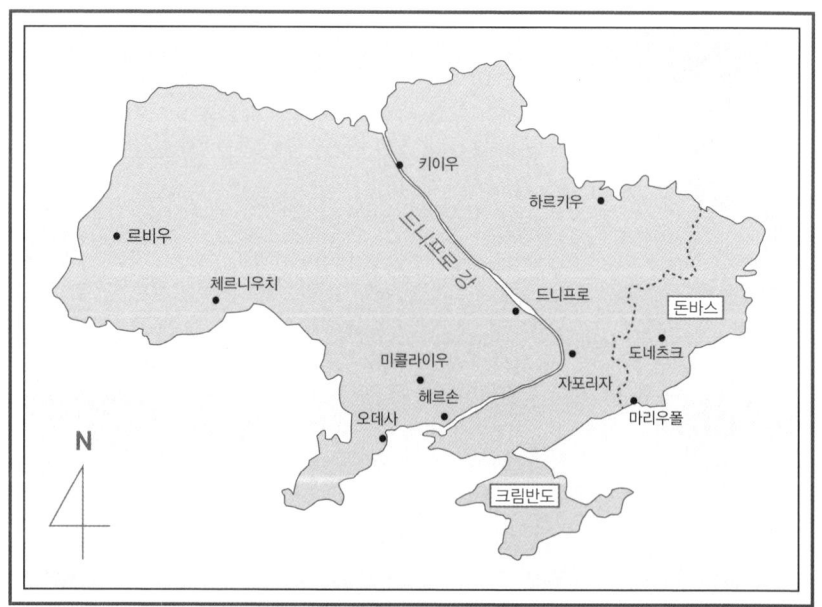

우크라이나 지도

상공에서 본 키이우 시내. 흐루숍카 아파트가 많이 보인다. 사진위는 드니프로강

우크라이나는 오늘날 서방국가들과 러시아의 세력이 마찰하는 곳에 자리 잡고 있다. 이렇게 힘의 균형에 영향을 줄 수 있는 '피봇 국가(Pivot State)'는 자체의 국력이 약하면 항상 주위에서 침략당할 가능성이 있다. 우리나라가 있는 한반도 역시 해양세력과 대륙세력이 만나는 피봇(축) 위치에 놓여 있다. 이러한 국가들은 지도자와 국민이 항상 국가안보에 대한 철저한 인식을 갖는 것이 필요하다.

(1) 주요도시
1) 키이우

소련에서 독립한 이후 우크라이나는 수도명을 러시아식 발음인 키에프(Kiev)를 우크라이나식인 키이우(Kyiv)로 바꾸었다. 인구는 약300만명이고 드니프로강이 시내 가운데를 흐르고 녹지가 많아 녹음에 싸인 아름다운 도시이다. 그러나 시내 중심은 구소련 시절인 1960년대초에 지은 서민용 아파트인 흐루숍카(Khrushchyovka)가 아직도 많이 남아있어 하늘에서 보면 성냥갑들이 모여 있는 것처럼 보인다. 러시아 어느 도시를 가도 아직도 쉽게 볼 수 있는 아파트이다. 당시 러시아 공산당 서기장인 니키타 흐루쇼프(Nikita Khrushchev)가 주민의 주택문제 해결을 위해 소련 전역에 지은 이 아파트는 콘크리트 또는 벽돌로 만든 패널형 3~5층으로서 세월이 많이 지난 오늘날에는 크게 노후되어 도시에 어두운 분위기를 준다. 흐루숍카는 공식 이름이 아니고 흐루쇼프 서기장의 주도로 만들어졌으므로 그의 이름을 붙인 것이다. 반면 최근 건설되는 아파트는 산뜻한 디자인으로 건축되어 좋은 대조를 이룬다. 키이우의 역사와 관련된 주요 명소는 다음과 같다.

십일조 교회

국립 역사박물관 인근에 있는 십일조 교회(Church of Tithes)는 성모 안식교회(Church of Dormition of Virgin)라고도 부른다. 이 교회는 키이우에서 가장 오래된 석조교회로서 블라디미르(Vladimir) 1세에 의해 서기 989년과 996년 사이에 세워진 교회이다. 블라디미르는 자기 재산의 1/10을 헌금하여 이 교회를 만들고 보수, 유지하였으므로 '십일조(十一租) 교회'라는 이름이 붙었다. 기독교에서 테오토코스(Theotokos)라는 예수그리스도의 신성출산(神聖出産)을 기념하여 성모 교회(Church of our Lady)라고도 부른 적이 있다. 교회는 1240년 몽골군의 침공 시 둥근 지붕이 무너질 정도로 크게 파괴 되었다. 그 후 1635년에 소규모로 재건되었다가, 정교회 키이우 대주교인 볼코비티노프(Eugene Bolkhovitinov)가 1828~1842년에 같은 장소에 큰 규모로 재건하였으나 1928~1936년 사이에 공산당에 의해 파괴되었다. 우크라이나가 독립된 이후 2013년에 오늘날의 모습으로 완벽하게 재건되었다.

　블라디미르 대공은 988년에 기독교 세례를 받은 뒤 비잔티움 제국 황제의 여동생과 결혼을 하고 동방정교회를 키이우 공국의 국교로 정하였다. 즉, 그는 비잔티움 제국으로부터 그리스 정교를 받아들인 것이다. 그 후 블라디미르가 성(聖)바실을 위해 교회를 만든 것이 십일조 교회라고 한다. 블라디미르와 황후 안나는 이 교회에 묻혀있다. 키이우 공국을 세운 올레그, 블라디미르의 조모 올가, 형 야로폴크를 비롯하여 블라디미르 대공의 후손 10여명 등 키이우 공국의 유명한 인물들이 이 교회에 묻혀있다. 오늘날도 블라디미르 대공과 올가 공주는 동방정교회에서 성자에 준하는 존경을 받고 있다.

　한편, 이렇게 키이우 공국이 비잔티움 제국과 교류를 하게되면서 키이우 공국에는 성경과 기독교 관련된 문서가 비잔티움에서 사용하는 키릴 문자로써 자연히 들어왔고 오늘날의 러시아어는 이 키릴 문자의 영향을 많이 받게 되었다.

🚂 독립광장

　우크라이나의 역사를 바꾼 광장으로서 아마도 우크라이나 역사에서 가장 유명한 장소이다. 키이우 시내에 있는 광장 가운데 하나이나 1991년 우크라이나가 소련에서 독립하면서 독립광장이라는 이름이 붙여졌다. 우크라이나어로 '마이단 네젤레즈조스티'라는 약간 긴 이름이나 현지인은 간단하게 마이단(광장)이라고 부른다. 1991년 독립 이후 이곳에서는 일반 축제 집회도 열렸으나 무엇보다도 우크라이나 역사를 바꾸는 여러번

독립광장에 세워진 거대한 입간판. "자유는 우리의 종교이다"라고 크게 쓰여있다.

의 민중집회가 열렸다. 이 가운데 중요한 것을 열거하면 다음과 같다.

① 1990년의 화강암 혁명(Revolution on Granite)

우크라이나가 독립하기전인 1990년 10월, 당시 구소련의 일부인 우크라이나 자치공화국의 인민대표위원장인 비탈리 마솔(Vitaliy Masol)의 퇴진을 요구하는 학생들의 집회가 열려 마솔은 10월 17일에 퇴진 하였다.

② 2001년, 쿠치마 대통령 퇴진요구 집회

제2대 레오니드 쿠치마(Leonid Kuchma) 대통령의 부패와 언론 탄압에 항거하는 시민집회가 열렸다.

③ 2004년 오렌지 혁명

2004년 11월부터 2005년 1월까지 부정선거시도를 항의하는 '오렌지 혁명'이라는 민주화 집회가 열렸다. 오렌지 혁명은 친러 노선을 표방하며 10년간 집권하였던 독재자 쿠치마 정부를 시민 시위로 무너뜨리고 우크라이나를 친서방으로 돌린 사건을 말한다. 당시 이 광장은 세계인의 관심과 집중을 받았다. 오렌지 혁명을 주도한 친서방 여성 정치인 티모셴코(Yulia Tymoshenko)는 오렌지 공주라는 별명을 들으며 각광을 받아 2005년 1월 선거에서 대통령이 된 빅토르 유센코(Victor Yushchenko) 정부에서 2005년 2월에 총리가 되었다. 그러나 티모셴코는 두번째 총리 시절인 2009년에 러시아·우크라이나 가스 수입계약시 러시아에 유리한 계약을 하였다는 부패혐의에 연루되어 2011년에 징역7년형을 받고 3년간 복역하였다. 그때 '가스의 여왕'이라는 별명을 얻었던 티모셴코는 당시 성적으로서 대통령이던 빅토르 야누코비치(Viktor Yanukovych)의 정치적 보복이라고 자신의 부정행위를 부인하였으나 국민으로부터 이미지에 타격을 받았다.

독립광장

④ 2013년 유로마이단 혁명

2013년 11월부터 2014년 2월까지 품위혁명(Revolution of Dignity)이라는 별명도 갖고 있는 항의 집회로서, 러시아의 압력에 의해 EU와의 자유무역협정(FTA) 체결이 무산된 것에 반발하여 야누코비치 대통령을 퇴진시키려는 집회였다. 이 항의 집회시 많은 시민이 죽었으므로 그 후 일반 축하집회(성탄절, 신년축하행사 등)는 소피이프스카(Sofiyivska) 광장에서 열리고 있다.

전승기념탑

제2차 세계대전 전승기념탑.
탑아래 왼편에 '영원한 불'이 보인다.

구소련과 러시아에서는 제2차 세계대전을 대(大)애국전쟁(Great Patriotic War)이라고 부른다. 그리고 이 전쟁에서 독일에 승리한 러시아는 국내 곳곳에 전승기념탑을 만들어 놓았다. 그러므로 소련이 붕괴시 독립한 자치공화국의 대부분에는 아직도 전승기념탑이 남아있는데 우크라이나의 키이우에도 물론 이 탑이 있다. 탑 앞에는 '영원한 불'이라는 이름을 가진 불이 24시간 계속 타고 있다. 카자흐스탄, 키르기스스탄, 우즈베키스탄, 벨라루스, 아르메니아, 아제르바이잔 등에도 웬만한 크기의 도시에 가면 거대한 전승기념탑과 웅장한 조형물들이 세워져있다. 이들 독립한 국가들도 제2차 세계대전 당시에는 소련연방의 한 몸으로서 독일과 싸웠기 때문이다. 이들 기념탑을 통해 러시아와 과거 소련연방의 자치 공화국들은 정신적으로 동질감을 느끼는 것 같다.

페체르스크 라브라

키이우 페체르스크 라브라(Kyiv Pechersk Lavra)는 우크라이나를 대표하는 관광지로서 역사적인 장소이다. 드니프로 강을 내려 보는 언덕위에는 11세기에 러시아 정교회의 대(大)수도원이 만들어졌다. 당시 수도사들은 이 언덕에 있는 동굴 속에서 생활하였으므로 이 동굴들이 있던 장소에 거대한 수도원을 만든 것이다. 그러므로 '키이우 동굴 수도원'이라고도 부른다. 이곳은 1051년 이후 우크라이나 지역에 있는 러시아 정교회의 중심이었고, 설립하고부터 근대까지 우크라이나의 종교, 교육에 큰 영향을 주었다. 경내에

수도원안의 러시아 정교회 예배당

는 정교회, 종탑, 요새 벽 등 많은 유명한 건축물이 자리잡고 있으므로 러시아 정교회를 상징하는 문화유산이기도 하며 유네스코 세계문화유산에도 등재되었다. 교회의 통로 회랑(回廊)에는 동굴에서 생활하였던 많은 성자들의 미이라가 보존되어 있다. 2018년에 우크라이나 정교회는 러시아 정교회에서 분리되었음에도 페체르스크 대수도원은 아직도 러시아 정교회에 속해있다.

군사박물관

① 거대한 군사박물관

필자가 아테네에서 우크라이나 항공사의 B737-500(BAY 311편)을 타고 키이우에 도착할 때 키이우 상공에 도착하니 드니프로 강 옆에 높이 솟은 조형물이 보이므로 순간 군사박물관일 것이라고 짐작하였는데 며칠 후에 군사박물관에

북한군이 연평도 포격도발시 사용한 동종의 소련제 76mm 야포

가보니 필자의 짐작이 맞은 것을 확인 할 수 있었다. 상공에서 본 것은 소련의 어디에서도 볼 수 있는 웅장하게 만든 동상으로서 여인이 큰 칼을

T34 전차포탑을 장착한 구소련 해군의 포함

들고 서 있는 모습이다. 박물관의 넓은 공간에는 소련군이 제2차 세계대전에서 사용한 각종 전차, 야포, 항공기와 제2차 세계대전 이후에 제작한 여러 종류의 무기들이 무수히 전시되어 있다.

② 제2차 연평해전의 북한 경비정과 유사한 구소련 함정

2002년 6월 29일 오전 서해의 연평도 서쪽 해상에서, 정전협정을 위반하고 북방한계선(NLL)을 넘어 온 북한 경비정의 선제기습 포격으로 남북함정 사이에 해전이 발생하였다. 당시 퇴거하라는 방송을 하는 우리 해군의 참수리 357호에 다가 온 북한 경비정은 갑판에 설치된 T34 전차의 포를 참수리 357호의 조타실에 조준하고 갑자기 선제사격을 하였다. 순식간에 참수리의 조타실은 화염으로 변하고 우리측도 참수리의 40mm

주포와 20mm 부포로 대응사격을 개시하였다. 교전은 25분만에 끝났는 바 지근거리에서 처음에 맞은 85mm 전차포 초탄으로 말미암아 참수리 357호는 침몰되었고 정장(艇長) 윤영하 소령 등 6명이 전사하고 19명이 부상을 입었다. 참수리 357호 인근에서 달려온 다른 참수리들의 사격을 받아 적 함정도 연기를 품으면서 북쪽으로 퇴각하였다. 당시 북한 경비정이 T34 전차포탑을 갑판에 장착하였다는 신문 기사만 보았지 포탑을 촬영한 사진을 본 적이 없어 궁금하였던 차에 필자는 키이우의 군사박물관에서 뜻밖에 제2차 세계대전중에 갑판에 T34 전차의 85mm 포탑을 올려놓은 구소련 해군의 함정을 볼 수 있었다. 이것을 보고 북한군이 제2차 연평해전에서 사용한 함정에 전차포탑을 올려 놓은 것이 북한군이 자체 아이디어로 만든 것이 아니고 구소련의 함정을 모방한 것이라는 사실을 알게 되었다. 여하간에 필자는 우크라이나의 군사박물관에서 제2차 연평해전과 관련된 것을 보리라고는 생각하지 못하였다.

1. T34 전차 (서울 용산 전쟁기념관) 왼편
2. 함포로 사용되는 T34 전차포
3. 제2차 연평해전에서 침몰한 참수리 357호 (서울 용산 전쟁기념관)

③ 연평도 포격도발과 동종의 대포들

이 박물관에는 입구에 수많은 각종 야포가 방문객을 맞이해주는데 특히 제2차 세계대전시 소련군이 사용하던 76mm 야포들이 많이 전시되어 있다. 이 야포는 2010년 11월 23일, 북한군이 연평도에 불법 도발포격을 할 때 사용한 야포 모델 가운데 하나이다. 항상 그렇듯이 북한은 연평도 도발을 하여 우리 군과 민간인 생명에 피해를 주고서도 사과를 전혀 하지 않았다. 포격을 받자 연평도에 배치된 해병대는 K9 자주포를 사용하여 북한 지역에 응징포격을 하였다. 국방과 평화는 대화로 지키는 것이 아니라 힘으로 지키는 것이다. 그럼에도 2022년 3월 대통령 선거를 앞두고 유력한 여당 (이재명) 후보자가 당시 발발한 우크라이나 전쟁을 보면서, 우리를 위협하는 북한의 위협에 대해 강하게 대처하자는 (윤석열) 후보를 비웃으며 전쟁광이라고 몰아붙이고 대신, "싸울 필요없는 평화가 중요하다", "무력으로 억지해서 전쟁에서 이기는 건 하책", "다 부서지고 죽고 이기면 뭐 하나?" "중요한 건 싸우지 않고 이기는 것이고 더 중요한 건 싸울 필요가 없게 만드는 평화"라며 사람들이 언뜻 듣기에 달콤한 표면적인 평화만을 무책임하게 주장하는 것을 보고 필자는 한탄한 적이 있다. 그의 논리와 주장이 맞다면 제2차 세계대전 절망적인 상황에서 영국을 이끌고 전쟁에 승리한 처칠 수상은 바보 가운데 제일 바보일 것이다. 왜냐하면 처칠은 절망적인 상황에 처한 영국국민에게 나쁜 평화가 좋은 전쟁보다 낫다는 식의 말을 하는 대신 위기에 처한 국민에게 피와 땀과 눈물을 요구하며 히틀러에게 대항하여 싸울 것을 강조하였기 때문이다. 영국국민에게 "우리는 숲과 들판과 해안과 거리에서 어떤 대가를 치르더라도 싸울 것입니다"라며 굴욕적인 평화보다 반문명적인 적에게 대항한 처칠은 인류 역사가 끝날 때까지 참 지도자요 참 정치인의 모습이 어떠한 것인지 확실하게 보여줄 것이다. 오늘날 우리나라가 필요한 정치지도자는 영국의 처칠이나 프랑스의 드골 대통령처럼 정직하게 국민에게 설명하고 필요하면 국민에게 함께 희생에 동참할 것을 요구할 수 있는 지도자이지 사태를 왜곡하여 듣기 좋은 거짓말을 하는 지도자가 아니다. 힘이 있어야 싸울 필요 없는 평화를 얻게 된다. 힘이 없으면 싸울 필요없는 굴욕적이고 노예적인 평화를 얻게 된다. 다시 말하지만 "평화를 원한다면 전쟁을 준비해야 한다"는 서기 4세기에 로마의 군사전략가 베케티우스가 말한 이 말은 세월이 지나도 변하지 않는 진리인 것이다.

대통령 관저

키이우에는 예술적인 조각을 건물 내외부에 붙인 건물이 많다. 그 가운데에서도 시내 언덕위 방코바(Bankova)가(街)에 있는 '키메레스 하우스(House of Chimeras)'의 조각은 유명하다. 키메레스는 사자의 머리, 염소의 몸, 용의 꼬리를 가진 상상의 동물이다. 원래 드니프로 강변에 있는 늪지대에 눌러싸인 언덕위에 세우는 건불의 외부와 내부에 조각을 만들어 붙이는 작업은 쉽지 않았으나 폴란드 태생의 건축설계가 호로데키(Wladislaw Horodecki)는 키이우를 대표하는 예술적인 건물을 만들었다. 마치 건물 전체가 조각으로 덮여 있는 느낌이다. 건물은 당시로서는 혁신적인 공법(기둥을 콘크리트로 만든)을 사용하였는바 건축에 3년이 소요되어 1903년에 완공되었다. 이탈리아 조각가 살리아(Elio Salia)가 만든 조각은 신화에 나오는 것 같은 사람들의 모양과 코끼리, 하마, 사슴 등 동물과 물고기, 조류의 모습도 있다. 호로데키 자신이 취미가 사냥이므로 그의 취향에 따라 동물 조각들이 많이 붙어진 것 같다. 현지에 전해 내려오는 이야기에는 이곳에서 악어를 찾으면 남은 생애에 하는 일이 성공할 것이라고 한다. 이 건물은 내부가 아파트식으로 되어 있고 고급스러운 것으로도 유명하여 우크라이나의 부자들이 이 집에서 살고 싶어하

대통령 관저, 키메레스 하우스

2022년 2월 25일. 관저앞에서 젤렌스키 대통령이 촬영한 셀카사진

였다. 내부의 천장과 벽면, 계단에도 조각이 붙어있고 벽화가 그려져 있어 호화로움을 더하고 있다. 설계자 호로데키도 건물의 한 층에서 가족과 함께 산 적이 있다. 제2차 세계대전때 전쟁의 혼란을 틈타 이 건물안의 내부 장식은 약탈과 도난을 당하였고 소련 통치시대에 당국은 이 건물의 내부 벽화를 없애고 병원으로 사용하였다. 그러므로 오늘날 볼 수 있는 내부 조각과 벽화는 오리지널이 아니다. 이 건물은 2005년 이후 대통령 관저와 외교행사용으로 사용되고 있다. 그러므로 필자가 이곳에 갔을 때 건물주위에는 많은 군

인들이 장갑차까지 배치하고 경비를 서고 있었으나 역사적인 건물을 보려고 왔다고 하자 모두 친절하게 접근을 허가하였다. 대통령 집무실 건물은 상당히 큰 건물인데 관저 바로 옆에 위치하고 있다. 참고로 2022년 2월 24일, 러시아가 우크라이나를 침공하면서 러시아는 젤렌스키가 도주하였다는 가짜뉴스를 퍼트렸다. 그 다음날인 2월 25일, 젤렌스키는 관저를 배경으로 언론에 나타나 자기는 관저에 있으며 도주하지 않고 우크라이나 국민과 함께 러시아에 대항하여 끝까지

독립광장에서 대통령 관저로 가는 길에 만난 현지인 부자(父子)와 필자

싸울 것이라고 대국민 방송을 하고 관저를 배경으로 셀프 비디오 영상을 찍었다. 이 말에 절망에 빠져있던 우크라이나 국민과 군인은 크게 감동하여 나라를 지키는 굳은 결의를 다지며 결사항전에 나서는 계기가 되었다. 대통령 관저인 키메레스 하우스는 드니프로 강에서 멀지 않은 작은 언덕 위에 있다.

2) 하르키우

우크라이나 동북부에 있는 하르키우(하리코프)는 인구 150만명의 산업도시로서 우크라이나에서 두 번째로 큰 도시이다. 소련 연방초기에 우크라이나의 수도였으나 1934년에 키이우가 수도가 되었다. 원래 우크라이나의 동부지역은 구소련 당시 군수산업의 중심지로서 하르키우

하르키우 지방정부 청사 출입구를 부수며 난입하는 친러시아 주민들(2014년 3월 1일)

(Kharkiv)는 오래전부터 T34, T64, T80, T84 전차를 제작한 모로조프 설계국(KMDB: 하르키우 기계제조설계국)과 마르셰프 기념 공장(KhZTM, 하르키우 수송기계 공장)이 위치하고 있어 소련전차 개발의 메카이다. T34전차는 단일 모델로서 제2차 세계대전동안 가장 많이 생산된 전차이며 동시에 현재까지 세계의 어떤 전차보다도 많은 생산기록(구소련의 동구 위성국 포함 84,000대 이상)을 세웠다. T34 전차설계가 코시킨(Michael Koshkin)은 하르키우 공장에서 T34를 개발하기 시작하여 1939년에 첫 T34가 이 공장에서 생산된 것을 보고 그 다음해에 폐렴에 걸려 42세에 사망하였다. 그의 뒤를 이어서 모로조프(Alexander Morozov)가 수석 설계사가 되어 T34의 성능을 한층 더 높여 T34를 당시의 걸작 전차로 만들었다. 소련의 괴뢰 정권인 북한 공산군도 6·25 남침시 T34 전차를 사용하였다. 모로조프의 이름을 붙인 전차 설계국이 앞서 언급한대로 현재에도 하르키우에 있을 정도로 하르키우는 군수산업 도시이다. 현재 우크라이나 육군의 주력 전차인 T64전차도 하르키우 공장에서 생산되었다.

하르키우에는 러시아계 주민이 많아 러시아어가 많이 사용되고 있다. 그러므로 2014년 크림반도가 러시아에 합병될 때, 하르키우에서도 친러시아계 주민 수천명이 러시아를 지지하며 시위를 하자, 이들에 반대하는 친서방계 주민 시위대와 충돌하여 수십명이 부상한 사건이 일어났다. 러시아계 인구가 많으므로 친러시아 성향의 도시였으나 2022년 2월 러시

오데사 항구

아군 침공시 도시가 크게 파괴되었으며 이때 주민들이 무기를 들고 우크라이나군과 함께 러시아에 결사항전하여 러시아군을 격퇴하였다.

3) 오데사

  19세기말에는 인구가 40만명으로서 우크라이나에서 가장 큰 도시였고 러시아 제국안에서도 상트페테르부르크와 모스크바에 이어 3번째 큰 도시였던 오데사는 현재 우크라이나에서 세 번째로 큰 도시이며 가장 큰 항구이다. 흑해에 면해있는 오데사주(州)에는 여러 항구가 있는 데 오데사가 가장 크고 물동량이 많아 남부해안의 물동량 가운데 약70%가 오데사 항구를 통해 이루어진다. 우크라이나가 외국에 수출하는 곡물도 많은 양이 오데사 항구를 통하여 수출되므로 오데사 항구의 부두 시설은 상당히

1. 오데사 시내에 설치된 Odessa 홍보글씨판과 필자.
   마크를 오데사 항구를 상징 하는 닻디자인으로 재치있게 만들었다.
2. 전함 포템킨의 반란을 상기시키는 포템킨 계단

큰 규모이다. 아름다운 오데사는 '흑해의 진주'라는 별명을 갖고있다.

도시에는 예술을 사랑하는 우크라이나인들답게 도시 인구에 비해 상당히 큰 규모의 국립오페라·발레 극장이 있다. 오데사는 '전함 포템킨(Battleship Potemkin)'으로도 유명하다. 1905년, 배수량 1만3천톤의 러시아 전함 포템킨에서 반란 사건이 일어나 포템킨의 수병들을 동정하였던 많은 시민이 사살되었다. 수병들은 반란을 일으켜 같은 군함 속에 함께 타고 있었던 제정 러시아 해군 장교들을 살해하고 군함을 탈취하였다. 당시 포템킨의 수병들(700~800명)을 돕던 수많은 시민이 부두 근처에 있는 계단에서 러시아 군인들에게 사살되었는바 이 계단에는 오늘날 '포템킨 계단'이라는 이름이 붙어있다. 소련 공산당은 러시아에서 1917년에 일어난 공산혁명의 시작이 전함 포템킨의 반란사건에서 시작되었다며 이 전함의 이야기를 통해 국민에게 공산주의 혁명의 당위성을 선전하였다.

4) 마리우폴

우크라이나 동남부 해안에 있는 아름다운 항구로서 인구는 약45만명이다. 돈바스 지역 도네츠크주의 남부해안에 위치하고 있으므로 돈바스 지역에서 생산되는 철광석, 석탄 그리고 강철 제품이 이 항구를 통하여 수출되었다. 전략적인 위치에 있으므로 러시아는 2014년 3월에 크림반도를 합병한 이후 4월부터 이 도시를 점령하려고 러시아군과 돈바스 지역안의 친러시아 민병대를 투입하여 도시의 일부를 점령한 적도 있었으나 우크라이나 정부군이 그해 7월에 탈환하였다. 러시아군은 2022년 2월 침공할 때부터 이 도시를 공격하여 폐허로 만들고 5월 17일에 도시를 점령하였다.

아름다운 마리우폴 항구

(2) 지형

우크라이나는 국토의 대부분이 동유럽 평원에 있는 나라로서 95%가 평원이고 5%가 산지이다. 산지는 서남부의 카르파티아(Carpathians) 산맥과 동남부의 크림 산맥이 있고 가장 높은 곳은 카르파티아 산맥에 있는 호베를라(Hoverla)산으로서 높이 2,061m이다. 국토의 15%를 차지하는 삼림(森林)은 이 두 산맥을 중심으로 형성되며 주요수종은 소나무[05]와 참나무이다. 토지는 '토양의 왕'이라는 별명을 갖고 있는 비옥한 토양의 흑토(黑土)지대로서 국토의 절반 이상이 흑토지대이다. 흑토 지대는 토양은 비옥하지만 강우량이 적다는 약점을 갖고 있는데 우크라이나의 경우 국토를 남북으로 흐르는 드니프로(Dnipro)강을 갖고 있다. 드니프로강을 포함한 여러 강이 우크라이나 전역에 물을 공급해주어 우크라이

---

[05] 유럽에서는 단순하게 소나무라고 부르거나 실베스터 파인(Sylvester Pine) 또는 레드우드(Red Wood)라고 부른다. 학명: Pinaceae *Pinus sylvestris*

드니프로강 (키이우 시내)

나 전역을 농사짓기에 알맞은 옥토로 만들어준 것이다. 즉, 러시아의 스몰렌스크주에서 발원한 길이 2,200km의 드니프로강은 벨라루스를 통하여 우크라이나에 들어온 뒤에 우크라이나의 동남쪽으로 흐르다가 서남쪽으로 방향을 바꿔 흑해에 들어간다. 동남쪽으로 흐르다가 서남쪽으로 방향을 바꾸는 지점에 소련은 1930년대초에 당시 유럽에서 가장 큰 댐과 수력발전소를 건설하였다. 우크라이나는 러시아, 몰도바 등 여러 나라와 4,558km의 국경선을 맞대고 있고 흑해에 면한 해안선은 2,782km이다.

드니프로강의 수력발전소

4. 주요산업

우크라이나는 농업 국가이나 상당한 수준의 우주·항공산업과 군수산업을 갖고 있다. 2014년에 크림반도를 러시아에 빼앗긴 후에 몇 년 동안 경제는 크게 후퇴하여 우크라이나 경제의 60%가 지하경제로 움직이고 있다는 평판까지 받았다. 국제통화기금(IMF)에서 2015년에 막대한 금액의 구제금융을 지원하였으나 부패한 정치 때문에 자금이 IMF에서 요구하는 분야에 사용되지 않았고, 기업인도 피해를 많이 받았다. 특히 2022년 2월에 러시아가 우크라이나를 전면 침공하여 나라의 많은 부분을 파괴하자 2022년도 경제 성장률은 마이너스 35~45%에 이를 것으로 예상되어 경제는 붕괴직전에 직면하고 있다. 우크라이나의 기본적인 주요 산업은 다음과 같다.

(1) 농업

국토가 남한의 6배 크기인 우크라이나는 온화한 기후를 갖고 있으며 앞서 언급한대로 국토의 절반 이상이 비옥한 흑토지대로서 국토의 약 70%(42만km^2)가 농경지이다. 그러므로 우크라이나는 미국 중부의 프레리 평원, 아르헨티나의 팜파스 평원과 함께 세계 3대 곡창지대의 하나이다. 토양이 농사에 적합하므로 구소련 시절에는 소련 전체를 먹여 살리는 농업지대였고 오늘날도 변함없이 농업이 이 나라의 주요 산업이다. 작물이 자라는 데 필요한 유기물이 풍부하게 들어있는 흑토(Chernozem)는 검은 빛을 띠고 있으므로 흑토라고 부르는바, 비료가 필요 없을 정도로 토양 속에 영영분이 많으므로 '토양의 왕'이라고 부른다. 이러한 이점을 활용하여 우크라이나는 세계 3위의 곡물수출국이다. 우크라이나의 3대 재배 곡물은 밀, 보리, 옥수수로서 이 3종이 전체 작물생산의 90% 이상을 차지한다. 우크라이나의 밀 생산은 세계 생산량의 12%를 차지하며 밀수출은 세계 6위이고 옥수수 수출은 4위이다. 그러므로 우크라이나는 '유럽의 빵 바구니(Bread Basket of Europe)'라는 별명을 갖고 있다. 우크라이나의 연간 곡물 생산량은 2007년의 4천만톤에서 2017년에는 7,700만톤으로 약2배 증가되었으며, 수출은 2007년의 850만톤에서 2017년에 4,400만톤으로 5배나 증가되었다. 2021년에는 8,400만톤을 생산하는 기록을 세웠으며 2027년에는 1억톤을 생산하여 수출만 7,500만톤을 예상하고 있다.

농업이 주요 산업이므로 이 나라의 국기는 2색(色)기로서 농업과 관련된 이미지를 갖고 있다. 즉, 위의 절반 파란색은 대지위의 드넓은 푸른 하늘과 산과 물을 상징하고 아래의 노란색은 황금빛으로 무르익은 농지를 상징한다.

(2) 항공·우주, IT산업

우크라이나는 세계3대 곡창지대의 하나로서 농업국가이다. 그러나 뛰어난 과학력을 보유한 나라이기도 하다. 필자는 우크라이나에 도착할 때 키이우에 있는 이고르 시코르스키(Igor Sikorsky) 국제공항[06]에 도착하

---

06) 이 공항은 줄리아니(Zhuliany) 공항이라고도 부른다. 키이우에는 이 공항 이외에 다른 국제공항인 보리스필(Boryspil) 공항도 있다. 키이우 북쪽에 안토노프 공항도 있으나 이는 화물 전용공항이다.

였다. 이 공항은 우크라이나의 키이우에서 출생하여 회전익기(헬리콥터) 발명에 선구적 역할을 한 과학자를 기념하기 위해 그의 이름을 붙인 곳이다. 키이우에는 이 국제공항 이외 다른 국제공항도 있다. 이외 하르키우 출신의 유대계 생물·세균학자 엘리 메치니코프(Elie Metchnikoff), 1957년에 세계 최초의 인공위성 스푸트니크를 지구 궤도에 쏘아 올리고 이어서 1961년에는 인류 최초의 우주 비행사 유리 가가린 소령을 태운 로켓 발사에 성공하는 등 소련의 대륙간 탄도미사일(ICBM) 개발을 주도한 로켓 개발자인 세르게이 코롤로프(Sergei Korolev)를 비롯한 많은 우크라이나 출신 과학자들이 있다. 이러한 배경을 고려할 때 농업국인 우크라이나가 오늘날 뛰어난 우주, 항공 기술을 보유하고 있는 것이 전혀 이상하지 않다.

키이우의 '이고르 시코르스키' 국제 공항 터미널

구소련 시절 우크라이나는 핵무기 설계와 제조 기술을 갖고 있었음은 물론 대륙간 탄도탄과 우주정거장 발사체 제조 등 항공, 우주산업에서도 괄목할 만한 기술을 갖고 있었다. 국영 우주과학 회사인 유즈마슈(Yuzhmash)는 로켓과 핵무기 설계와 제조로 유명하다. 2017년 8월에 이 회사는 북한에 탄도미사일 제작기술을 은밀하게 유출한 것으로 의심받자 2011년, 이 회사의 로켓 공장에서 기술을 훔쳐가려던 북한 공작원을 체포하는 영상을 미국측에 제공하기도 하였다. 다른 국영회사인 피브덴마슈(Pivdenmash)와 루치(Luch)는 각각 한때 세계최대의 미사일공장과 유도미사일 공장이었다. 루치에서 제작하는 국산 대전차 미사일(스투흐나-P)은 러시아가 우크라이나를 침공한 우크라이나 전쟁에서 러시아군에 타격을 입혔고 지대함 미사일 넵튠은 러시아 흑해함대의 기함이며 순양함인 모스크바를 격침시켰다. 또한 세계 최대의 항공기를 제작한 안토노프 회사도 우크라이나에 공장을 갖고 있다. 군수업체인 모터시치(Motor Sichi)는 1907년에 창업한 항공기와 헬리콥터 엔진 제작회사로서 현재 세계에서 가장 큰 안토노프 AN225 수송기의 엔진도 제작한다. 그러나 이 회사 지분의 50% 이상을 중국의 항공산업 기업인 스카이라이즌(Skyrizon)이 보유하고 있었으므로 2017년 9월초, 키이우의 법원은 우크라이나의 군수기술과 자산이 중국에 빼돌려지는 것을 저지하려는 목적으로 스카이라이즌의 지분 행사를 동결하는 판결을 내렸다. 뛰어난 군수산업 업체를 갖고 있는 우크라이나는 중국에 있어서는 러시아와 함께 핵심 군수협력 국가이다. 중국은 우크라이나의 군수산업 능력을 일찍부터 파악하고 우크라이나가 독립이후부터 계속 군수협력을 하였다. 중국 해군의 첫 항공모함인 랴오닝은 러시아 해군에서 거의 건조가 완료 중이던 바랴크(Varyag) 항공모함을 우크라이나 해군이 인수받자 중국은 이 항공모함을 마카오에 해상 카지노로 전용해서 사용하겠다는 구실로 1998년에 헐값(2천만 달러)에 구입하였다. 그리고 대련 조선소에서 중국 최초의 항공모함으로 수리, 개조한 것이다. 그러나 중국이 러시아와 동맹국이므로 러시아의 침공을 당한 우크라이나로서는 향후 중국과의 군사협력은 어려워 질 것으로 예상된다. 여하튼 항공·우주 산업과 연관된 IT 산업도 발전되어 매년 10만명 이상의 IT 인재가 배출되므로 IT산업에 필요한 인재들을 쉽게 구할 수 있다. 우크라이나는 이렇게 특정 첨단 사업에 뛰어난 기술력을 갖고 있으나 이들 산업을 융합하여 거대한 복합체를 만드는 능력은 부족해 보인다. 이점은 향후 우리나라와 협력 할 수 있는 기회라고 생각된다.

(3) 지하자원

  우크라이나는 철광석, 석탄, 우라늄, 망간, 코발트, 니켈, 코발트, 리튬, 천연가스 등 풍부한 지하자원을 갖고 있다. 이 가운데 망간은 전세계 매장량의 22%를 갖고 있으며, 전기차 배터리와 반도체에 필요한 비철금속 광물자원 또한 다량 보유하고 있다. 이와 별도로 우크라이나는 러시아와 중앙아시아, 유럽을 연결하는 석유와 천연가스 파이프라인이 통과하고 있다. 러시아와 서유럽은 1960년대말부터 천연가스와 석유의 파이프라인을 구축하여 이미 약10개의 루트를 통해 러시아와 중앙아시아 국가들이 생산하는 원유와 천연가스가 서유럽에 보내지고 있는데 이 가운데 한 루트가 우크라이나를 통과하고 있다.

5. 문학·예술

 우크라이나의 웬만한 도시에는 오페라 극장이 있을 정도로 우크라이나 인들은 예술을 좋아한다. 이런 배경으로 우크라이나는 제정 러시아와 구 소련시대에 많은 작가와 예술가를 배출하였으나 그 당시에 우크라이나는 러시아 제국과 소련에 속해있었으므로 문학, 음악과 미술 방면의 뛰어난 예술가들이 모두 러시아 출신으로 해외에 알려졌다. 여기 우크라이나 출신으로서 문학,음악과 미술 세계에 굵은 획을 그은 주요 문학가와 예술가들을 간단하게나마 이야기하려고 한다.

(1) 문학

 러시아는 레프 톨스토이, 표도르 도스토에프스키, 니콜라이 고골, 안톤 체호프 등 많은 문학가들을 배출하였다. 이 가운데 고골은 우크라이나 출신으로서 '타라스 부리바', '죽은 혼', '감찰관' 등 많은 작품을 남겼다. 자전적 소설인 '테비에의 딸들'을 원작으로 하여 만든 '지붕위의 바이올린'의 원작가인 쇼렘 알레이켐(Sholem Aleichem)도 우크라이나 출생으로서 유대계이다. 연극과 영화로 유명해진 이 작품의 배경은 우크라이나의 시골 마을이다. 한편, 우크라이나를 사랑한 19세기의 민족시인이며 작가인 타라스 셰우첸코(Taras Shevchenko)는 우크라이나 문학의 기초를 만들었다고 평가받고 있다. 이러한 작가들 이외에도 우크라이나는 많은 작가를 배출하였으나 우크라이나가 구소련에서 독립한 역사가 짧으므로 아쉽게도 모두 러시아 출신으로 알려져 있다.

(2) 음악

백조의 호수, 호두까기 인형, 비창 교향곡 등으로 유명한 러시아의 세계적인 작곡가 표트르 차이콥스키(Pyotr Tchaikovsky)의 부친 일리야 페트로비치 차이콥스키(Ilya Petrovich Tchaikovsky)는 우크라이나계로 알려져 있다. 그는 육군 중령으로 예편후 러시아의 기술직 공무원이었다. 그러므로 차이콥스키도 우크라이나의 혈통을 갖고 있으며 두 살 어린 그의 여동생 알렉산드라(Aleksandra)는 결혼후에 우크라이나의 키이우 동남쪽 약200km, 드니프로강에서 멀지않은 카미안카(Kamianka) 마을에서 살았으므로 차이콥스키는 거의 매년 우크라이나의 여동생 집에서 많은 시간을 보냈다. 차이콥스키는 어릴 때부터 형제 가운데 알렉산드라를 특히 좋아해서 그녀를 사샤(Sasha)라는 애칭으로 불렀다. 차이콥스키는 우크라이나의 평화스러운 자연 속에 있는 사샤의 집에 있으면서 교향곡 2번을 비롯한 여러 곡을 만들었다. 그러므로 2022년 베이징 동계 올림픽에서 러시아 국가대신 연주된 피아노 협주곡 1번을 비롯해 그의 작품에는 우크라이나의 정취와 선율이 들어있다. 그녀가 50세에 병으로 죽자 차이콥스키는 슬픔을 이기려고 여동생 사샤와의 어린 시절의 추억을 생각하면서 작곡한 곡이 호두까기 인형이다. 여하튼 차이콥스키는 이렇게 우크라이나와 관련을 갖고 있다.

이탈리아가 낳은 천재 바이올리니스트 파가니니처럼 우크라이나 출신 가운데에도 20세기를 대표하는 천재적인 연주자들이 적지 않다. 남부지역인 오데사 출신인 유대계 다비트 오이스트라흐(David Oistrakh)와 그의 아들 이고리(Igor Oistrakh)는 부자(父子)가 모두 지휘자이며 바이올리니스트이다. 부자가 바이올리니스트로서 함께 연주한 바이올린 2중주는 유명하다. 이 부자는 세계의 유명한 오케스트라, 연주자들과 협연하였다. 오이스트라흐처럼 유대인 사진가의 아들로 태어난 레오니드 코간(Leonid Kogan)도 천재적인 바이올린 연주자이다. 그러나 오이스트라흐에 가려서 그의 재능이 아쉽게도 가려진 면이 있다. 오이스트라흐 부자가 바이올리니스트였던 것처럼 코간의 아들 파벨(Pavel)도 지휘자이며 바이올리니스트였다. 코간은 엘리자베타 힐렐스(Elizabeta Gilels)와 결혼하였는데 그녀도 바이올리니스트였다. 그녀는 우크라이나를 대표하는 피아노 연주자인 에밀 힐렐스(Emil Gilels)의 여동생이다. 코간 부자는 1982년 12월, 연주여행차 모스크바에서 함께 기차를 타고 가다가 레오니드는 심장마비로 사망하였다. 우크라이나를 대표하는 피아니스트로서는 방금 앞에 언급한 오데사 출신의 에밀 힐렐스와 20세기에 전설을 남긴 스뱌토슬라프 리흐테르(Sviatoslav Richter) 등이 있다.

(3) 미술

19세기 러시아 최고의 화가라고 인정받는 일리야 레핀(Ilya Repin)은 1844년, 우크라이나 제2의 도시인 하르키우 인근에 있는 조그만 도시 추위브(Chuhuiv)에서 출생하였다. 현실을 존중하고 객관적으로 묘사하려는 사실주의 화가인 그는 1917년 볼셰비키 공산 혁명을 처음에는 환영하였으나 혁명이 진행되면서 혁명이라는 이름으로 잔인한 폭력이 난무하는 것을 보고 인간의 폭력을 혐오하게 되어 후세에 교훈이 될 수 있는 역사적 사건을 주제로 하여 '이반4세와 그의 아들' 등 많은 그림을 그렸다.

20세기초, 즉 1917년 러시아 공산주의 혁명이 일어나기 수년전부터

서울 세종문화회관에서
열린 러시아 아방가르드
미술전시회
(2021.12.31.~ 2022.
4. 17)

1920년대까지 러시아 제국과 소련에서 전개된 예술운동인 아방가르드(Avant Garde)는 당시 러시아·소련의 예술계를 뒤흔들었다. 사실주의 기법과 전혀 다른 각도에서 예술을 바라보는 당시의 아방가르드 화가 가운데 한명인 카지미르 말레비치(Kazimir Malevich)는 키이우 줄신으로서 우크라이나 현대미술을 대표하는 추상미술의 선구자이다. 그는 원과 사각형만의 단순한 형태를 사용하는 기하학적 추상화의 세계를 개척하였다. 러시아 공산혁명이 일어나기 4년전인 1913년에 만든 그의 작품 '피아노를 치는 여인'에서는 피아노와 여인은 보이지 않고 건반, 현, 뚜껑을 연상시키는 요소를 기하학적으로 섞어서 표현하였다. 이러한 그의 작품을 이해하지 못한 스탈린 시대의 공산주의자들은 그의 추상화 작품을 금지하였고 그의 인민예술학교(People's Art School) 교수직도 박탈하였다. 그리고 그는 두 번이나 간첩행위로 투옥되었다. 공산주의자들은 예술가들이 밭에서 열심히 일하는 농부와 공장에서 즐겁게 일하는 노동자를 소재로 그리는, 사상과 정치색이 들어가 있는 그림을 높게 평가하였기 때문이다. 그러나 그는 1935년에 57세의 나이로 세상을 떠날 때까지 예

말레비치의 작품 '피아노를 치는 여인'과 필자

술에 대한 그의 신념을 굽히지 않았고 결국 그의 작품은 서방세계에서 크게 인정받았다.

말레비치보다 6년후에 모스크바에서 출생한 블라디미르 타틀린(Vladimir Tatlin)은 우크라이나의 흑해연안 항구 도시 오데사에 거주하면서 그림과 조각 작품활동을 하였다. 그는 철판, 나무조각, 유리 등을 소재로 사용하는 구성주의(構成主義, Constuctivism) 작가로서 비현실적으로 보이는 작품 세계를 개척하였다. 그가 1920년에 만들어 모스크바에 세운 '제3인터내셔널 기념탑(Monument to the Third International)' 모형은 그의 가장 유명한 작품이다. 높이 6.7m의 이 작품은 그가 구상한 396m 높이 탑의 모형이다. 이 탑은 당시 가장 높은 건축물로서 타틀린은 이 탑 내부에 공산주의 선전 시설과 방송국을 넣는다는 계획을 갖고 있었으나 건물은 지어지지 못하였다. 그는 1933년부터는 무대 디자이너로서 활동하였다. 말레비치나 타틀린 모두 시대를 앞서나간 전위 예술가들이다.

6. 한국과의 관계

(1) 고려인

　러시아 동부의 연해주에 거주하던 고려인 약17만명은 1937년, 스탈린의 이주 정책에 의해 중앙아시아로 화물 기차에 실려 강제 이주하였다. 당시 스탈린은 만약 일본과의 분쟁이 일어나면 연해주의 조선인이 일본을 도울 것이란 우려를 한 것이다. 그러므로 당시 중앙아시아에 이주한 고려인의 후손은 카자흐스탄, 우즈베키스탄, 키르기스스탄 등에 오늘날에도 한국의 전통을 잊지 않고 살고 있다. 중앙아시아처럼 많지는 않지만 우크라이나에도 고려인의 후손이 살고 있다. 아마도 카자흐스탄이나 우즈베키스탄 등 중앙아시아에서 우크라이나로 이주한 고려인의 후손이라고 추정된다. 그 후손들 가운데에는 고려인 4세로서 남부의 미콜라이우 주(州)의 주지사인 '비탈리 김'을 비롯하여 우크라이나 사회에서 성공한 사람들이 적지 않다. 오늘날은 약 2~3만명의 고려인 후손이 우크라이나에 거주하고 있다고 한다.

(2) 한국정원과 식물원

　수도 키이우는 녹음 속에 자리 잡고 있는 아름다운 도시로서 시내에는 1839년에 개원한 포민(Fomin) 식물원 등 4개의 식물원이 있는데 이 가운데 필자가 방문한 곳은 가장 큰 곳인 '그리쉬코(Hryshko 또는

Gryshko) 키에프 국립 식물원'이다. 그리쉬코 식물원은 키이우 시내의 동남부에 있고, 시내를 흐르는 드니프로 강변에서 멀지 않은 곳에 있다. 소련의 식물학자 그리쉬코(Mykola Hryshko)는 1936년에 이 식물원을 만들었으므로 식물원에는 그의 이름이 붙었다. 면적이 43만평(여의도의 거의 절반 크기)에 이르므로 이 식물원은 세계에서 가장 큰 식물원 가운데 하나이다. 세계 각지에서 가져 온 13,000여종의 각종 수목, 관목, 꽃들이 넓은 식물원을 가득 채우고 있다. 수목 가운데 특히 침엽수가 많아 큰 침엽수림이 조성되어 있는바 워낙 침엽수림이 크다 보니 식물원 안에 들어와 있다는 느낌이 들지 않고 마치 시베리아 또는 미국, 캐나다에 펼쳐져 있는 거대한 침엽수림 속에 들어와 있다는 느낌을 받는다. 미국과 캐나다의 동부 지역에서 자생하는 '노던 화이트 시다(Northern White Cedar, 학명 측백나무과 *Thuja occidentalis*)도 이곳에 있는데 하늘을 향하여 최대한의 높이로 자라고 있다. 이 나무를 미국에서는 '이스턴 화이트 시다'라고도 부른다. 여러 종류의 장미꽃, 목련, 라일락, 350여종의 난(蘭) 등 수많은 꽃이 넓은 식물원안에 군락을 이루어 조성되어 있다. 특히 이곳의 늦봄에 피는 자줏빛 라일락의 다채로움은 유명하여, 100종

1. 키이우의 국립 식물원 정문
2. 한국 정원 대문

이 넘는 라일락이 필 때는 수많은 사람들이 이곳을 찾는다. 그러므로 일본의 작가 요네하라 마리(米原萬里)는 이 식물원을 방문한 뒤 그녀의 저서 '문화편력기' 속에서 이 식물원의 라일락을 예찬하였다.

이 식물원은 소련시대에 만들었으므로 소련의 넓은 지역에서 자라는 식물들을 이곳에서 볼 수 있다. 즉, 우크라이나 자생종은 물론이고 크림반도, 코카서스 산맥, 중앙아시아, 우랄 산맥, 서부 시베리아, 극동 지역 등지에서 식생하는 식물은 이 식물원 안에서 모두 볼 수 있다. 식물원안에는 현대식 온실도 있어 이곳에는 열대와 아열대 지역을 대표하는 식물을 보존하고 있다. 우크라이나는 겨울이 추운 나라여서 그런지 뜻밖에 많은 사람들이 온실안의 식물을 감상하기에 분주한 모습을 볼 수 있었다.

필자는 세계 136개국의 식물원을 다니면서 많은 식물원 안에 일본 정원이 특별하게 구획된 공간에 만들어지고 일본을 대표하는 나무와 꽃들이 식재되어있는 것을 보며 내심 부러워하였다. 이 식물원 안에는 한국 정원이 있다. 필자가 방문한 식물원 가운데 한국 정원이 있는 곳을 본 것은 이 식물원이 처음이다. 2012년에 우리나라 정부에서 한국·우크라이나 수교 20주년 기념으로 한국전통의 대문, 담장과 정자를 이곳에 세운 것이다. 우리나라를 대표하는 수목과 꽃을 이 정원 안에서 보기를 기대하였으나 아쉽게도 볼 수 없었다. 이 식물원은 우크라이나 국립 과학원 소속이다. 우리나라는 식물원을 시민의 휴식처 개념으로 바라보므로 공공 식물원이 국가 행정기관(시청 등)에 소속되어 관리되고 있다. 반면 서양인들은 식물원을 '기초 자연과학연구소'로 여기므로 모든 식물원은 대부분이 대학이나 국가 연구소 산하이다. 우크라이나도 서양이므로 서양인의 식물원 개념을 따르고 있다.

(3) 무역

우크라이나는 우리나라의 교역상대국 가운데 68위로서 2021년도 교역 규모는 9억달러(약1조2천억원)이다. 크지 않은 규모이지만 우리나라의 주요 수출품인 반도체 제조용 원자재인 크립톤, 네온, 크세논 가스의 경우 우리나라 수입의 각각 31%(1위), 23%(2위), 18%(3위)로서 중요한 공급처이다. 우리나라와 우크라이나의 교역(2021년) 상황은 다음과 같다.

— 수출

주요품목	금액(U$)	%
자동차	1억4,000만	24.1
철강	6,800만	11.7
생활용품	4,800만	8.3
합성수지	4,500만	7.7
기타	2억8,000만	48.2
합계	U$ 5억 8,100만	100.0 %

— 수입

품목	금액(U$)	%
사료	1억6,000만	51.8
정밀화학원료	3,900만	12.6
곡류	2,400만	7.8
전열기구	1,800만	5.8
기타	6,800만	22.0
합계	U$ 3억 900만	100.0 %

수출은 우리나라 전체 수출의 0.09%, 수입은 우리나라 전체 수입량의 0.05%로서 미미한 편이다. 우크라이나 전쟁이 계속되면 현지에서의 물류 상태, 대금 지불 등 여러 요인으로 인해 양국의 무역활동에 피해가 예상된다.

(4) 한국기업의 투자

 2019년 우리나라 기업 포스코대우는 우크라이나 남부 해안의 오데사 동쪽에 있는 곡물의 주요 수출항인 미콜라이프(Mykolaiv)에 현지회사와 합작으로 연간 250만톤 수출용 곡물을 처리하는 터미널에 투자하여 운영권을 확보하였다. 포스코인터내셔날은 이곳을 기점으로 EU, 중동, 북아프리카 및 아시아 지역에 밀, 옥수수 등 곡물을 수출하였으나 우크라이나 전쟁으로 인해 거의 중지된 상태이다.

 이외에도 국내 기업들이 사업을 하고 있으며 우크라이나 고속철 사업 프로젝트에 관련된 투자도 시도하고 있다.

제2장

러시아의 크림반도 합병

1. 우크라이나의 지정학적 중요성

우크라이나는 서방세력과 러시아의 전략적 이권이 서로 부딪치는 지정학적 중요성 지역에 위치하고 때문에 1991년에 소련으로부터 독립이후 미국·EU 대 러시아 구도로 동서 세력 경쟁의 장(場)이었다. 우리나라도 중국, 일본, 러시아 사이에 둘러싸여 역사상 외침을 수없이 당하였는 바 우크라이나 역시 현대에 들어서 서유럽과 러시아 사이에서 어려움을 겪고 있다. 지도를 보면 유럽북쪽에서 남쪽으로 핀란드, 발트 3국(에스토니아, 라트비아, 리투아니아), 우크라이나가 러시아와 국경을 맞대고 있다. 핀란드는 중립국이지만 발트3국은 나토 회원국이다. 여기에 우크라이나까지 나토에 가입하게 되면 러시아의 유럽방면 국경은 서방세계에 포위되는 형상으로 진전된다. 그러므로 우크라이나의 독립이후부터 미국과 EU는 우크라이나를 대(對)러시아 견제를 위한 전초기지로 만들기 위해 진력하였다. 그 일환으로 2004~2005년에 우크라이나의 시민혁명을 지원하여 친서방 정부를 출범시켰고 EU는 2009년에 이스턴 파트너십을 출범시켰다. 이러한 서방의 조치에 맞서 러시아는 집단안보조약기구(CSTO)와 관세동맹을 만들어 여기에 우크라이나를 끌어들이려고 공을 들였다. 현재 러시아는 공산주의 국가가 아니다.

이러한 와중에서 러시아는 2014년 3월에 크림반도를 우크라이나에서 무력으로 탈취하여 러시아에 강제 합병시켰다. 우크라이나가 과거에 러시아와 같은 나라였고 같은 슬라브 민족이라는 공통성에 기반을 두고 러시아는 푸틴 대통령이 집권한 이후 우크라이나를 다시 러시아 영향권에 두려는 장기적인 목적과 계획을 갖고 대(對)우크라이나 정책 기조를 유지해왔다.

우크라이나는 분명히 주권국가이다. 그러므로 우크라이나 국가의 미래를 결정하는 것은 우크라이나 국민이다. 즉, 친러시아 아니면 친서방 또는 핀란드식 중립정책을 택하는 것은 우크라이나 국민의 몫이다. 구소련 시대에 공산주의를 맛본 우크라이나의 국민 대부분은 공산주의의 잔재를 갖고 있는 러시아보다는 보다 자유로운 서방을 선호하고 있으나 우크라이나 주민의 17.3%를 차지하고 있는 러시아계 국민은 러시아에 대한 친밀감을 보이고 있다. 특히 러시아와 국경을 맞대고 있는 동부의 돈바스 지역주민 가운데에는 친러시아 주민이 30%정도이다. 여기에 비해 서부 우크라이나 주민은 러시아에 대해 1930년대에 일어난 아사사건으로 인해 뿌리 깊은 반감을 갖고 있다.

2. 민주주의로의 험난한 여정

　1989년 11월, 제2차 세계대전 이후 동·서 냉전의 상징이던 베를린 장벽이 무너지면서 유럽에서는 공산주의의 몰락이 시작되었다. 이어서 1990년 10월에는 독일이 통일되었다. 이러한 분위기에 구(舊)소련도 정치적 소용돌이에 휘말리게 되어 1991년 8월 19일에는 고르바초프 대통령이 구금되는 사태가 일어났다. 이러한 정치적 혼란 속에서 당시 우크라이나 자치공화국 의회의장인 레오니드 크라우추크(Leonide Kravchuk)의 주도로 의회는 8월 24일에 거의 만장일치로 독립선언을 채택하였다. 그러므로 우크라이나는 이날을 독립기념일로 삼고 있다. 그러나 완전 독립을 결정하기 위해 1991년 12월 1일에 국민투표와 함께 대통령 선거가 실시되었다. 그 결과 국민투표는 90%가 독립찬성이었고 크라우추크는 62%의 지지를 받아 초대 대통령이 되었다. 미국은 12월 24일에 우크라이나를 국가로 승인하고 많은 국가들이 우크라이나를 승인하였다. 미국이 우크라이나를 승인한 다음날, 고르바초프는 대통령직에서 물러나고 구소련은 공식적으로 해체되었다.

　그러나 공산주의에서 벗어난 우크라이나가 민주주의와 자본주의로 변화되어가는 과정에서 지도자들의 권위주의 통치, 부정부패, 빈곤, 범죄, 사회혼란으로 인해 지도층은 국민의 신망을 잃었다. 그러므로 우크라이나에서는 오렌지 혁명(2004년), 유로마이단 집회(2013~2014년)를 비롯한 여러 차례의 민주화 운동이 일어났다. 이 내용들은 본문의 해당 장(章)에서 설명한다.

3. 푸틴주의

(1) 푸틴의 출생과 러시아 정교회
1) 푸틴의 유아세례

푸틴은 1952년에 상트페테르부르크에서 출생 할 때 러시아 정교회에서 유아세례를 받았다. 부친이 기독교를 인정하지 않는 공산당원이므로 모친이 비밀리에 세례를 받게 한 것이다. 이러한 사실이 러시아 국민이 (정교회 신자가 국민의 75%) 푸틴을 지지하는 이유 가운데 하나이다. 푸틴에게 세례를 준 주교의 아들이 현재 러시아 정교회의 키릴(Kirill) 총대주교이다. 그러므로 푸틴과 키릴 총대주교는 같은 고향출신의 절친한 사이로서 총대주교는 푸틴의 대통령 선거에서도 간접적으로 푸틴을 지지해달라고 러시아 정교회 신자들에게 호소하곤 하였다. 총대주교는 푸틴이 시리아 내전에 러시아 군대를 파견함으로써 시리아의 기독교인들이 이슬람의 학살위협에서 살아남을 수 있었다며 푸틴의 공적을 찬양하였다. 푸틴이 정말로 기독교인인지, 그리고 기독교인이라면 어느 정도 신앙을 갖고 있는지는 잘 알 수 없다. 그러나 동성애를 반대하는 등 표면적으로는 성경적 가치를 존중하는 모습을 보이기도 한다. 그는 러시아의 한 겨울인 2018년 1월 19일, 모스크바 북쪽 약400km에 있는 호수에서 윗옷을 벗고 얼음물 속으로 들어가 몸 전체를 물속에 담그는 의식에 참여하였다. 러시아 전역에 TV로 중계된 이 의식은 러시아 정교회에서 하는 신현축일

(神現祝日, Theophany) 의식으로서 예수님이 요단강에서 세례 받은 것을 기념하는 것이다. 푸틴과 키릴 총대주교는 같은 고향이고 러시아에 대한 생각도 비슷하다. 즉, 옛 소련의 영광을 되찾으려는 푸틴과 동방정교회에서 러시아 정교회의 지도적인 위치를 확보하려는 키릴 총대주교의 목표가 같은 것이다. 푸틴은 러시아 정교회신앙을 갖고 있지만 한편 러시아 정교회를 자신의 정치적 목적을 위해서도 이용하고 있는 것으로 짐작된다.

2022년 3월 18일, 모스크바 시내의 루즈니키 스타디움에서 열린 크림반도 병합 제8주년 기념식에서 푸틴은 스타디움 내외에 모인 10만명 시민에게 러시아군이 크림반도에서 영웅적으로 싸웠다고 격찬하면서 성경말씀을 기억한다며 요한복음 15장 13절(사람이 친구를 위하여 자기 목숨을 버리면 이에서 더 큰 사랑이 없나니) 말씀을 말하였다. 푸틴이 성경구절을 암송하자 관중석에서 우뢰와 같은 박수가 쏟아졌다. 우크라이나도 같은 슬라브 민족으로서 러시아의 형제이고 친구이다. 푸틴은 성경말씀을 암송하기는 하였으나 이율배반적인 행동을 보인 것이다. 그러므로 푸틴이 불안한 정신상태와 판단이 흐려지고 쉽게 흥분하는 자폐증세를 갖고 있다고 보도하는 일부 서방언론도 있다.

2) 푸틴과 러시아 정교회

세계의 수많은 나라 가운데 왜 공산주의 혁명이 러시아에서 1917년에 일어났는가? 여러 이유가 있으나 그 가운데 하나는 러시아 정교회가 너무 정치적으로 타락하였기 때문이라는 분석이 있다. 당시 러시아 정교회는 나름대로 순수성도 가지고 있었지만 기득층과 한 몸이 되어 양심의 소리를 내는데 한계가 있었다는 주장이다. 필자도 키르기스스탄, 조지아,

우즈베키스탄 등지에서 러시아 정교회 예배에 여러 번 참석해 보았으나 느낀 것은 의식이 너무 형식적이고 화려한 반면, 개신교에 비해 성경 말씀을 중심으로 하는 신앙면이 약하다는 것이다. 그러다 보니 성경말씀 진리에 민감하지 않으므로 현실에서 성경 말씀을 적용하며 생활하는 것이 약해보였다.

푸틴은 러시아 정교회를 이용해 강력한 러시아 국가 정체성을 강화하였고 그 댓가로 크렘린은 정교회와의 유대 관계를 돈독하게 함으로써 러시아 정교회의 영향력과 권위를 격상시켰다. 이런 와중에서 키릴 러시아 정교회 총대주교는 러시아군이 우크라이나에 침공하자 전폭적으로 이를 축복하였다. 그는 러시아와 우크라이나는 원래 한 개의 나라였다는 논리로 러시아군의 침공을 찬성하는 한편, 전쟁을 통해 러시아가 우크라이나를 다시 통합함으로써 영토 통일과 영적 통일이 함께 연결되어 러시아 세계를 구축하려는 푸틴의 계획을 지지하였다. 그러나 키릴 총대수교와 달리 러시아 정교회에 속한 사제단 280여명은 3월초에 키릴의 주장에 반대하며 러시아의 침공을 규탄하였다. 그는 러시아를 적대하는 서방세력이 러시아의 우려를 무시한 채 군사력을 증강하면서 러시아를 위협하고 있으므로 공동의 신앙, 공동의 성자, 공동의 역사를 갖고 있는 러시아와 우크라이나는 하나로 되어야 한다고 주장하고 있다. 즉, 종교적으로 러시아가 동로마 제국의 정통적인 후계자라는 자부심을 갖고 있는 푸틴과 같은 생각을 가지고 푸틴을 지원하고 있는 것이다.

(2) 푸티니즘

1) 푸틴의 대통령 임기

푸틴은 2014년 3월에 크림반도 합병을 성공적으로 완료함으로써 러시아 국민들로부터 큰 지지와 인기를 받았다. 그러나 푸틴의 정적이었던 러시아의 야권 지도자 보리스 넴초프(Boris Nemtsov) 전(前)부총리가 2015년 2월 27일, 크렘린궁 인근에서 피살되자 그의 죽음이 정치적인 살인이었다고 주장하는 시민들이 3월 1일, 모스크바를 비롯한 러시아 주요도시에서 수만명이 모여 반정부, 반푸틴 시위를 하자 한동안 러시아의 정정이 불안해 졌고 러시아 금융시장도 영향을 받을 것으로 우려되었으나, 많은 러시아인들로부터 지지를 받은 푸틴은 결국 위기를 넘겼다. 2018년 3월에 푸틴은 4선에 성공하였다. 만약 푸틴이 우크라이나 사태를 그의 의도대로 마무리한다면 그는 2024년에 다시 5선 대통령이 될 것이 확실해 보인다. 그럴 경우 그는 30년간 대통령직을 수행하게 되어 독재자 스탈린의 31년 집권에 버금가는 장기 집권자가 될 수 있다.

2) 푸티니즘의 요소

슬라브 민족의 국가인 우크라이나와 러시아의 국가기원은 키이우와 드니프로강을 중심으로 세워진 키이우 공국에 뿌리를 두고 있다. 13세기 중반, 몽골군의 침략으로 공국은 붕괴되었으나 모스크바 공국(러시아)은 슬라브 국가의 이름을 지켰다. 푸틴은 2016년에 러시아 대통령 관저인 크렘린궁에 10세기에 기독교를 국교로 만든 블라디미르 대공의 동상을 세웠다. 오늘날 키이우의 시내에 있는 마리인스키 공원에도 블라디미르 대공의 동상이 세워져있다. 아마 푸틴은 모스크바에도 블라디미르 대공의 동상을 세움으로써 러시아와 우크라이나의 동질성을 보여주려는 의도를 갖고 있었는지도 모른다. 푸틴은 이렇게 러시아가 뿌리를 둔 키이우 공국의 역사, 정교회와 러시아어가 우크라이나와 연결된 점을 강조하며 서구의 가치관과 다른 러시아 세계라고 하는 개념을 만들어 스스로 구심력을 가진 수호신(守護神)으로 여기는 것 같다.

3) 푸틴의 논리

🚙 러시아인의 DNA

1999년 12월 30일, 이 해에 러시아 총리가 된 푸틴이 발표한 논문 "두 밀레니움 사이의 러시아" 속에 그의 의도가 잘 나타나 있다. 소련이 붕괴한 이후의 러시아는 국가의 제도가 급격히 내려 앉고 국제적 지위도 약화되어 3류 국가로 되었다. 푸틴은 러시아는 그렇게 3류 국가가 될 나라가 아니고 러시아인은 그런 상황에 가만히 참고 있을 사람이 아니라고 생각하며, 자신의 사명은 러시아의 참 힘을 회복하는 것이라고 논문에 썼다. 2000년에 대통령에 취임 후 푸틴은 이 계획을 착실하게 실행하여 왔다. 초기 12년간은 에너지 가격이 상승하여 경제성장과 미국의 협력으로 순조롭게 국력이 회복되었다. 2012년부터는 푸틴2기로서 드디어 세계질서에 대한 도전을 시작하였다. 역사를 되돌아 보면 러시아가 유럽의 대국이었던 시기가 길었고 러시아인의 DNA에는 대국의 정체성(正體性)이 각인되어 있다. 나폴레옹 전쟁에서 프랑스군을 격퇴한 알렉산더 1세는 전후 빈체제를 주도하여 유럽정치의 중심인물 가운데 한명으로 되었다. 제1차 세계대전중 러시아 제국은 볼셰비키 공산혁명으로 붕괴하였으나 제2차 세계대전에는 연합국의 주요한 일원이었고 전쟁후에는 미국과 나란히 세계질서를 주도하는 국가로서 대두하였다. 그러나 냉전후 유럽의 정치적,군사적 동맹인 나토는 몰락한 러시아를 무시하였다고 푸틴은 생각하고 있다.

🚙 푸틴의 불만

여기에 푸틴은 큰 불만을 갖게 되었다. 러시아도 의사결정에 참가하도록 기존의 국제질서 골격을 변화시키려고 한 것이다. 이와 관련 큰 프로세스의 제1단계가 우크라이나로부터 2014년에 크림반도의 탈환이었다.

그리고 오늘의 우크라이나 침공에 이르게 된 것이나 왜 여기까지 사태가 진전 되었는가? 경위를 이해하는 데에는 나토의 동진(東進) 문제를 집어 볼 필요가 있다. 발단은 1987년, 페레스트로이카 개혁으로 미국과 유럽의 열광적 지지를 받았던 러시아의 고르바초프 대통령이 유럽공통의 집안 구상을 제기한 것이다. 이어서 1990년 2월에 독일 통일교섭에서 미국의 제임스 베이커(James Baker) 국무 장관은 독일의 통일을 소련이 승인한다면 1인치도 나토를 확대하지 않겠다고 구두로 약속하였다고 한다. 이 약속은 그 후 32년이 지난 오늘까지도 러시아와 미국 사이에 논쟁이 되고 있다. 즉, 러시아는 미국이 그 후에 약속을 어겼다고 주장하는 반면 미국은 당시 그런 말을 한 적이 없다고 강변하고 있는 것이다.

  1991년 7월, 당시의 고르바초프 대통령은 소련의 해체에 앞서 군사동맹인 바르샤바 조약 기구를 스스로 해체하고 동유럽에 배치되어 있던 소련군을 모두 철수시켰다. 바르샤바 조약 기구는 원래 나토에 대항하기 위해 소련이 주도하여 만든 동유럽 지역 군사동맹 기구이다. 바르샤바 조약 기구가 없어지자 나토는 상대할 적대조직이 없어져 버렸으므로 나토도 해체하여야 한다는 것이 러시아측 생각이었다. 그러나 오히려 소련의 위성국 또는 소련 영토이었다가 독립한 나라들이 나토에 가입하였거나 가입을 희망하는 사태가 일어났다. 이런 어려운 상황을 조정하여 1997년 5월, 미국과 러시아 사이에 우호적 파트너십(PFP)이 맺어졌다. 즉, 당시 미국의 클린턴 대통령 시절에 대러시아 책임자였던 스트로브 탤벗(Strobe Talbott)은, 구(舊)동구제국이 나토가입을 희망하는 권리를 계속 유지하면서 러시아를 납득시키는 임무를 완수하였다. 러시아는 구동구제국이 나토에 가입하는 것은 부정하지 않으나 러시아와 나토의 관계가 악화되지 않도록 운용에 대해 충분한 배려를 한다는 방향성이 확인된 것이다. 1999

년에 과거 소련의 위성국이던 폴란드, 헝가리, 체코가 나토에 가입하였다. 미국, 러시아, 나토 회원국 모두 이 결과에 만족하고 미래의 밝은 희망을 가졌다. 2001년에 미국이 동시다발적인 테러에 직면하자 러시아는 미국의 부시 대통령이 주도한 반테러 연합에 가입하여 탈레반 정권 공격에 전면 협력하였다. 그럼에도 불구하고 서방국가들은 손바닥을 뒤집듯이 러시아를 냉대하였다는 것이 푸틴의 생각이다. 즉, 2004년에는 구소련을 구성하였던 발트 3국(에스토니아, 라트비아, 리투아니아)이 나토에 가입한 것이다. 러시아는 서방측에 대해 나토 병력과 무기의 러시아 인근 배치 금지를 명문화 할 것을 요구하여 왔으나 서방측은 이에 응하지 않고 있다.

뮌헨 연설

2007년 2월 10일, 독일의 뮌헨에서 개최된 제43차 안보정책회의(Security Conferance)에서 푸틴은 연설을 통해 나토의 동진에 우려를 표시하는 한편, 미국의 독단을 비난하며 세계가 민주적이지 못하다는 불평을 하였다. 이날 푸틴 연설의 요지는 미국의 외교, 안전보장 정책을 공개적으로 처음 비난한 것으로서 미국과 동맹국에 대한 경고였다. 이 경고를 서방에서는 향후 우크라이나에서 일어날 일을 미리 암시하였다고 해석하는 경향도 있다. 그 전해인 2006년에 러시아는 대외채무를 완전히 변제함으로써 소련붕괴후의 유산으로 받은 부채를 청산하였으므로 푸틴은 러시아를 대두시켜 뮌헨회의에서 기존 국제질서를 바꾸려는 시도를 한 것이다. 2008년 4월에 루마니아의 부쿠레슈티에서 열린 나토 정상회의에서 우크라이나와 그루시아(현새의 조시아)의 나토가입을 나토 회원국은 원칙적으로 동의하였으나 독일의 앙겔라 메르켈(Angela Merkel) 총리와 프랑스의 니콜라 사르코지(Nicolas Sarkozy) 대통령이 이 두 나라를 나토 회원국으로 받아들이는 것을 반대하였으므로 두 나라의 가입은 허락되지 않았다. 당시 독일과 프랑스는 자국의 이해관계 때문에 러시아에 대해 유화적 입장을 취하였다.

구소련 연방 구성국으로서 러시아에 가장 가깝게 붙어있는 우크라이나와 조지아가 나토에 가입하려는 것에 나토가 기본적으로 긍정적 태도를 보이자 푸틴은 이를 나토의 동방확대 정책이라고 크게 격노하며 양국의 가맹은 러시아에 대한 직접적인 위협이라고 강하게 경고하였다. 이때부터 푸틴은 더 이상 양보는 하지 않겠다는 각오를 굳힌 것으로 보인다. 러시아가 비참한 수준에 까지 떨어졌던 유럽의 안전보장질서를 변화시키겠다는 결심으로서 필요하다면 군사력을 사용하여서라도 존경받는 대국으로서의 러시아의 주장을 관철시키겠다는 각오를 한 것 같다.

러시아의 신무기 개발

2018년 3월, 푸틴은 연차교서(年次教書) 연설에서 러시아가 극초음속 미사일, 수중 드론 잠수함 등을 개발 완료하였는바 이들 무기를 개발하게 된 계기는 2002년에 미국이 탄도탄 요격미사일(ABM) 제한조약에서 탈퇴하였기 때문이라고 말하였다. 미국, 러시아 사이의 핵억지 밸런스가 무너져 내렸다고 주장한 것이나 미국은 전혀 귀를 기울이지 않았다. 그러므로 러시아는 미국의 미사일 시스템에 대항하기 위해 군사력을 강화하였다. 최신 무기를 과시하면서 여태까지 러시아는 약한 나라로 인식되어 누구도 러시아의 주장에 귀를 기울이지 않았다 주장하였다. 그리고 2021년 3월부터 우크라이나 국경지대에 군대를 집결시키기 시작하였다. 그러자 미국의 바이든 대통령은 4월 13일에 푸틴에게 전화를 하여 러시아와는 안정적으로 예측가능한 관계를 구축하고 싶다고 수뇌회담의 개최를 제안하였다.

🛡 푸틴의 결의

2021년 11월 18일, 푸틴은 러시아 외교부 확대간부회의에서 "우리의 최근 경고는 어느 정도 효과를 발휘하고 있다. 유럽에서 긴장감이 높아지고 있다. 중요한 것은 이 긴장상태를 가능한 길게 끌고 가는 것이다"라고 말하였다. 러시아는 2021년 3월 이후, 우크라이나와의 국경에서 군사력을 과시하고 긴장감을 높임으로써 미국을 교섭의 장으로 끌어내려고 하였다. 미러 수뇌회담을 통하여 2021년 12월 미국은 러시아의 안전보장상의 염려에 대해 정부간 협의 골격을 세우는 데 응하였다. 이점에서 푸틴의 시도는 어느 정도 성공하였다고 볼 수 있다. 단 러시아측은 우크라이나가 나토에 가담하지 않겠다는 것과 나토가 확대를 하지 않겠다는 것을 미국이 명문화 해 줄 것을 요구하였으나 미국은 이를 거부하였다. 그러자 푸틴은 미국으로부터 더 이상의 행동은 얻기 어렵다고 판단하고 유럽질서를 재편하겠다는 각오을 하고 군사침공 감행을 결정한 것이 아닌가 짐작된다. 푸틴은 KGB출신으로서 동독의 드레스덴에서도 주재하였으므로 독일어도 가능하고 영어도 가능하여 정보를 이해, 정리, 분석하는 능력이 뛰어나다. 또한 대통령으로서 20여년간 군림하고 있으므로 세계의 많은 지도자를 경험하였으므로 결단력과 배짱을 갖고 있다. 그러므로 푸틴을 젊은날의 나폴레옹으로 보는 사람도 있다. 프랑스혁명의 혼란 속에서 혜성처럼 나타나 나라를 이끈 나폴레옹에 비교하는 것이다.

1999년에 푸틴은 총리에 취임하자마자 스스로 군의 지휘권을 장악하고 체첸 독립파 무장세력을 진압하였다. 대통령인 엘친이 국방과 안전보장을 담당하고 수상이 경제정책을 분담하는 것이 관례였으나 KGB에서 훈련을 받은 푸틴은 전면에 나서 수완을 확실하게 발휘하여 70%의 압도적인 국민적 인기를 획득한 것이다. 강권적인 정치 스타일은 당시 그의 몸에 붙어 있었고 오늘도 국민 70% 이상의 지지를 받고 있다. 1952년에 소련의 레닌그라드(오늘날의 상트페테르부르그)에서 출생한 푸틴은 그의 자서전에서 그가 7세때 처음으로 싸움에서 상대에게 얻어맞아 부끄러움을 당해 4개의 교훈을 받았다고 한다. 첫째는 자업자득, 두 번째는 어떤 상대에 대해서도 경의를 표해야 한다, 셋째는 자신이 바르거나 틀렸더라도 어떠한 상황에서도 강해야 한다. 넷째는 공격과 모욕을 받는 상황에서도 항상 반격을 할 수 있어야한다. 어떤 싸움에서도 최종 결전을 위해 최후까지 싸워야한다. 이것이 푸틴이 소년시절에 몸으로 겪은 것이며 후일 푸틴을 무력(武力)의 신봉자(信奉者)로 만드는 계기가 된 것으로 보인다. 체첸분쟁, 나토와 우크라이나 문제 대응을 볼 때 푸틴의 이 사상이 흐르고 있음을 보게 된다.

푸틴의 소명감

크림반도를 합병할 때부터 본격적으로 시작된 돈바스의 8년간 내전은 러시아에 친밀감을 갖고 있던 동부 지역을 포함하여 우크라이나 사회를 크게 변모시켰다. 즉, 2014년 3월에 실시된 조사에서 나토를 지지하는 우크라이나 국민은 30%였으나 러시아의 침공 위협이 감지된 2022년 2월에는 62%에 달하였고 EU 가입지지도 68%에 이르러 사상 최고 수준을 기록하였다. 이것을 보면서 푸틴은 시간이 지나면서 러시아에 불리하게 상황이 전개되고 있다는 위협과 불안감을 느꼈을 수도 있다. 우크라이나 사회가 러시아로부터 떨어져 나가려는 이런 상황을 보면서 무력 신봉자인 푸틴은 무력으로써 우크라이나를 다시 찾으려는 결의를 굳힌 것 같다.

2020년에 헌법개정에 의해 푸틴은 2036년까지 대통령을 계속할 수 있다. 그의 에너지의 원천으로서 종교적 소명감을 드는 사람도 있다. 그는 엘친에 의해 총리에 임명되었고 그 후 국민에게 선출된 대통령이 되었다. 그는 이것을 신의 계획에 따라 되어졌다고 믿는 것 같다. 그는 하늘로부터 사명을 받았다고 느끼므로 대국 러시아를 실현하기 위해서는 대통령을 그만둘 수 없다고 믿는 것 같다. 그러므로 그는 러시아 정교회를 배경으로 국민의 정신적 지도자가 되고 싶어하는 것 같다.

그는 종교에 관심있는 것처럼 역사에도 관심을 갖고 있다. 많은 관련 문헌을 읽음으로써 우크라이나와의 관계에도 나름대로 이론을 갖고 있다. 그는 2021년 7월에 발표한 "러시아인과 우크라이나인의 역사성 일체성에 관한 연구" 논문에서 러시아인과 우크라이나인이 역사적으로 하나의 민족이라고 주장하고 있다. 즉, 러시아 역사는 오늘날의 우크라이나인 키이우 공국에서 시작하고 러시아, 우크라이나, 벨라루스는 슬라브 민족의 3형제라고 여기고 있다. 러시아의 역사는 강렬한 개성을 가진 제1인자의 아래서 안정되고 발전하여왔다. 푸틴은 그러한 제1인자로서 소명을 갖고 많은 과업을 수행하고 있다고 믿는 것 같다. 미·소 냉전이 끝나고 새로이 만들어진 유럽의 질서를 본격적으로 다시 만들려는 것이 푸틴의 생각이다. 특히 우크라이나의 중립화는 유럽 질서를 다시 재편하는 데 중요한 출구라고 여기고 있다.

영국 출신으로서 미국·러시아 관계연구의 전문가인 안젤라 스텐트(Angela Stent) 조지타운대 교수는 앞에 언급한 푸틴의 역사관과 세계관을 '푸틴 독트린'으로 규정하고, 2022년 1월에 발표한 논문에서 다음과 같이 말하고 있다. "만약 유럽이 러시아와 전쟁을 피한다고 하여도 이미 2021년 3월에 러시아가 우크라이나 국경에 군대를 집결시키기 이전의 상황으로는 돌아갈 수 없을 것이다. 1990년대에 미국과 서방 동맹국들이 만든 유럽-대서양 안보(Euro Atlantic Security) 설계구도는 푸틴이 등장한 이후 러시아로부터 도전을 받고 있어 우리는 역사적인 큰 전환점을 눈 앞에 두고 있다. 러시아는 벨라루스에 미사일을 배치하여 서방을 위협할 것이므로 중국에 외교자원을 집중하고 있는 미국으로서는 러시아와의 문제를 풀어야 하는 또 다른 큰 짐을 지게 될 것이다".

푸틴은 소련해체 당시 서방세계가 나토의 동진(東進)은 없다고 약속하였지만 결국 약속을 지키지 않았으므로 러시아는 피해자라고 주장하였다. 러시아는 나토의 동진이 러시아 안보를 크게 위협하는 것으로 인식하고 있는 것이다. 2004년에 반러시아 성향을 갖고 있는 발트 3국이 나토에 가입한 것에 대해 러시아는 편안하게 생각하지 않고 있다. 러시아가 서방세계로부터 받는 이러한 위협을 미국과 EU가 러시아의 입장에서 이해하려는 자세를 갖는다면 우크라이나 사태의 해결방안을 도출할 수 있을 것이다.

(3) 러시아 국내의 인기

한편 러시아 국민은 푸틴의 독재를 혐오하는 사람도 많지만 푸틴을 지지하는 국민도 많다. 이들은 푸틴이 2000년에 집권한 이후 러시아 경제가 혼란을 벗어나 부활하기 시작하였고 동시에 중산층이 살아났다며 비록 푸틴이 전체주의 독재는 하였지만 러시아를 안정시키고 세계 최대 강대국 반열에 러시아를 다시 올려놓은 것에 대해 자부심을 갖고 있다.

2012년 러시아에서 실시한 인물조사에서 1위를 차지한 것은 놀랍게도 스탈린으로서 49%의 득표율을 얻었다. 이는 러시아 국민이 스탈린이 31년(1922~1953년) 동안 독재자로서 많은 사람의 생명을 앗아갔음에도 스탈린이 소련을 짧은 시간에 초강대국으로 만들었다는 민족적 자부심을 갖고 있기 때문이다. 같은 이유로 러시아인들은 푸틴을 바라보는 것이다. 러시아인들은 민주주의와 자유보다는 안전과 행복에 더 관심을 갖고 강한 조국에 자부심을 갖는 것으로 볼 수 있다. 그러므로 향후 푸틴의 퇴진 이후에도 러시아 국민은 제2의 푸틴을 기대할 것으로 보인다.

소련(소비에트 연방)은 공산주의라는 이념을 축으로하여 하나가 된 국가 연합이었다. 그러나 오늘날 푸틴이 추구하는 것은 이념보다는 오히려 인종, 언어, 문화가 같은 슬라브 민족을 통합하여 하나의 거대한 민족국가인 러시아 제국을 만들려는 것 같다. 2018년 10월에 우크라이나 포로셴코 대통령과 벨라루스의 알렉산드르 루카셴코(Aleksandr Lukashenko) 대통령이 회담시 루카셴코는 포로셴코에게 푸틴은 러시아, 우크라이나, 벨라루스 3국을 합하여 새로운 대(大)러시아 연방을 만들어 새로운 대통령에 취임할 것을 계획하고 있다고 말하였다. 이것은 푸틴이 거대한 민족국가인 러시아 제국을 만들려는 야심을 뒷받침하는 것이다.

4. 크림반도 합병

(1) 군사대국 우크라이나의 몰락
1) 독립시 군사대국

구소련 시대에 소련은 우크라이나에 엄청난 규모의 핵무기와 재래식 무기를 배치하였다. 그러므로 우크라이나가 1991년에 소련에서 독립할 때, 우크라이나는 핵탄두 1,800개, 전차 6,500대, 미그 29 전투기를 포한함 전투기 1,500대 등과 소련 흑해함대의 일부인 함정 350척까지 인수받았다. 온화한 기후에 넓고 비옥한 국토와 풍부한 지하자원, 그리고 첨단 항공산업과 군수산업까지 보유하고 있었으므로 우크라이나로서는 강대국으로 대두할 수 있는 기회였다. 그러나 계속된 사회분열과 혼란으로 정치가 불안하게 되었고 부패가 만연하여 이렇게 좋은 군사자산과 천연자원, 그리고 세계가 부러워할 만한 농업조건을 제대로 활용하지 못하고 경제는 후진국 수준을 벗어날 수 없었다.

1991년에 우크라이나가 소련으로부터 독립할 때 앞서 언급한 바와 같이 핵무기와 재래식 무기를 다량 보유하였으므로 당시 우크라이나의 군사력은 핵무기는 세계3위, 재래식 군사력은 병력 78만명을 가진 세계 5위의 군사강국이었다. 그러나 그 후 군사력을 감축하는 과정에서 우크라이나의 부패한 정치인들이 첨단무기와 전차 등을 아프리카 등 여러 나라에 매각하면서 뒷돈을 챙겼다. 이런 불법적인 무기 수출과정에서 1992년부터 1997년까지 320억 달러(약 36조원)의 무기가 소리 없이 감쪽같이 사라졌다. 세계 각국의 무기 밀거래상들을 통해 이루어진 이러한 우크라이나의 불법무기 밀수출 사건을 줄거리로 하여 할리우드에서는 2005년에 '로드오브워(Lord of War)' 영화를 제작하기도 하였다.

2) 무기 감축

우크라이나는 동서 냉전 종식후 평화에 취해서 이렇게 재래식 무기를 감축하는 것과 별도로 1994년 12월 5일에 체결된 '부다페스트 안전보장 각서(Budapest Memorandum on Security Assurance)'에 따라 핵무기를 러시아에 넘겨주었다. 미국(빌 크린턴 대통령), 영국(존 메이저 총리), 러시아(보리스 옐친 대통령), 우크라이나(레오니드 쿠치마 대통령)가 이 양해각서에 서명하면서 핵무기를 러시아에 넘겨주는 대가로 미국, 영국, 러시아는 우크라이나의 주권과 영토 그리고 국방안보를 보장하는 약속을 하였다. 그러나 러시아는 이러한 국제 양해각서를 휴지조각으로 여기며 크림반도를 점령하였다. 부타페스트 양해각서를 철떡처럼 신뢰한 우크라이나는 다음과 같이 군사력을 감축하였다.

	1991년	2012년	비고(러시아군, 2012년)
병력(만명)	78	14	78
예비군(만명)	?	90	200
전차(대)	6,500	780	23,000
전투기(대)	1,500	210	1,900
함정(척)	350	26	219
핵탄두 미사일	1,272(1,800?)	0	2,500
국방예산(억 달러)	?	16	780

즉, 우크라이나는 제3국의 국방안보 약속에 자국의 안보를 맡기고 잉

여무기라고 여긴 무기를 외국에 매각하고(많은 경우 불법으로) 병력을 대폭감축하고 핵무기조차 러시아에 모두 넘겨주었다. 그 결과 우크라이나는 짧은 기간에 군사강국에서 군사약국으로 전락하고 말았다. 핵무기를 모두 제3국에 넘겨준 우크라이나는 1996년에 비핵국가가 되었고 그 대가로 국제사회에서 4억6천만 달러의 경제지원금을 받았으나 그 금액은 경제발전에 효율적으로 사용되지 못하였다. 우크라이나에서는 구소련 시절인 1986년 4월 26일, 우크라이나 북부에 위치한 체르노빌 원자력 발전소에서 원자로 시험 가동중 핵분열을 통제하지 못해 역사상 최악의 원전 폭발 사고가 발생하였다. 당시 2만5천명이 사망하고 20만명이 방사능에 노출되었고 국토의 8%가 핵물질에 오염되었다고 한다. 이렇게 핵에 대해서는 생각조차 하기 싫은 큰 상처를 입은 경험을 갖고 있는 우크라이나 국민과 지도자들의 뇌리에는 비핵화에 대한 열망이 어느 국민보다도 더 클 수가 있어 쉽게 핵무기를 다른 국가(러시아)에 쉽게 넘겨준 것이 아닌가 하는 생각도 드나 이것은 어디까지나 필자 개인의 생각일 뿐이다.

(2) 오렌지 혁명

친러시아 정책을 펴면서 10년 동안 집권한 독재자 쿠치마(Leonide Kuchma) 대통령이 2004년에 정권 연장을 시도하였다. 우크라이나의 저널리스트이며 저술가인 스타니슬라브 아세예프(Stanialav Aseyev)는 그의 저서[07]에서 쿠치마가 우크라이나를 공갈·협박의 나라로 만들었다고 비판하였다. 쿠치마는 러시아계로서 자기 밑에서 총리이던 야누코비치를 후계자로 세우려고 부정선거를 하다가 이에 반발한 국민이 일어나 쿠

---

07) 〈In Isolation–Dispatches from Occupied Donbas〉 Harvard University Press, 2022

치마 체제를 부수고 우크라이나를 친서방으로 돌린 사건이 2004년 11월의 민주화 시민혁명인 '오렌지 혁명(Orange Revolution)'이다. 2005년 1월에 시행된 대통령 선거에서 당시 총리이던 야누코비치는 쿠치마와 러시아의 후원을 받아 부정선거를 시도하였으나 경쟁자인 빅토르 유셴코에게 패하여 유셴코가 대통령이 되었다. 우크라이나 중앙은행 총재를 역임한 유셴코는 대통령 선거유세중인 2004년 9월에 갑자기 쓰러져 오스트리아의 비엔나 병원에 입원하였는바 누군가 다이옥신으로 독살을 시도하였던 것으로 알려졌다. 그는 유권자 52% 표를 얻어 당선되었고 우크라이나로서는 민주화 시민혁명의 성공으로 정권을 교체하였다. 이때, 오렌지 혁명을 주도한 친서방 여성 정치인 율리아 티모셴코는 '오렌지 공주'라는 별명을 들으며 세계 언론으로부터 각광을 받았고, 2005년 1월 선거에서 대통령이 된 유셴코 정부에서 2005년 2월에 총리가 되었다.

우크라이나는 유럽에서 러시아에 에너지를 가장 크게 의존하는 국가 가운데 하나이므로 푸틴은 천연가스 가스관을 잠그는 방법으로 2004년, 2006년, 2009년에 우크라이나를 위협하였다. 그러므로 선책의 여지가 없는 티모셴코는 두번째 총리시절인 2009년에 러시아·우크라이나 가스 수입계약시 러시아에 유리한 계약을 하였다는 논란을 불러일으키고 부패 혐의에 연루되어 정계퇴진과 함께 2011년에 징역7년형을 받고 3년간 복역하였다. 티모셴코는 당시 정적으로서 대통령이던 빅토르 야누코비치의 정치적 보복이라고 자신의 부정행위를 부인하였으나 국민으로부터 '가스의 공주'라는 비난을 받았다.

유셴코 대통령과 티모셴코 총리등 혁명 주역들이 오렌지 혁명당시 공약한 민주개혁을 하지 않고 부패에 연루되어 재벌(올리가르히)과 유착한 것이 노출되어 결국 국민을 실망시켰고 그들은 몰락의 길을 걸었다. 이때도 크림반도 주민은 분리를 주장하였고 부패한 친서방 집권세력에 대해 반발하였다. 그러나 유센코 대통령 정부 인사들이 동부를 방문하는 등 화합에 힘쓰자 분리 주장은 사라졌다. 한편, 2010년 대통령 선거에서는 야누코비치가 러시아의 경제 원조약속 등을 내세우며 출마하여 경제난에 어려움을 겪고 있는 우크라이나 국민에게 어필하자 국민(특히 러시아계 주민이 많은 동남부 지역)은 부패 전력을 갖고 있음에도 그를 대통령으로 선출하여 우크라이나는 다시 친러 국가가 되었다. 앞서 언급한 우크라이나의 저널리스트 아세예프는 그의 저서에서 야누코비치는 도둑이며 부정부패의 전형적 인물이라고 비난하였다.

부패전력을 갖고 있었음에도 야누코비치는 경쟁자인 당시 총리 율리아 티모센코를 3.5% 차로 누르고 대통령에 당선되자 2012년에 EU로부터 경제적 도움을 받는 대가로 EU와 자유무역협정(FTA) 협상에 착수하였다. 이에 대해 러시아어를 우크라이나어와 함께 우크라이나의 공용어로 지정하였을 정도로 친러시아 성향인 야누코비치를 러시아가 압박과 회유를 하자, 그는 2013년에 FTA협상을 중단하였다. 이러는 와중에 친러시아 세력과 친서방 세력이 갈려져 내전 위기에 직면하였다.

(3) 우크라이나의 내부 분열
1) 동서 지역갈등
2010년 우크라이나 대통령 선거 결과 러시아계 야누코비치는 러시아계 주민이 많은 우크라이나의 동남부 지역에서 50~70%의 득표를 얻었고 율리야 티모센코는 우크라이나 본토계 주민이 많은 서북부 지역에서 50~70%의 득표율을 얻었다. 러시아 국경과 맞닿은 동남부 지역은 지역에 따라서 러시아계 인구 비율이 20~60%에 이르고 이들 지역에서는 러시아어도 우크라이나어와 함께 사용되고 있다. 야누코비치는 동남부 지역의 부호들로부터 후원받은 정치자금으로 이 지역을 정치기반으로써 대통령이 된 것이다. 반면 티모셴코는 유럽국가들과 이웃하고 있는 서북부 지역을 기반으로 정치인이 되었다. 이같이 우크라이나는 동남부와 서북부 주민이 정서가 다르다. 러시아와 국경을 마주한 동남부 주민이 친러시아 성향을 보이는 데 비해 스탈린 시대에 농작물 수탈로 인한 기아로 수백만 명이 아사한 역사를 갖고 있는 한편 폴란드와 오스트리아의 지배를 받았던 서북부는 러시아에 대해 뿌리 깊은 반감을 갖고 있는 것이다. 2014년 2월말 친러 야누코비치 대통령이 탄핵당하자 우크라이나 동부에 있는 제2의 도시 하르키우에서는 3월 1일에 친러시아 주민 수천명이 지방정부 청사에 몰려가서 탄핵에 대해 강력한 항의를 하였을 정도로 우크라이나 동서 지역간의 갈등은 뿌리가 깊다.

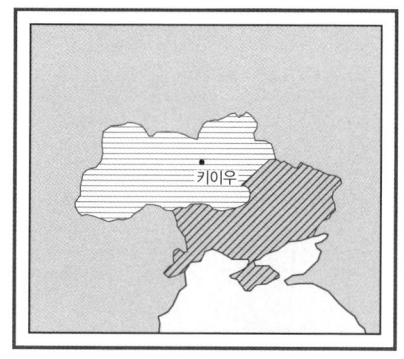

우크라이나 국민성향
친서방   친러시아

2) 유로 마이단 혁명

반정부 시위

2014년 2월의 내부 분열은 2013년 11월 21일, 우크라이나의 대통령 야누코비치가 EU와 추진하던 자유무역협정(FTA) 등 경제협력계획의 백지화를 발표하면서 시작되었다. 푸틴은 우크라이나를 러시아편에 끌어들이기 위해 2013년에 우크라이나 정부가 발행한 국채 150억 달러를 매입하고 우크라이나에 공급하는 천연가스 가격을 기존가격보다 1/3을 인하하였다. 러시아에 돈으로 매수된 야누코비치는 러시아의 이러한 우호적인 조치를 무시할 수 없었고 자기의 정치 기반인 동남부 지역 주민의 정서를 고려하여 EU와의 FTA 협상을 중지한 것으로 판단된다. 야누코비치의 이러한 친러, 반EU 정책에 대해 친러시아 정책에 반대하며 친EU 정책을 주장하는 야당을 지지하는 시민은 2013년 11월 21일부터 키이우에서 3개월 동안 유로마이단(Euromaidan) 또는 '품위혁명'이라고도 불리는 반정부 시위를 벌였다. 마이단은 '광장'(페르시아어)이라는 의미이다. 처음에는 평화적인 시위였으나 곧 야누코비치 부패 정권을 몰아내자는 과격한 운동으로 변하였다. 독립 광장에 모인 시위대는 폐타이어, 건축 자재 등으로 바리케이트를 만들고 최루탄을 사용하여 시위를 진압하는 경찰에게 화염병을 던지며 맞섰다. 이에 경찰은 실탄 사격을 하기도 하였다. 시위대의 대부분은 서북부 지역 출신이었다. 즉, 시위의 배경에는 동남부와 서북부 지역 주민사이의 뿌리 깊은 지역감정도 원인의 하나로서 자리 잡고 있었다.

독립광장을 메운 시위대

친러 독재자 축출

이렇게 반정부 열기가 고조되고 양측의 충돌이 격화되자 '라이트 섹터(Right Sector)'라고 부르는 극우 민족주의 군사집단도 시위에 가세하였다. 주로 10대 후반~20대 초반의 청년 1만명으로 구성된 이들 가운데 일부는 AK47 자동소총을 들고 시위에 참가하였다. 우크라이나의 완전한 주권독립을 외치는 라이트 섹터는 원래 우크라이나계 주민들로 구성된 우크라이나 국가 자위대(Ukrainian National Self-Defense), 삼지창(Trident), 하얀 망치(White Hammer), 우크라이나 애국단(Patriot of Ukraine) 등 여러 극우 집단이 반러시아 기치 아래 2013년 11월에 합쳐진 것이다. 우크라이나에 거주하고 있는

서방측 국기를 가지고 나온 시위대

러시아계 주민들은 우크라이나 땅에서 나가라고 주장하는 이들은 독립광장을 중심으로 시위하는 시민 20만명을 지키기 위해 자동소총을 들고 순찰을 하고 시위대가 친러 정부의 관공서를 점거할 때 선봉을 맡기도 하였다. 당시 이들은 우크라이나의 영웅으로 격찬 받았다. 그러나 이들은 반정부 시위대가 2월 16일에 정부와 타협하고 관공서 점거를 풀어주자 정부와 대화로 타협해서는 안된다며 무기를 들고 과격한 시위를 벌이며 폭동진압 경찰과 무력충돌하여 2월 18일부터 20일까지 100명 이상의 사망자가 발생하였다. 보고를 받은 푸틴은 우크라이나 민족주의자들과 과격분자들이 미국과 유럽의 지원을 받아 시위를 하고 있다고 판단하였고 시위주동자들은 나치 친위대장 에른스트 룀(Ernst Röhm)[08] 같은 자들이라고 비난하였다. 아울러 푸틴은 시위가 과격하게 변하는 것을 보며 향후 우크라이나를 분할할 구상을 하게 되었다.

2월 20일, 사태의 심각성을 인식한 프랑스, 독일, 폴란드 외교부 장관

---

08) 1887~1934년. 나치당 초기 창설자 가운데 한명. 히틀러의 라이벌로 되자 히틀러에 의해 처형되었다.

이 즉시 키이우에 도착하여 야누코비치를 만났으나 해결책이 마땅치 않았다. 이날 사태가 더욱 악화되어 시위대 수백명이 사망하였다고 알려지자 우크라이나 의회는 야누코비치 대통령을 그 다음날인 2월 21일에 탄핵함으로써 친러인 우크라이나는 친서방으로 방향을 돌렸다. 탄핵된 야누코비치를 구조하기 위해 푸틴이 주재한 밤샘 회의는 2월 22일 오전 7시에 회의가 끝났다. 밤새 회의를 하는 동안 러시아군은 야누코비치를 구출하기 위해 대기하였다. 이날 회의에서 푸틴은 크림반도 합병작전을 시작하라고 지시하였다. 한편, 탄핵된 야누코비치는 푸틴의 지시에 따라서 2월 23일에 크림반도를 통해 러시아로 도피하였다. 야누코비치는 급히 도주하느라 1,200억원을 들여서 지은 그의 사치스런 관저에서 비밀 장부를 관저 옆 인공호수에 던지고 귀중품을 제대로 가지고 갈 수 없었다. 그의 관저는 대지 45만평에 5층짜리 호화저택이었는데 현재는 일반인도 관람할 수 있다. 독립후 경제력도 약한 나라에서 권력자는 국민의 세금으로 이렇게 사치가 극에 달한 생활을 하였으니 우크라이나가 정치, 사회적 큰 문제를 갖게 된 것이 이상하지 않다. 그는 러시아에 도착하자마자 우크라이나 과도정부와 미국을 비난하였다.

야누코비치가 러시아로 도주하자 미국과 EU는 즉시 우크라이나에 경제 원조를 약속하였으나 러시아는 우크라이나의 정변을 용납할 수 없다고 반발하였다. 러시아는 우크라이나의 주요 수출 대상국이면서 2014년에 크림반도 합병을 할 시점에 우크라이나 국채 300억 달러를 보유한 최대 채권국으로서 러시아의 국영 은행들이 우크라이나 기업에 자금을 빌려주고 있었다. 2014년의 경우, 우크라이나 가스산업의 20%, 철강·통신 분야의 40%에 러시아 자금이 투입되어 있었으므로 우크라이나가 구소련에서 독립한 이후에도 러시아는 우크라이나를 줄곧 동생취급을 하였다.

이러한 동생이 혁명을 통해 친서방으로 노선을 바꾸는 모습을 보이자 러시아로서는 우크라이나에 교훈을 주기 위해서라도 러시아계 주민이 다수인 크림반도 합병을 강하게 밀어붙였을 가능성이 있다.

야누코비치 대통령이 탄핵당하자 우크라이나 동부에 있는 제2의 도시 하르키우에서는 3월 1일에 친러시아 주민 수천명이 지방정부 청사에 몰려가서 탄핵에 대해 강력한 항의를 하였을 정도로 우크라이나 동서 지역 간의 갈등은 뿌리가 깊다. 이렇게 우크라이나는 크림반도 분쟁을 앞에 두고 내부적으로 친서방과 친러로 국민이 갈라져 분열되었다. 조금 더 분열이 심해졌더라면 내전으로 확대될 뻔하였으나 의회가 신속하게 야누코비치 대통령을 탄핵함으로써 당시 내전의 위기를 피할 수 있었다. 크림반도 합병이전에 서방과 러시아를 오고가며 갈팡질팡하는 외교, 정치인의 부패 그리고 안일한 평화를 택하여 국방력을 스스로 무장해제한 정책으로 우크라이나는 스스로 자멸의 길에 들어섰다. 그러므로 푸틴은 크림반도 합병을 위해 이러한 우크라이나의 혼란한 정국을 최대로 활용하면서 크림반도에 대한 러시아의 군사개입 명분을 만든 것이다.

(4) 미국의 나약한 외교

2011년부터 시작된 시리아 내전에서 러시아는 알아사드 대통령의 정부군을 지원하였다. 당시 미국의 오바마 대통령은 알아사드에게 화학무기를 사용하지 말라고 10회 이상 경고하였다. 그러나 알아사드는 이를 무시하고 화학무기를 반군에게 사용하였다. 그럼에도 오바마는 알아사드를 응징하지 않았다. 러시아는 이 점을 간과하지 않았다.

러시아가 크림반도를 합병하려는 의도를 보이자 2014년 2월 28일, 오바마는 백악관에서 "만약 러시아가 (크림반도에) 군사적 개입을 한다면 반드시 대가를 치를 것이다"라고 러시아에 경고를 하였다. 그러나 바로 다음날, 외부에 러시아 군사력 사용허가권을 갖고 있는 러시아 연방 의회(상원)는 푸틴이 제출한 우크라이나(크림반도)에 대한 군사력 사용 요청안건을 상원의원장인 발렌티나 마트비엔코(Valentina Matviyenko)의 주도로써 재적 166명중 90명이 참석하여 만장일치로 가결하였다. 그러나 이 승인은 어디까지나 요식행위였고 사실은 푸틴의 지시에 의해 상원이 승인하기전에 이미 러시아군은 크림반도에 투입되었었다. 여하튼 세계 초강대국이라는 미국 대통령의 경고가 완전히 무시되는 일이 일어났다. 푸틴은 오바마의 결기 없는 외교능력을 꿰뚫어 본 것이다. 푸틴은 크림반도에 대해 러시아가 어떤 행동을 하더라도 2008년에 러시아가 조지아를 공격하였을 때 미국과 서방세계가 강력한 응징을 못하고 말만 늘어놓을 뿐 직접 나서지 못한 것처럼 크림반도에서도 같은 상황이 일어날 것이라고 확신하고 결국 크림반도 합병 행동을 밀어붙였다.

참고로 러시아 연방 상원이 만장일치로 푸틴이 제출한 군사력 시용요청안건을 승인한 것에 추기로 설명을 하자면 2012년부터 현재까지 연방 상원의원장인 마트비엔코는 푸틴의 최측근 13명 가운데 한명이며 유일한 여성이다. 우크라이나에서 출생한 그녀는 러시아의 2014년 크림반도 군사개입 승인을 부탁받고 토요일임에도 의원들을 소집하여 만장일치로 승인한 것을 주도하였다. 열렬한 푸틴 찬양자로서 "모든 러시아 여성이 푸틴의 정자를 우편으로 받아서 임신해야 한다"고 황당한 주장을 하여 주목을 받기도 하였다. 푸틴에 대해 이렇게 과도한 충성심 때문에 12년 이상 상원의원장을 맡고 있는지도 모른다.

(5) 러시아의 무혈점령

1) 크림반도의 역사

🚂 강대국의 각축장

우크라이나의 동남부에 있는 크림(크름)반도는 연중 기후가 온난하고 토양이 좋고 전략적으로 중요한 위치 때문에 지난 수백년 동안 동·서 강대국들의 충돌이 끊이지 않고 이어 온 지역이다. 고대에는 그리스, 훈족, 몽골의 침략을 받았다. 그러므로 크림반도에는 고대 그리스 식민지의 흔적이 아직도 남아있다. 오늘날 크림반도의 소수 주민으로 남아있는 타타르인들은 크림반도의 진짜 주인은 자기들이라고 주장하고 있으며 그들은 중앙아시아의 유목민으로서 칭기스칸의 후예임을 자처하고 있다. 타타르족은 1430년경에 이곳에 크림 칸국(汗國)이라는 국가를 세웠었다. 그 후 크림반도는 오스만 제국의 침략을 받았고, 오스만 제국에 러시아가 승리하자 18세기말(1783년)에 러시아 땅이 되었다. 오랜 꿈이었던 부

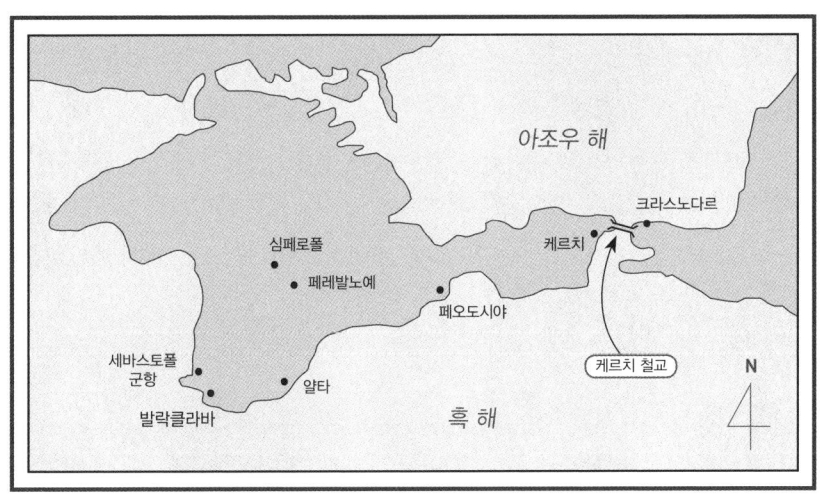

크림반도

고대 그리스인들의 유적지
(사진제공. 양병기 교수)

동항을 얻게 된 러시아는 1783년에 크림 반도 서남부 세바스토폴에 군항을 만들고 흑해함대를 창설하였다. 크림반도는 기후도 온화하고 주위 환경이 아름다우므로 러시아 왕실과 귀족들의 휴양지로서도 각광을 받았다. 19세기 중반(1853~1856년)에는 러시아의 남진 정책을 저지하기 위해 영국·프랑스·오스만 제국이 연합하여 싸우면서 3년 동안 36만명이 넘는 전사자가 발생하였고 결국 러시아가 패전하였다. 이 크림 전쟁기간중 영국의 간호사 나이팅게일은 간호사로서 참전하여 적과 아군을 가리지 않고 치료하여 '백의(白衣)의 천사'라는 칭호를 받기도 하였다. 특히 이 전쟁중 1854년 10월, 발락클라바(Balaklava) 전투에서 6백명의 영국 기병대가 러시아군을 향하여 무모하게 용감한 돌격을 하다가 전원이 전멸한 것은 테니슨(Tennyson)경(卿)의 시를 통하여 유명하게 되었다. 러시아는 전쟁에 패하였고 크림반도는 오스만 제국이 점령하였으므로 이 전쟁에서 낙담한 러시아인의 국민 사기 앙양을 위해 러시아의 문호 톨스토이는 세계문학 금자탑의 하나인 '전쟁과 평화'를 썼다고 한다. 러시아에 승리하였으나 제1차 세계대전에서 독일편에 섰던 오스만 제국이 패망하자 크림반도는 1921년에 다시 러시아에 귀속되었고(러시아는 1917년에 볼셰비키 공산주의 혁명이 성공함) 소련 연방 영토가 되었다.

얄타회담과 한반도 분단

이렇게 발칸 반도와 함께 유럽의 화약고가 된 크림반도는 우리나라와도 간접적으로 관계가 있다. 즉, 연합국이 추축국에 대해 승리의 전세를

1. 얄타 회담이 열렸던 회의장
2. 아름다운 얄타 해안
3. 얄타의 리바디아 궁전
   (사진제공. 양병기 교수)

굳힌 1945년 2월에 크림반도의 항구도시 얄타의 리바디아 궁전에서 미국의 루즈벨트 대통령, 영국의 처칠 수상, 소련의 스탈린 서기장이 제2차 세계대전을 마무리하고 전후의 국제 질서에 대해 협의하였다. 여기서 루즈벨트는 스탈린에게 간곡하게 대일(對日) 참전을 요구하였고 결국 일본이 원자 폭탄을 맞고 항복하기 바로 전에 소련군은 만주에서 일본군을 공격하였다. 이후 한반도에 진주한 소련군과 미군은 한반도를 북위 38도선을 경계로 일본군의 무장해제를 하는 임무를 수행하면서 결국 한반도의 분단계기를 만들게 된다.

🚂 우크라이나에 편입된 크림반도

제정 러시아시절부터 러시아 영토였고 인구의 대부분이 러시아계이던 크림반도는 1954년 당시 니키타 흐루쇼프[09] 소련 공산당 서기장에 의해 우크라이나에 편입되었다. 영토관련 문제는 소련의 최고 연방회의와 국민투표를 통해 결정되도록 소련헌법에 명시되어 있으나 1953년에 서기장이 된 흐루쇼프는 당시 이러한 절차를 무시하고 임의로 결정하였다. 그러나 당시에는 러시아와 우크라이나 모두 같은 소비에트 연방에 속해있었으므로 아무 문제가 되지 않았었다. 1894년에 러시아와 우크라이나 국경 마을에서 광부의 아들로 출생한 흐루쇼프는 14세때 우크라이나의 도네츠크로 이사하여 광산을 전전하며 일을 하였다. 광산에서 일하던 그의 첫 아내 에프로시냐 파사레바와 1916년에 결혼하였으나 그녀가 결혼 3년만에 대기근으로 사망하자 그 후 재혼한 소작농의 딸 니나 페트로브나는 우크라이나 출신이다. 흐루쇼프는 우크라이나 출신이 아니었지만 그가 1918년에 공산당에 가입한 후 우크라이나 공산당 제1서기를 거쳐 1949년에 소련 공산당에서 중요한 직책을 맡을 때까지 그는 우크라이나 공산당 계파의 도움을 받았다. 그러므로 흐루쇼프는 우크라이나에 대해 특별한 감정을 갖고 있었기에 제정러시아의 우크라이나 합병 300주년 기념을 맞아서 크림반도를 우크라이나에 선물로 주었던 것으로 보인다. 당시 러시아와 우크라이나는 같은 소비에트 연방에 속해 있었으므로 흐루쇼프의 결정에 아무도 별다른 반발을 하지 않았다. 크림반도는 우크라이나가 1991년에 소련에서 독립할 때 우크라이나 안에서 자치 공화국이 되었다. 소련이 붕괴한 뒤 러시아에 민족주의 사상이 일어나면서 크림반

---

09) 소련 서기장(1953~1964년), 1971년 사망

도 반환문제가 등장하였고 그 와중에 푸틴이 나타나 1954년에 크림반도가 우크라이나에 양도된 것은 소련헌법에 위배된 행위였으므로 2014년 3월에 크림반도를 다시 찾아온 것이라고 2014년 3월 18일, 대국민 연설을 통해 발표하였다.

2) 세바스토폴 항구와 흑해함대

면적 2.7만㎢의 크림반도는 우크라이나 국토 안에서 러시아계 주민이 많고 역사적, 문화적, 지리적, 군사적으로 러시아와 관계가 깊어서 친러 세력의 중심지라고 불릴 정도로 오래전부터 러시아가 영유권을 주장해 온 지역이다. 1783년에 러시아의 예카테리나 여제가 크림반도를 합병하고 크림반도 서남쪽 끝에 위치한 세바스토폴에 해군 기지를 만들고 흑해 함대를 창설하였다. 크림반도 전쟁중 영국·프랑스·오스만 제국 등 연합군이 세바스토폴 항구를 포위하자 러시아는 함대를 항구안에 침몰시켜 항구를 폐쇄하기도 하였다. 또한 제2차 세계대전중 1941년 10월부터 1942년 7월까지 독일군과 소련군 사이의 세바스토폴 요새 공방전은 사상 최대의 거포(구경 800mm 열차포)를 독일군이 사용하였던 전투로서 유명하다. 이 항구는 구소련 시절에도 러시아 흑해함대 모항으로서 칼리닌그라드의 발틱함대, 북극해 콜라 반도의 무르만스크의 북해함대와 함께 러시아 해군력을 지지해주는 유럽지역 3대 군항 가운데 하나였다. 부동항이 거의 없는 러시아해군으로서는 크림반도처럼 좋은 조건을 갖춘 지역이 반드시 필요하였다. 크림반도에 영구 해군 기지를 확보할 수 있다면 러시아 해군은 흑해 남쪽의 보스포러스 해협과 다르다넬스 해협을 지나 지중해로 나갈 수 있고 일단 지중해에 나가면 수에즈 운하를 통해 아라비아해와 인도양까지 진출하여 중동지역에 러시아의 영향력을 확보할 수 할 수 있는 것이다. 그러므로 푸틴은 크림반도에 서방세계의 영향력이 미치는 것을 차단하기 위해 크림반도를 러시아에 복속시켜려는 계획을 갖고 있었다.

3) 세바스토폴 군항의 소유권 분쟁
🚂 군항의 공동 운용

1991년 소련 붕괴과정에서 독립한 우크라이나는 크림반도를 차지하였으나 구소련 군항인 세바스토폴에 주둔하고 있던 러시아 해군 흑해함대는 철수하지 않았다. 그리고 함대의 일부를 나누어 우크라이나 해군에 양도하였다. 그러므로 1992

세바스토폴 항구

년 6월에 우크라이나와 러시아 양국은 세바스토폴 항구와 부두시설을 양국 해군이 공동으로 사용하기로 합의하였다. 이어서 1997년 5월에 양국은 평화우호 조약을 맺어 우크라이나와 러시아는 세바스토폴 항구를 두 개로 나누어 러시아 해군이 주둔할 지역을 러시아에 장기임대하고 러시아는 이곳에 1만5천명의 병력을 주둔하는 것을 합의하였다. 따라서 러시아, 우크라이나는 각각 별도의 해군 사령부를 세바스토폴 항구 안에 설치하고 항구를 공동으로 운용하였다. 2010년 4월, 양국은 러시아군 지역의 장기

세바스토폴 군항의 러시아 함대

임대를 2017년에서 2042년까지 연장하며 그 후에는 매년 5년마다 임대 기간을 연장할 수 있도록 협약을 맺었다. 이 협약에는 연장의 조건으로서 러시아가 천연가스를 낮은 가격으로 공급한다는 것과 함께 크림반도가 우크라이나의 영토이므로 러시아군은 우크라이나의 허락없이는 기지 외부로 군사시설이나 군함을 이동시킬 수 없다는 내용도 포함되어 있다.

친러시아 주민시위와 공격

그러나 2014년 2월 23일, 세바스토폴 시내의 나히모프(Nakhimov) 광장에서 러시아계 주민들이 크림반도를 러시아에 귀속시키라는 대규모 집회를 하였다. 4일 뒤인 27일 이른 새벽 동트기전에, 러시아의 지원을 받는 친러시아 주민들로 구성된 것으로 보이는 친러 민병대는 무기를 들고 크림 자치 공화국의 수도 심페로폴(Simferopol) 시내에 있는 의회 건물을 포함한 주요 관공서를 점령하고 러시아 국기를 게양하고 28일에는 심페로폴 공항과 세바스토폴 공항을 모두 점령하였다. 총기로 무장하고 잘 조직된 게릴라 행동을 한 친러 민병대는 계급, 이름과 소속을 나타내는 휘장도 없는 군복을 입고 눈만 제외하고 얼굴 전부를 가린 채 자기들은 친러시아계 봉사자라고 주장하였으나 나중에 이들은 러시아 군인신분임이 드러났다. 이들은 계급, 이름과 휘장이 없는 군복을 입었다고 하여 리틀그린맨

나히모프 광장에 있는 나히모프 제독
(19세기 크림전쟁시 러시아 해군)의 동상.
(사진제공, 양병기 교수)

심페로폴 시내 관공서를 점령한 친러 주민들

(Little Green Men)이라는 별명이 붙여졌다. 푸틴은 서방 지도자들의 반응을 테스트하기 위해 2월 27일부터 28일에 걸쳐서 무력 행동을 하였으나 푸틴이 예상한 것처럼 서방의 반응은 극히 소극적이었고 무기력하였다.

한편, 리틀그린맨은 8년이 지난 2022년 2월 21일, 우크라이나의 동부 돈바스 지역에 붙은 러시아 접경지역에 같은 복장을 하고 다시 나타나 전차들과 함께 선봉에 서서 돈바스 지역으로 진입하였다. 이 전차들에도 부대번호 등 아무 표식도 적혀있지 않았다. 이들은 크림반도를 합병시 러시아군의 전위역할을 하였던 같은 방법으로 돈바스 지역에 대해 러시아군 선봉부대로서 특수부대 역할을 하며 진입하였다. 22일에는 루한스크(루간스크)주의 스챠스티아(Shchastia) 발전소가 러시아군의 폭격을 받아 파괴되었고 이어서 24일에는 러시아군이 우크라이나에 전면공격을 하였다.

4) 사기가 떨어진 우크라이나군

크림반도에서 우크라이나군과 러시아군은 언제 누가 먼저 발포를 할지 모르는 긴장된 일촉즉발 상황 속에서 서로 대치를 하고 있었다. 그러나 이미 우크라이나군 가운데 러시아계 군인들이 이탈하여 러시아 민병대에 합류하는 등 우크라이나군의 사기는 객관적으로 떨어져있었다.

3월 1일, 크림 자치 공화국의 친러시아계 세르게이 아시오노프(Sergey Aksyonov) 총리는 푸틴 대통령에게 지원을 요청하는 긴급 성명을 발표하였다. 그리고 같은 날 미국의 오바마 대통령은 푸틴에게 전화를 하여 크림반도 사태에 대해 1시간 30분 동안 논의하였으나 별 소득이 없었다. 오바마는 푸틴에게 러시아의 군사개입을 중단하라고 요구하였으나 푸틴은 크림반도에 있는 러시아 주민을 보호하기 위해 러시아는 군대를 파병할 권리가 있다고 묵살하였다. 그러자 오바마는 러시아가 국제법을 위반하면 강한 제재를 받게 될 것이라고 경고하였으나 이 경고는 푸틴의 계획을 중지시키지 못하였다.

같은 3월 1일, 우크라이나의 해군총사령관인 세르게이 엘리세예프(Sergei Yeliseyev) 중장이 러시아군에 귀순하자 같은날 올렉산드르 투르치노프(Oleksander Turchinov) 우크라이나 대통령 권한대행은 엘리세예프 사령관의 후임으로 데니스 베레조프스키(Denis Berezovsky) 소장을 임명하였다. 그러나 베레조프스키도 그 다음날일 3월 2일에 러시아군에 귀순하였다. 이 두명의 제독을 따라서 5명의 군간부도 3월 3일, 우크라이나군을 이탈하였다. 러시아군은 귀순한 2명의 우크라이나 해군 제독에게 즉시 러시아 해군의 같은 계급을 주었다[10]. 물론 우크라이나 정부는 이들을 국가반역죄로 기소하였다. 사령관과 군 간부들이 이탈하여 적군에 귀순할 정도로 군기가 무너진 크림반도의 우크라이나군은 사실상 러시아군에 감히 대항하여 전투를 벌일 엄두를 못 내고 러시아군의 선처만 바라보는 오합지졸의 군대가 되었다. 이렇게 사실상 3월 1일, 크림반도는 러시아 수중에 넘어간 것이다. 3월 2일, 러시아계 주민 1천명이 심페로폴의 크림 자치 공화국 의회건물 앞 광장에 모여 러시아 국기를 흔들며 리시아에 귀속을 요구하는 시위를 하였다. 그리고 이날부터 친러 민

---

10) 러시아가 크림반도를 합병하고 2014년 3월 24일, 러시아의 쇼이구 국방부장관이 크림반도를 방문시 엘리세예프는 러시아 흑해함대 부사령관으로 임명되었다.

병대 수백명이 크림반도에 주둔하고 있는 우크라이나군의 부대를 포위하고 우크라이나 군인의 이동을 통제하였다. 같은 날, 모스크바에서는 푸틴 앞에 불려 온 야누코비치가 푸틴이 서명하라고 내어 놓은 편지에 강제로 서명을 하였다. 편지 내용은 "우크라이나는 내전 위기에 처해 있으므로 러시아가 신속하게 우크라이나의 법과 질서를 지켜주기를 요청한다"는 것이었다. 러시아로서는 크림반도를 합병하기 위한 무리한 계획에 알리바이가 필요하였던 것이다.

이미 사기가 떨어진 우크라이나 군인은 자기들보다 훨씬 소수 병력을 가진 친러 민병대에 대항하지 못하고 친러 민병대의 지시에 따르는 한심한 행동을 하였다. 크림반도의 상황이 이렇게 급속하게 러시아에 유리하게 전개되자 우크라이나 동부의 돈바스 지역에 있는 도네츠크 시청건물에도 그 지역의 러시아계 주민들이 우크라이나 국기를 내리고 러시아 국기를 게양하고 제2 도시인 하르키우에서도 러시아계 주민들이 대규모 시위를 하였다.

5) 러시아군에 포위된 우크라이나군

그러므로 크림반도에 이미 주둔하고 있었던 러시아군은 크림 자치 공화국의 수도인 심페로폴 외곽의 우크라이나 군기지, 세바스토폴 인근의 페레발노예(Perevalnoe)[11]기지, 반도 동쪽의 페오도시야(Peodosiya) 해군기지 등을 포위하고 우크라이나군의 항복과 무장해제를 요구하였다. 페레발노예 기지는 러시아군과 친러 민병대가 차량 수십대로 기지의 진입로를 막고 우크라이나군도 전차를 앞세우고 기지 입구에서 대치하였고

---

11) 심페로폴군(郡)에 소속된 마을. 인구 4천명

1. 심페로폴을 포위한 러시아군 전차
2. 벨베크 비행장을 경비하는 러시아군.
   오른쪽에 우크라이나 장교들이 협상을 하려고 기지 안으로 걸어서 이동하고 있다.

페오도시야 해군 기지에서도 비슷한 상황이 전개되었다. 페레발노예 기지 인근의 벨베크(Belbek) 기지와 비행장도 러시아군에 포위되었다. 상황이 이렇게 되자 우크라이나는 앞서 언급한대로 2010년 4월에 러시아와 맺은 군사지역 장기임차 계약서 안에 명기된 사항(러시아군은 우크라이나군의 허가없이 크림반도 안에서 이동할 수 없다)을 러시아가 일방적으로 위반하였다고 항의하였으나 러시아는 이를 무시하였다. 이에 우크라이나 정부는 3월 2일, 전국에 예비군 소집령을 내리고 전군에 전투태세 돌입명령을 내렸다. 수도 키이우의 독립 광장에서는 우크라이나를 지지하는 5천명의 시민이 모여 러시아를 규탄하였다. 이러한 분위기에서 3월 3일, 나토와 EU는 긴급회의를 열어 크림반도 사태를 논의하였으나 별다른 결의를 하지 못하였다. 이날 주요 8개국(G8) 가운데 러시아를 제외한 7개국(미국, 영국, 프랑스, 독일, 이탈리아, 일본, 캐나다)이 러시아의 침략을 규탄하는 성명을 발표하고 메르켈(Angela Merkel) 독일 총리는 유럽 안보협력기구(OSCE)[12] 가 주도하는 조사단 설립을 푸틴에게 제안하였다. 반기문 유엔사무총장도

---

12) Organization for Security and Co-operation in Europe. 안보협력을 위해 유럽, 중앙아시아, 북아메리카의 57개 회원국으로 구성. 1975년 핀란드에서 창설된 세계 최대의 정부간 협력기구이다.

3월 1일, 크림반도 문제의 평화적인 해결을 위해 관계국들에게 대화를 촉구하였다. 그러나 이러한 서방측의 미약한 조치에 푸틴은 아랑곳 하지 않았다. 즉, 푸틴은 크림반도를 러시아에 귀속시키려는 조치를 하루가 무섭게 급속으로 진전시키는 한편, 우크라이나와 서방국가들을 안심시키는 기만전술로써 3월 4일, 푸틴이 직접 러시아는 크림반도 합병을 원하지 않는다고 발표하였다. 푸틴은 부대 마크도 없이 마스크로 얼굴을 가린 정체불명의 부대(사실은 러시아군)를 이미 크림반도에 투입해놓고도 러시아군의 개입을 부인하다가 크림반도의 합병이 끝난 뒤인 4월이 되어서야 러시아군이 크림반도에서 자치 정부를 지원하였다고 말하였다.

6) 주민투표

3월 6일, 크림 자치공화국 의회는 비상총회를 열어 러시아와 합병결의안을 채택하고 3월 16일에 주민투표를 할 것을 결정하였다. 크림반도의 인구는 2010년 경우 약200만명으로서 구성은 러시아계 58.5%, 우크라이나계 24.4%, 타타르족 12.1%였다(그러나 2019년에는 230만명으로 증가하였고 인구 구성은 러시아인 65.3%, 우크라이나인 15.1%로서 러시아계가 늘고 우크라이나인은 감소하였다). 주민투표결과 유권자의 89.5%가 투표에 참가하여 이 가운데 95.6%가 러시아와 합병하는 것에 찬성하였다. 이 투표에서 합병에 반대하는 주민이 투표를 하지 못하도록 막거나 부정으로 투표를 조작하는 일이 많이 일어났으나 결국 투표결과는 인정되었다. 주민투표 기간중에 우크라이나 본토에서는 대규모 반정부 유혈시위사태가 일어나 대통령이 도주해 버린 불안한 상황이었으므로 우크라이나 정부는 크림반도 상황에 신경을 쓸 여력이 제대로 없었다. 크림반도를 둘러싼 상황이 푸틴에게 유리하게 전개된 것이다. 참고로 타타르인은 중앙아시아의 유목민으로서 칭기스칸의 후예라는 자부심을 갖고 있으며 이들은 크림반도에서 과거에 선조가 소유하였던 토지에 대한 반환 소송과 이슬람 신앙의 유지 등으로 러시아와 우크라이나 양쪽에 대해 반감을 갖고 있다. 이들은 제2차 세계대전 이전의 고려인들처럼 스탈린의 강제이주정책을 경험한 피해자이었으므로 특히 러시아에 귀속되는 것을 반대하였다. 그러나 숫자가 소수이므로 그들의 뜻을 이룰 수 없었다.

7) 우크라이나군 철수

크림반도에 눈독을 들이고 있던 러시아는 우크라이나가 독립이후 급격히 군사력을 감축한 사실을 간과 할리 없었다. 3월 10일, 러시아군은 우크라이나 해군 기지에 자동소총을 난사하며 진입하였고 심페로폴의 우크라이나군 병원을 점거하였으나 이미 사기가 떨어진 우크라이나군은 방관하였다. 3월 11일, 러시아군은 공수부대 4천명과 수송기 36대를 동원하여 20년만에 최대공수 훈련을 하였다. 이는 물론 우크라이나 정부와 군을 심리적으로 압박하기 위해서였다. 이어서 푸틴 대통령은 3월 18일, 모스크바의 크렘린궁에서 크림반도의 합병을 선언하고 이어서 3월 19일, 크림반도 안에 있는 친러 민병대 200여명이 크림반도의 세바스토폴 항구에 있는 우크라이나 해군 사령부를 급습하였다. 당시 사령부를 포함하여 주위에 배치된 우크라이나군 병력 1만여명은 이들이 사령부에 걸려있던 우크라이나 국기를 찢어버리고 대신 러시아 국기를 게양하는 것을 보면서도 제지를 하지 않고, 총 한방 쏘지 못하고 무기력하게 있었다. 당시 우크라이나군은 군대라고도 할 수 없는 오합지졸이었다. 일촉즉발의 상황으로 치닫던 크림반도 사태는 이렇게 러시아의 일방적인 승리로 끝났다.

소련에서 독립하자마자 막대한 양의 핵무기와 재래식 무기, 그리고 핵제조 기술과 우주과학 기술에 막대한 자원까지 보유한 우크라이나는 동유럽의 최대 강국으로 등장하였었다. 그러나 이러한 강점을 조금도 사용해보지 못하고 무능하고 부패한 지도자들이 이 나라를 순식간에 망쳐버린 것이다. 한때 '우크라이나의 잔다르크'라고 칭송받았던 티모셴코 전 총리는 푸틴이 크림반도 합병선언을 할 때 허리 디스크를 이유로 독일의 한 병원에 입원하고 있었다. 2010년 대통령선거에서 그녀는 야누코비치에게 패하였고, 임기 5년을 채우지 못하고 야누코비치가 탄핵당하자 2014년에 다시 대통령 선거에 출마하였으나 포로셴코에게 패하였다. 2014년초 우크라이나 지도자들은 크림반도 사태를 미국과 EU에 호소만 하였을 뿐 정작 자국 국민에게 러시아에 강하게 맞서자며 비전을 제시하는 자들이 없었다.

이어서 3월 24일에 트루치노프(Oleksander Turchinov) 우크라이나 대통령권한 대행은 크림반도에 주둔하고 있던 우크라이나군 2만명을 모두 철수시키기로 발표하였다. 당시 우크라이나군은 6천 명만이 제대로 훈련을 받은 군인이었다. 이 발표가 있기 전에 이미 세바스토폴 항구를 떠난 호위함 헤트만 사하이다크니(Hetman Sahaidachny)를 포함한 소수의 함정을 제외하고 세바스토폴 군항에 정박중이던 나머지 우크라이나 함정 51척은 모두 러시아군 수중에 떨어졌다. 이때 우크라이나 해군은 사실상 궤멸되었다. 사실상 러시아에 항복을 한 것이다. 따라서 3월 26일에는 크림반도 안에 배치되었던 러시아군 2만5천명이 우크라이나군의 시설 193곳에 진주하여 모두 접수하였다. 소련은 흑해함대에 돌고래 부대도 운용하였으나 소련이 해체될 때 이를 우크라이나 해군에 양도하였다. 그러나 크림반도의 세바스토폴 군항에서 우크라이나 해군이 철수할 때 이들 돌고래 부대를 다시 돌려받았다. 특수훈련을 받은 IQ70~80인 돌고래는 폭탄을 장착하고 적의 함정을 공격할 수 있다.

러시아군이 크림반도를 위협할 때 세바스토폴 공군기지 안에 배치되어 있던 우크라이나 공군 전투기 25대 가운데 제대로 임무에 사용될 수 있는 것은 불과 4대뿐이었고 군용 차량 역시 평소 관리가 제대로 되지 않아 극소수만이 운행가능 하였을 정도로 우크라이나군의 전투태세는 형편없었다. 우크라이나는 크림반도를 잃은 뒤에야 소잃고 외양간 고치는 식으로 국방력 강화에 나섰으나 과거의 막강한 군사력을 회복하는 데는 역부족이었다.

8) 미국의 뒷북 조치

앞서 언급한대로, 3월 1일 오바마 대통령이 푸틴 대통령에게 전화를 걸어 크림반도에 군사개입을 하지 말도록 경고하였음에도 크림반도는 푸틴의 계획대로 러시아에 합병되었다. 약 3개월 후인 2014년 5월 28일, 오바마 미국 대통령은 새로운 대외정책을 발표하였다. 그 내용 가운데에는 군사개입의 기준도 포함되어있다. 즉, 미국의 핵심이익과 국민이 위협받거나 동맹국 안보가 위험에 처할 때 필요하면 군사력을 사용할 것이나 미국에 직접적 위협이 되지 않으면서 국세사회를 위험한 방향으로 이끄는 경우에는 다자주의 틀에 의존하겠으며 또한 국제질서를 국제규범에 따라서 유지하겠다는 정책기조를 밝힌 것이다. 다자주의를 활용하겠다는 것은 동맹국들에 부담을 늘이겠다는 의미이다. 러시아가 국제법을 어기고 크림반도를 합병한 것에 대해 미국은 이렇게 솜방망이를 흔들었다.

(6) 푸틴의 압승

1) 크림반도 합병관련 연표

푸틴의 압승으로 끝난 크림반도 합병과정의 주요 연표는 다음과 같다.

1991년 8월 24일 우크라이나 독립선언시 우크라이나 영토
2004년 11월   부정선거 규탄하는 오렌지 혁명 시작
2005년 1월   친서방계 유셴코 대통령 당선
2005년 2월   친서방계 티모셴코 총리 임명
2010년 2월   친러시아계 야누코비치 대통령 당선
2013년 11월 21일 야누코비치가 EU와 FTA협상 중단하자 대규모 시위 발생

2014년 2월
    18~20일 키이우에서 반정부 시위대와 경찰의 유혈충돌. 100명이상 사망
    2월 21일 우크라이나 의회가 야누코비치 탄핵
    2월 22일 우크라이나 의회, 트루치노프 대통령 권한대행 선출
    2월 23일 야누코비치, 러시아로 도피
    2월 27일 크림 친러 민병대와 러시아군의 리틀 그린맨 부대가 심페로폴의 정부 청사와 의회 점거
    3월 1일 *미국 대통령(오바마), 러시아에 크림반도 합병시도를 경고
           *러시아 의회(상원), 푸틴의 크림반도 파병요청을 만장일치로 승인
           *러시아군 6천명이 추가로 크림반도에 진입
           *우크라이나 해군 참모총장, 러시아군에 투항
    3월 2일 우크라이나 정부, 예비군 소집과 전군에 전투태세 돌입 명령
    3월 3일 G7 정상들, 러시아의 크림반도 침략에 규탄 성명 발표
    3월 4일 미국 국무장관(존 케리), 우크라이나 키이우 방문

3월 4일 푸틴은 크림반도 합병하지 않겠다고 서방을 기만하는 발표
3월 6일 크림 자치 공화국 의회는 러시아와 합병결의안 채택
3월 11일 친러 크림 공화국 정부, 우크라이나로부터 독립선언
3월 16일 주민 투표. 투표자의 96%가 러시아와 합병에 찬성
3월 17일 크림 자치공화국 의회, 독립선언과 러시아 정부에 합병 요청
3월 18일 푸틴이 크림반도합병 선언
3월 19일 크림반도의 친러 민병대가 세바스토폴의 우크라이나 해군 사령부 습격
3월 24일 우크라이나의 트루치노프 대통령 권한대행이 크림반도의 우크라이군에 철수 명령
3월 26일 크림반도의 주둔중인 러시아군 2만5천명이 크림반도의 우크라이나군 시설 193곳 접수
4월 7일 돈바스 지역에서 내전 시작
4월 21일 미국 부통령(바이든), 우크라이나 키이우 방문하여 트루치노프 대통령 권한 대행과 돈바스 지역에 대한 협의

2) 이웃 나라의 우려

결국 이렇게 크림반도는 푸틴의 계획대로 러시아에 쉽게 합병되었다. 동서 냉전 종식이후 본국으로부터 분리 독립되어 러시아 영향아래 들어간 4번째 지역이 된 것이다. 미국과 서방국가들이 크림반도 합병에 대해 러시아를 비난하였지만 과거 소련의 영광을 되찾으려는 푸틴은 서방국가들의 비난에 전혀 아랑곳 하지 않고 러시아의 중요한 전략적 요충지를 포기하지 않았다. 영국의 찰스 왕자조차 푸틴 대통령이 나치 독일의 히틀러

크림반도 합병 8주년 기념식에 참석한 푸틴 대통령
(2022년 3월 18일, 모스크바)

가 1938년에 체코슬로바키아의 주데텐란트(Sudetenland) 지역을 독일에 합병시킨 것과 같은 방법을 사용하였다며 푸틴을 히틀러에 비유하며 비난하였다. 그러나 푸틴에게 서방국가들의 비난은 공염불에 지나지 않았다. 한술 더 떠서 푸틴은 "원래 러시아 영토였던 크림반도를 소련 붕괴시 우크라이나에 준 것은 역사적 불의였으므로 크림반도 합병을 통하여 역사적인 정의를 바로 세운 것"이라고 자평하였다. 한편, 우크라이나, 미국, 영국, EU는 러시아가 크림반도를 합병하여 러시아의 영토로 삼은 것을 아직까지 인정하지 않고 있다.

2008년에는 조지아(당시 국명, 그루지야)가 러시아와의 전쟁에서 패하여 남오세티아 공화국과 압하지아 공화국이 분리, 독립되어 러시아 영향권에 들어갔다. 트란스니스트리아(Transnistria, 몰도바의 친러 분리독립 지역)와 압하지아 그리고 남오세티아가 러시아 영향권에 들어간 과정이 2014년에 크림반도에서 같은 방법으로 일어난 것이다. 이러한 러시아의 팽창 정책을 충분히 인식하면서도 러시아의 불법 행동에 대해 미국은 러시아와 양자무역·투자협상 보류, 러시아 공무원과 개인에 대한 비자 발급 제한 등 미약한 조치를 취하였고 EU는 러시아와 비자면제협상 중단, 경제협력 대화 연기 등의 제재라고도 볼 수 없는 조치를 취하면서 강건너 불보는 듯한 태도를 취하였다. 이렇게 국제사회의 허약한 항의를 받으며 무력(武力)의 신봉자인 푸틴은 자신의 계획을 방해받지 않고 시행할 수 있었다.

3) 러시아 경제의 타격

크림반도 사태가 일어나기전인 2010년부터 국제 원자재 가격이 하락하면서 러시아의 수출 상황은 어려워져서 2013년까지 내리막 길을 걸었다. 그 후 러시아가 크림반도를 합병하려는 시도를 염려하여 2014년 1~3월 사이에 러시아에서 빠져나간 해외자본은 510억 달러(약60조원)에 달하였다. 즉, 2014년 2월에 소치에서 열린 동계 올림픽에 510억 달러를 사용한 것에 이어서 크림반도 합병이 2010년부터 경제성장율이 하락하기 시작한 러시아에 경제위기를 가중시킨 것이다. 2015년에 러시아는 마이너스 4% 경제성장을 하였다. 여하튼, 미국이 주도하는 서방측은 러시아의 크림반도 합병에 반발하여 자국내 러시아 자산을 동결하고 러시아를 G8에서 퇴출시키는 등 경제제재를 함으로써 러시아는 크림반도를 합병하였음에도 러시아의 주요 수입원인 원유의 국제 가격하락으로 루블화 하락(2014년초에 12%, 하반기에 46% 폭락), 내수경기 침체, 소비자 물가폭등 문제에 직면하였다. 그러나 이러한 경제분야의 희생을 치르고서라도 푸틴은 크림반도합병의 가치를 비교할 수 없을 정도로 크게 판단하고 있다.

4) 합병후 크림반도 경제와해

크림반도가 러시아에 합병되자 곧 러시아 정부는 50만명이 넘는 연금 수령자와 공공부문 근로자 20만명에게 연금과 임금을 2배로 인상시켜주어 주민의 환심을 샀으나, 곧 강제로 기업과 기업활동 4천건을 국유화하여 몰수하였다. 에너지 기업, 은행, 호텔, 조선소, 주유소, 농장 등 거의 모든 분야에서 국유화를 통해 강제몰수 재산은 액수로 10억 달러(1조2천억원)가 넘었다. 그러므로 크림 주민은 우크라이나에서 러시아로 국적이 바꿔지면 당장 부유해 질 것으로 기대하였으나 서방 경제권과 단절되면서 1년동안 식료품 사정도 나빠지고 38%가 인상된 고물가에 시달렸고 크림반도의 경제기반은 와해되었다.

한편, 크림반도 출신 영화감독이며 저술가인 올레그 셴쵸프(Oleg Sentsov)는 러시아가 크림반도를 합병한 것을 비판하였다. 그러므로 러시아 당국은 그를 체포하여 20년 징역형을 선고하고 북극해에 인접한 야말로네네츠(Yamalonenetz) 자치구의 감옥에 수감하였다. 2018년 5월 그는 러시아 감옥에 투옥된 모든 우크라이나 정치범을 석방할 것을 주장하며 145일간 단식투쟁을 벌이기도 하였다. EU 의회는 2018년 10월에 그에게 '사하로프 인권상'을 수여하기로 결정하였다. 소련정부를 상대로 1975년에 반체제 운동을 벌인 소련의 핵물리학자 안드레이 사하로프(Andrei Sakharov) 박사를 기념하기 위해 제정된 이 상은 유럽에서 가장 권위있는 인권상이다.

(7) 동·서대결 악화

러시아가 크림반도 합병후 만1년이 지난 2015년, 나토는 폴란드에 사상 처음으로 지상군을 배치하였고 동시에 발트 3국에는 전투기를 배치하였다. 러시아는 구소련 당시인 1990년에 바르샤바 조약국 6개국과 나토 회원국 16개국 사이에 체결한 '유럽 재래식무기 감축조약(CFE: Treaty on Conventional Armed Forces in Europe)'에서 2007년에 탈퇴하고 자문기구 활동만 유지하였다. 그러나 크림반도 합병후 2015년 3월 11일, CFE의 자문기구에서도 탈퇴를 발표함으로써 서방과 러시아 사이에 재래무기 군비경쟁을 다시 부활시키려는 암시를 주었다. CFE 합의 내용은 나토와 바르샤바 조약기구 양진영의 군비 제한은 각각 전차 2만대, 야포 2만문, 장갑차 3만대, 전투기 6,800대, 공격용 헬기 2천대로 제한하고 있다. 같은 기간 중 나토와 러시아는 상대를 가상적군으로 삼고 대규모 기동훈련을 하였

칼리닌그라드 항구. 이곳에서 발사한 극초음속 미사일은 베를린, 파리, 런던을 3분 안에 타격할 수 있다.

다. 미국을 비롯한 나토군은 2015년 3월 9일부터 3개월 동안 러시아와 맞붙어 있는 발트 3국, 루마니아, 불가리아, 폴란드 등지에서 '대서양 결의(Atlantic Resolve)'훈련을 실시하였다. 미국은 이 훈련을 위해 전차, F15 전투기 등 750대를 3천명의 병력과 함께 파견하였고 노르웨이도 북부의 러시아 접경지역에서 병력 5천명을 투입한 기동훈련을 실시하였다. 이 훈련이 실시되는 동안 러시아도 즉시 나토 훈련에 대항하여 육해공군 병력 3만8천명과 전차, 군함, 항공기를 동원한 기동훈련을 시작함으로써 맞불 훈련을 하였다. 특히 푸틴은 3월 16일, 리투아니아 서쪽에 있는 러시아 영토인 칼리닌그라드와 크림반도에 각각 신형미사일과 장거리 핵 탑재 폭격기를 배치하도록 지시하였다. 러시아의 크림반도 무력합병이 동·서사이의 무력 대결을 확대시킨 것이다.

제3장

우크라이나 전쟁

1. 전쟁 발발 이전의 주요 사건

(1) 말레이시아 여객기 추락

1) 돈바스 상공에서 민항기 추락

2014년 7월 17일 오후 12시15분, 네덜란드 암스테르담의 스키폴 국제공항을 이륙한 말레이시아 항공의 보잉777(편명 MH17)기가 오후 5시 15분 우크라이나 동부 돈바스 지역, 도네츠크(Donetsk)주(州)의 샤흐타르스크(Shakhtarsk) 상공에서 관제탑과 교신이 두절되고 곧 이어 레이다망에서 사라졌다. 여객기는 말레이시아의 쿠알라룸푸르를 향하여 1만m 상공에서 순항하는 도중에 우크라이나의 돈바스 상공을 날아가다가 추락한 것으로서 탑승자(승무원 15명 포함) 298명은 전원 사망하였다. 런던과 방콕, 파리와 방콕 사이를 운항하는 영국항공과 에어프랑스는 분쟁지역인 돈바스 상공을 지날 때 각각 북쪽과 남쪽으로 우회하여 비행하였지만 말레이시아 항공은 연료비를 절감하려고 직선 항로를 택하여 비행하다가 분쟁지역 상공에서 변을 당한 것이다. 승객의 국적은 네덜란드 189명, 말레이시아 44명(승무원 15명 포함), 호주 28명, 인도네시아 12명, 영국 9명, 독일과 벨기에가 각각 4명, 필리핀 3명, 캐나다, 뉴질랜드, 홍콩이 각각 1명, 미확인 2명으로서 많은 승객이 동남아시아로 휴가 차 가던 중이었다. 추락한 비행기 잔해와 시신은 그라보보 마을에서 가까운 추락지점에서 반경 3~5km까지 날아갔다. 기체의 잔해 일부는 추락

지점에서 20km 떨어진 곳에서도 발견되었다. 잔해가 발견된 곳은 노란색 해바라기로 덮여있는 평원으로서(우크라이나 전역이 거의 평원임) 당시 돈바스 지역에서는 우크라이나 정부군과 친러시아 분리주의 반군사이에 교전이 계속되고 있었고 샤흐타르스크는 친러 반군이 장악하고 있었다. 반군과 친러계 주민은 우크라이나 정부군이 미사일로 격추시켰다고 주장하고 우크라이나 정부와 우크라이나를 지지하는 주민은 반군이 격추시켰으며 이 사건 배후에 러시아가 있다고 주장한다. 참고로 이 사건은 현재까지 사상최대의 사망자를 낸 민항기 피격사건이다. 그 이전에는 1983년 9월, 알라스카에서 서울로 오던 대항항공 007편 여객기가 사할린 상공에서 실수로 소련 영내로 진입하다가 소련 전투기가 발사한 미사일에 격추되어 탑승자 269명이 사망한 사건이다. 넓은 각도로 본다면 대한항공 피격 사건은 1979년 소련군이 아프가니스탄 침공후 날로 악화되어 가던 미국과 소련 양진영의 비극적 산물이었고, 말레이시아 여객기 피격사건도 우크라이나에서 벌어지고 있는 미국·EU와 러시아 사이의 세력 경쟁이라고 볼 수 있다. 007편 사건에서도 소련은 관련 사실을 인정하지 않다가 국제적 비난이 커지자 결국 소련기가 미사일 공격으로 대한항공기를 격추한 사실을 인정하였다. 그러나 소련은 계속된 소련측의 착륙 요구에도 대한항공기가 불응하였으므로 격추하였다고 책임을 대한항공에 돌렸었다.

2) 러시아제 지대공 미사일

사건이 일어나자 우크라이나 징부의 헤라셴코(Anton Gerashchenko) 내무부 차관은 도네츠쿠주 분리주의자들의 소행이라고 발표하였다. 반면 도네츠크 분리주의자들이 자체 선포한 도네츠크 인민공화국의 보로다이(Alexander Borodai)총리는 자기들은 1만m 높이 상공을 비행하는 항공기를 격추할 무기가 없다고 하며 이는 우크라이나의 소행이라고 주장하였다. 그러나 이것은 며칠 뒤에 도네츠크 인민공화국의 보스톡(Bostok) 여단의 여단장인 호다코프스키(Alexander Khodakovsky)에 의해 거짓말이란 것이 밝혀졌다. 그는 부크 미사일이 루한스크 인민공화국에서 도네츠크 인민공화국에 보내졌으며 사건이후 도네츠크 인민공화국은 부크 미사일의 증거를 없애기 위해 루한스크 공화국으로 되돌려 준 것으로 알고 있다고 로이터 통신원에 말하였다. 또한 도네츠크 인민 공화국 북쪽에서 친러 분리주의자들이 선포한 루한스크 인민공화국의 공보실은 우크라이나 전투기가 여객기를 공격하여 도네츠쿠주 안에 여객기가 추락하였다고 같은 친러 도네츠크 공화국편에 서주었다. 그러나 AFP통신은 여객기 피격 직후 도네츠크 반군 지휘관인 스트렐코프(Igor Ivanovch Strelkov)는 "우리가 우크라이나 공군의 안토노프 수송기(AN 26)를 격추하였다"는 글을 도네츠크 인민공화국 소셜미디어 사이트에 올렸다며 친러 반군이 말레이시아 여객기를 우크라이나 공군 수송기로 오인하고 격추한 것으로 보도하였다. 여기에 더해 AP 통신은 반군 지휘관 베즐레르(Igor Bezler)가 러시아군 정보장교에게 항공기를 격추하였다고 보고하는 전화 도청자료를 확보하였다고 발표하였다. FT(파이넨셜타임스)는 2014년 6월에 러시아 국영매체가 도네츠크 친러반군이 우크라이나군으로 부

러시아제 부크 지대공 미사일

터 부크(Buk)[13] 지대공 미사일 시스템을 탈취하였다고 보도한 것을 인용하며 친러 반군이 부크 미사일로 말레이시아 여객기를 격추하였을 가능성이 있음을 보도하였다. 이와 별도로 각국의 정보기관들도 말레이시아 여객기는 러시아제 이동식 중거리 미사일인 부크 미사일(SA 11또는 17)에 의해 격추된 것으로 분석하였다. 특히 미국의 정보당국은 미사일의 발사경로를 추적한 인공위성 분석자료와 여객기가 피격되는 사진, 격추 사실을 보고하는 친러 반군의 음성 내용 도청자료를 제시하면서 말레이시아 여객기는 친러 반군장악지역에서 발사한 부크(SA 11) 지대공 미사일에 격추되었다고 결론 내렸다. 그러나 러시아는 이러한 사실을 완강하게 부인하였다.

3) 미해결된 추락 사건

미국과 EU가 강하게 비난하자 푸틴 대통령은 말레이시아 피격 여객기 사태수습을 지원하겠다고 말하였다. 그러나 러시아는 피격 사건에 대해 전혀 관련이 없다고 주장하며 시간을 버는 방향으로 사건을 끌고 갔다. 28명의 자국민이 사망한 호주의 토니 에벗(Tony Abbott) 총리는 푸틴에게 전화를 하여 약속을 지킬 것을 요구하였으나 결국 푸틴은 약속을 지키지 않았다. 그러나 푸틴은 한발 더 나아가 오히려 사건의 근본 원인을 반군에 대한 진입작전을 계속한 우크라이나 정부와 미국 탓으로 돌렸다. 우크라이나의 포로센코 대통령이 친러 반군에 대해 추락사건의 철저한 조사를 위해 추락현장 40km이내에서 휴전을 하자고 호소하자 반군도 응하

---

13) SA 6의 레이더와 사격통제 시스템을 크게 개량한 SA 11은 사격고도가 14km이므로 10km 상공을 비행하는 항공기를 격추시키는 데 어렵지 않으므로 북한도 이를 평양 주위와 주요 군사시설에 배치하고 있다. SA 17은 SA 11 보다 더욱 향상되어 사격 최대고도가 25km에 이른다.

는 듯하였으나 7월 23일에 현장부근에서 우크라이나 공군기 2대가 반군에 의해 격추되자 휴전이야기는 더 이상 없어지고 전투가 계속되었다.

 러시아의 황당한 주장에 대해 미국의 오바마 대통령은 미약한 태도를 보였으나 프랑스의 프랑수아 올랑드(Francois Hollande) 대통령은 말레이시아 항공기 피격사건을 1988년 팬암 103편 폭파사건과 같다고 강력하게 러시아를 비난하였다. 그리고 프랑스에 이어 EU는 러시아에 대한 구체적인 제재를 협의하였다. 그러자 미국 안에서도 오바마 대통령을 비난하는 소리가 높았다. 당시 오바마는 이란과의 핵무기 협상에서 소련의 도움이 필요하다는 판단을 하며 여객기 피격사건에 대해 우유부단한 태도를 취하여 혼란에 빠진 세계에 필요한 리더십의 한계를 보여주었다는 언론의 분석과 지적도 있었다. 그러므로 당시 오바마 리더십에 대한 지지도는 집권후 최저치(37%)를 보여주었다. 또한 당시 유엔의 반기문 사무총장은 민간기 격추에 대해 강력히 비판하였으나 유엔 안전보장이사회의 상임이사국인 러시아가 비협조를 보이자 유엔차원에서 대응도 어려워져 어떠한 제재수단이나 해법을 찾지 못하였다. 이러한 분위기속에서 초기에는 러시아를 비난하며 제재논의를 하던 EU도 목소리만 크게 내었지 회원국 사이의 견해와 이권 차이로 인해 고강도 경제제재 조치는 실제 합의되지 않아 결국 이행하지 못하였다.

 즉, 당시 프랑스는 러시아로부터 주문받은 미스트랄급 강습양륙함 2척(12억 유로)을 건조중이었고 영국은 러시아에 헬기, 통신 장비 등(1억 3천만 파운드) 군사무기 수출중이었고 독일은 6천개 이상의 자국 기업이 러시아에 2천억달러 이상의 투자를 진행중이었으며 가장 많은 희생자를 낸 네덜란드는 자국의 최대기업인 로열더치셸이 러시아 국내의 유전을 포함하여 약70억 달러의 자산을 러시아에 보유하고 있었으므로 가장 많은 희생자가 발생한 네덜란드조차도 러시아에 대해 강력한 항의를 제대로 하지 않았다. EU와 러시아의 교역규모는 연간 3,400억 달러 규모로서 미국과 러시아 교역규모의 10배이므로 EU회원국들의 이해관계 때문에 제재는 말로만 하였지 실제 되어진 것이 없었다. 11월 중간선거를 앞두고 대비하던 미국의 오바마 대통령도 우방인 EU의 상황을 알고 적극적인 제재를 주도하지 못하였다. 조그맣지만 제재의 시늉이라도 낸 것은 미국과 영국의 요청을 받은 프랑스가 자국에서 건조한 미스트랄급 강습양륙함의 러시아 인도를 2014년 10월에서 1개월 연기한 정도였다. 사실 이런 것은 제재라고도 부를 수 없는 것들이다. 결국 서방의 압박을 받으면서도 배짱으로 일관되게 버티면서 밀고나간 푸틴의 승리였다.

(2) 나포된 우크라이나 군함

1) 공해상 나포

흑해에 면한 우크라이나의 오데사 항구를 출발한 우크라이나 해군 군함 3척(예인선 한척 포함)은 아조우(Azov)[14]해에 면한 마리우폴 항구를 향하여 2018년 11월 25일, 러시아 본토와 크림반도 사이의 케르치(Kerch)[15] 해협을 통과하다가 러시아 해안 경비대의 함정들에게 포격을 당하고 수호이 25전투기 2대의 위협을 받아 크림반도 남쪽의 공해상에서 나포되어 케르치 항구에 끌려갔다. 남쪽의 흑해와 북쪽의 아조우해를 잇는 폭 3~15km의 이 해협은 러시아와 우크라이나 양국에 전략적으로 중요한 해협이다. 양국은 아조우해를 공동 영해로 규정하고 자유롭게 통

---

14) 면적 3만9천㎢, 평균 수심 7m
15) 폭 3~15km, 최대수심 18m.

케르치 철교

행할 수 있다는 협약을 2003년에 체결하였다. 그러나 2014년에 크림반도를 합병한 러시아는 케르치 해협 전체에 대한 영유권을 주장하였다. 그러므로 그때부터 러시아는 아조우해에 면한 항구인 마리우폴에서 추출용 철광석과 석탄을 싣고 해협을 통과하는 우크라이나 선박을 통제하기 시작하였다.

2) 러시아의 묵살

러시아 연방보안국(FSB)은 우크라이나 함정이 러시아 영해를 불법으로 침범하였다고 주장하였고 우크라이나는 합법적으로 러시아측에 통보하고 항해하였으나 무력 공격을 받았다고 주장하였다. 이 사건으로 우크라이나의 포로셴코 대통령은 긴급 전시내각을 소집하였고 나토와 EU는 러시아가 우크라이나 선박이 케르치 해협을 자유롭게 통과하도록 조치하라고 촉구하였다. 미국도 러시아를 비난하였다. 그러나 러시아는 이번 사건은 포로셴코 대통령이 2019년 대통령 선거에 승리하기 위해 교묘하게 꾸민 사건이라고 주장하며 크림반도와 케르치 해협 장악에 대해 계속 강한 입장을 보였다. 이에 앞서 2018년 5월에 러시아는 케르치 해협을 가로 지르는 길이 19km의 케르치 대교를 완성하고 개통식에서 푸틴이 직접 러시아의 카마스 회사가 만든 덤프트럭을 운전하여 다리를 건너는 장면을 연출하였다. 이 대교는 러시아 본토와 크림반도를 연결하는 다리이다. 그리고 2019년 12월 23일에는 유럽에서 가장 긴 길이 19km의 케르치 철교를 그 전해에 완공한 케르치 대교 옆에 만들었다. 우크라이나와 EU는 우크라이나의 주권을 무시한 행동이라고 즉각 반발하였으나 러시아는 이를 묵살하였다. 이러한 러시아측의 강력한 태도 때문에 아조우해에 면한 우크라이나 지역은 경제적, 그리고 심리적으로 타격을 받아오고 있다.

 2022년 2월 24일, 러시아군이 3개 방면에서 동시 침공을 감행할 때 마리우폴 항구는 러시아군의 초기 점령목표 지역 가운데 하나로서 러시아군의 맹공격을 받아 5월 17일에 러시아군에 점령되었다.

2. 서방과 러시아의 대리전쟁

(1) 양측의 두려움
1) 러시아

제2차 세계대전이 끝나고 소련은 자국의 안전을 위해 동유럽 국가들을 위성국으로 만들었다. 그러나 1991년에 소련이 붕괴하면서 이들 나라는 대부분이 미국과 서방국가들에 합류해 버리고 소련 연방에 속해있던 여러 자치국들도 독립하였다. 독립한 자치국 가운데 에스토니아, 라트비아, 리투아니아가 2004년에 나토에 가입하고 폴란드, 헝가리 등 구소련의 위성국들도 나토에 가입하는 등 이들 국가는 그 동안 구소련의 주도아래 겪었던 사회주의와 계획경제를 거부하고 인권이 보장된 자유경제를 누리기 위해 나토와 EU에 경쟁적으로 가입하였다. 그러므로 나토 가입국의 숫자가 늘고 나토 군사력은 자연히 증강되었다. 이러한 상황에서 나토의 동진을 자국의 안전에 큰 위협으로 간주하고 있는 러시아는 우크라이나와 조지아조차 나토에 가입한다면 이는 서방이 러시아의 목을 조르는 것이 될 것으로 간주하였다. 러시아는 1917년 볼셰비키 공산혁명을 하기 이전에 고대부터 현대까지 많은 침략을 당하였다. 국가가 제대로 견고하게 갖추어지기 이전에 동쪽으로부터 몽골 침략을 경험하였으나 그 후 러시아를 침략한 세력은 남쪽으로부터의 오스만 제국을 제외하면 모두 서쪽인 유럽 국가들로 받은 것이었다. 이 가운데 러시아가 경험한 주요한 침략 가운데에는 1812년, 나폴레옹군의 모스크바 점령[16]과 제2차 세계대전중 독일군이 소련의 서부 지역을 거의 점령하였던 역사이다. 특히 독일군과의 전쟁에서 소련은 2천만명 이상이 사망하여 제2차 세계대전에 참전한 국가 가운데 가장 많은 인명 피해를 입었다. 소련은 이러한 국가 위기를 극복하고 승전국의 위치에서 전쟁을 끝내며 생존 할 수 있었으나 당시의 큰 인명피해는 러시아인이라면 잊을 수가 없을 것이다.

제2차 세계대전 전승국인 미국, 영국, 프랑스, 중국 등에도 물론 제2차 세계대전 전승기념물이 있다. 그러나 러시아에 비하면 아무것도 아니다. 러시아의 경우는 도시마다 제2차 세계대전의 승리를 기념하는 거대한 기념물이 있고 많은 도시에는 이러한 기념물 앞에 24시간 꺼치지 않고 타오르는 '영원한 불(Eternal Flame)'이 설치되어 있다. 도시 뿐만 아니고 웬만한 마을에도 제2차 대전 승리를 기념하고 상기 시키는 기념물과 그 앞에 전시된 무기(제2차 세계대전중 사용한 대포, 전차 등)가 있다. 이것은 국민에게 침략자를 격퇴한 자부심을 갖게 한편 러시아가 겪었던 전쟁의 잔학상과 두려움도 함께 보여주는 것이라고 생각한다. 이러한 연장선에서 러시아는 서유럽에 대한 열등의식을 가지고 서방측을 보고 있다.

2017년 2월 21일, 독일 정부는 당시 독일 국방군 병력 17만8천명을 2024년까지 2만명을 증원하기로 결정하였다. 정규군 증원과는 별도로

---

[16] 나폴레옹은 1812년 6월에 총병력 60만명을 동원하여 5개 방향에서 러시아를 침공하였다. 나폴레옹은 9월 14일에 모스크바에 입성하였으나 이미 도시의 3/4은 후퇴하는 러시아군에 의해 불에 타 버린후였다. 10월부터 알렉산드로 1세 휘하 러시아군의 반격을 받은 프랑스군은 겨울에 후퇴를 하다가 혹독한 러시아 겨울 추위와 기아로 전멸하고 5만명만 생존하여 귀국하였다.

사이버전을 수행할 민방위군 6만1천명의 증원 계획도 발표하였다. 이 발표를 하기전인 2월 7일, 이미 독일은 러시아와 대치중인 리투아니아에 병력 수백명을 파견하였다. 유럽의 경제 엔진이며 나토의 한축을 맡고 있는 독일이 병력을 증원하고 러시아와 국경을 맞대고 있는 나토 회원국에 병력을 파견한 것이다. 이어서 2018년 10월, 나토는 냉전이후 나토의 최대 군사훈련인 '삼지창 연결점(Trident Juncture)' 훈련을 노르웨이에서 실시하였다. 러시아가 2017년에 10만명의 병력을 투입하여 발트해 인근에서 '자파드(Zapad) 2017'년 훈련을 하여 유럽을 긴장시킨 것에 대응하는 이 훈련에는 미국을 비롯한 나토 회원국 전원인 29개국과 나토의 파트너인 스웨덴과 핀란드도 참가하였다. 규모는 병력 5만명, 항공모함을 포함한 군함 65척, 항공기 250대, 전차 등 전투차량 1만대 등이 참가하였다.

러시아는 나토 회원국의 병력 증가, 나토 회원국 숫자의 증가, 나토의 대규모 군사훈련에 신경을 곤두세우며 이러한 움직임을 러시아의 안전에 중대한 위협으로 간주하고 있다. 냉전시대에는 소련과 함께 싸워줄 바르샤바 조약기구(WTO)의 군대가 서구와 소련사이에 있었으나 바르샤바 조약기구가 이미 해체된 오늘날에는 서구와의 일촉즉발 상황의 대립이 발생할 때 러시아 홀로 싸워야 하는 상황이다. 나토의 확장과 동진에 대해서는 푸틴만 불만을 갖고 있는 것이 아니고 푸틴 이전의 친미파 대통령인 보리스 옐친(Boris Yeltsin)조차도 분노하였었다. 불에 덴 사람이 불을 무서워 한다는 말이 있듯이 러시아 역사상 19세기이후 서쪽으로부터 결정적 위기를 두 번(나폴레옹과 나치 독일)이나 겪은 러시아인들로서는 제3자가 느낄 수 없는 그들만의 염려가 있는 것이다. 이러한 역사적인 배경과 제2차 세계대전이후 나토가 결성되어 러시아를 압박한다고 느끼는 러시아는 미국을 비롯한 서방측이 우크라이나를 앞장세워 러시아에 대항하는 대리전을 수행한다고 느끼고 있는 것이다.

2) 서방국가

지난 수백년 동안 서방세계는 루소포비아(Russophobia)라고 부르는 러시아 공포증을 갖고 있다. 러시아, 특히 구소련과 구소련의 정치조직을 두려워하고 적대시하는 것이다. 그러므로 오늘날에도 서방세계는 러시아가 서쪽으로 팽창해 오는 것을 우려하여 푸틴의 팽창정책을 저지하며 유럽을 지키려고 한다. 이러한 시각에서 서방측은 러시아가 서방측을 견제하기 위해 우크라이나를 점령하거나 러시아의 영향아래 두기위해 우크라이나 동부지역인 돈바스에서 친러시아계 주민을 앞세워 우크라이나를 공격하는 대리전을 시키고 있다고 판단하고 있다.

2018년 10월, 러시아가 INF(중거리 핵전력조약)를 위반하고 미사일 지상발사 시스템을 개발하자 트럼프 미국 대통령은 1987년에 미국과 소련이 맺은 INF를 파기하겠다고 발표하였다. 여기에 대해 푸틴은 미국이 INF 파기후 유럽에 미사일을 배치하면 이에 동의하는 유럽국가에 대해서도 러시아가 대응할 것이라고 경고하였다. 2014년 크림반도를 점령한 러시아가 그 후 동유럽 접경지역에서 크고 작은 군사훈련을 계속하자 미국은 점증하는 러시아의 군사위협에 대한 방어적 조치로서 러시아를 견제하기 위해 2017년 1월에 6천명의 병력을 폴란드 등에 배치하였는바 이는 냉전종식이후 미국의 유럽파병으로서는 최대규모이다. 이 파병은 우선 독일에 주둔하던 미 기갑여단이 전차와 장갑차 200여대를 앞세우고 폴란드에 도착하였다. 이어서 후속 부대가 속속 도착하였다. 파견된 미군은 러시아와 유럽이 경계를 이루는 발트 3국과 동유럽 국가에 배치되었다. 또한 기계화 보병대대는 루마니아와 불가리아에 배치되고 독일에 본부를 둔 제10전투 항공단은 라트비아, 루마니아, 폴란드 등에 배치되었다.

앞에 언급한 바와같이 2017년 9월, 러시아와 벨라루스는 병력 10만명을 동원하여 칼리닌그라드를 포함한 발틱해 인근에서 대규모 군사훈련 '자파드 2017'을 함으로써 유럽 국가들을 위협하였다. 자파드는 '서쪽'이라는 의미로서 서방세계를 가리키며 서방에 대항하겠다는 러시아의 의지를 보여준 것으로 해석되므로 서방국가들은 이를 서쪽으로 팽창하려는 러시아의 위협으로 간주하고 있다.

(2) 돈바스 지역 내전
1) 위치와 역사

돈바스(Donas 또는 Donbass)는 우크라이나 동부의 러시아 접경지역에 있는 면적 53,201㎢, 인구 410만명을 갖고 있는 지역이다. 돈바스는 북부의 루한스크주와 남부의 도네츠크주로 구성되어 있는바 루한스크주와 도네츠크주는 면적이 각각 26,684㎢, 26,517㎢이다. 분지 지형에 석탄 매장량이 많아 '돈바스 석탄 분지(Donbas Coal Basin)'라는 이름을 갖고 있으나 일반적으로 간단히 돈바스라고 부른다. 소련은 이곳의 풍부한 철광석, 석탄 등 지하자원을 이용한 산업을 활성화하기 위해 러시아인 약200만명을 돈바스로 이주시켜 이 지역을 산업지대로 만들었다.

러시아가 2014년 3월에 크림반도를 우크라이나에서 탈취한 이후 이어서 돈바스 지역은 러시아와 우크라이나 사이에 분쟁지역이 되었다. 이 지역은 인구의 30% 이상이 러시아계로서 우크라이나의 다른 지역에 비해 러시아계 인구비율이 높고 주민의 절반이 러시아어를 모국어로 여기

N
벨고로트
하르키우
이지움
루한스크주
세베로도네츠크
우크라이나
루한스크
도네츠크주
도네츠크
러시아
마리우폴
아조우 해

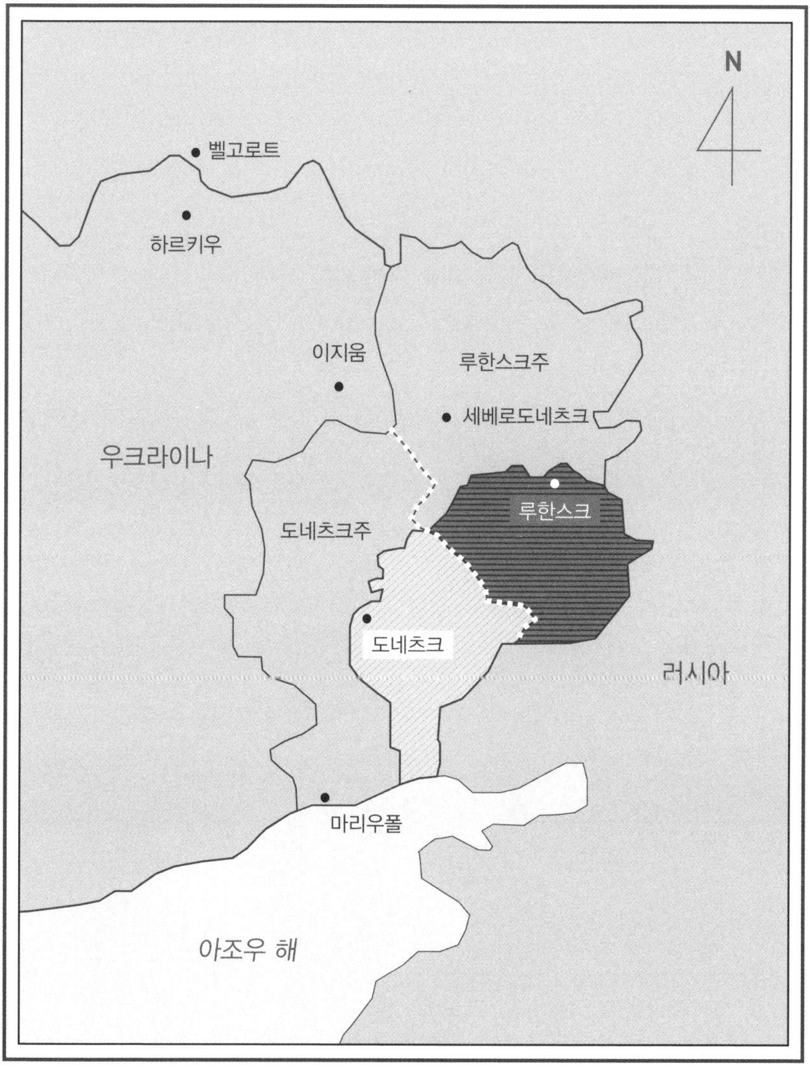

돈바스 지역

도네츠크 인민공화국(DPR)
루한스크(루간스크) 인민공화국(LPR)

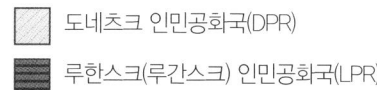

고 있을 정도로 친러시아 성향이다. 그러므로 당시 러시아는 돈바스 지역을 '노보로시야', 즉 '새로운 러시아'라고 불렀는데 18세기말부터 사용된 이 명칭[17]은 러시아가 얼마나 이들 지역을 원하고 있는지를 상징적으로 보여주고 있는 것이다. 이 지역은 구소련시대부터 이곳에서 생산되는 석탄과 철을 이용하여 금속공업과 군수산업이 발전하였으나 우크라이나가 독립한 이후 서서히 쇠퇴하게 되어 지역주민 사이에서 불만이 생겨났다. 그러므로 친러 분리주의 주민들은 크림반도가 주민투표를 근거로 러시아와 합병하는 것을 보고 자기들도 독립하겠다고 3월초부터 스스로 무장을 하고 남부 도네츠크주의 도네츠크시를 중심으로 하여 4월 7일에 도네츠크 인민공화국(DPR) 정부를 수립하고 북부의 루한스크주의 공업도시인 루한스크를 중심으로 루한스크 인민공화국(LPR) 정부를 4월 27일에 수립하였다. 두 주에서 친러 주민들이 세운 LPR과 DPR의 면적은 각각 8,377㎢, 8,902㎢ 이며 LPR과 DPR을 합하면 면적 17,279 ㎢로서 돈바스 전체면적의 33%이다. 인구는 LPR과 DPR이 각각 150만명, 230만명이다.

주	주 면적(㎢)	독립선포 친러지역(㎢)	%
루한스크	26,684	8,377(LPR)	31.4
도네츠크	26,517	8,902(DPR)	33.6
계	53,201㎢	17,279㎢	32.5%

즉, 2014년에 내전이 시작할 당시 친러 주민이 거주하던 면적은 전체 돈바스의 1/3이었고 우크라이나 정부측이 2/3를 점유하고 있었다. LPR과

---

[17] 에카테리나 2세 여왕은 러시아가 터키로부터 전쟁을 통해 점령한 흑해연안 지역을 1775년에 노보로시야주로 만들었다. 초대 총독은 제독출신으로서 여왕의 애인인 포템킨(Grigory Potemkin)이었다.

DPR이 독립을 선포하였음에도 돈바스 지역 안에서 우크라이나 정부를 지지하는 주민들이 사는 곳은 독립에 찬성하지 않았다. LPR과 DPR에서 무장한 친러시아 주민들은 우크라이나 정부를 상대로 무장독립 투쟁을 벌이고 있으나 우크라이나 정부 입장에서 볼 때 이들은 명확한 반란군이다.

2) 내전의 진행
러시아의 반군 지원

2014년 4월 7일부터 친러시아 반군은 러시아가 공급한 무기를 들고 우크라이나 정부군과 싸우기 시작하였다. 4월 12일, 친러 반군은 도네츠크주 슬라뱐스크(Slavyansk)를 공격하여 시청과 경찰서를 점령하는 등 도네츠크주와 루한스크주의 주요도시 관공서를 습격하여 장악하였다. 친러 반군은 동남부의 마리우폴 항구도 점령하였다. 그러자 우크라이나군은 5월에 기갑부대를 투입하여 6월에는 마리우폴을 탈환하고 7월까지 슬라뱐스크를 포함하여 빼앗겼던 도시들을 탈환하자 친러 반군은 러시아국경 방향으로 후퇴하였다. 8월에도 우크라이나 정부군의 공세가 이어져 반군이 밀리자 러시아는 더 많은 군대를 은밀하게 투입하였다. 일부 러시아군이 우크라이나군에 포로로 되자 우크라이나와 서방측은 위성사진을 공개하면서 러시아가 친러 반군을 위해 군대까지 은밀하게 파견하고 무기와 자금을 지원한 것을 비난하였다. 그러나 러시아는 이를 전면 부인하며 포로가 된 러시아군은 러시아인으로서 의용병으로 참전하였거나 길을 잃고 돈바스지역에 들어간 러시아군이라고 거짓말을 하였다. 이어서 러시아군과 친러 반군은 크림반도와 돈바스 지역 중앙을 연결하는 선상에 있는 노보아조프스키와 마리우폴에 공세를 펴서 2014년 8월 27일에 해안 도시인 노보아조프스키를 점령하고 9월초에는 마리우폴 외곽 20km까지 진격하였다. 우크라이나군은 마리우폴 실함을 막기 위해 1개

1. 도네츠크 인민공화국 군인들의 사격훈련
2. 도네츠크 친러 민병대에 입대한 모자(母子). 모친은 호텔경영인, 아들은 관광가이드

여단을 급파하여 방위선을 구축하여 마리우폴이 러시아군에 함락되는 것을 저지하였다. 그러나 러시아군의 지원을 받는 친러 반군은 마리우폴을 2015년초까지 계속 포격하며 공격하였으나 우크라이나군은 마리우폴을 지켜내었다. 이렇게 돈바스 지역에서 전투는 확대되어 2015년 2월까지 5,700명이 사망하고 2022년초까지는 1만4천명 이상이 사망하였다.

휴전협정

2014년 9월 5일, 유럽안보협력기구(OSCE)의 중재로 벨라루스의 수도 민스크에서 우크라이나, 친러 반군, 러시아 사이에 휴전협정이 맺어졌다. 그러나 협정을 무시하고 양측의 전투는 재개되어 2015년 1월 22일, 친러 반군은 그동안 친러 반군의 근거지인 도네츠크시 인근에 있는 도네츠크 공항 주위에서 공항을 방어하던 우크라이나 정부군을 포위 공격하여 공항을 탈취하였다. 그리고 2월초에는 친러 반군이 도네츠크주의 작은 도시 블리걸스크(Vuhlehirsk)를 우크라이나 정부군으로부터 탈취하였다. 그리고 도네츠크주의 동쪽 끝에 위치하며 교통의 중심이고 전략적 요지인 드발체프(Debaltseve)시에서는 고립된 우크라이나군 수천명과 시를 포위하고 있는 친러 민병대 사이에 전투가 계속되었다.

민스크 평화협정

 벨라루스의 수도 민스크에서 2014년 9월에 체결한 휴전협정에도 불구하고 친러 민병대와 우크라이나 정부군의 교전이 확대되자 우크라이나와 러시아는 독일과 프랑스가 주도하는 유럽안보협력기구의 중재 속에서 2015년 2월 12일에 민스크에서 '민스크 평화협정'을 체결하였다. 독일과 프랑스는 우크라이나 사태가 악화되면 유럽은 안보위기에 직면하고 경제면에 큰 타격을 받게 될 것을 예상하여 적극적으로 우크라이나와 러시아 사이의 중재를 맡았다. 회담에는 푸틴 대통령(러시아), 포로셴코 대통령(우크라이나), 메르켈 총리(독일), 올랑드 대통령(프랑스)이 참석하였다. 당시 러시아와 우크라이나는 경제가 거의 붕괴직전이었다. 러시아의 경우 경제를 지탱해주는 석유의 국제가격이 폭락하고 국가신용등급이 투기등급으로 내려앉은 상황이었고 우크라이나도 경제가 악화되어 디폴트(채무상환 불이행) 위기에 직면하였으므로 양국은 독일, 프랑스의 중재를 받아들였다. 회담의 주요 합의 내용은 2월 15일 0시부터 양측은 교전을 중지하며, 14일 이내에 중(重)화기를 대치지점에서 25~70km 후방으로 이동시킨다는 것이다. 이렇게 평화회담은 체결되었지만 양측이 다시 전투를 재개하는 데에는 오랜 시간이 걸리지 않았다. 이것이 결국 만7년 후인 2022년 2월, 러시아의 우크라이나 침공으로 비화된 것이다.

도네츠크 반군 지역에 로켓을 발사하는 우크라이나군

3) 러시아군의 돈바스 진입

🚜 가짜깃발 작전

푸틴은 우크라이나 침공전 1년간 침공을 주도면밀하게 계획하였다. 여기에는 TV등 언론매체를 통해 가짜뉴스를 전파하는 공작도 포함되었다. 2021년 2월, 러시아 언론은 러시아 서남부의 도시 보로네지(Boronezi) 시에서 우크라이나인 3명이 테러 행위로 체포되었다고 보도하였다. 그러나 이것은 우크라이나의 나쁜 이미지를 러시아인에게 퍼트리기 위해 러시아측이 공작한 것으로서 3인은 모두 러시아인이었다. 이런 가짜뉴스를 러시아측이 오래전부터 양산하자 우크라이나 대학교수와 학생들이 러시아의 선전과 선동을 막기 위해 2014년 3월에 우크라이나에서 '스톱 패익(Stop-Fake)'이라는 '사실 확인' 단체를 만들었다. 보로네지 가짜 뉴스도 스톱패익이 찾아낸 것으로서 이 단체는 세계적으로 신뢰를 받고 있다. 러시아측은 돈바스 지역의 도네츠크에서 4살 어린이가 우크라이나군의 무인기 공격으로 사망하였으므로 우크라이나를 응징해야 한다는 등의 가짜 뉴스를 끊이지 않고 러시아 국민에게 전파함으로써 러시아 국민으로 하여금 우크라이나에 대해 적개심이 생기도록 유도한 것이다. 푸틴은 2021년 7월에 러시아어, 우크라이나어, 영어로 된 장대한 논문인 "러시아인과 우크라이나인의 역사성 일체성에 관한 연구"를 발표하면서 우크라이나와 러시아는 하나의 국민이나 서방이 러시아와 우크라이나를 분열시키고 있다는 일방적인 역사관을 주장하였다. 그러면서 나토와 EU에 가입하려고 시도하는 젤렌스키 대통령을 비난하고 우크라이나는 러시아와 동반자가 되어야 주권을 유지할 수 있다고 말하였다. 푸틴의 논문이 발표된 이후, "우크라이나는 존재하지 않고 러시아의 일부이다"라는 논조가 러시아인들 사이에 퍼지고 우크라이나를 침공하자고 주장하는 TV 방송도 있었다. 스톱패익의 대표자 루스란 데이미첸코(Ruslan Deymychenko)

에 의하면 2022년 우크라이나 침공을 앞두고 1년간 만들어진 가짜뉴스는 2014년 크림반도 합병때보다 그 수가 훨씬 많고 특히 2014년의 가짜뉴스는 러시아군이 크림반도에 진입한 사실을 은폐하였으나 2021년의 가짜뉴스는 우크라이나 침공을 조장하는 내용이었다고 한다. 러시아는 우크라이나군이 먼저 돈바스의 친러시아 주민을 공격하였다는 가짜뉴스를 만들어 2월 24일 전면 침공이전 6일전인 2월 18일에 관영언론을 동원하여 퍼트렸다. 소위 말하는 '가짜깃발 작전'이다. 이것은 자기들이 무언가 사건을 일으키고 이를 상대방에게 뒤집어 씌우는 작전이다. 이 가짜뉴스 영상은 편집한 날짜가 차이 나는 것이 네덜란드 탐사보도 기관의 조사에 의해 발견되어 러시아의 지원을 받은 LPR에서 허위로 제작되었음이 알려졌다.

기습침공

2014년에 우크라이나에서는 부패한 친러 정권이 시민 혁명에 의해 전복되는 혼란을 틈타 러시아는 무력으로써 우크라이나 남부의 크림반도를 신속하게 합병하였고 동부의 돈바스 지역에서는 친러 민병대에 군사 지원을 하였다. 돈바스 지역에서 이런 러시아의 대리(代理)전쟁에 의해 2022년초까지 우크라이나 정부군, 친러 민병대 그리고 민간인 모두 1만 4천명이 희생되었다. 그럼에도 국제 사회는 아직까지도 앞서 언급한 돈바스 지역의 친러시아 두 공화국(LPR, DPR)의 독립을 인정하지 않고 있다. 나토의 수장과 독일과 프랑스의 정상들도 돈바스 지역의 두 곳을 독립국가로 인정하게 된다면 이는 정치적 재앙이 될 것이라고 반대함으로써 돈바스 지역의 친러 분리주의자들을 지원하고 있는 러시아도 두 공화국의 독립을 한동안 인정하지 않았다. 내전이 일어나기 이전에는 우크라이나에서 5번째로 큰 도시였던 도네츠크시에는 러시아계 미국인이 세운 도네츠크 신학교가 2017년에 친러 민병대에게 폐쇄되고 친러 민병대는 학교 건물을 본부로 이용하기도 하였다.

그러나 우크라이나를 포위하고 있던 러시아군 병력 일부가 철수를 한 2022년 2월 15일, 러시아 하원(두마)은 푸틴 대통령에게 친러 분리주의 세력이 돈바스를 장악하고 세운 2개의 독립국에 독립승인을 촉구하는 결의안을 통과시켰다. 그러자 EU는 당일에 즉각 푸틴에게 러시아 하원의 결의안을 승인하지 말 것을 요구하였다. EU는 러시아 하원의 결의를 러시아가 돈바스 지역에 대한 침공을 합법화하기 위한 조치라고 보았기 때문이다.

나토와 독일, 프랑스 등 EU 국가들의 반대를 무시하고 결국 푸틴은 2022년 2월 21일, 돈바스 지역에서 반군이 세운 루한스크 인민공화국과 도네츠크 인민공화국을 독립국가로 승인하였다. 이러한 조치는 2015년 2월 12일에 벨라루스의 수도 민스크에서 체결한 '민스크 협정'을 위반한 것이다. 앞서 언급한대로, 민스크 협정은 돈바스 지역의 무력 분쟁을 종식하려고 유럽안보협력기구(OSCE)의 중재 속에서 러시아와 우크라이나가 체결한 휴전협정이다. 푸틴은 돈바스의 2개국을 독립국으로 승인하고 바로 다음날인 2월 22일에는 평화유지군의 명분으로 러시아군을 진입시켰다. 한편, 리틀그린맨은 8년이 지난 2022년 2월 21일밤, 우크라이나의 동부 돈바스 지역에 붙은 러시아 접경지역에 같은 복장을 하고 다시 나타나 전차들과 함께 선봉에 서서 돈바스 지역으로 은밀하게 기습적으로 진입하였다. 이 전차들에도 부대번호 등 아무 표식도 적혀있지 않았다. 이들은 크림반도를 합병시 러시아군의 전위역할을 하였던 같은 방법으로 돈바스 지역에 대해 러시아군 선봉부대로서 특수부대 역할을 하

1. 돈바스에 침공하는 러시아군 전차부대(2014년 11월)
2. 도네츠크주 슬라반스크 지역으로 이동하는 우크라이나군의 기갑부대

며 진입한 것이다. 그리고 3일후인 2월 24일에 러시아군은 우크라이나에 전면공격을 하였다. 즉, 러시아는 돈바스 지역안의 우크라이나 정부군을 오히려 침략세력으로 규정하였다. 그리고 LPR과 DPR과 상호 우호협력 조약을 체결한 것에 근거하여 돈바스 지역안에 러시아군의 군사기지 운영권을 얻었다고 주장하였다. 이에 국제법상 자국 영토인 돈바스에 러시아군이 들어오는 것을 본 우크라이나군과 국민은 충격을 받고 분노를 느꼈다. 즉시 우크라이나의 젤렌스키 대통령은 1994년에 체결한 부다페스트 (안전보장) 양해각서를 근거로 유엔 안전보장이사회 소집을 요구하였다. 그러나 유엔 안전보장이사회 상임이사국 5개국의 하나인 러시아에 의해 젤렌스키의 노력은 성과를 거둘 수 없었다.

4) 부다페스트 안전보장 각서

부대페스트 안전보장 각서(Budapest Memorandum on Security Assurance)는 핵폐기 양해각서로서 미국, 영국, 러시아가 우크라이나, 카자흐스탄, 벨라루스와 1994년 12월 5일에 헝가리의 부대페스트에서 서명하였다. 소련이 붕괴하면서 우크라이나, 카자흐스탄, 벨라루스에 남긴 핵탄두(우크라이나에는 1,800개)를 러시아에 넘기는 대신 미국, 러시아, 영국이 독립국가로서의 우크라이나를 포함한 이들 3개국의 영토보존을 약속하고 미국과 영국이 경제지원을 해주겠다는 내용이다. 우크라이나는 순진하게 이 각서를 믿고 핵탄두를 모두 러시아에 넘겨주었다. 당시 미국과 영국은 세계에서 3번째로 많은 핵탄두를 보유한 우크라이나의 핵탄두 관리능력을 염려하여 핵탄두를 모두 러시아에 넘겨줄 것을 종용하였다. 만약 우크라이나가 3개 강대국의 요구를 무시하고 계속 핵탄두를 보유하고 있었더라면 러시아가 쉽게 우크라이나를 공격하지 못하였을 것이다.

우크라이나는 이 양해각서 내용을 믿었으나 결국 러시아는 이 각서 내용을 무시하고 문자 그대로 휴지장으로 여겨 우크라이나를 침공한 것이다. 역사상 국제 역학관계에서 국가 사이의 불가침 약속이 지켜진 적도 있으나 많은 경우에 힘의 논리에 의해 휴지장이 된 경우를 역사에서 쉽게 찾아 볼 수 있다.

5) 돈바스 내전 연표

2014년 4월 7일부터 교전이 시작되어 현재(2022년 4월)까지 돈바스 지역에서의 내전 상황은 다음과 같이 요약된다.

2014년 4월 7일 *내전 시작
　　　　　　　　*도네츠크 인민공화국(DPR) 정부수립
　　　4월 27일 루한스크 인민공화국(LPR) 정부수립
　　　7월 17일 말레이시아 여객기, 돈바스 상공에서 러시아제 미사일에 격추
　　　9월 5일 우크라이나 정부군, 친러 반군, 러시아군이 휴전협정 체결(제1차 민스크 휴전협정)

             6월 6일 노르망디 포맷 (러시아, 우크라이나, 독일, 프랑스 정
                     상회담)
2015년 1월 22일 친러 반군, 도네츠크 공항 점령
         2월 12일 우크라이나와 러시아, 민스크 휴전협정 체결(제2차
                     민스크 휴전협정)
2016년 10월 19일 제2차 노르망디 포맷(독일 베를린에서 4개국 정상
                     회담)
2019년 12월 9일 제3차 노르망디 포맷(프랑스 파리에서 4개국이 돈바
                     스 휴전합의), 러시아(푸틴), 우크라이나(젤렌스키),
                     독일(메르켈), 프랑스(마크롱)
2022년 2월 15일 러시아 하원이 LPR, DPR의 독립승인촉구 결의
         2월 21일 푸틴, LPR과 DPR의 독립승인
         2월 22일 돈바스 지역에 러시아군이 평화유지군으로 진입
         2월 24일 러시아군, 우크라이나 침공
         4월   러시아군, 돈바스 지역에 집중 공격

(3) 우크라이나의 악화된 상황

 2014년에 러시아에 합병된 크림반도가 1년안에 개인 기업과 개인재산이 거의 몰수되어 주민이 경제적으로 어렵게 생활한 것처럼 우크라이나에서도 2014년 크림반도를 빼앗긴 이후 경제가 극히 악화되어 디폴트(채무상환 불이행) 위기에 직면하였다. 즉, 독립이후 서방과 가까운 관계를 유지하는 반면, 러시아와의 관계는 러시아가 크림반도를 합병하고 동부의 돈바스 지역의 친러 주민을 지원하자 급속히 악화된 것이다. 특히 크림반도 사태이후 우크라이나의 경제는 크림반도를 합병한 2014년에 마이너스 6.6%, 그 다음해에는 마이너스 9.8% 역성장을 함으로써 2015년

의 국가 GDP는 2013년의 절반이 안되는 910억 달러로 떨어지고 2017년에도 2013년의 2/3가 안되는 1,122억 달러에 머물렀다. 크림반도 사태에 영향받아 우크라이나 통화가치도 2015년초에만 67% 하락하자 우크라이나는 2015년말 안에 디폴트에 처할 가능성이 높은 것으로 우려되었다.

국내총생산(GDP)		GDP 성장률	
연도	금액(억U$)	연도	성장률(%)
2013	1,833		
2014	1,355	2014	-6.6
2015	910	2015	-9.8
2016	932	2016	2.4
2017	1,122	2017	2.5

따라서 우크라이나의 화폐인 흐리우냐(Hryvnia)의 가치(2018년)도 2014년에 비해 170%가 하락하였다. 이러한 극심한 경제난, 고질적 부정부패, 제대로 된 지도자가 없는 정치적 무질서 그리고 계속되는 러시아로부터의 위협 등으로 우크라이나의 사회 분위기는 최악의 상황에 직면하였다. 극심한 경제난 속에서 청년층은 일자리를 찾아 서유럽으로 떠났고 기업들은 능력있는 직원과 숙련된 인력을 채우지 못해 악순환이 반복되었다. 여기에 더해 우크라이나 경제를 쥐고 있는 소수 신흥 재벌과 정치인, 공무원의 부패도 심각하여 2018년 국제 투명성 조사에서 조사된 180개국 가운데 120위를 차지할 정도였다.

(4) 새로운 지도자의 등장
1) 대통령 선거

이런 사회적 분위기 속에서 젊은층을 중심으로 한 우크라이나 국민은 무능하고 부패한 지도자에 등을 돌리고 2019년 4월의 대통령 선거에서 참신한 지도자를 갈망하게 되었다. 그러므로 당시 젤렌스키, 포로셴코 기존 대통령, 티모셴코 전총리 등 3명의 후보가 대통령 자리를 놓고 경쟁을 벌였는바 2019년 3월 중순의 여론 조사에서 뜻밖에 정당 활동경력, 공직 활동 이력 그리고 정치 경험이 전혀 없는 신예 젤렌스키가 21%로서 포로셴코(13%), 티모셴코(11%)를 누르고 선두에 서게 되었다.

국민은 기업인 출신으로서 경제 대통령이라고 자처하는 포로셴코가 말만 경제대통령이지 IMF(국제통화 기금)로부터 받은 80억 달러의 구제금융을 IMF가 요구한 구조조정 등 분야에 사용하지 않고 엉뚱한 곳에 사용함으로써 IMF가 원래 공여하기로 하였던 170억 달러 가운데 90억 달러를 받지 못해 우크라이나의 경제를 살려내지 못하였다고 판단하였다. 티모셴코 전총리도 부패 혐의로 3년간 복역하고 유로마이단이 끝날 즈음(야누코비치 대통령이 러시아로 도주한 2014년 2월 23일)에 석방되는 등 부패에서 자유롭지 못한 이력을 갖고 있다. 그러므로 3명의 후보가 반(反)러시아 노선, 크림반도 탈환, 친(親)서방 정책을 공통적으로 갖고 있으나 우크라이나 국민은 부패에서 자유롭고 신선한 후보를 제6대 대통령으로 선호한 것이다.

우크라이나는 1991년에 주민투표 90%가 넘는 찬성률을 얻어 소련에서 독립한 이후 정치인·공무원의 부패, 친서방과 친러 국민의 분열로 인하여 불안정한 정치를 계속하여 왔다. 독립이후부터 6대 젤렌스키까지 31년 동안 친러 성향이 15년, 친시방이 16년간 교체 통치를 하고 있으며 대통령과 그들의 성향은 다음과 같다.

대	이름	기간	비고
1	레오니드 크라우추크(Leonide Kravchuk)	2년 11개월(1991.8.24~1994.7.19)	친서방
2	레오니드 쿠치마(Leonide Kuchma)	10년 6개월(1994.7.19~2005.1.23)	친러
3	빅토르 유셴코(Victor Yushchenko)	5년 1개월(2005.1.23~2010.2.25)	친서방
4	빅토르 야누코비치(Victor Yanukovych)	4년(2010.2.25.~2014.2.22.)	탄핵 친러
-	올렉산드르 트루치노프(Olekdandr Turchynov)	4개월(2014.2.23.~2014.6.7.)	임시대통령,친서방
5	페트로 포로셴코(Petro Poroshenko)	5년(2014.6.7.~2019.5.20.)	친서방
6	블로디미르 젤렌스키(Volodymyr Zelenskyy)	2019.5.20 ~ 현재	친서방

2) 코미디언 출신 대통령

결국 2019년 4월 21일의 대통령 선거에서, 젤렌스키는 젊은 유권자들의 도움으로 73%의 득표를 얻어, 기존 포로셴코 대통령에 압승으로 대통령에 당선되었다. 볼로디미르 젤렌스키(Volodymyr Zelenskyy)는 구(舊)소련시절 우크라이나 중부지역의 유대인 가정에서 출생하였다. 그의 부친은 컴퓨터 소프트웨어 과학자이고 모친도 공학도였다. 그는 고등학교 시절부터 TV 코미디 프로그램에 출연한 코미디언 출신이다. 키이우 국립경제대학의 법학과를 졸업한 그는 대학에서 전공한 법에 관련된 일을 하지 않고 배우, 프로듀서, 연예 기획사 대표로 활동하였다. 그러던 중 2015년부터 TV프로인 '국민의 하인(Servant of the People)'이라는 제목의 정치 드라마 속에서 부패하고 무능한 정부를 비판하는 고등학교 역사 교사가 국민의 선풍적인 인기를 끌어 대통령이 되는 주인공의 역할을 하면서 우크라이나의 국민배우로 떠올랐다. 당시 우크라이나 사회는 부패가 심하였으므로 시청자들은 이 프로에 열광하였고 젤렌스키는 드라마 속에서처럼 선풍적인 인기를 한 몸에 받았다. 그러자 젤렌스키는 2017년에 드라마 제목과 같은 '국민의 하인'이라는 이름의 정당을 만들어 대통령에 출마하여 압도적인 득표율로 대통령에 당선된 드라마속의 주인공처럼 실제로 압도적인 득표율로써 대통령이 되었다.

젤렌스키는 포로셴코 정권의 무능과 부패를 비난하는 한편, 러시아와의 오랜 전쟁을 종식시키겠다는 공약을 내걸자 친서방 집권세력의 부패와 러시아와의 오랜 마찰에 진력이 난 젊은층이 젤렌스키를 지지한 것이다. 그는 유권자와 SNS 등을 통해 소통하며 지지를 얻었고, 특히 좌파 성향 젊은 유권자들이 그를 대통령으로 선택하는 데 일조를 하였다. 그러나 대통령이 된 그에게 풀어야 할 숙제가 많이 기다리고 있었다. 경제문제, 사회 부패, 세제개혁, 에너지 자급자족 등이 그것이다. 우크라이나의 어려운 경제는 2015년에 마이너스 9.8% 성장을 하였고 그 후 2~3%로 상승하였지만 2017년 1인당 국민총생산(GDP)은 2,656달러로서 유럽에서는 우크라이나의 이웃인 몰도바와 함께 최하위권 수준이므로 2018년 12월에 IMF로부터 39억 달러(약4조8천억원)의 구제금융을 받기도 하였다. 또한 2014년에 러시아에 빼앗긴 크림반도 문제와 동부 우크라이나 돈바스 지역의 내전 상황은 새로 대통령이 된 젤렌스키가 풀어야 할 큰 숙제였다.

2022년 전투지역을 시찰하는 젤렌스키 대통령

3) 우크라이나의 처칠

2월 24일, 전선에서 대규모 전면 공격을 감행한 러시아군 특수부대가 젤렌스키 대통령과 각료들을 제거하기 위해 키이우에 낙하하여 대통령 관저를 급습하였다. 그러나 우크라이나군은 이 특수부대를 격퇴하였으므로 젤렌스키는 러시아군 기습을 피할 수 있었다. 상황이 이렇게 급박하게 되자, 미국과 영국은 그에게 피난처 제공과 함께 폴란드 동부에 가서 망명정부를 세울 것을 제안하였으나 그는 "탈출이 아니라 탄약이 필요하다"며 단호하게 거절하였다. 그리고 미국 뉴욕타임스와의 회견을 하면서 "나에게는 죽음을 겁낼 권리가 없다", "만약 대통령이 아니라면 다른 국민처럼 총을 들고 군대에 합류하였을 것"이라고 결의를 보임으로써 많은 우크라이나 국민을 감동시켰고 이 모습을 본 많은 국민이 군에 자원입대하였다. 이것이 지도자이다. 이러한 지도자를 2022년 3월, 우리나라 대통령 선거에 출마한 당시 여당의 유력 후보자와 그들의 지지자들은 "초보 대통령이 러시아를 자극하여 전쟁이 일어났다", "코미디언 출신으로서 제대로 된 대통령이 아니다"는 등의 조롱하는 말을 하였다. 젤렌스키를 이렇게 조롱한 사람들이 오히려 조롱받아야 된다는 것이 필자의 생각이다.

러시아의 불법 침공에 당당히 맞서고 있는 젤렌스키 대통령을 2022년 3월 첫주 미국 시사주간지 타임지(誌)는 "그는 채플린(영국 연극배우)이 윈스턴 처칠로 변모한 것 같다"고 평하였다. 배우 출신이지만, 제2차 세계대전 초기의 절망적인 상황에서도 독일의 공격에 굴하지 않고 영국 국민에게 피와 땀과 눈물을 호소하며 국민을 이끌어 결국 승리한 처칠 수상을 견주어 말한 것이다. 그는 러시아의 암살 위협에도 불구하고 조국을 떠나지 않고 전의를 불태우는 모습을 SNS를 통하여 우크라이나 국민에게 보여주었다. 러시아는 가짜 뉴스를 만들어 그가 도피하였다고 하였으나 그는 키이우를 배경으로 촬영한 영상을 통하여 국민과 함께 키이우를 사수하는 모습을 보이자 우크라이나 국민은 감동받아 그와 함께 끝까지 항전하겠다는 결의를 굳혔다. 젤렌스키는 미국, 일본 등 여러 나라 의회에 화상연설을 통해 우크라이나의 상황과 입장을 설명하고 호소하였다. 이러한 화상 외교는 성공을 거둠으로써 세계 각국이 우크라이나에 대한 적극적인 지지로 돌아서는데 크게 기여하였다. 그는 4월 11일, 우리나라 국회의 도서관 대강당에서도 화상 연설을 하였다. 화상 외교가 전쟁을 수행하는 하나의 중요한 방책으로 떠오른 것이다. 한편 퍼스트레이디 올레나 젤렌스카는 남편이 전쟁을 진두진휘하는 동안 인터넷과 소셜미디어를 통해 러시아의 불법 침략과 전쟁으로 초토화되고 있는 우크라이나의 상황을 전세계에 알리며 반러시아 여론전을 지휘하고 있다. 부창부수(夫唱婦隨)라는 말이 어울리는 대통령 부부이다.

한편, 국제 탐사 보도 언론인 협회(ICU)는 2021년 10월에 젤렌스키가 측근들과 함께 카리브해의 작은 나라들에 역외 회사들을 소유하고 있다는 보도를 하였다. 그러나 이 뉴스는 우크라이나 전쟁 뉴스에 묻혀버렸다. 그러므로 젤렌스키에 대한 바른 평가는 시간이 흘러간 후에 나올 것이다.

4) 크림 플렛폼

대통령이 되자 젤렌스키는 러시아로부터 상존하는 위기를 타개하기 위해 서방과의 공조를 강화하려는 일환으로 2021년 8월 23일에 키이우에서 크림 플렛폼이라는 국제회의를 열었다. 이 회의의 목적은 2014년에 러시아에 빼앗긴 크림반도를 되찾기 위해 서방의 힘을 빌리려는 것이다. 우크라이나가 소련으로부터 독립을 선언한 1991년 8월 24일을 기념하여 30주년 하루 전날 열린 이 회의에는 44개국으로부터, 폴란드 등에서 대통령 7명, 스웨덴 등 총리 4명, 영국 등에서 장관 14명 등이 참석하였다. 미국은 대통령 특사를 파견하였고 호주, 일본 등 7개국은 대사를 참석시켰다. 한국은 초대받았으나 아무도 참석하지 않았다. 각국을 대표하여 참석한 대표들은 우크라이나의 영토보전 노력을 지지한다는 선언문을 발표하였다. 또한 젤렌스키는 크림반도를 되찾을 때까지 이 회의를 정기적으로 열겠다고 발표하였다. 그는 러시아의 위협에 맞서기 위해 군사적으로는 NATO(북대서양 조약기구)에 가입하고 경제적으로는 EU(유럽연합)에 가입을 열망하여 강대국 지도자들에 부탁을 하고 있으나 아직까지 가입을 하지 못하고 있다.

3. 러시아군 침공 실행

(1) 바이든의 유화정책

　미국이 러시아·중국과의 2정면 전쟁을 피하기 위해 바이든 정권이 주력하는 것은 대(對)중국이다. 미국, 중국과 비교하면 러시아의 국력은 상당히 떨어진다. 2020년 러시아의 GDP는 미국의 1/14, 일본의 1/4, 독일의 2/5이고 우리나라의 9/10 이다. 그것조차도 GDP의 대부분이 에너지 수출이다. 그러므로 미국의 NIC(국가정보회의)는 러시아를 '쇠퇴하고 있는 국가', '파괴적인 혼란을 일으키는 국가'라고 보고 있다. 2008년에는 우크라이나처럼 EU에 가입하려던 조지아에서 친러 주민이 많은 남오세티야가 분리독립하려고 하자 조지아는 남오세티야를 공격하였다. 그러자 러시아는 조지아를 침공하여 5일만에 일방적인 승리를 한 뒤 남오세티아와 압하지야 지역을 독립국으로 선포하게하고 사실상 두 지역을 합병하였다. 이어서 2014년에는 크림반도에 침공하여 반도를 합병하였고 2015년에는 시리아 내전에 군사개입을 하여 서방에 대립하는 알아사드 대통령의 후견인으로서 반군에 폭격을 하였다. 뿐만 아니라 미국과 서유럽 국가에도 사이버 공격을 일삼으며 내정에 간섭하고 있다.

　2021년 6월, 푸틴과 바이든은 제네바에서 정상회담을 하였는바 여기서 바이든은 예측가능한 안정적인 관계를 보여줄 것을 푸틴에게 요구하였다. 바이든은 현재 러시아에서 서유럽으로 가는 천연가스 파이프라인이 있음에도 이를 우회하여 독일과 러시아를 발트해의 해저 파이프라인으로 연결하는 천연가스 사업 노르트스트롬2에 대해 트럼프 전(前)정권이 발동한 제재도 철회하였다. 우크라이나와 동부유럽, 그리고 미국 의회도 반대하였음에도 아랑곳없이 바이든은 유화(宥和)자세를 보였다. 이것은 푸틴이 오해할 수 있는 시그널을 주었다. 대(對)중국 문제에 주력하기 위하여 바이든이 우크라이나 문제에 대해 러시아와 타합하려고 하자 푸틴 정권은 우크라이나 침공계획 실행에 힘을 얻었다. 특히 2021년 8월에 바이든이 미군을 아프가니스탄에서 탈출하듯이 갑자기 철수시키는 혼란상태를 보여주자 푸틴은 우크라이나를 접수할 수 있는 호기라고 확신한 것 같다. 이점에 대해서는 미국 하원 안보위원회 의장인 마이클 매콜(Michael McCaul) 공화당 의원도 아프가니스탄 철수는 러시아(푸틴)를 대담하게 만들었다고 비난하였고 푸틴의 최측근인 니콜라이 파트루셰프(Nikolai Patrushev)는 아프가니스탄의 친미정권이 붕괴하자 우크라이나의 미국 지지자에게도 같은 운명이 기다리고 있다고 발언하였다. 우크라이나 정부 관계자 사이에서도 우크라이나의 위기는 애당초 러시아의 침공보다도 미국이 우크라이나 국민의 의사에 반(反)하여 러시아에 양보한 것을 우려한다는 목소리가 있었다.

푸틴은 오랜 기간에 걸쳐서 '얄타 2·0(신얄타 체제)'라고 부르는 서방과의 거래를 추진하고 있었다. 제2차 세계대전 이후의 처리를 둘러싸고 미국, 영국, 소련의 수뇌회담에서 동유럽의 소련 지배를 확실하게 인정받은 얄타협정처럼 러시아는 우크라이나를 포함하는 구소련국가들을 러시아의 세력권에 넣는 것을 인정받으려는 것이다. 그럼에도 바이든 정권은 우크라이나의 주권이 침탈당할 수 있는 조치를 취하였다. 즉, 나토 가맹국이 아닌 우크라이나에 미군을 파견하여 러시아군과 군사적으로 대치하는 가능성을 배제하면서 동맹국과 협조하여 러시아가 침공하는 경우에는 강력한 경제제재를 발동하겠다고 푸틴에게 경고하였다. 바이든이 중국을 의식하여 러시아에 유화정책을 하고 있다는 비판이 미국에서도 일어났다. 중국은 대만을 통일하려는 관점에서 미국이 우크라이나를 어떻게 지원하는 가를 주시할 것이라고 미국의 퇴역 해군 제독인 제임스 스타프리티스(James Stavridis)는 "바이든 대통령이 러시아에 양보하지 않기를 촉구한다. 그렇지 않으면 키이우에서 타이페이까지 미국의 신뢰는 없어진다"고 말하였다. 공화당 하원외교위원 마크 맥콜(Michael McCaul)도 "우크라이나는 민주주의와 전제주의의 최전선에 서있다"고 말하고 일본계 미국인 3세인 정치학자 프란시스 후쿠야마(Francis Fukuyama)도 비슷한 발언을 하였다. 러시아가 침공하기 며칠전인 2월 19일, 젤렌스키 대통령은 독일의 뮌헨에서 열린 안전보장회의에 참석하여 우크라이나는 유럽의 방패가 되어 싸우고 있다고 호소하면서 무력으로 세계 질서를 위협해 온 푸틴 정권에 유화정책을 써 온 것이 우크라이나 침략을 유발하고 있다고 미국과 서유럽을 비판하였다. 뮌헨은 84년전인 1938년 9월 30일, 영국 수상 네빌 체임벌린(Neville Chamberlain)이 전쟁을 회피하려고 나치스 독일에 유화정책으로 응하자 독일계주민의 보호를 위한다는 명분으로 체코슬로바키아의 주데텐란트(Sudetenland) 지역의 분할을 요구하는 히틀러의 요구를 들어준 장소이다. 나치 독일은 뮌헨 회담에서 자국의 이익을 확보한 뒤 이어서 독소 불가침 조약을 만들고 1주 뒤인 1939년 9월 1일에 폴란드를 침공함으로써 제2차 세계대전을 시작하였다.

(2) 러시아의 상황 판단
1) 허약한 우크라이나

구(舊)소련 정보기관인 KGB 출신인 러시아의 푸틴 대통령은 2014년에 크림반도를 우크라이나에서 무혈로 탈취할 때부터 우크라이나의 방어능력과 국제사회의 불만을 과소평가하였다. 크림반도 탈취는 처음부터 푸틴의 계획이었다. 크림반도에 주둔하였던 우크라이나 육군부대가 쉽게 무기를 내려놓아 전투없이 반도를 탈취한 이후에 이어서 우크라이나 해군 함정을 나포하였을 때도 우크라이나는 제대로 된 항의를 못하고 무기력하게 일방적으로 러시아에 당하였다. 이어서 우크라이나 동부지역인 돈바스 지역이 푸틴의 계획대로 분쟁지역이 되었다. 2014년 8월 30일, 바호주(Jose Manuel Bahoju) EU 집행위원장은 서방기자와의 인터뷰에서 푸틴이 자기에게 키이우를 2주안에 점령할 수 있다고 호언하였다고 말하였다. 이는 푸틴이 9월 4일 개최예정인 나토 정상회의를 이틀 앞둔 9월 2일에 "내가 마음만 먹으면 우크라이나의 수도 키이우를 2주안에 점령할 수 있다"고 호언한 것과 같은 맥락이다. 푸틴은 나토의 공동 대응이 허약하리란 것을 알고 나토에 대해 미리 으름장을 놓은 것이다.

  크림반도가 하루아침에 러시아 수중에 떨어지고 우크라이나 군함이 러시아 해군에 나포되어 끌려가고 돈바스 지역에 친러시아 정권이 세워지거나 아예 러시아에 합병될 것이라는 예상을 한 국제사회는 러시아군이 2022년 2월 24일, 우크라이나를 동부, 북부, 남부 3방면에서 전차부대를 앞세우고 동시에 공격을 감행하자 우크라이나가 며칠 못 버티고 압도적인 러시아의 군사력에 항복할 것이라는 예상을 하였다. 그러므로 러시아 국영통신사 리아 노보스티(RIA Novosti)[18]는 공격개시 48시간 이내

---

18) 러시아 국영 통신사. 1941년에 창설. 본사는 모스크바에 위치.

에 수도 키이우를 함락하고 젤렌스키 정권을 붕괴시켜 승리 선언이 가능하다고 예측하여 미리 승전기사를 써서 인터넷에 게재하였다가 러시아 마음대로 되지 않자 삭제하는 해프닝을 벌이기도 하였다. 푸틴과 국제사회의 예상과 달리 우크라이나의 강력한 저항으로 인해 러시아군은 2일안에 수도 키이우를 점령하려던 계획이 차질을 빚었다. 과거 크림반도에서 무기력하게 항복한 우크라이나군과 크림반도에서 러시아군의 침공에 대해 입으로만 비난하던 미국을 비롯한 서유럽 국가들을 우습게 평가한 푸틴이 쉽게 우크라이나 침공을 결정하였지만 막상 침공을 시작하자 우크라이나군의 저항은 크림반도 때와는 크게 다른 모습으로 나타났다.

2) 국제사회의 오판과 결집력
 국제사회의 오판

러시아가 우크라이나에 대한 침공을 하기 전에 국제사회는 러시아가 설마 전쟁을 하겠는가 의문을 품고 있었고 많은 군사전문가들이 러시아는 원하는 목적을 얻기 위해 군사력을 동원하여 겁을 주는 시늉을 하는 것으로 판단하였다. 일부 전문가들은 전쟁을 막기 위해 향후 수개월 동안 미국과 나토 회원국들이 우크라이나와 대화를 포함한 활발한 외교 활동이 이어질 것으로 전망하였다. 그러나 이것은 잘못된 판단이라는 것이 명확하게 되었다. 그리고 막상 러시아가 침공을 개시하자 대부분의 군사전문가들은 양국의 현격한 전력차이 때문에 러시아가 전격적으로 승리할 것으로 전망하였다. 그러나 침공 3~4일안에 우크라이나의 수도 키이우를 점령하여 항복을 받겠다던 러시아군의 계획은 뜻대로 되지 않고 우크라이나측의 결사항전으로 전쟁은 장기전으로 가고 있다. 소위 전문가들이 전쟁의 가능성과 그리고 전쟁의 진행에 대해 모두 맞히지 못한 것이다. 경제 전문가들이 향후 환율 변동을 제대로 맞추지 못하는 것과 마찬가지이다.

 미국의 바이든 대통령은 상원 외교위원장을 역임한 경력도 갖고 있으며 2014년 크림반도 사태 당시 부통령으로서 우크라이나를 방문한 적이 있다. 외교를 잘한다는 평가를 받고 있는 그는 국제분쟁을 해결하는 데 무력보다는 국제공조, 경제 제재 등 외교적 방법을 사용하는 것을 선호한다. 그러나 어릴 때부터 '무력(武力)의 신봉자'인 푸틴에게 이러한 방법은 효과가 없을 것이다. 무력 신봉자에게는 무력 사용을 불사하겠다는 결의를 보여주어야 상대방이 공포를 느낀다. 푸틴은 바이든의 마음 속을 꿰뚫어 읽었을 것이다.

국제사회의 러시아 규탄

 푸틴은 2014년, 크림반도를 점령 할 때 미국을 위시한 서방세계의 맥없는 항의를 보았다. 그러므로 바이든 대통령의 경고 등 국제사회의 우려에도 아랑곳없이 우크라이나 침공을 결정하였다. 푸틴은 미국과 영국, EU가 이번에도 말로만 러시아를 비난할 뿐 실제 군사적으로 러시아군을 저지하지 못 할 것으로 믿었던 것으로 보인다. 만약 우크라이나군과 국민이 하나로 똘똘뭉쳐 러시아군에 저항하지 않았더라면 푸틴의 판단은 맞았을 것이다. 그러나 예상밖에 우크라이나 군대와 시민은 침공한 러시아군에 대해 극렬하게 저항하였다. 그러므로 미국을 비롯한 많은 국가들이 러시아를 침략국으로 단죄하는 한편, 우크라이나에 대해 무기와 일반 구호물자를 공급하기 시작하였다.

 또한 미국을 비롯한 서방이 러시아를 SWIFT(국제은행간 통신협회)에서 배제하기로 결정함으로써 루블화 가치는 단번에 30% 이상 하락하였고 러시아 은행들은 해외은행들과 거래를 할 수 없게 되었다. SWIFT는

200여 국가의 1만1천개가 넘는 금융기관이 안전하게 금융결제를 주고 받기 위해 사용하는 미국 달러중심의 세계최대 금융전산망이다. 이 조치로 러시아가 석유, 천연가스 수출로 벌어놓은 6천억 달러가 증발하는 위기에 처하게 되었다. 러시아는 미국의 이런 조치를 미리 예상하고 독자적 결제망인 러시아 금융통신시스템(SPFS)을 구축하였으나 미국 주도의 제재 조치를 막는 것이 현실적으로 어려워 보인다. 푸틴은 우크라이나 침공 이전에 독일을 비롯한 유럽 국가들이 러시아에서 공급받는 에너지 대금을 결제해야 하므로 SWIFT를 통한 제재는 유럽국가들에게 자업자득이 될 수 있는 위험 때문에 감히 하지 못할 것으로 판단하였으나 서방국가들은 큰 손실을 감수하면서 러시아에 더 큰 치명타를 가하기 위해 러시아를 SWIFT에서 축출한 것이다.

(3) 유엔의 결의와 한계

1) 유엔의 결의

2022년 2월 24일 러시아군이 우크라이나 국경을 넘어 침공한 순간, 뉴욕의 유엔본부에서는 긴급 소집된 유엔안전보장 이사회가 열리고 있었다(미국 현지시간은 2월 23일 오후 9시 30분). 러시아의 우크라이나 공격 저지를 위해 열린 회의에 러시아군이 침공하였다는 소식이 전해지자 유엔은 러시아로부터 뒷통수를 맞은 모습이 되었다. 외교적으로 사태를 해결하기 위해 경제제재 카드를 꺼내 든 바이든과 침략국을 제대로 응징 못하는 유엔 모두 러시아의 공격 앞에 속수무책인 상황에 직면하게 된 것이다. 황당한 상황에 처한 안보리 참석자들에게 러시아의 바실리 네벤자(Vasily Alekseevich Nebenzya) 유엔 대사는 이것은 전쟁이 아니고 돈바스 지역에 대한 특별군사작전일 뿐이고 러시아는 유엔헌장 제51조에 근거하여 행동한 것이라고 강변하였다. 여기에 대해 미국의 린다 그린필드(Linda Thomas Greenfield) 유엔대사는 러시아 제재 결의안을 작성하겠다는 외교적인 답변을 하였고 안보리 회의는 끝났다. 외교적 대화와 경제제재로 우크라이나 사태를 해결하려던 미국을 비롯한 서방측의 미약한 대응에 무력신봉자인 푸틴은 초전부터 강한 펀치를 날린 것이다.

이어서 2월 28일부터 3월2일까지, 유엔은 미국 뉴욕의 유엔본부에서 긴급특별총회를 개최하였다. 그리고 러시아의 우크라이나 침공을 규탄하고 즉각 철수하라는 결의안을 채택하였다. 이 총회에서 전체 유엔회원국 193개국 가운데 181개국이 투표한 결과 찬성 141개국, 반대 5개국, 기권 35개국으로서 압도적인 표차로 러시아를 규탄하였다. 규탄 결의안이 통과되는 순간에 각국 외교관들은 자리에서 일어나 일제히 환호하며 박수를 쳤다. 반대표를 던진 5개국은 침공 당사국인 러시아, 벨라루스, 시리아, 에리트레아, 북한이었다. 기권한 나라는 러시아와 가까운 관계인 중국, 인도, 이란, 쿠바, 베네수엘라 등이었다.

2) 인권이사회 퇴출

특히 미국 바이든 대통령은 전쟁을 일으키고 민간인까지 학살하는 것을 주도한 푸틴 대통령을 전범이라고 부르며 전범 재판에 회부해야 한다고 주장하였다. 그리고 전쟁범죄를 저지르는 러시아는 유엔 인권이사회의 이사국이 될 자격이 없다며 유엔의 핵심 기구 가운데 하나인 유엔 인권이사회에서 퇴출시키려고 영국과 공조하여 4월 7일에 러시아를 퇴출시켰다. 이날 투표에서 유엔회원국 193개국 가운데 175개국이 참석하여 93개국이 찬성하고 58개국이 기권함으로써 러시아는 인권이사회 이사국 자격을 박탈당하였다. 기권한 국가들은 경제적으로 빈곤한 아프리카와 남미 국가들로서 대부분이 러시아로부터 코로바 백신을 원조받는 국가들이다. 반대는 러시아, 중국, 북한, 이란, 쿠바, 벨라루스 등 사회주의·독재권위주의 국가들로서 24개국이었다. 중국과 북한은 러시아를 지지하는 연설을 하면서 반대표를 던졌을 뿐만 아니라 러시아 규탄과 제재에도 반대하였다.

1945년 유엔이 창설된 이후 2011년에 반정부 시위대를 무자비하게 학살한 독재자 카다피 때문에 리비아가 인권이사회에서 퇴출당한 적이 있으나 막강한 영향력을 행사하며 유엔 안보리 상임이사국 5개국 가운데 하나인 강대국이 유엔 산하기구에서 퇴출된 것은 러시아가 처음이다.

3) 유엔의 무력함과 한계

러시아가 우크라이나를 침공한 사실과 러시아군이 우크라이나에서 저지른 만행을 언급하면서 프란치스코 교황은 4월 6일, "우크라이나 전쟁에서 유엔의 무력함을 본다"고 말하였다. 이는 교황이 오늘날의 무력한 유엔의 역할을 한 마디로 표현한 것이다. 오늘날 유엔은 특정지역의 국가들이 만든 집단안보체제보다도 결속과 역할이 미비하여 세계 도처에서 일어나는 분쟁과 학살을 제대로 저지하지 못하므로 '식물 유엔'이라는 조롱을 받고 있다. 예를 들면 2011년부터 계속되고 있는 시리아 내전에서 50만명 이상이 사망하고 수백만명의 난민이 발생하여도 유엔은 방관만 하고 있고 미얀마에서 1천명이 넘는 민간인이 학살되어도 파병은 고사하고 결의안 하나 제대로 발표하지 못하고 있다. 그 배경에는 안보리 상임이사국 5개국 가운데 러시아와 중국의 거부권 행사가 자리 잡고 있다.

앞서 언급한 바와같이 유엔은 유엔총회(긴급특별총회)를 열고 러시아의 침략을 규탄하였다. 그러나 유엔총회 결의 자체는 법적 구속력이 없다. 국제평화와 안전 유지사항은 유엔 안전보장이사회의 5개 상임이사국 (미국, 영국, 프랑스, 러시아, 중국)이 결정하기 때문이다. 유엔총회는 러시아를 침략국으로 비난하고 규탄하였고 러시아를 이권이사회에서 퇴출시켰지만 더 이상 우크라이나 사태에 대해 대응하여 결정적인 (파병)조치를 취할 수 있는 일은 사실상 없다. 상임이사국은 거부권이라는 특권을 갖고 있으므로 어떤 특정상임이사국이 자국이 관련된 문제에 대해 거부권을 행사하면 유엔안보리 결의 채택이 불가능하다. 그러므로 우크라이나 전쟁에 관하여서도 침략국인 러시아가 상임이사국 가운데 하나이므로 유엔안보리에서 회원국들의 파병 결의가 채택될 가능성은 근본적으로 없었던 것이다.

러시아군의 진격이 우크라이나군의 결사항전에 직면하여 예상과 달리 둔화되자 2월 27일, 푸틴은 핵무기 사용을 언급하였다. 여기에 대해 유엔은 어떤 대응을 하였는가? 안토니우 구테흐스(Antonio Guterres) 유엔사무총장은 2주가 지난 3월 14일, 뉴욕의 유엔본부에서 푸틴의 핵언급을 비난하며 "(핵무기를 사용하는) 전쟁확대는 인류를 위협한다"는 회견 발표를 하였다. 파병결의는 고사하고 전쟁을 일으킨 나라가 언급한 핵위협에 대해 고작 대응하는 것이 이 정도의 회견 수준이다. 쿠테호스 유엔사무총장은 4월 8일에는 키이우에서 젤렌스키를 만났으나 어떤 해결책도 만들지 못하였고, 4월 26일에 모스크바에서 푸틴과 회담을 하였으나 일방적으로 푸틴에게 끌려다녔다. 이것이 오늘날 유엔이 처한 한계이다.

북한군이 1950년 6월 25일에 남침을 하자 즉각 개최된 유엔안보리에는 북한을 지원한 소련대표가 불참하였으므로 거부권을 행사하지 못해 유엔은 신속하게 유엔회원국 16개국이 군대를 파견할 수 있었다. 당시 소련 대표의 불참은 우리나라로서는 크나 큰 행운이었다. 유엔 안보리 상임이사국의 거부권 행사 방법은 개혁해야 한다. 그렇지 않으면 세계의 분쟁을 해결하기 위해 유엔으로서는 그럴듯한 말과 제스처만 사용할 수밖에 없다.

(4) 푸틴의 선전, 선동

푸틴의 표면상 우크라이나 침공 명분은 우크라이나의 탈(脫)나치화이다. 그러므로 푸틴은 젤렌스키를 네오나치(Neo Nazis: 신나치)라고 부르면서 우크라이나에 침공하는 러시아군에게 나치를 계승한 우크라이나 정부아래 있는 우크라이나인들을 해방시켜야 한다고 선동하였다. 유대계 대통령 젤렌스키가 통치하는 우크라이나에서 어떻게 나치식 통치가 행해지겠는가? 그러나 KGB 요원출신으로서 심리전의 중요성을 인식하는 푸틴은 이러한 거짓 선전과 선동으로 러시아군을 세뇌하면 효과가 있을 것이라고 판단한 것 같다. 제2차 세계대전중에 히틀러의 독일 나치스 군대는 우크라이나를 점령한 적이 있다. 당시 소련은 나치스 군대에 대해 항전하였으므로 이러한 역사적인 사실을 다시 끄집어 내어 러시아군을 심리적으로 하나로 만들려는 것이 푸틴의 의도이다. 그러나 푸틴은 러시아군에는 우크라이나의 혈통을 가진 장병이 적지 않다는 사실을 간과한 것 같다.

(5) 러시아의 전쟁 목적

푸틴이 전쟁을 일으킨 명분은 한마디로 누구나 듣기 좋은 '평화'이다. 푸틴은 2월 24일 새벽 5시에 러시아군을 동·북·남부 3방면에서 속전속결을 위해 동시다발적으로 우크라이나 영토로 진입시키기 이전인 2월 21일, 우크라이나 동부의 돈바스 지역에 전차를 앞세운 러시아군을 투입하였다. 이때 우크라이나군이 대응하면 이를 핑계로 하여 우크라이나에 대한 전면 공격에 나설려는 의도였다. 러시아군은 돈바스에 투입될 때 뭔가 떳떳함을 느끼지 못하였던지 전차에 소속부대 표시를 하지 않은 상태로 투입하였다. 러시아군을 비롯하여 중국군, 북한군 등 공산군 전차는 전통적으로 전차포탑 옆면에 3자리 숫자로 소속부대를 표시한다.

푸틴은 우크라이나를 점령하려는 의도가 전혀 없었으나 우크라이나가 나토에 가입하는 것을 저지함으로써 지역의 평화를 유지하기위해 우크라이나를 침공하였다며 우크라이나를 비(非)무장화, 비(非)나치화시키겠다는 것을 침공의 구체적인 대의명분(大義名分)으로 주장하였다. 푸틴은 '나치'라는 용어를 자주 사용하는 바 이는 러시아가 우크라이나의 친서방 정권을 비난할 때 상투적으로 사용하는 용어이다. 그리고 푸틴이 사용하는 비무장화, 중립화라는 용어는 러시아계 주민이 많이 거주하는 돈바스 지역 안에서 독립을 선언한 2개의 독립공화국(DPR, LPR)의 독립을 인정하고 우크라이나가 서방과 군사동맹을 맺지 말라는 의미이다. 그러므로 러시아와 러시아를 지지하는 국가들 이외 어느 누구도 이러한 주장에 동의하지 않는다.

나토 가입을 저지하기 위함이라는 것은 핑계에 불과하다. 러시아와 국경을 마주하고 있는 발트 3국(에스토니아, 라트비아, 리투아니아)이 2004년에 나토에 가입할 때 러시아는 크게 반대하거나 저지하려고 하지 않았기 때문이다. 그리고 2014년에 크림반도를 러시아에 빼앗긴 우크라이나로서는 러시아의 추가적인 침공을 두려워하여 의회에서 젤렌스키가 대통령 취임전인 2019년 2월에 나토와 EU 가입추진을 찬성 334표, 반대 35표로 통과시켜 헌법에 명문화하는 개헌안까지 통과시켰다. 즉, 우크라이나측의 주장은 1991년 독립시 만든 헌법에 중립국가를 명시하였으므로, 만약 러시아가 크림반도를 강탈하지 않았었더라면 우크라이나는 나토 가입을 추진하지 않았을 것이므로 우크라이나가 나토 가입 추진을 하게 만든 계기를 만든 것은 러시아라는 것이다. 그러므로 우크라이나는 러시아와 세계 언론이 말하는 '크림반도합병'이라는 말을 사용하지 않고 "크림반도는 러시아에 잠정적으로 침공된 우크라이나 영토"라고 말하고 있다.

물론 푸틴은 우크라이나가 나토에 가입하는 것을 원하지 않는다. 그러면 푸틴이 우크라이나 침공을 강행한 진짜 이유는 무엇인가? 그것은 과거 구(舊)소련시대의 영광을 부활시키는 것이다. 이 이유가 우크라이나의 나토 가입보다 더 큰 무게를 갖고 있다. 푸틴은 개인적으로 소련이 붕괴될 때 참담함을 느꼈던 사람이다. 그러므로 그는 2005년에 "20세기의 가장 큰 지정학적 재앙은 소련의 붕괴"라고 거침없이 말하였다. 그리고 대통령 선거를 앞둔 2018년 3월 2일, "러시아 역사에서 바꾸고 싶은 부분은 소련의 붕괴"라고 말하였다. 이점에서 그는 벨라루스를 비롯한 구소련 국가들에 대한 러시아의 통제권을 회복하려고 한다. 벨라루스의 경우, 푸틴의 지시에 순종하는 루카셴코 대통령이 있으므로 사실상 시기문제이지 언젠가 평화적으로 다시 러시아에 합병이 가능하지만 우크라이나의 경우, 친서방 국가이므로 군사력이 아니면 다시 구소련 영토로 회복할 수 있는 가능성이 희박하다고 푸틴은 판단한 것으로 보인다.

푸틴은 소련붕괴후의 국제 질서를 받아들이지 않고 기회가 되면 옛 소련의 영광과 힘을 재현하려는 강한 의지를 갖고 있다. 그러므로 푸틴이 우크라이나를 침공한 가장 큰 목적은 구소련의 영광을 회복하겠다는 큰 틀 안에서 우크라이나가 나토나 EU에 가입하는 것을 저지하고 결국 일단계로서는 크림반도와 돈바스 점령을 공고히 하는 한편 우크라이나 전체를 점령 또는 분할하거나 아니면 우크라이나에 친러 정권을 수립하여 러시아 영향권 아래에 두는 것이다. 만약 러시아군이 우크라이나를 시간이 걸리더라도 성공적으로 점령한다면 푸틴은 우크라이나에 친러시아 정권을 세운 뒤, 적당한 시기를 보아 러시아에 합병하거나 아니면 우크라이나를 분할 할 수도 있다.

(6) 서방의 전쟁저지 시도

 2021년 10월말부터 러시아군이 우크라이나 국경 부근인 러시아와 벨라루스에 군대를 집결하자 우크라이나 정부는 러시아가 2022년 1월말에서 2월초 사이에 우크라이나를 침공할 준비를하고 있다고 발표하였다. 이어서 나토는 11월 30일에 러시아에 우크라이나를 침공하면 큰 대가를 치를 것이라고 경고하였다. 여기에 대해 12월 3일, 푸틴은 나토는 동진(東進)을 중지하라고 맞받아쳤다. 이어서 12월 7일, 바이든 대통령은 백악관의 지하 상황실에서 푸틴과 화상회담을 통하여 러시아에 미국의 우크라이나 지지를 재확인 해주었고 만약 러시아가 침공한다면 2014년 크림반도 합병으로 러시아가 서방으로부터 받은 제재보다 더 큰 충격의 제재를 받게 될 것이라고 경고하였다.

 첩보위성 등 여러 정보 채널을 통해 러시아의 우크라이나 침공계획을 파악한 미국의 바이든 대통령은 2월 12일, 푸틴 대통령과의 전화통화에서 미국은 러시아가 2월 16일에 우크라이나침공을 시작할 것으로 판단하고 있다며 만약 침공한다면 대규모 경제제재 조치를 취하겠다고 다시 경고하였다. 바이든은 군대를 파병하겠다는 말은 하지 않았다. 만약 필요하다면 미군을 우크라이나에 파견하는 방책을 고려하겠다고 바이든이 말하였더라면 푸틴은 두려움을 느꼈을 것이다. 이날 토니 블링컨(Tony Blinken) 국무장관도 러시아 외무장관 라브로프에게 바이든이 말한 정도의 경고를 하였다. 로이드 오스틴(Lloyd Austin) 국방장관도 세르게이 쇼이구 러시아 국방장관에게 전화를 하였다.

미국의 전쟁방지 노력과 별도로 EU 27개국 가운데 26개국 정상들이 2월 16일에 벨기에의 브뤼셀에서 정상회담을 갖고 EU는 우크라이나의 주권과 영토 보전을 지지하며 러시아가 만약 우크라이나에 군사행동을 한다면 심각한 대가를 치르게 될 것이라고 경고하였다. 이날 EU정상들은 우크라이나 사태를 '노르망디 포맷' 등 외교적 방법으로 해결하는 방안을 지지하였다. 노르망디 포맷은 러시아가 크림반도를 합병하고 3개월이 지난 2014년 6월 6일에 노르망디 상륙작전 70주년 기념식에서 비공식적으로 만난 독일, 프랑스, 러시아, 우크라이나 4개국이 우크라이나 문제해결을 위해 만난 것을 계기로 이 외교협의체에 붙여진 이름이다. 노르망디 포맷은 2016년 10월 19일에 독일의 베를린에서 다시 열렸고 3년후인 2019년 12월 9일에 프랑스 파리에서 4개국 정상들이 다시 만나 돈바스 내전의 휴전에 합의하였으나 전투는 중지되지 않았다.

러시아가 전쟁을 일으키지 못하도록 미국,영국, EU가 이러한 경고를 러시아에 하였지만 푸틴은 서방측의 이러한 경고를 예상하고 있었던 것처럼 그다지 엄중하게 받은 것 같지 않다. 적에게 공포를 줄 수 있는 군사적 조치가 들어간 경고를 하였어야함에도 미국을 비롯한 서방측은 대화로 모든 사태를 해결할 수 있다는 듯이 외교적 방책에만 매달렸다.

(7) 러시아의 기만전술

1) 2021년 러시아군 철수

2021년초 러시아는 10만명의 병력을 돈바스 지역과 마주보는 러시아 국경안에 배치하고 우크라이나를 위협하였다. 2021년 4월 21일, 푸틴은 서방측에 레드라인(Red Line)을 넘지말라고 경고하면서 분위기를 러시아와 우크라이나의 전쟁 직전상황까지 몰고 갔었다. 그러나 그는 다음날인 4월 22일, 갑자기 러시아군 병력을 철수시켰다. 이러한 상황을 서방측에서는 푸틴이 실제 우크라이나를 침공할 의사는 없었으면서 서방측에 군사적 위협을 통해 러시아의 힘을 과시한 것이라고 분석하였다. 그러나 10개월이 지난 2022년 2월의 푸틴이 발표한 러시아군 철수는 전혀 다른 목적을 갖고 있었다.

2) 러시아군의 철수 발표

🚂 가스관 사업

전쟁을 수행하기 위한 중요한 방책 가운데 하나는 기만(欺瞞; deception)이다. 미국은 물론이고 프랑스, 영국, 독일 등 서방의 정상들은 전쟁발발의 가능성이 있는 우크라이나 사태 해결을 위해 2월초와 중순에 러시아와 미국을 방문하는 등 큰 틀에서 노력을 기울였으나 자국의 이해관계도 염두에 두고 행동하였다. 독일의 숄츠 총리는 2월 7일과 15일에 각각 미국과 러시아를 방문하여 바이든과 푸틴을 만났다. 바이든은 숄츠 총리를 만난 날, 만약 러시아가 우크라이나를 침공하면 미국이 구상하는 대러시아 제재의 핵심인 노르트스트림2 가스관 사업은 중단될 것이라고 푸틴에 엄중하게 경고하였다. 노르트스트림2는 대(對)러시아 제재카드로 활용될 수 있지만 동전의 양면으로서 러시아가 서방을 위협하는 무기로도 사용될 수 있으므로 미국은 오래전부터 유럽에 대한 러시아의 영향력 확대를 우려하여 가스관 사업을 반대하여왔다.

이야기가 본론에서 좀 빗나가지만, 러시아로부터 천연가스를 가스관으로 도입하기위해 문재인 정부가 추진한 (북한을 경유하는) 남한·북한·러시아 가스관 사업을 보는 미국의 시각은 미국이 노르트스트림을 보는 시각과 동일할 것이다. 만약 문재인 좌파정부가 '남북원원사업'이라고 자찬한 남·북·러 가스관 사업이 완성되면 그때부터 러시아에 대한 한국의 에너지 의존도는 높아져 러시아의 볼모가 될 것이고 북한은 이 가스관을 통제함으로써 남한에게 주종관계를 요구할 것이다.

우크라이나의 중립화

4월 대통령 선거를 앞둔 프랑스의 마크롱 대통령은 2월 7일과 8일에 각각 러시아와 우크라이나를 방문하여 나름대로 중재에 나섰다. 마크롱은 푸틴과의 회담에서 우크라이나를 핀란드처럼 중립화하는 것을 제안하였다. 핀란드는 100여년 동안 러시아의 지배를 받은 뒤 소련과 '겨울 전쟁'이라는 전쟁을 치른 뒤 북부 영토 일부를 소련에 양도하고 현재까지 러시아와 원만한 관계를 유지하고 있다. 러시아를 신뢰하지 않는 우크라이나는 이러한 핀란드 방식의 중립화를 따르지 않을 것이다. 한편 영국의 보리스 존슨 총리도 2월 1일에 우크라이나를 방문하였고 다음날에는 푸틴 대통령과 통화를 하는 등 유럽의 강국들은 우크라이나 사태가 전쟁으로 비화되는 것을 막으려는 노력과 함께 자기들의 존재감과 자국의 이권을 위해 적극적인 활동을 하였다.

순진한 서방언론

이러한 국제상황 속에서 푸틴은 러시아군의 침공 준비를 감추어 서방측과 우크라이나를 안심시키려는 목적으로 우크라이나군과 국경에서 대치중이던 러시아군의 일부를 철수시켰다. 그리고 2월 15일, 크렘린궁에서 독일의 숄츠 총리에게 우크라이나 인근 지역에서 러시아군 병력 일부를 이미 철수시켰다고 말하였다. 푸틴의 이 말 한 마디에 서방의 언론에서는 이제 우크라이나 사태는 충돌을 피하였다고 보도하였다. 푸틴은 서방에 대해 강온(強穩)의 양면 전술을 번갈아 쓰면서 서방의 허를 찌르는 방법을 집권이후 계속 사용하고 있음에도 이에 대응하는 서방측 지도자들과 언론은 상대적으로 순진한 것처럼 보인다.

바로 며칠전인 2월 11일, 미국의 바이든 대통령은 유럽정상들과의 화상회의에서 러시아가 2월 16일에 우크라이나를 침공할 가능성이 있다고 이야기하자 미국을 비롯한 세계 주요국의 주가 지수가 크게 요동치고 유가는 배럴당 90달러를 넘어가는 현상이 일어났다. 그러나 며칠의 시간차를 두고 푸틴의 발언 뉴스가 퍼지자 바이든의 발언에 쇼크를 받았던 세계는 푸틴이 바이든의 주장을 부인하는 발언을 하자 한숨 돌렸다는 듯, 며칠 동안 고공행진하던 국제 유가는 3% 이상 급락하고 배럴당 90달러 선에서 거래되었다. 금값도 하락하고 약세를 면치 못하던 뉴욕 증시도 반등하고 유럽증시도 일제히 급등하고 일본 닛케이 지수와 한국의 코스피도 반등하였다.

3) 러시아의 기만책

전쟁은 기만이다. 바이든 대통령과 푸틴 대통령은 2월 12일(미국시간) 전화를 통하여 미국은 러시아가 2월 16일 우크라이나를 침공할 것으로 파악하고 있다면서 우려를 표하며 만약 침공하면 대대적인 경제제재조치를 취하겠다고 경고하였고 푸틴은 침공의사가 없다고 바이든을 안심시키는 한편 동유럽에서 나토군을 철수시키고 우크라이나의 나토 가입을 금지하라고 주장하였다. 그러므로 전화 회담은 평행선만 그리며 입장차이만 확인하는 것으로 끝났다.

2월 12일 전화회담에서 러시아는 우크라이나 침공 계획이 없다며 말한 푸틴은 미국과 서유럽을 기만하려고, 훈련이 끝난 러시아군 병력과 장비의 일부를 2월 15일부터 러시아로 철수시켰다며 기갑부대가 철수하는 모습과 일부부대가 원대복귀하는 모습을 동영상으로도 공개하였다. 앞서 언급한대로 이러한 소식에 국제 유가와 금값이 하락하고 주식시장이 회복되었으나 미국 정부는 푸틴의 러시아군 철수발표를 기만전술로 의심을 하였다. 정찰위성과 여러 루트를 통해 러시아군의 움직임을 손바닥 보듯이 파악하고 있는 미국은 푸틴의 러시아군 철수 발표에도 불구하고 오히려 우크라이나 국경에 배치된 러시아군은 13만명에서 15만명으로 증기되었다는 자료를 제시하였다. 그리고 만약 러시아가 우크라이나를 침공한다면 신속한 경제 제재로 타격을 주겠다고 압박하였다.

미국은 러시아가 우크라이나를 2월 16일에 침공할 것으로 예상하고 발표하였으나 2월 17일이 지나도 러시아군의 침공은 일어나지 않았다. 이것은 러시아가 부대를 철수시킴으로써 우크라이나를 공격하려는 의도가 없음을 세계에 보여준 것인바 이 역시 러시아의 기만전술이다. 그러므로 미국은 러시아의 이런 기만책을 믿지 않는다는 것을 보여주듯이 키이우의 미국 대사관을 폐쇄함으로써 베이징 올림픽이 폐막(2월 20일)하기 이전에 러시아의 침공이 있을 것을 발표하였다. 그러나 러시아는 우크라이나를 북·동·남부에서 포위하듯이 배치한 병력이 단지 군사훈련 목적이라고 다시 발표하였다. 이는 본래 의도를 숨기면서 서방을 대상으로 협상력(우크라이나의 나토가입 중지)을 높이기 위한 것인지 아니면 실제로 침공을 위한 것인지, 그리고 침공이라면 크림반도처럼 영토확장을 위한 것인지 아니면 단순히 나토 가입을 중지시키려는 것인지 등 여러 각도에서 서방으로 하여금 판단이 어렵게 기만전술을 사용한 것이다. 실제로 러시아군은 서방을 속이기 위해 극히 일부 부대만 철수 시키는 흉내를 내었을 뿐이다. 러시아 국방부는 크림반도에서 훈련하던 전차와 장갑차 서너대가 기차에 실리는 모습을 촬영한 장면을 외국 언론에 공개하면서 서방측의 긴장을 풀게 하였다. 결국 이 기만전술에 서방과 세계가 쉽게 속아 넘어갔다.

러시아 국방부가 훈련이 끝난 병력 일부를 원대복귀 시켰다는 발표를 하기전인 2월 14일에 젤렌스키 대통령은 독일의 숄츠 총리와의 회담이 끝나고 공동기자회견에서 "우크라이나는 물론 나토에 가입하고 싶으나 나토 가입은 먼 꿈"이라고 말하였다. 이를 두고 우크라이나가 나토가입을 일단 보류하였거나 포기하였다는 해석이 나왔다. 젤렌스키의 이런 언급 이후 하루 뒤에 러시아군이 훈련을 끝내고 본국의 주둔지로 원대 복귀하였다는 보도가 나오자 세계의 언론은 젤렌스키가 나토 가입을 포기하자 러시아는 즉시 다음날, 우크라이나 국경에 배치하였던 군대를 철수시킴으로써 전쟁 위기가 완화되었다고 보도하였다. 대부분의 세계의 언론은 러시아의 기만전술과 역정보에 보기 좋게 이용당하여 러시아의 대변인 노릇을 한 것이다. 그러나 러시아의 이런 이벤트적인 사건이 기만전술이었다는 사실로 판명되기에는 오랜 시간이 걸리지 않았다.

4) 미국의 정확한 판단

우크라이나 전쟁의 위협을 감지한 미국은 2월 11일, 우크라이나에 거주하는 자국민에게 48시간안에 우크라이나를 떠날 것을 권고하였다. 그 다음날인 2월 12일에 바이든 대통령과 푸틴은 우크라이나 사태 해결을 위해 전화 통화를 1시간 넘게 하였으나 양측은 평행선을 달리며 아무 성과를 내지 못하였다. 바이든은 전화로 "러시아가 침공할 경우 신속하고 혹독한 대가를 치루게 될 것"이라고 경고를 하였다. 그리고 이날 미국은 우크라이나 주재 일부 미국 외교관과 우크라이나군을 훈련시키기 위해 우크라이나에 주둔하고 있던 미군 160명에게도 철수 명령을 내렸다. 2월 13일, 미국 정부는 재차 러시아의 침공이 2월 19일 이전에 시작될 것이라고 발표하며, 특히 2월 16일로 예상하였던 것이다.

러시아가 일부 부대를 2월 15일에 철수시켰다고 발표하였음에도 2월 17일, 바이든 대통령은 "러시아군은 부대를 철수시키지 않았고 우크라이나에 대한 침공 위협이 줄어들지 않았다. 모든 상황을 분석할 때 러시아는 우크라이나를 침공할 준비가 되었다"고 발표하였다. 이와 별도로 오스틴 국방장관도 "(러시아가 철군 발표를 하였으나) 오히려 우크라이나 국경에 병력을 더 증강시키고 국경 가까이 더 접근하여 배치하였다"고 말하였다. 미국은 첩보위성을 통해 우크라이나 국경 60km 이내에 러시아군 침공예상 부대의 75%가 전진배치된 것을 파악하고 있었던 것이다. 이와 별도로 블링컨 미국 국무장관은 그날 열린 유엔 안보리 회의에서 러시아군이 앞으로 며칠 안에 우크라이나를 공격할 준비가 되어있으며 구체적인 주요 공격목표물도 파악하고 있다고 주장함으로써 러시아 정부가 발표한 러시아군의 철수 보도를 정면으로 반박하였다. 이어서 그는 "러시아는 확실하게 우크라이나를 침공하지 않겠다"고 발표하라고 연설하였다. 그러자 러시아 외교부 차관 세르게이 베르시닌(Sergey Vershinin)은 우크라이나군이 돈바스에서 많은 희생자를 발생시켰다며 블링컨의 지적을 비껴서 옹색한 동문서답을 하였다. 미국은 러시아의 침공 의도를 정확하게 간파하고 있었던 것이다. 그러므로 러시아군의 침공이 임박한 우크라이나에 거주하는 자국민에게 2월 11일에 이어서 다시 철수를 권고하였다. 미국의 이런 조치를 보고 우리나라를 포함하여 영국 등 여러 나라가 자국민에게 철수를 권고하였다.

4. 전면전쟁

(1) 침공군 규모

1) 침공준비

러시아가 우크라이나를 침공시 투입한 병력과 장비의 규모는 유럽에서 제2차 세계대전 이후 일어난 최대 규모이며 동시에 우크라이나군도 전력을 투입하여 치룬 가장 큰 전쟁이었다. 러시아군은 구체적인 침공계획을 갖고 2021년 10월부터 우크라이나 국경에 병력을 집결시켰다.

침공을 앞둔 시점에는 17~20만명의 대부대의 75%가 우크라이나와 벨라루스 국경에서 50km 이내, 그리고 우크라이나와 러시아 국경 60km 안에 전차, 야포, 전투기, 다연장 로켓발사대, 핵탄두 장착이 가능한 이스칸데르 지대지 탄도 미사일을 포함한 각종 미사일과 함께 배치되었다. 현재 러시아군 병력은 약90만명이다. 이 가운데 육군은 약38만명이므로 우크라이나 침공을 위해 국경에 배치된 병력은 러시아 육군 전체의 약 절반이고 소련 붕괴이후의 최대

전면침공을 앞두고 우크라이나 국경지대인 벨라루스의 볼쇼이보코프 비행장에 집결된 러시아군 장비 (2022년 2월 22일)

병력집결이다. 이러한 병력을 집결시키기 위해 러시아군은 극동, 시베리아 방면에 배치된 부대에서도 병력을 차출하였다.

동시에 푸틴은 미국 바이든 대통령에게 나토를 우크라이나에까지 확대시키지 말고, 냉전이후에 나토에 가입한 과거 소련의 위성국들과 소련에서 독립한 발트3국으로부터 나토의 전력(戰力)을 철수시키겠다는 계약을 요구하였다. 만약 미국이 이런 요구에 대해 만족스럽지 않은 대응을 보인다면 군사적 조치를 취하겠다고 경고하였다. 푸틴의 목적은 나토가 확장됨으로써 러시아의 안전보장에 위협이 되는 것을 차단하고 전략적 요충지인 우크라이나를 러시아 세력권에 다시 가져오는 것이었다.

침공을 3일 앞둔 2월 21일, 푸틴은 크렘린궁에서 TV를 통하여 57분에 걸쳐 긴 대국민 연설을 하였다. 연설을 하는 동안 그는 감정을 억제하지 않고 "우크라이나는 간단하게 이웃나라라고 할 수 없다. 우크라이나는 러시아와 역사, 문화, 정신적인

대국민 TV연설중인 푸틴 대통령 (2022년 2월 21일)

공간을 함께하고 있다. 우크라이나는 볼셰비키 공산주의 러시아가 만든 나라이지만 현재 독자적인 국가의 전통이 없는, 주권 국가가 아니라 미국의 식민지이다. 그리고 현재 우크라이나 동부 돈바스 지역 안에 있는 러시아 동포들이 우크라이나군의 공격을 받아 학살 위기에 직면하고 있으므로 러시아군을 투입하여 평화를 유지하겠다"고 말하였다. 이어서 그는 돈바스 지역에 "친러시아 민병대가 실효지배하고 있는 도네츠크 인민

1. 병력수송장갑차 BMP
2. 152mm 자주포
3. T72 전차
4. T80 전차
5. T90 전차

공화국(DPR)과 루한스크 인민공화국(LPR)의 독립을 공식적으로 승인한다. 향후 유혈사태가 일어난다면 그것은 우크라이나 대통령의 책임이다"라고 말하였다. 이것은 사실상 선전포고였다. 연설이 끝나고 그는 러시아군에 돈바스 진입 명령을 내렸다. 이에 대해 미국의 바이든 대통령은 경제제재 조치의 일환으로서 DPR과 LPR지역에 무역, 투자, 금융조달을 금지하는 행정명령에 서명하였다. 이 제재 조치는 러시아 전체에 대한 것이 아니고 돈바스의 일부지역(DPR, LPR)에만 국한되는 것이다.

2) 대대전술단

러시아는 2008년에 군 개혁을 하면서 독립적 전투단위인 대대전술단(BTG:Battalion Tactical Group)을 운용하기 시작하였고 2014년 크림반도를 합병할 때 실전에서 운용하였다. 그러나 당시는 러시아, 우크라이나 양측이 서로 제대로 된 전투를 하지 않았으므로 실제전투에서 대대전술단의 위력을 측정할 수 없었다.

러시아군은 현재 120개의 BTG를 보유하고 있으며 160개까지 증가시킬 수 있는 잠재력을 갖고 있다. BTG는 자체로 3개 보병중대, 1개 전차중대(10대), 1개 BMP 무한궤도 장갑차 보병중대(10대), 2개 차륜장갑차중대(중대당 BTR 10대), 포병, 대공포, 군수, 보수유지, 보급팀을 갖고 있다. 즉, BTG는 전차 10대, 장갑차 30대를 기본적으로 장비하고 있으므로 120개 BTG가 보유하는 기갑장비는 전차 1,200대와 장갑차 3,600대 등 합계 4,800대이다. 이외 BTG의 화력지원을 위해 자동 유탄발사기를 장착한 차량 3대(1개소대)와 대전차 차량 5대를 보유한 지원 소대(1개소대)가 있다. 여기에 포대당 2대의 152mm 지주포를 가진 3개 포대, 포대당 3대의 다연장 로켓을 갖춘 2개 포대, 포대당 3문의 120mm

중(重)박격포로 구성된 2개포대, 견착식 대공미사일 팀, 포대당 3개의 이동식 지대공 미사일 발사대를 가진 2개포대, 레이더와 부속 차량, 1개 정찰 소대, 5대의 무한궤도 견인차량, 3대의 지휘관 차량 등을 모두 합하면 1개의 BTG가 보유한 차량은 85대이다. 여기에 더해 11대의 보급트럭, 5대의 연료 트럭, 4대의 앰브런스, 5대의 보수유지 차량 등이 추가로 있다. 그러므로 120개의 BTG가 모두 장비한다면 10,200대의 기갑차량이 필요하다. 고대 로마의 군단은 서류상으로는 5천명이지만 실제로는 3,500명 수준이었다. 쇼이구 국방 장관은 2016년도에 러시아군의 장비 가동율은 94%라고 말하였다. 미군의 경우, M1 에이브람스 전차의 가동율은 90%(1980년대)가 목표였고 실제는 54% 까지 떨어진 적도 있었다.

2022년 2월 24일 오전, 러시아군의 미사일공격을 받는 수도 키이우

러시아는 60개 이상의 BTG를 우크라이나 침공이전에 우크라이나 국경지역에 배치하였다고(83개 또는 100개라는 소문도 있음) 알려져 있다. 이들 BTG를 포함하여 약17만명의 병력을 우크라이나 전쟁에 투입한 것으로 알려진 러시아군은 2월 24일 이후 5월초까지 전차 약600대를 잃은 것으로 보인다(우크라이나측은 전차1천대, 장갑차 2,500대 파괴하였다고 발표). 러시아군은 12,420대의 전차와 36,000대 전투 차량에 창고에 보관중인 1만여대의 전차와 다량의 전투차량을 보유하고 있는 것으로 알려져 있다. 개발된 지 50여년이 된 T72 전차는 후속모델로 나온 T80, T90보다 구식이지만 현재도 러시아군의 주력전차로서 사용되며 우크라이나 전쟁에서도 러시아군의 주력전차로 사용되고 있다. 소련(러시아)군 전차는 전통적으로 피탄위험을 줄이려고 미국, 영국, 독일 등 서방측 전차보다 높이가 약 20~30cm 낮다. T72 경우 방탄판이 없는 포탄 탄약고를 승조원 발밑에 설치하다보니 적의 포탄이나 대전차 미사일이 전차 측면에 명중되면 자체폭발을 일으켜 전투중에 파손률이 높다.

(2) 침공개시

2월 23일, 푸틴 대통령은 우크라이나 문제에 대해 러시아는 외교적으로 해결하려는 방법에 항상 문을 열어 놓고 있다고 발표하였다. 이 말은 서방측으로 하여금 외교적 해결법에 기대를 걸게 하는 한편 서방측이 러시아의 의도를 파악하는 것에 혼란을 주려는 것

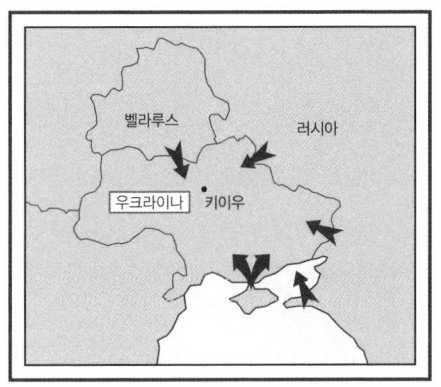

2022년 2월 24일 러시아군 침공방향

⬅ 러시아군

1 2 1. 헬기에 분승하여 안토노프 비행장을 기습하는 러시아군 공수부대
2. 안토노프 비행장

이었다. 그리고 그 다음날인 2월 24일, 오전 5시 푸틴 대통령은 러시아 국민에게 TV 긴급 연설을 통해 우크라이나의 동부, 돈바스 지역에 특별 군사작전(침공)을 결정하였다고 발표하였다. 같은 시각인 새벽 5시, 러시아군은 우크라이나의 북·동·남쪽 방향에서 전면 공격을 시작하였다. 즉, 벨라루스 접경에서는 수도 키이우와 체르니하우, 동북부에서는 하르키우와 수미, 동쪽의 돈바스에서는 도네츠크 서부로, 남쪽의 크림반도에서는 마리우폴과 오데사 방향으로 T72, T80, T90전차와 BTR80 장갑차 등 대규모 기갑부대를 앞세운 지상군의 전면 공격이 시작되었다. 이와 함께 단거리 탄도미사일과 정확도가 높은 순항(크루즈) 미사일로 우크라이나 군기지와 시설, 정부기관, 키이우 동쪽의 보리스필 국제공항 등을 공격하였다. 그리고 공수부대는 키이우 서북 40km에 있는 호스토멜 지역의 안토노프 비행장을 헬기 30여대에 분승하여 강습하였다(우크라이나군은 4월 4일, 안토노프 비행장을 탈환하였다). 러시아 공군은 개전초기 대규모 공세로 나오지는 않았지만 미그 29, 31과 수호이 25, 27, 30, 34, 35 등의 전투기와 지상공격기, 투폴레프 TU 22, 160 폭격기 그리고 Ka52, Mi24, 28 등 공격용 헬기를 투입하였다. 이것은 제2차 세계대전 이후 유럽에서 일어난 최대의 전면전쟁이다.

2월 24일 침공한 러시아 지상군은 점령목표 지역을 4개의 전구(戰區)로 나누고 다음과 같은 부대를 투입하였다.

전구	부대
서북부	제1 근위 전차사단, 제6, 제20 혼성사단
남부	제8, 제22, 제49, 제58 혼성사단
동부	제29, 제35, 제36 혼성사단
중앙(북부)	제2 근위 사단, 제41 혼성사단

러시아군이 오전 5시에 전면적으로 우크라이나를 침공하자 한시간 후인 오전 6시, 우크라이나의 젤린스키 대통령은 전국에 계엄령을 선포하고 침공군에 총력전으로 맞설 것을 발표하였다. 그러나 침공 첫날 불과 9시간 만에 러시아군이 신속하게 수도 키이우 북쪽에 진입하고 제2의 도시 하르키우를 포위하자 다음날인 2월 25일 러시아 외교장관 라브로프는 우크라이나군에게 무기를 내려놓고 항복하라는 권고를 하였다. 러시아군은 침공첫날 우크라이나군의 시설 118곳을 파괴하였다고 발표하면서 키이우 점령을 시간문제라고 전망하고 있었다. 최초 3~4일에 키이우를 외곽에서 포위하는 한편 이미 키이우 내부에 투입해 놓은 특수부대의 파괴공작조가 동시에 작전을 하게 되면 우크라이나는 항복할 것이며 설사 일부 시민이 저항하더라도 간단하게 제압되고 대다수의 시민은 점령군인 러시아군에 복종함으로써 러시아는 젤렌스키 정권을 전복시키고 친러시아 괴뢰정권을 수립할 수 있다는 낙관적인 전망을 한 것이다.

최소 17만명을 동원한 러시아군의 공격은 우크라이나의 군사목표물에 집중되었다. 그러나 우크라이나군의 저항이 예상 밖에 강력하자 러시아군의 진격이 지지부진하게 되었다. 그러므로 전쟁이 시작되고 4일이 지난 뒤부터는 러시아군은 우크라이나 국민의 사기를 떨어트리기 위하여 민간인 주거지에도 폭격이나 포격을 함으로써 병원, 아파트, 학교 등이 부서지면서 많은 민간인 사상자가 발생하고 있다.

러시아는 국제법과 유엔헌장을 위반하고 우크라이나를 침공하였다. 러시아 스스로가 침략임을 잘 알고 있음에도 러시아 정부는 국민에게 침략을 은폐하기 위해 '특수 군사작전'이란 용어를 사용하였다.

(3) 우크라이나군 전력

1) 우크라이나 국군의 구성

1991년 12월 6일에 창설된 우크라이나군은 육군, 해군, 공군, 공수군, 특수작전군의 5개 군종(軍種)으로 구성되어 있다. 즉, 현재(2021년) 우크라이나군의 상비병력은 약21만명으로서 육군 14만5천명, 공군 4만5천명, 해군 1만1천명, 공수군 8천명, 특수작전군 4천명(추정)이다. 이 가운데에는 여군 3만1천명(장교 4천명 포함)이 포함되어 있다. 2014년에 크림반도가 무력으로 러시아에 합병당하자 그해 우크라이나는 향토예비군을 만들어 군사훈련을 받은 시민들로 구성된 25개 여단(전체인원 약 13만명)을 창설하였다. 소련이 붕괴하면서 독립한 우크라이나는 당시 국가크기에 비해 과도하게 많은 전차, 전투기, 야포 등 많은 무기와 병역을 소련으로부터 승계 받았다. 냉전시대에 소련은 이들 무기를 서유럽에 가까운 우크라이나에 배치하였었다. 베를린 장벽이 무너지고 소련이 붕괴함으로써 냉전이 끝

우크라이나 여군의 행진 (키이우, 2018년 8월)

우크라이나 흑토지대 평원과 우크라이나 병사, 키이우 군사박물관 (사진제공. 신종태 교수)

나자 유럽에서는 군축(軍縮)이 시행되어 우크라이나도 자국 방어에 필요한 최소한의 병력과 장비만을 남기고 여유장비는 모두 수출 등 경로를 통해 정리하였다. 즉, 2000년에 우크라이나군이 작성한 군사력 정비계획에 따라서 1996년에 약70만명이던 병력은 2007년에는 20만명 수준까지 감축되었다. 우크라이나는 나토 가입을 준비하기 위해 나토의 표준화를 목표로 군대 조직, 장비, 교육훈련 등의 분야에서 개혁을 진행하였다. 잉여 무기를 수출한 이유 가운데 하나는 우크라이나가 독립이후에 정치적인 혼란과 높은 인플레, 그리고 거액의 대외채무에 직면한 문제를 해결하기 위한 목적도 들어있다. 한때는 정부에서 파악할 수 없는 지하경제가 GDP의 50%에 이른 적도 있으나 현재도 30%를 차지한다고 한다. 그러므로 잉여 무기를 수출한 당시, 정부가 통제할 수 없을 정도로 유력한 정치인이나 사업가에 의해 무질서하게 음성적으로 성행되었다.

"우크라이나의 자유를 위하여", 키이우 군사박물관 (사진제공, 신종태 교수)

2) 육군

🚊 무장과 조직

우크라이나군의 주력이다. 앞서 언급한 바와같이 냉전이후 평화무드와 우크라이나 경제문제로 야기된 군축계획에 따라 (2013년도 우크라이나 국방백서) 크림반도를 러시아에 강탈당하기 바로 전해인 2013년에는 육군은 4만9천명 수준까지 감축되었다. 이중 제대로 훈련받은 병력은 6천명 정도였다. 당시 육군은 전차 683대, 장갑차 1,965대, 야포 379문, 헬기 72대를 보유하였다. 2014년 3월에 크림반도를 상실하고 그해 4월부터 동부의 돈바스지역에서 친러 세력이 분리를 주장하며 내전을 일으키자 우크라이나군은 육군을 중심으로 재건을 시작하여 수출 후에도 남은 잉여무기를 보관하던 예비보관소에서 전차와 야포 등 무기를 꺼내어 수리하고 현역에 복귀시켰다.

러시아 육군이 대대전술단을 단위로 편성되어 있는데 비해 우크라이나 육군은 여단을 기본단위로 편제되어 있다. 2015년에는 이전의 북부, 남부 작전사령부에 추가하여 동부, 서부 작전사령부도 설치되어 동서남북의 4개 작전사령부에 4개 전차여단(추가로 2개 예비여단), 9개 기계화여단(추가 2개예비여단), 4개 포병여단(추가 2개 예비여단), 2개 산악강습여단, 4개 자동차화 보병여단, 1개 경보병여단, 4개의 방공미사일 연대가 소속되었고 여기에 장거리 포병부대와 항공부대가 지상군에 직활부대로 배치되었다. 여기에 7개 여단으로 구성되는 공수부대는 공수기동수단이 부족하므로 기동력이 높은 경기계화부대 또는 특공부대로서 운용되고 있다.

보유 전차

하르키우 공장에서 T62, T64 전차들이 대량생산되었는바 우크라이나는 독립이후 T64 시리즈를 자국 육군전차 부대의 수력으로 선정하였다. 그러므로 T64를 제외한 모델의 잉여 전차 가운데 선능이 좋은 것은 수출을 위해 예비보관소에 보관하였다. 1992년에 발효된 유럽통상전력 조약에 따라서 우크라이나의 전차보유 상한선은 4,080대로 한정되었다. 그럼에도 구식으로 성능이 떨어지는 T5, T55, T62 전차는 절반이 폐기되거나 해체되었고 남은 것 중 성능이 양호한 것을 수출용 재고로서 보관하였다. 2014년 돈바스에서 친러 분리주의자들이 내전을 시작하자 우크라이나군은 전차부대를 투입하였는바 초기 1년간 전투에서 전차 약300대, 장갑차 약500대 이상을 잃은 것으로 추산된다. 2021년도, 우크라이나 육군은 약960대의 전차를 보유하고 있으며 여기에 공수군과 해군(해병대)이 보유한 것을 합하면 약1,100대를 보유하고 있다. 전차 모델별 대수는 다음과 같다.

전차모델	육군(대)	해병·공수군	계(대)
T64BV	620	41대(해병)	661
T64개량형	210	–	210
T64BM Bulat	100	–	100
T72AMT	33	–	33
T80BV	–	28(해병), 60(공수군)	88
계	963대	129대	1,092대

우크라이나 육군의 주력 전차 T64

이외 예비보관소에 T55전차 20대, T64전차 578대, T72전차 500대, T80전차 34대가 있다. 우크라이나군 기갑부대의 주력전차인 T64BV는 1976년에 채용된 T64B에 폭발반응장갑(ERA)을 장착한 개량형으로서 T64시리즈로서는 마지막 모델이다. 포는 T72, T82과 마찬가지로 125mm 활강포(2A46)에 1A33I 사격통제 시스템(FCS)을 탑재하여 제작될 당시에는 소련제 전차로서는 높은 사격명중 성능이외에 반자동명령 조준선일치(SACLOS) 유도식 9K112 포강발사식 대전차 미사일(사거리 4km)도 장착하고 있다. 포탑전면과 차체전면에는 각각 산화알루미늄계와 유리섬유계의 복합장갑을 부착하였으므로 ERA와 함께 적탄에 대해 비교적 높은 방호력을 갖고 있다. 그러나 이것은 어디까지나 이론일 뿐, 우크라이나 전쟁에서 러시아군 전차들은 우크라이나군이 사용한 대전차 미사일에 속수무책으로 파괴되었다. 전차 무게는 42.4톤으로서 미국, 영국, 독일, 한국 전차보다 훨씬 가볍다. 엔진은 700마력의 디젤엔진으로서 평지에서는 시속 60km, 험지에서는 35~40km로 달린다. 우크라이나군은 T64BV에 우크라이나에서 제작한 신형 조준기, 위성항법 시스템의 안테나, 단말기 그리고 통신장치를 부착하였다. 특히 조준기의 경우, 야간유효사정 조준거리를 1.5km나 대폭 연장하였고 개선된 위성항법 시스템으로 자기위치 측정과 우군과의 위치정보 공유가 가능하게 되었다. 화력과 방호력이 약간 불안정하나 T72B3 전차와 전투성능이 비슷하다. 우크라이나군은 T64전차의 성능을 계속 개선하고 있다.

한편, 우크라이나 독립이후에 개발된 T64BM 불랏(Bulat)은 T64BV의 화력, 방호력을 T80UD(T84) 수준과 동일하게 만든 전차이다. T64BM은 주포를 러시아제 2A46M1 또는 우크라이나제 KBA3를 사용하였고 사격통제 시스템도 T80UD와 동일제품을 사용하였다. 그러므로 우크라이나군은 이 전차를 제1전차여단에 배속시켜 수도 키이우와 북부 지역 방어를 위해 배치하였었다.

T72AMT는 수출용으로 개발된 T72UA를 개량한 모델로서 T64BM과 동일한 폭발반응 장갑을 장착하였고 야간 조준기의 개량과 개선된 위성항법 시스템을 장착하였다. 우크라이나는 소련에서 승계한 T72전차 700여대를 오래전에 이미 수출하였다. T72AMT의 개량작업은 키이우 장갑공장에서 담당하여 2020년에 1개 대대분(31대)이 리비우주에 있는 제24기계화 여단에 배치되었다. T80BV는 육군은 보유하지 않고 해병과 공수군이 보유하고 있다. T72AMT와 T80BV 모두 독립후에 예비보관소에 장기간 보관되어 있던 것을 분해정비한 것이고 T84는 사체로 개발한 우크라이나 국산전차이다. 이 전차는 T64의 후속모델로서 T80 설계를 기본으로 개발하였으나 우크라이나가 재정문제에 봉착함으로써 T84U와 T84BM을 시작품으로서 약10대 이하 제작한 것으로 추정된다.

🚜 장갑차, 보병전투차

전차의 효과적 운용에 필요한 것이 보병전투차(IFV)이다. 우크라이나는 소련에서 승계한 보병전투차를 돈바스 내전에서 많이 잃어 2021년 현재 BMP-1 과 BMP-2를 각각 213대, 890대 보유하고 있다. 돈바스 전투에서 BMP-2를 약370대 잃었다고 한다. 우크라이나 국산 BTR-3 과 BTR 도 운용하고 있으나 충분하지 않은 것 같다. 장갑차의 경우 병력수송장갑차(APC) 622대, 정찰장갑차인 BRM-1K와 BRDM-2를 약550대, 공수부대용 전투차(BMD) 100대(이중

보병전투차 BMD

필자가 키이우 시내에서 만난 차륜식 장갑차 BTR80

공정군이 75대 보유)를 보유하고 있다. APC의 경우, 궤도식 MTLB와 차륜식 BTR 70과 BTR 80을 운용하고 있다. 필자는 키이우 시내에서 우연히 차륜식 장갑차 BTR80을 만난 적이 있어 사진촬영을 하였다.

포병 전력

현재 우크라이나군의 보유전력 가운데 질과 양 모두 비교적 높은 수준을 유지하고 있는 것이 포병화력이다. 전차와 마찬가지로 독립시 많은 화포를 소련군으로부터 인수하였다. 인수한 전차의 많은 양을 수출한 것에 비해 야포는 수출을 거의 하지않고 돈바스 내전에서도 소수만 파괴되었으므로 소련으로부터 받은 야포의 대부분을 그대로 유지하고 있는 것이다. 현재 우크라이나 육군은 5개의 포병여단(예비여단 2개 별도), 각각 3개의 로켓포병 여단과 연대, 미사일 여단 1개를 보유하고 있다. 이외에 기계화 여단과 전차여단의 대부분도 산하에 포병부대를 갖고 있다. 보유한 야포는 자주포 약600문, 견인포 500문 이상, 박격포 340문, 다연장 로켓 340대, 단거리 탄도미사일(9K79-1) 90기를 보유하고 있다.

자주포 대부분은 구식 2S1 122mm 자주유탄포 292문과 2S3, 152mm 자주유탄포 249문이나 2S19, 152mm 자주유탄포 36문과 체코에서 2020년에 구입한 M2 152mm 차륜식 자주 유탄포 26

122mm D30 야포

문도 보유하고 있다. 특징적인 것은 2S7 피온(Pion) 203mm 자주포는 예비분을 포함하여 96문을 보유하고 있는바 이는 러시아 육군이 현재 보유하고 있는 동형의 자주포보다 많다. 한편, 견인포의 60%는 25km 이상의 사거리를 가진 152mm 유탄포 2A36 가신트(Giatsint)B 180문과 2A65 므스타(Msta)B 130문이다. 나머지 약 200문은 구식인 D20과 122mm 유탄포 D30이다.

한편, 우크라이나 포병의 최대의 이점은 세계적으로 보아도 풍부한 장거리 다연장 로켓을 보유하고 있다는 사실이다. 우크라이나는 냉전중 동유럽 국가들이 보유하고 있던 122mm 다연장 로켓인 9K51과 그 개량형 약200대에 더해 220mm 9K57 70대, 300mm 9K58을 80대 이상 보유하고 있어 300mm 경우는 러시아 육군이 보유하고 있는 100대에 필적하고 있다. 사거리가 35km 인 9K57에 비해 군관구와 전력사령부에 직할로 배치된 9K58은 사거리가 70km이고 우크라이나가 개량한 다연장 로켓은 최대 사거리가 130km이다. 우크라이나군은 이보다 사거리를 더 연장시킨 개량형도 개발중이다. 다연장 로켓에는 우크라이나가 독자적으로 개발한 R624M 유도 로켓탄이 부착되어 있어 다른 다연장 로켓보다도 정밀한 공격이 가능하다. 9K79-1 탄도미사일은 1989년에 실전배치가 시작된 전술탄도 미사일 시스템으로서 사거리 120km의 탄도미사일에는 중량 482kg의 일반탄두 또는 집속탄 탄두를 탑재가능하다. 물론 전술핵탄두와 화학탄두도 탑재가능하나 현재 우크라니아군에는 핵탄두와 화학탄두가 없다. 우크라이나군은 이 모델의 후속으로서 사우디아라비아의 재정지원을 받아 사거리 500km의 전술 미사일 시스템을 개발중이다. 이 미사일은 불규칙 궤도를 그리며 목표에 돌입하는 이스칸데르와 비슷한 성능으로서 적의 방공망을 돌파할 수 있다. 장거리 화포의 관측수단으로서는 드론을 활용하고 있어 구식 야포와 다연장 로켓도 비교적 높은 정밀수준을 갖고 목표를 타격할 수 있다.

🪖 대전차 화력

우크라이나 육군의 주력 대전차화기는 100mm견인식 대전차포 MT12로서 500문을 보유하고 있다. 이 포는 세계최초의 활강 대전차포로서 T64전차 등의 주포의 원형이다. 우크라이나는 휴대용 국산 대전차 미사일을 제조하고 있으나 필요한 양의 생산이 부족하므로 2018년에 미국에서 FGM-148E 재블린을 공급하기 시작하였다. 미군의 주력 휴대용 대전차 미사일인 재블린은 사거리 2,500m 적외선 화상유도에 의한 완전한 격파능력을 갖고 상승 궤도를 그리면서 폭발 반응장갑을 장착한 목표도 파괴한다. 2020년까지 우크라이나군에 인도된 것은 발사기 47대와 미사일 360발이었으나 2022년 1월부터 미국에서 수십대의 발사대와 미사일 700발이 긴급인도되었고 운용방법 훈련목적으로 미군이 파견되었다. 에스토니아도 자국이 보유하던 재블린을 미국정부의 승인아래 우크라이나에 양도하였으므로 1월말 기준으로 우크라이나 육군은 발사대 150대 이상, 미사일 약1,200발을 보유할 수 있었다. 그리고 영국으로부터 2022년 1월에 원조받은 NLAW는 단거리 휴대용 대전차 미사일로서 사거리 800m이고 위력은 재블린보다 약하나 더욱 가볍기 때문에 시가전 등에서 위력을 발휘할 수 있다. NLAW는 예측조준선 일치식(PLOS) 이라는 특이한 유도방식을 채용하고 있으며 조준기로 표적을 약3초만에 잡아서 각속도를 측정하고 미사일의 궤도가 사동계산된다. 일단 발사하면 유도조작이 불필요하고 사수는 발사기를 버리고 즉각 장소를 이탈할 수 있다. 미국은 계속 재블린을 우크라이나군에 공급하고 있다.

🛡️ 교육(육군사관학교)

우크라이나 서부지역의 리이우에 위치하고 있는 헤트만 사하이다크니(Hetman Sahaidachny) 국립육군사관학교는 1899년에 개교하였다. 17세기초 코사크의 용맹한 지도자의 이름을 붙인 이 학교는 제2차 세계대전기간중 소련육군 장교 11,000명을 교육시켜 배출하였으나 우크라이나가 독립후 우크라이나 육군의 요람이 되었다.

3) 공군

🛡️ 항공전력

우크라이나 공군은 방공과 지상군 지원을 주임무로 한다. 초기에는 소

육사 1학년 생도들의 국립역사 박물관 현장학습.
배경에 우크라이나 국가 문장인 삼지창이 보인다 (사진제공. 신종태 교수)

련으로부터 승계한 전략폭격기인 TU22와 TU160를 보유하였으나 현재는 모두 폐기된 상태이다. 항공부대와 방공부대는 서부, 남부, 중앙, 동부로 구분되어 있으나 지상군의 작전 지휘는 관할이 일치되어 있지 않다. 또한 수송, 정찰, 드론 무인항공기(UAV)부대는 공군사령부 직할이다. 이외 육군과 해군에도 항공대가 있으며 헬리곱터는 육군 항공대가 주로 운용하고 있다. 보유 항공기 약 200대중 전투기는 미그 29, 수호이 27 등 약 80대로서 러시아군에 비해 신예기종이나 대수가 열세이다. 그럼에도 불구하고 우크라이나 전쟁이 발발한 날부터 우크라이나 공군의 미그 29전투기는 러시아 전투기를 요격하는데 크게 활약하였다. 이와 별도로 공격능력을 구비하고 있는 터키제 무인기(UCAV)는 공군과 해군 항공대가 2018년부터 터키제 드론인 바이라크달(Bayraktar) TB2의 도입을 추진하여 2019년에 처음으로 공군에 도입되었다.

2020년 가을에 아르메니아와 아제르바이잔 사이의 나고르노 카라바흐 분쟁에서 TB2의 활약을 보고 TB2를 우크라이나 국내에서도 생산하게 되고 우크라이나 엔진을 탑재한 쌍발UCAV도 등장하였다. TB2는 2020년, 공군과 해군 항공대에 각각 6대씩 배치되었고 향후 54대 추가도입 예정이며, 2021년 10월에 돈바스지역에 최초로 투입되어 유도폭탄으로 반군의 D30 122mm 야포를 파괴하였다. 소형 UCAV는 포병의 눈으로서도 사용되고 있다.

방공전력

한편, 10개 여난과 연대로 구성된 우크라이나 공군의 방공부대는 광역방공과 주요거점 방공뿐만 아니고 야전방공의 일부도 관할하고 있으며 러시아 등 국가에서 주로 육군이 운용하고 있는 단·중거리용의 지대공 미사일의 대부분을 공군이 운용하고 있다. 우크라이나군의 방공시스템은

ZSU23 고사기관포

구소련시대에 개발·배치된 것을 기본으로 하고 있다. 즉 1970년대말에 실전배치된 S300 방공시스템 약250대를 보유하고 있다(러시아는 2천년대에 배치된 신형 S400사용중임). 즉 방공전력의 기둥은 사거리 75~90km S300P·PS·PT 중장거리 지대공시스템으로서 한정적이지만 적의 단거리 궤도 미사일 요격능력도 갖고 있다. 2017년에는 탄도미사일 대응능력이 개선된 야전방공용 S300V1 시스템도 배치되었다. 공군의 방공전력과 별도로 육군은 고사 미사일 연대와 여단방공부대가 운용하는 근거리 방공시스템인 9K33, 9K35, 2k22, 그리고 구식 고사화기인 ZSU23 고사기관포(트럭과 장갑차에 탑재가능)도 보유하고 있다.

4) 해군
빈약한 함대

우크라이나 해군은 1991년에 독립시 소련 흑해함대로부터 분리되어 창설되었다. 이후 러시아와 1997년에 체결된 흑대함대 분할협정에 따라서 미완성 항공모함 바랴크와 미사일 순양함 우크라이나를 포함한 많은 함정을 러시아에서 받았다. 그러나 예산부족으로 운용이 어려워 대부분의 함정이 해외에 매각되거나 폐기되었다. 2014년 3월, 러시아가 크림반도를 합병할 때 해군 총사령관을 포함한 다수의 장교들이 러시아측에 투항하였고 이어서 유일한 잠수함이었던 자포리자를 포함한 51척의 함정

우크라이나 해군 기함, 호위함 헤트만 사하이다크니.
우크라이나와 나토의 해상연합훈련 (2015년 9월, 오데사)

들이 세바스토폴 항구에서 러시아군 수중에 들어갔다. 우크라이나 해군은 이때 궤멸된 것이다. 이때 탈출한 함정은 1993년에 취역한 호위함 헤트만 사하이다크니(Hetman Sahaidachny)로서 우크라이나 해군의 기함이다. 배수량 3,500톤의 이 군함은 초계용이므로 대공, 대함 전투능력은 제한적이다. 원래 모항인 세바스토폴에서 러시아 수중에 들어가는 것을 피해 오데사로 이동하였다. 그러나 2022년 2월, 러시아군의 전면침공시 러시아 흑해함대가 오데사를 포위하자 3월초에 헤트만 사하이다크니는 러시아 수중에 넘어가는 것을 막으려고 자침하였다가 인양하여 현재(2022년 4월) 수리중이다. 현재 우크라이나 해군은 함령(艦齡) 50년이 넘은 중형 양륙함 1척과 소형 포함, 경비정 등으로 구성되어 있으므로 항만과 연안 경비임무만 수행할 수 있는 수준으로서 러시아 함대와는 전력 비교가 안되는 열세상태이다. 우크라이나는 터키에 초계함 2척을 발주하였으나 2025년이 되어야 인수할 수 있다.

연안포병

해군은 해병대 2개 여단(2천명), 연안포병 그리고 해군 항공대를 보유하고 있다. 해병 2개여단은 2개의 전차대대를 보유하고 있다. 그리고 연안포병은 3개 포병대대(152mm 유탄포 D20과 2A36)를 기간으로 하는 포병여단 1개와 9K57 다연장 로켓을 운용하는 로켓 포병연대 1개로 편성되었다. 2021년부터 우크라이나 국산 RK360MC 넵튠 지대함 미사일 시스템이 배치되었다. 넵튠은 키이우의 루치(Luch) 회사가 러시아제 Kh35를 기본으로 설계하고 루치 회사의 비자르(Vizar) 공장에서 제조한 대함 순항미사일로서 사거리 280km, 시속 900km 성능을 갖고 있으며 연안포병은 이 미사일로써 4월 14일, 러시아 흑해함대 순양함 모스크바를 격침하였다. 독립 1년 뒤인 1992년에 창설된 해군 항공대는 창설시에는 규모가 상당히 컸으나 1990년대 말에 공군에 많은 항공기를 이관하고 축소되어 현재는 소수의 대잠수함, 구조용 헬기, 수송기 정도만 남아있다. 2021년에 터키제 드론 TB2를 도입하여 운용중인 바 이 드론은 공군이 사용하는 TB2보다 2배의 통신거리(300km) 성능을 갖고 있다.

(4) 라스푸티차

겨울에 얼었던 얼음이 녹는 3월에는 우크라이나의 흑토는 땅이 진흙으로 변하는 라스푸티차(Rasputitsa) 현상이 매년 일어난다. 나포레옹과 히틀러의 나치스 군대도 라스푸티차에 걸려서 곤혹을 치루었다. 라스푸티차는 전차, 장갑차, 대형 트럭, 포차 등의 운행을 극도로 어렵게 만든다. 러시아군도 물론 누구보다 라스푸티차를 잘 알고 있다. 그러나 현대전의 고도의 성능을 자랑하는 무기는 19세기 나폴레옹군이나 20세기 중반 독일군의 기갑장비와는 달라 기후의 영향을 별로 받지 않는 한편, 우크라이나 침공전쟁은 3~4일이면 끝날 것으로 예상하였으므로 러시아군은 라스푸티차를 크게 염려하지 않았다. 그러나 막상 전쟁이 시작되고 러시아군의 진격이 저지되자 기갑부대가 주력인 러시아군은 기동에 크게 제한을 받게 되어 드넓은 우크라이나 평원을 전차가 횡대 기동으로 전진을 못하고 포장도로를 따라서 종대 대형으로 움직이게 되었다. 그러므로 우크라이나군의 대전차 미사일이나 RPG 공격에 노출되어 전차를 비롯한 러시아군 기갑전력이 크게 피해를 입게 되었다. 도로에서 우크라이나군의 대전차 미사일을 피하려고 도로를 빠져나와 농토에 진입하는 순간 러시아군의 전차는 진흙에 빠져 기동력을 잃어 장갑(裝甲)과 화력(火力)을 이용한 전차 본연의 기동돌파 임무를 수행할 수 없는 일이 수시로 발생하였다.

(5) 제공권

전쟁초기 러시아군은 제공권을 잡은 것으로 보였으나 우크라이나 육군이 견착식 대공미사일로 러시아 전투기, 헬기 등을 다수 격추시키고 러시아 공습을 피해 은폐해 놓았던 우크라이나 전투기들이 러시아 전투기들을 공중전에서 격추시켜 전쟁 발발 3주가 넘도록 러시아군은 사실상 일

1. 수호이 27 전투기
2. 미그 31 전투기
3. 우크라이나 공군의 러시아제 미그 29 전투기. 수직 날개에 삼지창 마크가 보인다.

방적인 제공권을 장악하지 못하였다.

　우크라이나 공군은 미그 29와 수호이 27을 주력 전투기로서 80여대의 전투기를 보유하고 있다. 여기에 대해 러시아는 미그 31, 수호이 34, 수호이 35 등 신예기를 포함한 600여대의 전투기를 갖고 있으나 우크라이나 상공에서 제공권을 장악하지 못하고 있다. 러시아는 미국의 F22와 F35에 맞서기 위해 개발한 수호이 57(제5세대) 스텔스 전투기도 우크라이나 전쟁에 투입하였다. 출격회수는 러시아와 벨라루스 공군 기지에 배치된 러시아 전투기가 하루에 약200회인 반면에 활주로가 파괴되어 일반 고속도로에서조차 이착륙하는 우크라이나 전투기는 10여회에 불과하다. 그러나 이미 우크라이나 전투기들은 러시아 전투기들을 적지 않게 격추하여 조종사들이 포로로 붙잡힌 경우가 있다. 비록 전투기는 40여년이 된 노후된 기종이나 조국을 지키겠다는 굳은 결의에 찬 우크라이나 조종사들의 선전(善戰)으로 더 강력한 러시아 공군력을 저지한 것이다.

(6) 북부전선

1) 키이우

　수도 키이우를 향해 접근하고 있는 러시아 기갑부대를 우크라이나 기갑부대가 사력을 다해 막고 있는 한편, 우크라이나 보병은 미국과 영국이 각각 제공한 재블린, NLAW 대전차 미사일을 사용하여 러시아군의 전차와 장갑차를 파괴하고 있다. 그러므로 러시아군은 키이우를 48시간 이내에 점령하려던 초기 계획과 달리 진격에 난항을 겪고 있다. 우크라이나 군은 국가의 위기에 총을 들고 지원한 시민들과 힘을 합쳐서 러시아군에 비해 열등한 무기를 갖고서도 용감하게 선전하고 있다. 킨야제프(Sergiy

Knyazev) 장군 휘하의 정예 우크라이나군은 러시아군의 전차가 키이우 시내에 접근하는 것을 성공적으로 저지하였다.

키이우를 향해 진격하는 러시아군 기갑부대와 수송부대 행렬

2월 27일, 우크라이나군은 시내로 이어지는 주요 다리와 간선도로를 폭파하고 시의 경계선을 따라서 대전차 미사일과 기갑부대, 포병부대를 배치하였다. 시가전에 대비해 시민들에게 소총 약 2만정, 탄약, 수류탄 등의 무기를 지급하였다. 키이우 시내에는 폭이 넓은 드니프로강이 흐르며 강에는 여러 지류가 연결되어 있어 늪지대가 광활하므로 교량을 파괴하면 러시아 전차부대의 접근이 사실상 어렵다. 그리고 키이우는 하늘에서 보면 평탄하지만 막상 시내에 들어가면 작은 언덕이 많아서 많은 인원이 방어하기에는 오히려 유리하므로 러시아 보병들이 쉽게 시가지에 진입하는 것이 쉽지 않다. 또한 키이우는 산업도시로서 크고 작은 공장이 많다, 이들 공장에서 벽돌, 철재 등의 산업재를 많이 생산하므로 시민들은 이를 이용하여 도시 전체를 바리케이트로 만들어 러시아군에 대항하였다.

3월 22일, 키이우 북쪽을 방어하던 우크라이나군은 역습을 감행하여 키이우 서쪽의 마카리우 지역과 키이우 서북쪽의 이르핀, 모스천 시역을 러시아군으로부터 탈환하였다. 드니프로강 동쪽에서 키이우를 향해 접근하던 러시아군도 우크라이나군의 반격을 받아 55km 동쪽으로 후퇴하면서 공세에서 방어로 전환하였다. 3월 25일, 러시아군의 전사자는 7천명

1. 러시아군을 저지하는 우크라이나 병사
2. 우크라이나군이 파괴한 러시아군 전차

에서 최대 1만5천명으로 추산되는 바 이는 소련이 아프가니스탄에서 10년간(1979~1989년) 전사한 1만5천명에 접근하는 숫자로서 침공 며칠 안에 우크라이나군의 항복을 받을 계획이었던 러시아군으로서는 상당히 당황스러운 일이다. 우크라이나군은 계속 러시아군의 공격을 격퇴하는 한편 키이우 북쪽으로 진격하여 4월 4일에는 러시아가 침공한 2월 24일에 러시아군 공수부대에게 탈취당하였던 안토노프 공항도 탈환하였다.

2) 원거리 미사일공격

키이우에 대한 공격이 우크라이나군의 결사항전에 의해 저지당하자 러시아군은 지지부진한 전황을 타개하고 전황을 유리하게 이끌기 위해 군인과 민간인을 가리지 않고 무차별적이고 과격한 공격을 하는 한편, 미사일을 이용하여 우크라이나군의 시설, 연료저장소, 기차역 등을 공격하였다. 3월 25일, 키이우 외곽의 칼리니우카 마을의 연료저장 시설에 칼리브르(Kalibr) 함대지 순항 미사일을 발사하여 파괴하는 등 러시아군은 원거리에서 우크라이나의 후방지역조차 무차별적으로 미사일을 사용하여 우크라이나를 공격하고 있다. 이는 우크라이나 국민의 전의를 꺾는 한편

무기수송을 저지하고 경제를 악화시키기 위함이다.

(7) 동부전선

침공후 2월 26일, 러시아군은 체르노빌 원자력 발전소를 점령하고 직원들로부터 휴대전화를 압수한 뒤 강제로 작업을 시켰다. 침공이 시작되면서 러시아군은 우크라이나 제2의 도시 하르키우 시내에 헬리콥터를 이용하여 공수부대를 투입하고 시외곽에서는 주력부대를 투입하여 도시를 점령하려고 하였다. 그러나 우크라이나군의 반격으로 시내에 들어 온 러시아 공수부대는 고립되었다. 하르키우 시민은 우크라이나군과 함께 도시를 지키기 위해 무기를 들고 러시아군에 대해 시가전을 벌이며 결사적으로 항전하였으므로 러시아군이 초기에 전격적으로 점령하려던 계획은 무산되었고 결국 우크라이나군은 하르키우를 탈환하였다.

한편, 러시아군은 5주가 지난 3월 31일 체르노빌에서 철수하였다. 체르노빌 원전이 있는 폴레시아(Polesia)시 주변에는 원전사고 당시 방사선에 노출된 소나무 숲이 있었는데 방사선 때문에 붉은 색으로 변해 고사하였으므로 '붉은 숲(Red Forest)'이라는 명칭이 붙었다. 당시 구소련 당국은 불도저를 사용하여 이들 나무를 지표 밑에 묻었다. 이러한 사실에 크게 신경을 쓰지 않은 러시아군은 보호장비를 착용하지 않은 채 장갑차를 타고 흙먼지를 일으키며 숲속을 다녀서인지 이곳에 배치되었던 많은 러시아병사들

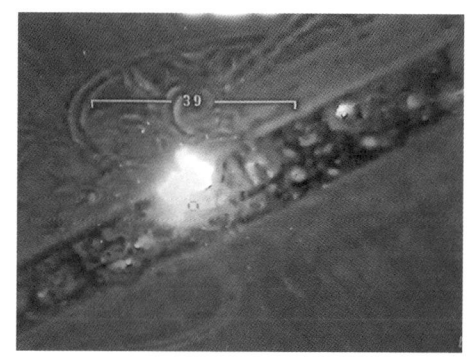

우크라이나군 드론 공격을 받는 러시아군 기갑부대

이 방사능에 피폭된 것으로 알려졌다.

(8) 남부전선

긴 해안을 갖고 있는 남부지역에서 러시아군은 80여척의 함정을 투입하여 우크라이나군을 공격하고 해군 상륙함을 이용하여 전차, 장갑차 등을 양륙시키는 한편, 육군은 크림반도에서 직접 우크라이나 본토로 침공하였다. 주요 전투지역은 다음과 같다.

1) 지미니섬 방어

우크라이나 최남단에서 약 32km 떨어진 지미니(Zmiinyi)섬에 배치된 우크라이나 수비대원 13명은 2월 25일, 이 섬에 접근한 러시아 군함으로부터 항복요구를 받았으나 거절하였다. 루마니아와 국경선에 전략적으로 위치한 면적 5만평의 작은 크기의 이 섬은 뱀섬(Snake Island)이라는 별명도 갖고 있다. 러시아 군함과 항공기로부터 함포사격과 폭격을 받아 수비대 전원은 전사하였으나 국토를 지키겠다는 군인의 결기를 보여줌으로써 이 소식을 접한 우크라이나군에 전의(戰意)를 불타오르게 하였다. 젤렌스키 대통령은 항복을 거절하고 전사한 수비대원 전원에게 사후(死後) 영웅 훈장을 수여하였다.

2) 마리우폴

러시아군은 2014년 3월에 합병한 크림반도와 2014년 4월부터 친러 반군이 점령하고 있는 돈바스 지역의 중부와 연결하기 위해 인구 45만명의 항구도시 마리우폴을 80일 이상(5월 중순까지) 포위하고 포격과 폭격을 하였다. 러시아군이 2014년에 이미 점령한 크림반도와 돈바스 지역의 중심을 하나로 연결하기위해서는 돈바스 남부지역에 속해있는 마리우

1. 마리우폴을 공격하는 러시아군 전차부대. T72 전차 전면에 러시아 침공 부대를 상징하는 Z자가 보인다.
2. 마리우폴 시청에 도네츠크 인민공화국 깃발을 게양하는 친러 민병대
3. 우크라이나군의 공격을 받아 불타고 있는 대형상륙함 오르스크

폴을 점령하여야 한다. 반면 우크라이나로서는 마리우폴을 빼앗기면 동부와 남부전선이 붕괴하게 되므로 어떻게든지 이 요충지를 사수해야 하는 도시이다. 러시아군은 민간인 1천명 이상이 대피하고 있던 극장 건물을 전폭기로 공습하여 민간인 수백명이 건물 안에 매몰되게 하는 전쟁범죄도 서슴치 않았다. 특히 극장 주위에 러시아 조종사들이 식별 할 수 있도록 '아이들'이라고 러시아어로 땅바닥에 크게 씨 놓았음에도 리시아 전폭기는 폭격을 하였다. 이것은 전쟁범죄 행위이다. 우크라이나군은 사력을 다해 이 도시를 방어하였으나 3월 28일, 러시아군은 이 도시의 대부분을 점령하고 마리우폴 시청 건물위에 도네츠크 인민공화국(DPR) 국기

우크라이나 전쟁　　201

를 게양하였다. 마리우폴은 지리적으로 도네츠크주에 속해있다. 러시아군은 돈바스에서 독립을 선언한 두 개의 공화국(DPR, LPR)의 민병대와 청년들을 러시아군과 함께 싸우도록 조치하였으므로 이날 마리우폴 시청에 DPR 국기를 게양한 것은 DPR 군인으로 보여진다. 러시아군은 마리우폴의 시장을 포로로 붙잡고 친러 여성을 마리우폴의 시장으로 앉혔다. 잡혀간 시장은 우크라이나군이 잡은 러시아군 포로들과 교환함으로써 석방되었다. 러시아군의 포위 속에서 장기간 포격과 폭격을 받아 주민은 식량, 전기, 식수 등이 고갈된 극한 상황속에서 민간인 5천명이 사망한 비극의 도시로 변하였다.

러시아군은 마리우폴을 점령하기 위해 잔인하기로 악명높은 체첸군을 투입하였다. 체첸은 소련 해체후 러시아에서 독립을 하려고 1994년과 1999년에 두 번이나 러시아와 전쟁을 벌였으나 실패하였다. 러시아는 전쟁에서 승리한 뒤 람잔 카디로프(Ramzan Kadirov)라는 친러시아 독재자를 총리로 앉혔다. 그러므로 카디로프는 러시아군을 지원하기 위해 체첸군을 이끌고 마리우폴을 방문하였다.

러시아군은 하늘과 땅과 바다에서 도시를 공격함으로써 유럽 취대의 '아조우스탈' 대형 제철소를 파괴하였고 시내 건물의 90%을 파괴하였다. 그리고 지하 시설물을 타격하는 벙커버스터 3톤 폭탄도 사용하고 있으나 우크라이나군 제36해병여단·아조우 대대 2천명 그리고 민병대등 모두 2,500~3천명은 파괴된 제철소 건물의 지하에서 결사항전을 계속하였으나 탄약과 식량이 떨어져 5월 17일에 항복하였다. 구소련이 1933년에 만든 이 제철소는 냉전시대에 핵공격을 피하기 위해 지하에 6층 시설(30m)과 길이 20km의 터널을 만들어 놓았으므로 우크라이나군은 이 지하시설과 지상시설을 방패삼아 저항하였다.

한편, 마리우폴 인근의 베르단스크(Berdyansk) 항구에서 보급품을 하역하려던 러시아 해군의 대형상륙함 오르스크(Orsk)호가 3월 25일, 우크라이나군의 공격을 받아 침몰하였다. 이 상륙함은 미군의 전차상륙함인 LST(Landing Ship for Tank)과 비슷한 크기이다. 러시아군은 2월 27일에 베르단스크를 점령하고 러시아 해군 수송선들은 이 항구를 통해 보급품을 남부전선으로 보내고 있었다. 그리고 마리우폴 지역을 방어하는 우크라이나의 '아조우 대대(Azov Battalion)'는 압도적인 러시아군을 맞아서 영웅적인 전투를 벌였다. 크림반도를 러시아에 빼앗기고 2개월후인 2014년 5월에 민병대로 시작한 아조우 대대는 6개월 뒤에 정규군에 편입되어 돈바스 지역에서 친러 민병대와의 전투에서 큰 공을 세운 적이 있다. 아조우는 흑해 북부의 크림반도와 우크라이나 남부사이의 바다로서 러시아어로는 '아조프'이다. 안드리 빌레츠키(Andriy Biletsky) 대대장이 지휘하는 이 부대를 우리나라에서는 일반적으로 '아조우 연대'라고 부르지만 실제 병력은 1,500여명밖에 안되므로 대대라고 부르는 것이 적합하다고 생각된다. 이 부대의 마크는 독일 나치스의 상징인 철십자가 모양과 비슷하므로 러시아는 아조우 대대를 나치스라고 비난하고 더욱 적대시하고 있다.

3) 헤르손

우크라이나 남부해인 지역의 물류 거점으로시 곡물 수출힝과 조선산업이 있는 인구 30만 명의 헤르손(Kherson)은 러시아군이 침공을 개시한 이후 헤르손을 방어하는 우크라이나군과 격전을 벌였다. 그러나 3월 2일에 러시아군이 전차와 장갑차를 앞세워 항구와 시내의 중앙역을 점령하고 우크라이나군은 시의 외곽으로 밀려났다. 헤르손은 러시아군이 우크라이나에 대한 전면 공격을 하여 러시아군으로서는 처음으로 점령한 우크라이나의 도시이다. 그러나 3월 20일 이후 우크라이나군은 키이우 방어전투에서 러시아군에 타격을 가해 러시아군으로 하여금 키이우 외곽에서 후퇴하게 하면서 여세를 몰아 러시아군 수중에 있는 헤르손의 비행장을 공격함으로써 헤르손 탈환 작전을 벌이고 있다.

4) 오데사

우크라이나 흑해 연안 최대의 물류거점이며 전략적 요충지인 오데사를 점령하려고 러시아 육군은 오데사 동쪽의 미콜라이우주(州)를 통해 공세를 하는 한편, 함정을 이용하여 흑해에서 함포 사격과 순항 미사일로 오데사를 공격하였다. 러시아 전투기도 공습을 하는 등 러시아군은 육해공 3면에서 오데사를 공격하였다. 이에 대비하여 시민들이 조직한 민병대가 순찰을 돌고, 여성들은 사제폭탄과 화염병을 만들어 비축하는 등 우크라이나군에 협력하였다. 시민들은 러시아군이 진입할 것으로 예상되는 지점에 시민들이 만든 모래주머니 30만개로 바리케이트를 설치하고 지뢰를 매설하기도 하였다. 만약 러시아군이 오데사를 점령하는 경우에는 우크라이나는 하루아침에 내륙국이 된다. 우크라이나가 수출하는 물량이 크게 타격을 받게 되고 국가의 발전에도 큰 걸림돌이 될 것이다. 러시아군은 침공 첫날부터 오데사 항구 앞을 봉쇄하여 우크라이나의 곡물 수출을 막고있다.

러시아군 미사일 공격을 받는 오데사

19세기 유럽의 강국이던 오스트리아는 제1차 세계대전의 결과 이탈리아에 면한 해안을 빼앗기고 내륙국이 된 이후 강대국의 지위를 잃었다. 그리고 19세기 남아메리카의 칠레와 볼리비아의 전쟁에서 칠레군은 볼리비아군을 격파하고 아타카마 사

러시아군의 진입을 저지하기 위해 오데사 시내에 설치된 바리케이트

막 인근인 안토파가스타와 아리카 사이의 해안지역을 점령하여 볼리비아는 그때부터 해안을 잃고 내륙국이 되었다. 오늘날 칠레는 남아메리카에서 가장 발전한 국가가 된 반면 볼리비아는 가장 빈곤한 국가가 되었다.

2014년 3월에 크림반도가 러시아에 합병되자 이에 고무된 오데사 지역의 친러시아 주민은 같은 해 5월에 분리독립을 원하는 시위를 하였다. 그러자 우크라이나 정부를 지지하는 주민들도 시위에 나서 양측이 충돌함으로써 48명이 사망하는 사태가 발생하였다. 이러한 배경을 갖고 있음에도 2022년 2월의 러시아 침공은 불법이었고 민간인에 큰 피해를 주자 과거 친러시아 성향을 갖고 있었던 오데사 주민도 태도를 바꿔 우크라이나 정부편에 서서 우르라이나군에 협력하였다.

러시아군은 3월 18일, 함대지 미사일로 오데사의 무선전자 정보센터를 파괴하고 3월 21일에는 도시의 외곽주거 지역에 함포사격을 하였다. 그리고 4월 3일에는 전투기를 동원한 미사일공격으로 정유시설 한 곳과 연료저장 시설 3곳을 파괴하였다. 이 공격은 4월 1일, 우크라이나 공격용 헬기 2대가 러시아 국경 안에 있는 벨고로트(Belgorod)시의 석유저장시

설을 공격하여 피해를 준 것에 대한 보복 공격의 성격이 짙다.

(9) 서부전선

우크라이나의 서부에 러시아 육군부대가 직접 공격은 하지 않았으나 서부 지역에 있는 우크라이나군의 병참시설 기능을 마비시키기 위해 러시아군은 미사일 공격을 하였다. 3월 18일, 러시아군은 킨잘 미사일로써 루마니아 국경인근 델라틴(Delyatyn)의 지하시설을 공격하였다. 이곳은 우크라이나군의 미사일, 항공기용 탄약이 보관된 대규모 지하시설이 있다. 러시아군은 르비우 등지에 순항미사일 공격을 수시로 하고 있다.

(10) 우크라이나군의 반격

1) 키이우 인근 탈환

러시아군의 선봉부대는 개전 첫날 키이우 외곽에 도착하였고 헬기에 분승한 공수부대는 키이우 북쪽에 있는 안토노프(호스토멜) 비행장을 기습점령하였다. 러시아군은 이 비행장을 교두보로 키이우를 직접 공격할 계획이었다. 러시아군의 이러한 전격작전을 보며 세계의 대부분 군사전문가들은 수일 안에 키이우가 함락될 것으로 예상하였으나 우크라이나군은 결사항전하여 수도를 지켜내었다. 2014년 3월, 크림반도에서 러시아군으로부터 오합지졸로 조롱을 받은 군대가 아니었다. 결국 3월 25일경 우크라이나군은 키이우 북·동 방향에서 키이우를 압박하던 러시아군을 격

우크라이나군의 공격을 받고 불타는 러시아군 장갑차

퇴하였다. 이어서 4월 2일까지 부차, 이르핀, 호스토멜 등 러시아군에 점령되었던 키이우 북부지역을 탈환하였다. 러시아군은 동북 방향으로 퇴각하였다. 러시아군이 퇴각하자 시내는 차츰 회복되기 시작하여 지하철 운행도 재개되었다. 키이우 탈환소식에 이웃나라로 피난갔던 사람들 100만여명이 4월 중순까지 다시 우크라이나로 돌아오기 시작하였다.

민간인이지만 키이우의 비탈리 클리치코(Vitali Klitschko) 시장은 군복을 입고 최전선에서 러시아군에 대항하여 싸웠다. 키이우 시민은 앞장서서 싸우는 시장의 모습을 보며 하나로 뭉쳐 러시아군에 대항하였다. 그

Mi 24 공격용 헬기

는 2004년에 복싱 WBC 헤비급 세계챔피언이 되어 10년간 챔피언 자리를 지킨 인물로서 2014년에 키이우 시장이 되어 현재까지 재직중이다. WBA, IBF, WBO 복싱 헤비급 챔피언을 석권한 동생 블라디미르 클리치코는 은퇴 후 러시아군이 침공하였다는 소식을 듣고 즉시 예비군에 입대하였다. 오래된 할리우드 영화 "형제는 용감하였다"의 형제보다 더 용감한 형제이다.

2) 러시아 본토 공격

러시아군이 침공한 이후 계속 수세에 밀리고 있던 우크라이나군은 키이우를 포위공격하는 러시아군을 격퇴하고 키이우 인근 지역을 탈환하면서 4월 1일, Mi 24 공격용 헬기 2대로 하르키우 북쪽 러시아 국경안에 있는 벨고로트시의 석유저장 시설을 공격하였다. 우크라이나군으로서는 러시아 본토에 대한 첫 공격으로서 석유 저장소 8곳이 화염에 싸였다.

3) 러시아 기함 침몰

러시아 흑해함대의 기함인 순양함 모스크바가 4월 14일, 우크라이나 해군의 연안포병이 발사한 넵튠(Neptune R-30) 지대함 크루즈 미사일 2~3발을 맞고 탄약고가 폭발하며 대파되었다. 명중된 미사일 가운데 한 발이 탄약고에 명중한 것으로 보인다. 그러나 체면이 손상된 러시아측은 탄약고 폭발은 우크라이나 미사일 때문이 아니고 자체폭발이었다고 발표하였다. 대파된 모스크바는 세바스토폴 군항으로 예인중에 4월 15일 침몰하였다. 체면은 잃은 러시아군은 보복으로 즉각 키이우 인근에 있는 넵튠 미사일 제조사인 루치(Luch)의 비자르(Vizar) 공장을 크루즈 미사일로 공격하였고 동남부 도시인 마리우폴에는 투폴레프 TU95, TU 160 등 전략 폭격기들을 동원하여 대규모 폭격을 하였다. 그리고 다시 지상군이 키이우에 대한 공격을 재개하였다. 순양함 모스크바는 만재 배수량 1만2천톤, 길이 186m 크기로서 사거리 700km 인 함대함 미사일 16발에 각종 첨단 무기들을 장착하고 있으나 우크라이나군의 허를 찌르는 전술에 맥없이 당하고 말았다. 미국은 스타링크 위성이 파악한 순양함 모스크바의 위치를 우크라이나에 제공 하였다.

러시아 흑해함대 기함 '모스크바'

5. 우크라이나의 항전

우크라이나는 최고지도자인 젤렌스키 대통령이 국민사기를 북돋우면서 전쟁을 치르고 있고, 실제 군사전쟁은 우크라이나 군대의 총사령관인 발레리 잘루즈니(Valeriy Zaluzhnyy) 육군 중장이 지휘하고 있다. 잘루즈니 중장은 2014년에 크림반도를 러시아에 강탈당한 이후 8년간 돈바스 지역에서 러시아군의 지원을 받는 친러 반군과 싸우면서 언젠가 러시아가 전면 침공을 할 것이라고 예상하고 사전에 방어작전 여러 개의 시나리오를 준비하고 다가올 전쟁에 대비하였다. 그리고 2022년 2월에 예상대로 러시아군이 침공해오자 사전에 준비한 방어계획대로 조용히 전투를 지휘하면서 러시아군을 키이우 지역과 하르키우 지역에서 격퇴하였다. 그러나 동남부의 마이우폴시(돈바스 지역에 속함)는 러시아군에 점령당한 상태이므로 마리우폴을 비롯한 나머지 돈바스 지역을 탈환할 수 있을지는 불확실하게 보인다. 만약 우크라니아군이 이 지역들을 탈환한다면 사실상 우크라이나 전쟁은 우크라이나군의 승리로 끝날 것이다.

(1) 대전차 미사일의 효능
1) 제4차 중동전에서 등장한 대전차 미사일

1973년 10월에 이집트와 시리아가 이스라엘을 상대로 선제기습으로 제4차 중동전쟁이 일어났다. "전차에 대한 최대의 방책은 전차이다"라는 말은 제1차 세계대전에 전차가 처음 등장하였을 때부터 오늘까지 회자되는 말이다. 당시 전쟁을 계획한 이집트는 이집트 육군 기갑부대가 이스라엘 기갑부대와 싸워서 승리할 수 없다고 판단하였다. 그렇다고 이스라엘에 대한 복수를 연기하거나 취소할 수는 없었다. 그러므로 당시 이집트 대통령 사다트는 보병으로 전차부대를 격파할 방안을 강구하라고 부하들에게 명령하였다. 사다트는 사다트 전임인 낫셀 대통령과 이집트 육군 사관학교를 동기생으로 졸업한 직업군인 출신이었다. 이집트군은 사다트의 명령을 받아 보병이 전차부대를 격멸할 방법을 연구하여 당시 소련제 새거(Sagger) 대전차 미사일을 사용하기로 결정하였다. 사다트는 제4차 중동전쟁을 일으킬 때부터 전면전쟁이 아니고 제한전쟁을 하려고 계획하였다. 수에즈 운하를 건너 시나이 반도에 상륙하여 시나이 반도 서안을 방어하는 이스라엘 방어선을 돌파하여 제1차, 제2차, 제3차 중동전쟁에서 이스라엘군에게 모욕당한 이집트군의 명예와 범(汎)아랍세계의 명예를 되찾으려는 것이었다. 물론 전쟁이 오래 계속되자 초기에 밀렸던 이스라엘은 전열을 정비하여 우선 골란고원에서 시리아군을 격퇴하고 이어서 병력을 시나이 반도에 집중하여 이집트군을 역포위하여 결과적으로 제4차 중동전에서도 이스라엘이 승리하였다. 그러나 제4차 중동전쟁에서 이

우크라이나군의 미국제 재블린 미사일과 사수

키이우 북방에서 재블린에 맞아 파괴된 러시아군 T72 전차. 명중시 폭발에 의해 포탑이 차체에서 분리되었다. T72의 경우, 피탄시 포탑이 분리되는 경우가 많다.

스라엘이 승리하였지만 그 이전에 3번에 걸친 중동전쟁에서 큰 피해없이 승리한 것에 비하면 제4차 중동전쟁에서는 이스라엘도 큰 피해를 입고 간신히 승리하였다. 그러므로 아랍측과 영구 평화 조약을 맺어야겠다는 강한 필요성을 느끼고 그 후 이집트와 평화조약을 맺고 시나이 반도를 이집트에 돌려주었다. 이 전쟁 초기에 이집트군 보병은 사다트의 기대를 버리지 않고 소련제 대전차 미사일로써 이스라엘 전차부대에 큰 타격을 주었다. 보병이 전차부대에 대해 이렇게 큰 전과를 올린 것은 현대전 역사에 찾아보기가 어렵다. 그리고 49년이 지난 뒤, 우크라이나에서 보병이 전차부대를 격파한 전례가 다시 되풀이되었다. 우크라이나 보병이 러시아 전차부대를 대전차 미사일로써 저지한 것이다.

2) 우크라이나군의 대전차 미사일

 우크라이나와 벨라루스 일대는 평탄지형이다. 그러므로 전차부대를 앞세우고 침공하는 러시아군은 천연 장애물이 없는 평원을 가로 질러서 키이우를 쉽게 점령할 것이라고 낙관하였다. 우크라이나군은 러시아제 전차를 보유하고 있었으나 수량과 성능이 러시아군 전차보다 열세였다. 그럼에도 미국이 2018년에 공급해 준 견착식 대전차 미사일 FGM-148 재블린과 영국제 견착식 대전차 미사일 NLAW를 사용하여 침공해온 러시아군의 T72, T80, T90 등의 전차에 심각한 타격을 주었다. 러시아군의 최신 전차인 T90M(T90A를 개량한 최신모델)도 재블린에 맞아 쉽게 파괴 된다. 재블린은 미

재블린이 러시아 전차에 명중되는 순간

군이 한국전쟁에서 대전차 무기로 사용한 3.5인치 바추카포보다 짧은 길이 1.2m, 무게 22kg이지만 적에게 생명을 노출시키고 전차 바로 앞에 접근해서 조준하고 발사해야하는 3.5인치 사수와 달리 훨씬 안전한 위치에서 적 전차를 향해 발사할 수 있다. 일단 발사하면 미사일의 적외선 장비로 사정거리 2.5~5km 안의 표적을 자동으로 추적하여 상공에서 명중시킨다. 그동안 발사한 병사는 안전한 곳으로 대피할 수 있다. 적전차 입장에서는 발사된 미사일이 후폭풍을 일으키지 않으므로 미사일의 발사 지점도 제대로 파악 할 수 없이 아차 하는 순간에 피격 당한다. 또한 재블린은 60~80cm 두께의 철판을 관통하는 엄청난 파괴력을 가졌으므로 신형 러시아 전차도 일단 명중되면 크게 부서진다. 러시아군이 침공한지 80일이 될 때까지 우크라이나군은 적 전차 1,218대, 장갑차 2,934대, 군용차량 2,059대를 파괴하였다고 발표하였다. 전쟁중에는 국민과 아군의 사기

를 올리기 위해 과장하여 발표하는 경우가 많다. 그러나 여러 소식통을 참고할 때 러시아군 전차가 재블린과 NLAW에 크게 피해를 입고 있는 것은 거의 확실해 보인다. 그러므로 우크라이나군에서는 재블린을 '성스러운 재블린'이라고 부른다. 재블린과 영국제 NLAW 이외에 우크라이나제 국산 대전차 미사일인 스투흐나(Stugna)-P도 우크라이나 전쟁에서 러시아군의 공격용 헬기 KA52를 격추하기도 하는 등 전차와 공중목표물을 격파하는 활약을 하고 있다. 우크라이나 방산기업인 루치(Luch)가 벨라루스 기업과 공동개발한 이 미사일은 사거리 5.8km이고 간이 소형 삼각대에서 발사되며 스키프(Skif)라는 이름으로 외국에 수출되기도 한다. 참고로 스투흐나의 뜻은 우크라이나와 러시아의 조상인 스키타이족을 의미한다. 우크라이나군의 이러한 대전차 미사일 때문에 러시아군은 기동전에 적합한 우크라이나 평원에서 제대로된 기동전을 펼치지 못하고 있다.

(2) 드론의 활약

우크라이나군은 터키에서 수입한 정찰, 공격용 드론 '바이락타르(Bayraktar) TB2' 약 20대를 성공적으로 운용하고 있다. 길이 6.5m, 폭 12m 크기의 이 무인기는 4발의 미사일을 장착하고 최대 시속 220km로서 목표물 정밀타격이 가능하다. 대당 수백만 달러를 호가하는 이 무인기는 느린 속력에도 불구하고 러시아군의 지대공미사일 시스템, 다연장로켓, 전차, 장갑차 등을 성공적으로 파괴하였다. 이와 별도로 우크라이나의 다이나믹스(UA Dynamics) 회사가 제작한 소형 드론 푸니셔(Punisher)[19]도 전장에서 러시아군의 연료와 보급품 수송을 공격하는 활

---

19) 시속 65km, 행동거리 50km, 400m 상공에서 3시간 체공. 날개폭 2.3m.

약을 하고 있다. 아울러, 우크라이나군의 드론첩보부대인 '아에르로즈비드카'는 드론을 이용한 야간 매복 공격도 하고 있다.

(3) 러시아 공군력에 대항

침공 첫날부터 선봉에 섰던 러시아 전투기들은 우크라이나군 시설, 특히 군용 활주로와 방공망(防空網)에 대해 정확한 폭격을 하지 못해 우크라이나 공군의 Su24, Su25, MiG 29 등 전투기들은 계속 이륙하여 러시아 전투기와 지상부대를 괴롭혔다. 아울러 우크라이나군이 구소련제 S300 방공시스템과 차량 탑재용 지대공 미사일(Buk)과 보병용 견착식 지대공 미사일을 혼합 사용하면서 러시아 공군기의 피해가 늘어났다. 러시아 전투기는 S300 시스템의 미사일과 차량탑재용 부크 미사일의 레이더를 피하고 정확한 폭격을 위해 저공비행을 하다가 보병이 어깨에 메고 발사하는 러시아제 견착식 스트렐라 미사일과 미국제 견착식 스팅어 미사일에 명중되는 경우가 늘어났다.

반면, 러시아군의 부크 미사일은 이동중에조차 우크라이나군이 사용하는 터키제 드론(바이락타르 TB2)의 폭격을 받아 피해가 늘어났다.

(4) 전국민의 총력항전
1) 국민 동원령

러시아가 2021년 10월말부터 우크라이나 국경에 훈련을 핑계삼아 대규모 병력과 장비를 집결시키자 우크라이나 정부는 2022년 1월 1일, 국민저항법을 발효하였다. 이 법은 외국으로부터 침략을 받으면 예비군과 민병대를 자동적으로 조직하여 총력전으로 침략자에 대항하여 전투를 하는 법이다. 러시아군이 2월 24일 전면적으로 침공하자 우크라이나는 건국이후 최대의 국가적 위기를 맞아 분열하지 않고 한마음으로 단합하였다. 18~60세까지의 모든 남성은 소집되어 나라를 위해 총을 잡았다. 피난하는 가족을 데리고 폴란드 국경도시 프세미시우 기차역에 도착 한 뒤 다시 키이우행 기차를 타고 돌아가는 남자들이 많았다.

2) 인간 띠

　러시아군은 우크라이나 동남부 자포리자주(州)에 있는 유럽최대의 원자력 발전소를 포격하였다. 이 발전소는 우크라이나 전력 공급의 약25%를 담당하고 있다. 침공을 시작하고 러시아군은 2월 28일부터 이 발전소를 점령하려고 하였으나 목숨을 내건 시민들이 3월초부터 1km의 인간 띠를 만들어 러시아 전차 앞을 가로 막는 바람에 러시아군은 점령할 수 없었다.

3) 일반 시민의 애국심

　러시아가 우크라이나를 침공하자 많은 남성들이 군대에 자원입대하였다. 국내는 물론이고 외국에 살고 있는 우크라이나 남자들이 대거 귀국하여 무기를 들고 싸웠다. 이 가운데에는 50대, 60대 남성도 적지 않다. 여성 소설작가도 여성 공무원도 주저하지 않고 총을 잡았고 미스 우크라이나 아나스타시야 렌나(Anastasiia Lenna)도 나라를 지키려고 결연하게 총을 잡았다. 외국에 거주하고 있는 우크라이나 여성들도 많지는 않지만 귀국하여 총을 잡는 경우도 있었다. 동계스포츠인 바이애슬론(크로스컨트리 스키와 사격을 결합한 경기 종목)의 우크라이나 국가대표선수인 예브게니 말리셰프(Evgeny Malishev)는 19세의 나이로 하르키우 전투에서 전사하였다. 그는 우크라이나의 운동선수로서 우크라이나 전쟁에서 전사한 첫 선수가 되었다. 동계 올림픽 2종 경기선수인 드미트리 피두르치니(Dmitry Pidruchni)도 입대하였다. 프로축구선수 비탈리 사필로(Vitaly Safilo)도 2022년 2월말에 키이우 방어전투에서 전사하였다. 우크라이나 시민으로서 이웃나라 몰도바의 축구팀 감독인 유리 베르니두브(Yuriy Vernydub) 감독은 감독직을 잠시 내려놓고 귀국하여 56세의 나이지만 총을 잡았다. 우크라이나의 축구 영웅이며 감독으로서 2004년에 세계최고 선수에게 수여하는 발랑도르(Ballond'Or)상을 수상한 안드리 세브첸코(Andriy Shevchenko)도 국민이 뭉치면 승리한다며 조국을 지키겠다고 나섰다. 프로 테니스선수인 세르게이 스타코브스키(Sergiy Stakhovsky)도 예비군으로서 총을 잡았다. 올림픽에서 두 번이나 금메달을 목에 건 세계적인 복싱선수 바실리 로마첸코(Vasiliy Lomachenko)도 자원해서 입대하였다. 전쟁이 일어나자 보트를 타고 우크라이나를 떠나 루마니아를 거쳐서 프랑스에 도착한 뒤 3월 7일 열린 여자프로 테니스 대회에 참가하여 준우승을 한 다야나 야스트렘스카는 상금 전액(1만5천 유로)을 우크라이나 지원재단에 기부하였다. 이렇게 사회 각층을 가리지 않고 애국심에 넘치는 시민들이 풍전등화 위기에 처한 조국을 구하려고 속속 자원하여 무기를 들고 전선으로 달려갔다. 푸틴을 비롯한 러시아 전쟁지도자들이 전혀 예상하지 못했던 돌발상황이 일어난 것이다.

같은 운동선수이지만 러시아에서 3년전에 우크라이나로 귀화한 피겨스케이팅 국가대표선수인 아나스타시아 샤보토바(Anastasiia Shabotova)는 러시아의 침공을 지지하는 SNS 글에 좋아요를 눌러서 우크라이나 피겨스케이팅 연맹은 3월 23일, 샤보토바의 국가대표 자격을 박탈하였다.

우크라이나는 제2차 세계대전 당시 많은 독일군을 저격총으로 사살한 뛰어난 저격수들을 배출하였는데 이 가운데는 독일군 309명을 오데사와 세바스토폴 전투에서 사살한 여자 저격수 류드밀라 파블리첸코(Lyudmila Pavlichenko)도 있다. 2022년 2월 러시아군이 침공하자 우크라이나군의 여러 저격수들이 러시아군 장성 또는 영관급 장교 여러 명을 저격소총으로 사살하였다. '죽음의 숙녀(Lady Death)'라는 별명을 가진 파블리첸코의 뒤를 이어 여성 저격수가 된 우크라이나인 가운데에는 차콜(Charcoal)이라는 암호명을 사용하는 병사도 있다. 그녀는 2017년에 해병대에 입대하여 돈바스 지역에서 친러 민병대와 러시아군을 상대로 싸우다가 2022년 1월에 전역하였다. 그러나 2월에 러시아군이 침공하자 다시 그녀는 입대하여 총을 잡고 최전선에서 싸우고 있다.

이렇게 우크라이나 국민이 강한 애국심과 항전 의지를 갖고 있음에도 총력전 수행에 필요한 예비군 동원 시스템이 제대로 구축되어 있지 않은 것은 아쉬운 점이다. 우크라이나는 서류상으로 90만 명의 예비군을 보유하고 있으나 막상 전쟁이 일어나자 실제 체계적으로 동원된 예비군은 소수에 불과하다. 우리나라도 이점을 타산지석(他山之石)으로 삼아야 한다.

한편, 이렇게 대부분의 국민이 나라가 위기에 처하자 목숨을 걸고 무기를 들고 나라를 지키려고 하는 반면, 징집대상자 가운데 수천명이 징집을 피해 인접국(몰도바 등지)으로 도주하였다. 인간이 사는 곳에는 어디에나 이런 부류의 사람들이 있다. 6·25 한국전쟁 당시 학도병을 포함한 수많은 젊은이가 대한민국을 구하기 위해 목숨을 바쳤으나 당시 정치인, 고위 공무원, 부유층 자식들이 군대에 입대하여 최전선에서 전사하였다는 말을 필자는 아직 들은 적이 없다. 오히려 당시 한국전쟁에 참가한 미군 장성들의 아들들이, 한국에 오기 전에는 이름도 들어본 적이 없는 이국땅에서 자유를 지키기 위해 싸우다가 전사하였다.

4) 국가위기 앞에 뭉친 여·야

2019년 대통령 선거에서 당시 우크라이나의 제5대 대통령이던 페트로 포로셴코는 정치 경력이 전혀없는 코미디언 젤렌스키 후보에게 크게 패하여 연임에 실패하였었다. 그 후 그는 폴란드에 망명하였다가 러시아의 침공이 예상되자 침공 1개월전에 다시 우크라이나로 돌아왔다. 러시아군이 침공하자 그는 총을 들고 키이우를 지켰다. 그는 크림반도를 러시아에 빼앗기고 난 뒤 대통령에 취임하였는바, 그때부터 러시아의 재침략에 대비하기 위해 나름대로 조치를 취하였다. 그의 요청으로 2015년에 영국군 75명이 우크라이나에 와서 우크라이나군을 훈련시킴으로써 우크라이나군은 러시아식 군사조직과 체제로부터 서방의 나토군 스타일의 군대로 체질을 바꾸었다. 그리고 미국의 트럼프 행정부를 설득하여 대전차 미사일 재블린을 구입하였다. 이와 관련하여 미국도 군사훈련 요원을 우크라이나에 파견하였다. 재블린은 러시아군이 침공한 순간부터 우크라이나군이 러시아 전차를 파괴하는 데 큰 역할을 하였다. 비록 자기를 선거에서 패배시킨 정적이지만 국가가 위기를 당하자 그는 젤렌스키를 도와 러시아에 맞서 결사항쟁하겠다는 결의를 우크라이나 국민에게 이야기함으로써 정당에 관계없이 지도자들이 뭉치는 모습을 우크라이나 국민에게 보여주었다.

6. 러시아군의 고전

(1) 공격의 둔화

전쟁이 4주째로 접어들면서 3월 16일까지 러시아는 전차 233대, 장갑차 406대, 트럭 429대, 지대공 미사일 32대, 항공기 13대, 헬리콥터 32대가 파괴되었다. 여기에 대해 우크라이나군은 전차 66대, 장갑차 89대, 트럭 85대, 지대공 미사일 11대, 항공기 9대, 헬기 1대 등이 파괴되었다. 우크라이나군은 러시아 전차 374대와 장갑차량 등 1,226대를 파괴하였다고 한다. 이 숫자는 과장된 것으로 보여 서방측에서 계산한 639대를 기준하여도 러시아군이 침공시 사용한 전차, 전투차량의 8~10%에 이르므로 러시아군으로서는 큰 손실이다. 아프가니스탄에서 러시아군은 전차 147대, 장갑차, 트럭 등 전투차량 1,314대를 잃었다. 전사자는 러시아군 7천명(우크라이나군 주장은 1만4천명), 우크라이나군 1,300명으로서 러시아군의 인명, 장비 피해가 4~5배에 이른다. 러시아군의 부상병은 1만4천~2만1천명으로 추산된다. 러시아군은 최초 공격시 17만명을 투입하였는바 이는 2008년 조지아 전쟁에 7만명을 투입한 것에 2배가 넘는다. 5일 걸린 조지아 전쟁에서는 67명이 전사하였다. 사망사가 급증하자 러시아군은 3월 18일, 한밤중에 전사자 2,500여구를 벨라루스로 옮긴후 러시아에 보냈다고 한다. 전쟁 비용은 하루 200억 달러(조지아 전쟁에서는 합계 125억 루블 소요됨). 러시아군은 우크라이나군보다 병력과 무기가 우수하다. 우크라이나군은 대전차 미사일 등 서방에서 원조 받은 일부 무기만 신형이지 대부분의 무기가 독립당시의 구식 러시아제 무기로 무장하고 있다.

러시아군은 병참 문제도 부실하다. 초기에 3~4일이면 전쟁이 압승으로 끝날 것으로 예상하고 탄약, 식량, 기름 등의 장기 소요를 계산하지 않아 기갑부대가 기름이 없어 기동을 못하는 일도 일어났다. 그리고 러시아군은 창의성과 융통성이 없는 경직된 지휘체계를 개전초기부터 일관되게 시행함으로써 수시로 바뀌는 전황에 대응하는 능력이 떨어져 피해가 많다. 이 역시 이번 전쟁을 통해 드러난 러시아군의 약점이다.

이번 전쟁을 총지휘하는 러시아 육군의 게라시모프(Valery Gerasimov) 참모총장은 개전 3일내에 주요 도시를 점령하고 젤렌스키 정부를 제거한 후 친러시아 정권을 수립하여 전쟁을 전격적으로 신속하게 끝내려고 하였으나 공격하는 러시아군이 효과적인 공격을 못하고 우크라이나가 민, 군이 총력전으로 결사항전하는 바람에 전쟁이 장기화되고 있다.

여기에 러시아군은 부정확한 정보를 근거로 전쟁을 시작한 것으로 판단되는 정황들이 속속나오고 있어 KGB(소련 국가보안위원회)의 후신인 FSB(러시아 연방보안국)가 작성한 우크라이나 상황에 대한 보고서가 부실하였다는 말이 나돌았다. 그러자 푸틴은 2009년 이후 FSB의 작전과 국제관계부문 책임을 맡고 있는 제5국장인 세르게이 베세다(Sergei Beseda) 장군과 아나톨리 볼류흐(Anatoli Boluh) 부국장을 해임하고 가택연금 조치를 내렸다. KGB는 냉전이 끝나자 FSB와 SVR로 분리되어 FSB는 국내치안, 대테러 활동과 방첩활동, SVR은 해외정보 수집을 맡았다. FSB는 2014년부터 우크라이나를 상대로 국론 분열, 사회불안을 조장하는 임무를 수행하였으나 우크라니아인들의 민심을 파악하는데 실패하였다는 책임을 진 것이다. 1999년에 총리대행에 임명되기 전에 2년간(1998~1999년) FSB 국장을 역임한 적이 있는 푸틴은 이 2명의 고위 FSB간부가 제대로 된 정확한 우크라이나군의 상황을 보고하지 않았으므로 러시아군이 고전하고 있다며 이들에게 책임을 추궁한 것이다. 한편, 푸틴에게 군사작전의 승리를 낙관전으로 사전에 보고한 푸틴 인근의 침모들 가운데에는 쇼이구 국방부 장관도 있다. 그러므로 푸틴은 쇼이구 장관을 크게 질책하였고 그 후유증인지 쇼이구는 지병을 치료한다는 이유로 한동안 공식석상에서 자리를 감추었다. 그는 푸틴에 이어서 러시아의 제2인자라고 자타가 공인하였다. 쇼이구에 이어 게라시모프 장군도 한동안 공식석상에서 자취를 감추었다. 모두 작전 실패의 책임을 진 것으로 보인다.

(2) 핵무기사용 위협

우크라이나군과 시민군이 예상외로 강하게 항전하자 2월 24일에 우크라이나 영토에 들어간 러시아군은 목표물 점령이 늦어지고 인명 피해가 증가하는 문제에 직면하게 되었다. 우크라이나 침공을 위해 러시아는 접경 지역에 20만명의 병력을 배치하였었고 그 가운데 2/3 병력을 우크라이나 영토 안에 투입하였다. 영국 경제회복 센터(CER)에 의하면 하루에 전비 200억 달러(약 24조원)를 사용하면서도 (베트남전 당시 미국은 하루에 1억 달리의 전비를 사용하였다. 이에 비해 투입 병력이 당시 미군의 1/3인 러시아군이 하루에 200억 달러를 사용한다는 것은 너무 과도한 계산으로 보인다) 진격이 예상대로 되지 않자 다급해진 푸틴은 2월 27일, 핵무기 사용 가능성을 언급하면서 우크라이나와 서방 국가들을 위협하였다. 핵탄두 6천개를 보유한 세계 제1의 핵무기 강국 러시아 대통령이 핵무기 사용을 언급하자 쇼이구 러시아 국방장관은 전략 미사일 부대와 러시아 함대 등에 핵전력 강화 준비태세를 지시하였다.

푸틴이 우크라이나에 핵무기를 사용하겠다는 의도를 갖고 있었던 것은 이번이 처음이 아니다. 그는 크림반도 합병후 1주년을 맞아 2015년 3월 15일, 러시아 TV를 통해 크림반도합병을 추진하면서 미국과 서유럽에 우크라이나 사태에 개입하지 말라고 경고하였고 만약 계획대로 진행되지 않을 경우를 대비하여 핵전력을 준비시켰다고 이야기하였다. 그리고 일주일 후에 러시아 외교관이 덴마크에 대해 핵무기 사용을 경고한 적이 있다. 러시아를 거부하는 발트 3국 바로 서쪽에 있는 덴마크가 나토가 추진하는 미사일 방어체계(MD)에 자국 군함을 활용하여 레이더 탐지를 제공하겠다며 2014년 8월에 MD에 참가의사를 발표하였다. 이에 대해 덴마크 주재 미하일 바닌(Mikhail Vanin) 러시아 대사는 그런 일이 발생하면 덴마크 군함은 핵공격 표적이 될 것이라고 위협하였던 것이다. 그로부터 7년이 지난 2022년 2월, 러시아군의 우크라이나 침공이 계획대로 진행되지 않자 다시 핵무기 사용을 언급한 것이다.

전쟁 초기의 예상을 뒤엎고 우크라이나군이 강력한 저항을 하고 러시아군이 예상 밖의 졸전을 거듭하면서 3~4일안에 우크라이나의 항복으로 전쟁이 끝날 줄로 여겨졌던 전쟁이 장기전 양상을 보이고 있다. 전쟁터가 된 우크라이나 민간인의 피해는 엄청나다. 전쟁이 한 달이 지나자 우크라이나와 러시아가 입은 경제적 손실은 각각 1천억 달러와 2,560억 달러로 추산된다는 보도도 있다. 그러므로 러시아의 국방안전보장회의 부의장인 드미트리 메드베데프(Dmitry Medvedev)[20]와 크렘린궁의 공보수석인 드미트리 페스코프(Dmitry Peskov)는 3월 22일, 예상밖의 전황을 타개하기 위해 다시 핵무기 사용을 언급하였다. 러시아는 우크라이나 전쟁이 제3차 세계대전으로 확대되는 것을 우려하는 미국을 비롯한 서방국가들을 위협한 것이다. 현재 6천발의 핵탄두를 보유하고 있는 러시아는 세계 제1의 핵무기 보유국이다. 이러한 핵무기로써 우크라이나뿐만 아니라 세계를 위협하자 미국의 바이든 대통령은 3월 30일, 미국도 극단적 상황에서는 핵무기로 선제타격을 하겠다는 방침을 발표하여 러시아의 핵사용 위협에 밀리지 않겠다는 맞대응을 하였다. 바이든의 발표는 새로운 정책이 아니고 원래 미국의 핵무기 사용관련 정책인바 러시아가 핵무기 사용을 언급하자 미국의 핵무기 사용 정책을 다시 러시아와 세계에 상기시킨 것이다. 바이든이 핵무기에는 핵무기로 대응하겠다는 발표를 하자 푸틴은 이를 무시하듯이 4월 20일, 히로시마에 투하된 원자폭탄보다 2천배(프랑스 크기 면적을 초토화할 수 있음)나 파괴력이 강한 핵탄두를 장착하고 1만8천 km거리를 극초음속으로 비행할 수 있는 초대형 대륙간탄도미사일(ICBM) 시험발사를 하였다.

(3) 진공폭탄 사용

침공초기 320여발의 단거리 탄도미사일과 크루즈 미사일로써 우크라이나군의 기지를 타격하고 전차부대를 앞세워 침공한 러시아군이 우크라이나군과 시민군의 격렬한 저항에 막히자 이를 타개하려고 푸틴은 핵무기 사용가능성을 언급하는 벼랑끝 전술을 사용하며 우크라이나와 서방국

---

20) 푸틴의 최측근으로서 러시아 대통령(2008~2012년), 러시아 총리(2012~2020년). 러시아 헌법에 의해 푸틴이 대통령 3연임이 불가능하자 다시 푸틴이 대통령을 할 수 있도록 대신 대통령직을 맡아 푸틴을 도와주었다.

가들을 위협하는 한편 침공 5일째인 2월 28일, 우크라이나 제2도시 하르키우 시내에서 진공폭탄(별명: 열압력탄)을 사용하였다. 제1차 체첸전쟁(1994~1995년)시 체첸의 수도 그로즈니에서 러시아군이 체첸군에게 패하자 러시아는 1999년의 제2차 체첸전쟁에서 대량살상 위력으로 악명을 떨친 진공폭탄을 시가전에서 사용하여 민간인에게 엄청난 피해를 준 적이 있다. 진공폭탄은 주변의 산소를 빨아들여서 초고속 폭발을 하므로 폭발할 때 발생하는 높은 압력으로 인해 수백 m 반경안에 있는 사람들의 내장이 파열되어 즉사하거나 순간적으로 불에 타서 사망한다. 그러므로 진공폭탄을 발사하는 TOS-1M 다연장 로켓 발사대는 '사탄의 마차'라는 악명을 갖고 있다. 러시아군은 이렇게 잔인한 진공폭탄 이외에 집속탄(Cluster Bomb)과 백린탄, '강철비'라는 별명을 가진 플레셰트(Flechette)탄 등도 사용하고 있으며 전황이 자기들 계획대로 전개되지 않으면 전황을 타개하기 위해 핵무기, 화학무기와 생물학 무기를 사용할 가능성도 있다. 열압력탄이나 집속탄, 백린탄 등은 비인도적인 무기로서 국제법으로 사용이 금지되어 있다.

(4) 극초음속 미사일

3월 18일, 러시아군은 킨잘(Kinzal, Kh47M2) 공대지 극초음속(極超音速, Hypersonic) 순항 미사일을 사상 최초로 실전에 사용하였다. 즉 러시아는 폭격기와 전투기에서 발사하는 사정거리 2천km 이상이며 마하 10의 속도를 가진 킨잘 미사일을 사용하여 우크라이나 서남부의 이바노 프란키우스크(Ivano Frankivsk)주 델라틴(Delyatyn)시에 있는 우크라이나군의 지하 탄약고와 남부의 미콜라이우(Mykolaiv) 항구의 코스텐티니우카(Kostiantynivka)의 연료 저장소를 공격한 것이다. 마하 5~10 이상 빠른 속도로 날아가는 극초음속 미사일은 요격이 힘들고 파괴력이 강하다. 러시아는 서방에 첨단무기를 과시하는 한편 서방이 우크라이나에 대한 무기 지원을 중지하라는 경고를 암시하는 것으로 보인다. 러시아는 단검(短劍)이라는 의미를 가진 킨잘 이외에 지상이나 군함에서 발사하는 대함 지르콘(Zircon, 3M22) 극초음속 순항미사일과 대륙간탄도탄(ICBM)에 탑재가능한 아방가르드(Avangard) 극초음속 탄도미사일도 보유하고 있다. 러시아는 개전이후 3월 20일까지 약 1천발의 미사일을 사용하였다.

(5) 원자력 발전소 공격

러시아군은 우크라이나군의 강력한 방어를 뚫지 못하자 우크라이나 동남부 자포리자주(州)에 있는 유럽최대의 원자력 발전소를 포격하였다. 비등형 경수로를 사용하던 체르노빌 원전과 달리 우리나라 원전처럼 가압경수로 방식의 이 발전소는 우크라이나 전력 공급의 약25%를 담당하고 있다. 침공을 시작하고 러시아군은 2월 28일부터 이 발전소를 점령하려고 하였으나 시민들이 1km의 인간 띠를 만들어 막는 바람에 점령할 수 없었다. 사태가 이렇게 심각하게 진행되자 IAEA(국제 원자력기구)도 우려를 표하고 러시아의 우크라이나 원전 장악을 규탄하는 결의안을 이사회 35개국 가운데 26개국의 지지를 받아 통과시켰다.

세계 역사상 원자력 발전소가 포격 받은 전례는 없다. 만에 하나라도 잘못 되면 수많은 무고한 생명의 희생이 따를 수도 있는 재앙을 만들 수도 있는 위험한 경우를 푸틴은 주저하지 않았다. 우크라이나 전쟁은 인류 전체의 재난을 염려하지 않는 전대미문의 전쟁 상황을 연출하고 있다.

(6) 러시아 장군, 피격 사망

3월 2일, 하르키우 지역에서 우크라이나 저격병에게 제7공수사단 사단장이며 제41군의 부사령관인 수코베츠키(Andrei Sukhovetsky) 소장이 피격되어 사망하였다. 그는 2014년, 러시아가 크림반도를 점령할 때 공을 세워 푸틴으로부터 훈장을 받은 인물이다. 시리아 전쟁에도 참전하여 전투 경험이 풍부한 그는 우크라이나를 침공하는 중에 전사한 러시아 군인 가운데 그때까지 가장 높은 계급자이다. 이어서 제41군의 참모장인 게라시모프(Vitaly Gerasimov) 소장과 콜레스니코프(Andrei Kolesnikov) 소장도 저격병에게 맞아 전사하였다는 사실은 러시아군의 사기저하에 영향을 미쳤다. 이러한 우크라이나 저격병을 미국이 저격기술을 도와주었다. 러시아는 우크라이나 저격수의 저격을 저지하기위해 저격수 저격소총에 부착된 조준경에서 반사되는 빛을 추적하여 우크라이나 저격수의 위치를 찾아낸 뒤 고출력 레이저 광선으로 저격수의 시력을 손상시켰다. 이에 미국은 이를 회피하는 방법을 우크라이나 저격수에게 교육함으로써 우크라이나 저격수들이 러시아 장군들을 성공적으로 저격하도록 도와주었다.

한편, 제150 사단장 올레그 미탸예프(Oleg Mityaev) 소장도 전사하고 마리우폴을 공격중이던 흑해함대 부사령관 안드레이 니콜라예비치 팔리(Andrei Nikolaevich Paly)소장도 3월 20일 전사하였다. 이어서 제49군 사령관 야코프 랴잔체프(Yakov Ryazantsev) 중장도 남부의 초로노바이프카(Chornobaivka) 비행장 전투에서 전사하였다. 이렇게 러시아군 장성 12명이 전사하였는바(2022년 5월초까지) 이 가운데 3명 이상이 우크라이나군 저격병의 총에 사망하였다고 한다. 러시아군 지휘관들의 연이은 사망소식에 우크라이나군은 사기가 살아나고 반대로 러시아군은 사기가 떨어졌다.

반면, 러시아측도 우수한 저격병을 보유하고 있는바 세르비아 출신의 여성 저격병인 이리나 스타리코바(Irina Starikova)는 2014년에 시작한 돈바스 전투 때부터 우크라이나 군인과 민간인 40여명을 사살하였으나 전투중 부상으로 인해 3월 28일에 우크라이나군에 생포되었다. 40세인 스타리코바는 두 딸을 둔 어머니로서 전투중에 부상을 입자 러시아군이 그녀를 방치하고 후퇴하는 바람에 우크라이나군에 포로가 된 것이다.

(7) 평화회담과 암살단

러시아가 우크라이나를 침공한 지 5일째인 2월 28일, 우크라이나와 러시아 양측은 벨라루스의 국경도시 호멜에서 평화회담을 시작하였다. 우크라이나측에서는 레즈니코프 국방부 장관과 포돌랴크 대통령 고문이, 러시아측에서는 메딘스키 대통령 보좌관과 루덴코 외교부 차관이 대표단을 이끌고 참가하였다. 첫날 회의에서 양측은 팽팽하게 맞섬으로써 아무 소득없이 마라톤 회의가 끝났다. 회의가 진행되는 동안에도 전쟁터에서는 양측이 치열한 공방전을 계속하였는바 키이우 방면에서 고전하던 러시아군은 서북쪽 방향으로 우회하여 키이우에 대한 공격방향을 변경하였고 크림반도에서 공격에 나선 러시아군은 돈바스를 연결하려고 남부해안 지역에 대한 공격을 집중하였다. 그러나 평화회담이 열리는 같은 시간에 푸틴은 젤렌스키 대통령과 클리치코 키예프 시장 등 우크라이나 요인들을 암살하기 위해 400여명의 비밀 암살특공대를 키예프에 잠입시켰다. 이 암살 특공대는 퇴역 러시아 군인들로 구성된 러시아의 민간 용병 업체인 바그너(Wagner) 그룹[21]에 소속된 용병들이다. 2014년에 창설된 바그

---

21) 러시아 특수부대 '스페츠나츠' 출신인 드미트리 우트킨이 2014년에 조직한 용병 회사. 인원은 약 5천명~1만명으로 추산되며 러시아의 푸틴 정부를 위해 비밀리에 일하는 용병 회사이다.

너 그룹은 2014년초 러시아가 우크라이나로부터 크림반도를 빼앗아 합병할 때 활약한 비밀 군사기업이다. 러시아는 이 회사의 용병들을 2020년에 리비아에 파견되기도 하였다. 한편, 바그너 그룹의 회장인 프리고진(Yevgeny Prigozhin)은 '푸틴의 요리사(Putin's Chef)'라는 별명을 갖고 있을 정도로 푸틴의 측근으로서 억만장자가 되었으나 러시아가 우크라이나를 침공하자 미국 정부는 그의 자산을 동결하는 조치를 취하였다.

(8) 전쟁범죄 행위

우크라이나 전쟁 기간중 러시아군은 우크라이나에서 수많은 전쟁 범죄 행위를 하고 있다. 바이든 대통령은 푸틴을 독재자, 살인자, 전범이라고 불렀고 프란치스코 교황조차 4월 2일, (푸틴을 가리켜) 갈등을 일으키는 시대착오적 지도자라고 비난하였다. 현재 국제형사재판소(ICC)는 러시아군의 전범행위 조사를 하고 있다. 러시아는 2016년에 ICC를 탈퇴하였다. 러시아군의 주요 만행(蠻行)과 전쟁범죄 행위는 다음과 같으나 이런 만행을 일으키는데 가장 중요한 인물인 푸틴을 법정에 세우기는 실제로 지극히 어렵다. 이와 별도로 우크라이나는 2월 27일, 국제사법재판소(ICJ)에 러시아를 침략국으로서 제소하였다. 우크라이나로서는 할 수 있는 조치는 다하겠다는 입장에서 제소하였겠지만 힘의 응징이 없이 법에만 호소하는 것은 힘이 지배하는 국제법의 냉담한 현실에서 볼 때 비현실적인 조치라고 보인다. 러시아군이 행한 주요 만행 가운데 일부는 다음과 같다.

1) 마리우폴 극장

2022년 3월 16일, 러시아 전폭기는 마리우폴의 극장 건물 안에 어린이를 포함하여 민간인 1천명 이상이 들어가 있는 것을 알면서도(극장앞뒤 바닥에 '아이들'이라고 큰 글자를 써서 조종사가 식별 가능토록 하였음)

폭격을 하여 수많은 인명이 무너진 극장 건물 속에 산채로 매장되게 하였다. 그리고 러시아군의 무차별 포격과 폭격으로 인해 마리우폴 시내의 어린이 병원과 대형 산부인과 병동이 파괴되어 정확한 사상자를 파악 못할 정도로 입원자의 대부분

파괴된 마리우폴 극장

이 무너내린 건물 속에 갇히는 참사가 일어났다.

2) 반인륜적 폭탄 사용

인간을 잔인하게 살상하는 진공폭탄, 집속탄, 백린탄 등을 러시아군은 우크라이나군과 민간인에게 사용하였다. 이와 별도로 재래식 포탄과 폭탄을 이용하여서도 러시아군은 민간인 거주지역에 무차별 공격을 함으로써 무고한 시민들을 살상하고 있다. 마리우폴시에서는 러시아군이 정체불명의 화학무기를 사용하였다는 주장도 나왔다.

3) 어린이 납치

러시아군은 동부 돈바스 지역의 도네츠크와 루한스크주에서 어린이 2,400여명을 러시아로 강제이송하였다. 또한 남부의 마리우폴 지역에서도 어린이를 포함하여 수천명의 시민을 강제로 러시아에 보냈다. 끌려간 우크라이나 주민은 2~3년간 러시아에서 무료로 일하겠다는 각서를 쓰거나 개발이 필요한 러시아의 오지로 보내진다고 한다. 러시아군이 어린이를 납치하는 것과 별개로 인신매매업자들이 혼란한 상황을 악용하여 어린이와 여자들을 상대로 인신매매를 하기도 한다. 가족과 떨어져 혼자 루마니아, 폴란드 등지로 피란길에 오른 어린이들은 국경인근에서 국제 인

신매매업자들에게 유인되거나 강제로 납치되어 인신매매와 착취의 대상이 되고 있다.

　우크라이나 정부는 3월 20일경까지 러시아군이 어린이 8만4천명을 포함한 40만명 이상의 우크라이나인을 러시아에 강제로 끌고 갔다고 주장하였다. 잡혀간 주민들 가운데에는 교회 목사도 있다.

4) 민간인 학살
　러시아군은 우크라이나군에 밀려 키이우 인근의 부차(Bucha)시에서 후퇴하면서 주민주거지에 지뢰를 매설하였다. 러시아군이 제2의 도시 하르키우 인근에 매설한 지뢰 가운데 인간의 발걸음을 감지하는 고성능 센서가 부착된 신형 지뢰도 있다. 지뢰에 달린 진동감지 센서가 동물이 아닌 인간이 다가오면 감지하여 폭발하는 신형지뢰이다. 러시아군이 300여명의 민간인을 집단학살하여 러시아군이 파놓은 참호 속에 매장한 경우도 있다. 이들 희생자 가운데에는 귀를 잘리거나 치아가 뽑히거나 손을 등 뒤로 묶인 채 사살당한 경우도 있었다. 러시아군은 이들 시신에도 부비트랩(기폭장치 폭발물)를 설치하여 시신을 처리 못하도록 하였다. 우크라이나군은 키이우 북쪽 지역을 탈환할때 러시아군이 후퇴하면서 자행한 민간인 집단 학살장소를 계속 발견하였다. 4월 8일에는 돈바스 지역 도네츠크주의 크라마토르스크(Kramatorsk) 기차역에서 대기하던 피난민에 탄도 미사일을 발사하여 52명의 민간인이 사망하기도 하였다. 러시아군은 1994년에 체첸 자치공화국을 침공하여 2000년 2월에 수도 그로즈니를 점령하였다. 이때 러시아군은 체첸 민간인 82명을 잔혹하게 처형하였다. 이런 사실을 기억하고 있는 유럽인들은 우크라이나에서 러시아군이 자행한 만행을 보면서 체첸의 악몽을 상기하는 듯 충격을 받았다.

한편, 젤렌스키는 민간인 학살과 관련하여 3월 3일, 대국민 담화영상에서 2008년에 우크라이나 나토가입을 막은 독일의 앙겔라 메르켈 총리와 프랑스의 니콜라 사르코지 대통령의 이름을 언급하면서 이들에게 불만을 토로하였다. 즉, 2008년 4월에 루마니아에서 열린 나토 정상회의에서 이 두명의 정상이 자국들과 러시아의 이해관계 때문에 우크라이나와 조지아의 나토 가입을 방해하였다는 것이다. 그 후 독일과 프랑스는 러시아에 대한 두려움 때문에 러시아에 대해 계속적인 유화정책을 쓴 결과 러시아가 우크라이나를 침공하고 민간인을 집단 학살하는 결과로 이어졌다는 것이다. 나토 가입에는 회원국 전원의 찬성이 필요하다.

5) 성폭행

키이우 인근의 세르니히브(Chernihiv) 마을에 진입한 러시아군이 우크라이나 여성을 집단 성폭행한 것을 포함하여 우크라이나의 여러 곳에서 러시아 군인들이 우크라이나 여성을 성폭행하였다.

6) 여군 포로 학대

러시아군에 포로가 된 우크라이나 여군 15명이 3월초에 러시아에 끌려가 나체상태로 고문과 학대를 받기도 하였다. 이는 전쟁포로 처우에 관한 제네바 협약 제13조를 위반한 범죄행위이다. 우크라이나군은 여군 3만1천명(장교 4천명 포함)을 갖고 있다.

7) 유적지 파괴

러시아군은 우크라이나에 침공 이후 최초 1개월 동안 학교 400여곳, 병원 110여곳과 수많은 주민 거주지를 파괴하는 만행을 저질렀다. 그리고 이와 별도로 유적지도 파괴하였다 1954년, 헤이그 협약에 따라 유적지 파괴는 전쟁 범죄로 간주된다. 러시아군은 제2 도시인 하르키우의 국립 오페라 발레 극장, 미술관, 기념관, 교회 등 우크라이나에서 53곳을 파괴하였다.

8) 약탈

러시아군은 점령지역내의 우크라이나인 거주가옥에서 대대적인 약탈행위를 하였다. 가전제품, 컴퓨터, 보석, 향수, 식량, 포도주, 생활용품, 의복, 신발 등 돈이 될 만한 것을 약탈한 것이다. 약탈로만 끝나는 것이 아니고 약탈 후에는 집의 가재도구, 가족사진 등을 파괴하고 집안에 대변을 발라놓는 야만적 행위를 하였다. 이러한 주민들에 대한 약탈행위 이외에 러시아군은 점령지의 박물관, 미술관 등지에서 2022년 4월말까지 고대 스키타이 시대의 보물 등 문화재와 미술품 약2천점을 강탈하여 돈바스 지역의 친러시아 반군 지역으로 운반하였다. 이는 1954년에 체결된 헤이그 협약을 위반하는 것이다.

(9) 러시아인의 엑소더스

러시아가 우크라이나 침공을 전후하여 많은 러시아인이 러시아를 탈출하여 서방측에 도착하고 있다. 이들 대부분은 우크라이나 침공으로 스탈린의 공포정치가 푸틴을 통하여 부활하는 공포를 느끼는 한편 서방의 경제·금융 제재로 인한 일상적, 경제적 어려움을 피하기 위해 러시아를 탈출한 것이다. 이러한 엑소더스(대탈출)의 주요 목적지는 러시아에서 육로를 통해 갈 수 있는 국가들로서 이미 핀란드와 조지아를 향해 각각 약4만5천, 약2만5천명이 출국하였다고 추정된다. 이외에 유대계 러시아인들의 이주를 환영하는 이스라엘에도 1천명 이상이 이미 3월초까지 도착하였다고 한다. 푸틴으로부터 억압을 받는 정치인, 시민운동가, 예술·문화인, 언론인 등이 정치적 탄압을 피해 러시아를 탈출하는 경우도 있고 러시아에서 더 이상 자신의 미래가 없다고 생각하는 전문직 종사자들도 적지 않다. 러시아 정부는 우크라이나와 전쟁을 하고 있다는 것을 부인하고 단지 특별군사작전을 행하고 있다며 러시아 국민을 속이는 한편, 언론을 억압하여 언론이 우크라이나에서 무엇이 일어나는 지 정확한 보도를 하지 못하도록 감시하고 있다. 국외로 탈출하는 러시아인들 가운데에는 멕시코를 통해 미국에도 수천명이 입국하였다.

7. 국제사회의 지원

미국과 서방 국가들은 나토의 회원국이 아닌 우크라이나에 대해 공식적인 군사개입을 하지 않고 있지만 미국을 비롯한 서방 약 30개국이 대전차 미사일을 포함한 군사물품을 지원하고 있고 별도로 22개국 이상이 인도적 지원을 하고 있다. 국제 사회의 지원은 침공을 받은 우크라이나가 예상밖의 선방을 하는데 영향을 준 외부요인이다. 이러한 국제 사회의 지원 노력은 DIME으로 정리되는 4가지 측면에서 이루어지고 있으며 구체적인 지원 내용은 다음과 같다. DIME는 Diplomacy(외교), Information(정보), Military(군사), Econony(경제)의 약어이다.

(1) 국가별

1) 미국

🚛 동맹국 결속

우크라이나는 나토 회원국이 아니므로 미국으로서는 군대를 우크라이나에 파병하여 우크라이나를 도우며 직접 러시아군과 전투를 벌이는 일이 실제적으로 극히 어렵다. 만약 그렇게 된다면 핵무기를 갖고 있는 두 나라가 핵전쟁으로 비화될 수 있기 때문이다. 그러나 만약 러시아군이 폴란드 또는 발트 3개국을 침공한다면 미국은 군사력으로 러시아에 대항할 것이다. 러시아는 제3차 세계대전을 경고하며 미국을 위협할 것이나 미국은 세계의 경찰 국가로서 동맹국들이 보는 앞에서 러시아에 대해 강력한 의지를 보여야 할 것이다.

군사정보 제공

미국은 우크라이나에 인접한 나토 회원국에 배치한 최첨단 정찰 및 정보자산을 동원하여 획득한 러시아군에 대한 정보(배치, 규모, 움직임등)를 러시아가 침공을 시작하기 전부터 우크라이나에 알려줌으로써 우크라이나측이 미리 방어 준비를 하도록 도와주었다. 미국은 우크라이나 상공에 직접 정찰 자산을 투입하지는 않았지만 인접 국가와 흑해상공에 RC135 리벳조인트, E3 센트리, 무인공격기 MQ9 리퍼, 고고도 정찰기 RQ4 글로벌 호크, 정찰기 E8C 조인트스타스와 RC12X 등을 띄어서 러시아군의 상황을 정확하게 파악하고 있다. 미국은 이들 정찰 자산이 취득한 정보를 분석하여 우크라이나에 필요한 정보를 제공함으로써 우크라이나가 거국적으로 러시아에 대항하여 결사항쟁하는 것을 지원하고 있다.

미국국민의 기부

미국전역에서 우크라이나에 보내는 기부 물품은 하루 수만톤에 달한다. 러시아군에 대항해서 싸우는데 필요한 소총 등 무기류부터 아기 기저귀, 아동용 의복, 여성 생리대, 식기, 침낭, 담요 등 일상에 필요한 생활용품까지 엄청난 양이다. 국제법을 무시하고 침공한 러시아에 대해 결사항전을 하는 우크라이나 국민에게 세계의 지도국이라는 미국의 시민들은 감동을 받았는지 자유민주주의를 지키는 데 가장 앞의 보루에 서서 싸우는 우크라이나 국민을 마음속으로부터 응원하고 있는 것이다. 이렇게 미국 전역에서 모여진 물건은 선박편으로 일단 폴란드에 가서 거기서부터는 트럭으로 우크라이나에 보내진다. 시민들은 기부금을 모금하여 우크라이나에 송금하기도 한다. 이러다 보니 우크라이나 사태는 미국민이 하나로 뭉치는 계기가 되었다. 만약 우크라이나 국민이 러시아의 불법 침공에 맞서지 않고 비겁하고 나약한 모습을 보였다면 미국을 포함한 세계의 거의 모든 나라들이 우크라이나를 응원하지 않았을 가능성이 높다.

2) 캐나다

캐나다는 미국에 앞서 러시아산 석유 수입금지 조치를 단행하였다. 그러자 미국과 EU, 영국도 러시아산 에너지 수입 금지를 발표하였다. 러시아의 침공이 예상되자 캐나다는 2022년 1월에 우크라이나에 특수부대를 파견하기도 하였다. 캐나다에는 러시아(우크라이나인 190만명 거주)에 이어 우크라이나인 약140만 명이 거주하고 있다.

3) 독일

제2차 세계대전의 패전국인 독일은 분쟁지역에는 독일제 무기공급이나 수출을 하지 않는다는 원칙을 세우고 제2차 세계대전 이후 이 정책을 엄격하게 유지하고 있다. 독일은 러시아가 우크라이나를 무력으로 침공하기 전에 계속 침공전쟁으로 분위기를 몰아가는 상황속에서도 인명 살상용 무기를 외국에 공급할 생각이 없다고 슐츠 총리가 발표하였으나 러시아가 전면 침공하고 3일째인 2월 27일, 예외적으로 우크라이나에 독일제 대전차 무기 1천개와 견착식 지대공 스팅어 미사일 500개를 제공하겠다는 발표를 하였다. 이어서 3월 3일에는 독일 통일이전에 동독군이 보유하였던 소련제 스트렐라(Strela) 견착식 대공 미사일 2,700개도 추가로 지원하겠다고 하였다. 이는 러시아의 침공에 대해 거의 모든 국가들이 침략국이라고 비난하자 독일도 그동안의 정책을 바꾸어 앞장서서 동참한 것이다. 독일은 석탄의 절반, 천연가스의 55%, 원유의 35%를 러시아로부터 수입하고 있으므로 그동안 러시아 천연가스를 저렴한 가격으로 수입하기위해 러시아에서 독일을 연결하는 해저 가스관 노르트스트림2 때문에 미국의 반대를 무릅쓰고 러시아에 대해 강경한 입장을 보이지 못하였다. 그러므로 독일은 폴란드 등 나토 회원국가들로부터 대러시아 제재에 소극적이라는 비난을 받아왔다. 독일, 러시아가 공동투자한 110억 달러(약13조원) 규모의 초대형 프로젝트인 1,225km 길이의 노르트스트림2 가스관은 독일 게르하르트 슈뢰더(Gerhard Schröder) 총리 시절인 2005년에 러시아와 건설계약을 하여 이미 2021년에 완공되었다. 그러나 공식가동이 2022년 하반기에 정상적으로 시작되면 러시아에서 우크라이나를 통해서 서유럽으로 가는 기존의 가스관의 존재가치가 떨어지고 연간 천연가스 통관 수수료 3조원도 감소할 것을 염려한 우크라이나의 젤렌스키 대통령은 2021년 8월, 독일의 메르켈 총리와 담판하여 "만약 러시아가 연간 550억m3 가스의 수송능력을 가진 노르트스트림2를 무기로 활용한다면 러시아를 제재하겠다"는 약속을 받아내었다.

제2차대전 이후 동서로 양분되었던 독일이 1990년 10월 통일하는 데 소련은 큰 역할을 해주었고 이어서 소련이 1991년 12월에 붕괴된 때부터 독일과 러시아는 구원(舊怨)을 버리고 긴밀한 관계를 유지하였다. 러시아는 독일에 중요한 에너지 공급원이었고 독일은 미국 등 서방국가들과 러시아 사이의 마찰을 줄이는 데 기여하였다. 독일 정치인들은 교류를 통해 러시아가 서방과 같은 가치기준을 갖는 나라가 될 것으로 기대하고 러시아에 대해 국가 이익을 양보하면서 우호적인 태도를 견지하여 왔다(이 점은 일부 우리나라 정치지도자들이 북한에 대해 햇볕정책과 퍼주기 정책을 하면 북한이 변할 것이라고 생각하며 북한에 저자세를 보였던 것과 같다). 그러나 2014년, 러시아가 우크라이나의 크림반도를 강제로 합병하는 사건이 일어 난 이후 독일은 러시아가 유럽 안보에 대해 불안을 야기시킬 수 있다는 사실을 인식하였다. 독일은 통일 이후 주변국들에 대한 부담을 줄이기 위해 한 때 서유럽 최대의 병력이던 독일 국방군을 크게 감축하였고 해외 분쟁에 대해서 영국이나 프랑스와 달리 비무장 전투 요원만을 파견하여 왔다. 그러나 2022년 2월 24일에 일어난 러시아의 우크라이나 무력침공이 부당하며 그냥 방치하면 전체 유럽의 안보가 위험에 직면할 수 있다는 판단에서 유럽의 중요한 지도국가 가운데 하나인 독일이 EU 회원국으로서 그리고 NATO의 일원으로서 의무를 적극적으로 하려는 것으로 보인다.

독일정부가 러시아에 대항하는 우크라이나를 적극 지원하는 행동에 대해 평소 러시아에 호의적이었던 좌파 정당인 사회민주당을 포함한 독일의 주요 정당들이 이념과 정파를 넘어 하나가 되어 러시아의 불법 침공을 비난하고 대러시아 제재에 적극적인 모습을 보이는 것은 독일의 국제사회 안전에 대한 정책기조가 러시아의 행동 때문에 변하는 것 같다. 제2차 대전이후 처음으로 외국에 무기를 지원한 독일의 국방정책은 우크라이나에 대해서만 변하는 것이 아니고 향후 유럽에서 러시아의 돌발행동을 저지하고 독일의 안보를 위해 국방 예산을 늘려서(연간 130조원 이상) 국방력을 대규모로 강화하려는 움직임을 보이고 있다.

이렇게 될 경우 독일의 국방비 지출은 미국과 중국에 이어서 세계 3위가 될 것이다. 한편, 우크라이나 전쟁이 1개월이 지나면서 장기화되자 독일 정부는 동·서독이 통일시 동독군이 보유하였던 소련제 장갑차(PbV 501)[22] 56대를 우크라이나에 판매하는 것을 허가하였다. 독일 정부는 이

---

22) 무한궤도 장갑차. 73mm 포 탑재

들 장갑차를 체코의 한 회사에 매각하였으며 이 회사가 우크라이나에 판매하려는 것을 승인한 것이다.

4) 일본

일본은 영토 분쟁중인 남쿠릴열도 (북방 4개 도서)를 러시아로부터 반환받으려고 아베 신조 (安倍晉三)전 총리가 푸틴 대통령과 27번의 정상회담을 하면서 러시아와 좋은 관계를 유지해 왔다. 그럼에도 불구하고 기시다 후미오(岸田文雄) 총리는 러시아가 침공을 하자 즉시 일본주재 러시아 대사를 불러 러시아의 국제법 위반을 항의하고 침공중단과 우크라이나 영토 안에서 러시아군의 즉각적인 철수를 요구하였다. 기시다 수상은 2월 27일, 푸틴 대통령을 포함한 러시아 정부 관계자들의 자산을 동결하고 러시아 은행들을 SWIFT 결제망에서 제외시키는데 있어서 미국, EU에 동참하기로 결정하였다. 기시다 수상은 28일에는 우크라이나의 젤렌스키 대통령과 전화통화후 미국을 따라서 러시아 중앙은행과의 거래를 제한하고, 러시아가 우크라이나 침공시 협력한 루카셴코 벨라루스 대통령에게도 제재를 가하겠다고 발표하였다. 그리고 우크라이나에서 제3국으로 탈출한 피난민을 받아들이기로 결정하였다. 젤렌스키는 3월 23일, 일본의회에 화상연설을 하기도 하였다. 이에 대해 일본 정부는 1억 달러의 추가 지원을 결정하고 자위대 의료진을 폴란드 등 주변국가에 파견하여 그곳에 피난 온 우크라이나 난민을 돕기로 하였다. 이러한 일본의 일련 조치에 대해 심기가 불편한 러시아 정부는 3월 중순에 홋카이도(北海道)와 혼슈(本州) 사이의 쓰가루(津輕)[23] 해협에 군함을 통과시키면서 일

---

23) 동서 길이 약130km, 남북 폭 약20km, 가장 깊은 곳 449m.

본과의 긴장감을 조성하고 이어서 북방 4개 도서 문제를 다루는 평화협정 체결을 일방적으로 중단하겠다고 발표하였다. 러시아가 침공한지 1주일 만에 일본인 6만명이 200억원의 성금을 모아서 우크라이나에 보내고 기업인들도 지원에 동참하였다.

일본정부의 하야시 요시마사(林芳正) 외상은 폴란드를 방문하여 4월 2일, 우크라이나 외교부 장관과 회담을 하며 일본은 우크라이나를 지원하겠다는 결의를 밝혔다. 하야시 외상은 일본에 가기를 희망하는 우크라이나 난민 20여명을 일본 정부 전용기에 동승시켜 일본에 데려왔다. 일본은 우크라이나 사태가 러시아에 유리하게 전개되면 중국도 대만을 침공할 것으로 예상하고 있으므로 우크라이나가 승리하기를 원하는 것이다. 일본은 대만이 침공을 받는다면 이는 일본의 비상사태라고 인식하고 있으므로 적극적으로 우크라이나를 지원하고 있다. 한편, 일본 정부가 우크라이나를 적극적으로 지원하고 러시아를 제재하자 젤렌스키 대통령은 일본이 아시아 국가 가운데 가장 먼저 러시아를 실질적으로 제재한 국가라며 감사함을 표시하였다.

5) 스웨덴

국제법상 영구 중립국인 스웨덴은 독일처럼 분쟁지역에는 군사지원을 하지 않는다는 정책을 유지해 왔으나 러시아의 우크라이나 침공에 크게 실망하여 우크라이나에 군사원조를 하는 결정을 내리고 대전차 무기, 철모 등 군수품을 우크라이나에 지원하였다. 아울러 지리적으로 러시아에 인접한 스웨덴은 나토가입을 추진하고 있으며 러시아와 국경을 공유하고 있는 핀란드 또한 국민들이 러시아의 우크라이나 침공을 본 후에 나토 가입을 원하고 있으므로 정부는 핀란드와 함께 5월 18일에 나토가입을 신청하였다. 이 두 국가는 1990년대 중반부터 나토와 긴밀한 관계를 유지하고 있으나 나토에 가입 신청은 하지 않았었다. 핀란드도 우크라이나에 소총과 탄약을 보냈다.

6) 아일랜드

나토에 가입하지 않은 아일랜드는, 러시아의 침공을 보고 여태까지 아일랜드가 견지해온 군사적 중립정책을 다시 검토하여 EU 공동방위에 적극적인 자세를 취하겠다는 입장을 보이고 있다.

7) 스위스

영세 중립국인 스위스는 EU의 러시아 제재에 함께 하겠다는 입장을 취하였다. 스위스는 우크라이나 민간인들을 위해 의약품과 구호물품을 3월 2일부터 보내고 있다. 아울러 스위스는 스위스 안에 있는 러시아 자산동결에 나서 푸틴 대통령의 자산을 동결하였다. 카시스 대통령은 러시아 제재에 대해 신중하게 대처하였으나 국민의 비판과 반발이 거세지자 방침을 바꾸어 러시아 제재에 동참하였다.

8) 폴란드

역사적으로 폴란드와 우크라이나는 앙숙관계였다. 그러므로 양국에는 아직도 서로 적대적인 국민이 적지 않다. 그러나 제2차 세계 대전시 러시아의 침략을 당한 뼈아픈 경험을 갖고 있는 폴란드는 2022년 2월 24일에 러시아가 우크라이나를 침공하자 2월 26일에 군사원조로 우크라이나를 지원하였다. 1990년대말에 나토에 가입하고 2004년에는 EU에 가입한 폴란드는 우크라이나 전쟁이 시작되고 가장 먼저 군사원조를 한 나라이다. 폴란드의 두다(Andrzej Duda) 대통령은 2021년 8월, 젤렌스키 대통령이 주도한 크림 플렛폼 국제회의에 직접 참석하였고 러시아군 침공으로 발생한 많은 우크라이나 피난민을 받아 들였다. 폴란드는 우크라이나가 나토와 EU에 가입하도록 앞장서서 지원하고 있다. 러시아군이 2022년 2월에 우크라이나를 침공하자 폴란드는 자국이 보유하고 있는 28대의 미그29 전투기를 우크라이나에 보내고 대신 미국으로부터 성능이 더 뛰어난 F16 전투기를 받으려고 하였다 (우크라이나 공군 조종사들은 미그 전투기 조종에 익숙하나 F16전투기 조종은 익숙하지 않으므로). 그러나 러시아가 폴란드를 공격하겠다고 위협하자 나토와 러시아 사이의 확전을 염려한 미국 때문에 폴란드의 이런 계획은 실행에 옮겨지지 못하였다. 대신 폴란드는 자국이 보유하고 있는 소련제 T72 전차 가운데 200대를 우크라이나에 제공하기로 4월말에 결정하였다.

폴란드는 3월 30일, 러시아산 석탄, 천연가스, 원유 수입금지를 발표하였다. 천연가스는 5월, 그리고 원유는 연말까지 수입을 전면 중지하겠다는 것이다. 폴란드의 마테우시 모라비에츠키(Mateusz Morawiecki) 총리는 4월 4일, 발트3국조차 4월2일에 러시아 천연가스 수입 중지를 발표하였음에도 독일이 국내의 에너지 대란을 우려하여 러시아 제재에 앞장서지 않는다며 독일을 맹비난하면서 독일이 적극적으로 제재에 나서 줄 것을 촉구하였다. 앙겔라 메르켈 독일총리가 2005년에 취임후부터 러시아산 에너지 의존도를 높였고 따라서 경제적으로 러시아 의존도가 높아졌으므로 유럽이 러시아를 견제하는데 걸림돌이 되었다고 비난한 것이다. 러시아가 우크라이나 침공이전에 독일은 국내 석유, 천연가스 소요량의 각각 35%, 55%를 러시아에서 수입하였는데 러시아가 수출을 언제 중단할지 몰라 이에 대비 하려고 기존 노르트스트림1을 통해 단기적으로 천연가스 수입량을 늘리자 폴란드는 독일이 러시아가 전쟁을 수행하는 데 필요한 자금을 도와주고 있고 푸틴의 폭주를 방관하고 있다고 비난한 것이다.

폴란드는 우크라이나 난민을 가장 많이 받아주었고 밀어닥친 난민으로 인해 수도 바르샤바의 인구가 폭증하여 도시의 서비스 인프라가 부족하게 되었음에도 난민을 돕기 위해 호스텔, 학교 기숙사, 체육관 등의 거처를 준비하고 부상자를 위해 병원 준비 등 세심한 도움을 주고 있다.

9) 체코

기관총, 기관단총, 저격용 소총, 탄약 등 100억원 이상 무기를 원조하였다. 원래 체코제 기관총은 유명하다. 체코는 구(舊)소련의 위성국가였으므로 체코군은 아직도 소련제 전차들을 다량 보유하고 있다. 그러므로 체코는 폴란드, 불가리아, 루마니아, 슬로바키아 등 구소련의 위성국가로서 소련제 전차를 보유하고 있는 국가들과 함께 보유하고 있는 소련제 전차들을 미국을 통해 우크라이나에 보낼 계획을 갖고 이미 소련제 T72 전차, 장갑차, 야포 등 무기를 우크라이나에 공급하였다. 우크라이나군은 이들 무기를 러시아군이 대규모 공세를 펼치고 있는 돈바스 결전에 4월말에 투입한 것으로 보인다.

피알라(Petr Fiala) 체코 총리를 포함한 8만명의 시민이 프라하의 바출리프 광장에 모여 러시아의 침공을 비난하는 집회를 하였다. 체코인들은 1968년에 소련군이 전차를 앞세우고 프라하에 진입하여 체코의 자유화 운동을 무력으로 진압한 것을 상기하며 우크라이나를 지지하였다. 체코인들은 러시아가 우크라이나를 점령한 후에는 체코를 비롯한 비세그라드

(Visegrad) 그룹[24] 국가(폴란드, 체코, 슬로바키아, 헝가리)를 공격할 것을 염려하면서 시위를 하였다.

10) 슬로바키아

접경지에 병력 1,500명을 파견하여 난민을 돕고 있는 한편, 소련에서 구입한 S300방공 시스템 미사일을 우크라이나에 제공하는 것을 추진하고 있다.

11) 프랑스

2022년 EU 의장국인 프랑스는 군사장비, 연료 등을 우크라이나에 제공하였다. 우크라이나 지원에 적극적인 에마뉘엘 마크롱 대통령은 4월 24일 대통령 선거에서 경쟁자 마린 르펜 여성후보를 크게 누르고 재선되었다. EU는 친러시아 성향의 르펜이 당선될 경우 대러시아 제재의 공조가 흔들릴 것을 우려하였으나 프랑스 국민은 친서방 성향인 마크롱을 다시 대통령으로 선택하였다.

12) 발트 3국

- 리투아니아는 2월 24일 오후 1시, 기타나스 나우세다(Gitanas Nauseda) 대통령이 리투아니아 전역에 비상사태를 발효하고 나토에 리투아니아 국경을 따라서 병력지원을 요청하였다.
- 라트비아는 러시아가 우크라이나를 침공하자 즉시 수도 리가에서 반러시아 시위를 하고 러시아어 TV 채널 여러 개를 면허취소하였다.

---

24) 1991년 2월 15일. 헝가리의 비셰그라드에서 개최된 4개국의 정상의 지역협력회담에서 창설되었다.

그리고 미국제 견착식 스팅어 대공미사일 수백개를 우크라이나에 보냈다.
- 에스토니아의 슈퍼마켓체인 리미는 러시아산 식품을 판매금지하고 다른 슈퍼마켓체인 쿠프는 러시아와 벨라루스 제품의 판매와 광고를 금지하였다. 특히 에스토니아의 카자 칼라스(여성총리)는 나토의 집단 군사력 증강을 주장하고 러시아 규탄에 앞장서고 있다.

13) 영국

인도적 지원금 2억2천만 파운드(약3,500억원)를 원조하였고 우크라이나 피난민 20만명을 받아들이기로 하였다. 4월 9일, 영국의 보리스 존슨 총리는 우크라이나 전쟁이 발발하고 G7 정상가운데 처음으로 수도 키이우를 방문하여 젤렌스키 대통령을 만나 장갑차 120대 등 다량의 군사원조를 약속하였다.

14) 호주

호주 정부는 러시아가 우크라이나를 침공하자 즉시 미사일 등 군사원조 7천만 달러, 피난민 구호물품 3,500만 달러를 우크라이나에 보내기로 결정하였다. 지난 3년동안 코로나 사태가 글로벌 경제를 타격하였음에도 일부 사업(코로나 백신 생산회사, 마스크 제조사 등)은 이익이 큰 폭으로 급등하였다. 미국에 이어 세계 제2의 석탄 매장국인 러시아의 석탄이 서방의 경제제재로 수출길이 막히자 유럽, 베트남, 인도 등 국가들이 호주산 석탄을 수입하려고 경쟁을 벌이다 시솟고 있어 매장량 세계 3위인 호주의 석탄값은 치솟고 있다. 따라서 철광석, 희토류 등의 자원 가격도 급등하고 있어 호주는 우크라이나 사태 때문에 국가적으로 경제적인 반사이익을 누리고 있다. 그러므로 코로나와 국제 원자재 가격 상승 때문에 경제 성장률이 마이너스를 기록하는 나라가 적지 않은 현시점에 호주의 2022년 경제성장률은 11%수준이 될 것으로 예상되고 있다.

15) 헝가리

2월 26일, 친러시아 성향의 빅토르 오르반(Victor Orban) 총리는 유럽의 대러시아 제재를 지지한다는 성명을 발표하였으나 러시아가 요구한 루블화 결제에는 다른 유럽국가들과 보조를 맞추어 항의하지 않고 러시아의 요청을 들어주었다. 아울러 '리틀 푸틴'이라는 별명을 갖고 있는 그는 EU의 러시아 원유 수입금지 조치에 반대하고 있다.

16) 터키

터키는 나토 회원국으로서 러시아 침공에 유감을 표시하고 우크라이나를 지지하면서도 친러시아 성향이 강한 에르도안 대통령은 서방측의 대러시아 제재에는 동참하지 않았다. 터키는 미국의 반대에도 불구하고 러시아의 방공시스템인 S-400을 도입하였다. 그러면서도 우크라이나에 자국산 공격용 드론인 바이락타르 TB2를 수출하여 우크라이나군은 이 무기인 드론을 사용하여 러시아군에 큰 타격을 주었다. 흑해를 사이에 두고 지리적으로 러시아, 우크라이나와 가까운 터키는 러시아와 우크라이나의 제5차 평화회담을 이스탄불에서 열도록 조치하는 등 러시아와 우크라이나 사이에서 중재 역할을 하고 있다. 핀란드와 스웨덴이 우크라이나 사태를 보면서 러시아로 부터 위협을 느껴 2022년 5월 18일에 나토가입 신청을 하였다. 그러나 에르도안은 터키가 적시 하는 쿠르드족에 대해 두 나라가 호의적이라는 이유로 두 나라의 나토 가입을 반대하고 있다. 터키는 2021년 12월, 국명을 '튀르키예(Türkiye)'로 변경하였다.

몰도바 수도 키시나우 시내

17) 몰도바

우크라이나 서쪽에 있는 이웃나라 몰도바는 2020년 11월에 친서방 성향의 마이아 산두(Maia Sandu) 여성 대통령이 집권에 성공하였다. 구소련의 자치 공화국이었던 몰도바가 그 후 EU와의 관계를 돈독하게 하려고 하자 러시아는 2021년 11월에 천연가스 공급가격을 갑자기 45% 인상시켰다. 몰도바가 친서방으로 기우는 것을 저지하기 위해 러시아가 암시적인 조치를 취한 것이다. 몰도바는 천연가스 사용량 100%를 러시아에 의존하고 있으며 일반 산업용품과 물품의 수출입은 우크라이나의 오데사 항구를 이용하고 있다. 러시아가 우크라이나를 침공하자 몰도바는 러시아의 다음 침공 목표는 몰도바라고 생각하여 즉시 60일간의 국가비상사태를 선언하고 러시아의 침공을 대비하였다. 몰도바는 인구의 약5%

우크라이나·트란스니스트리아 국경에서 수도 티라스폴로 가는 도로.
특이한 3차선 도로이다.

가 러시아계 주민이므로 만약 러시아군이 몰도바를 침공할 경우 이들이 러시아군에 합세할 가능성을 우려하고 있다. 현재 국내의 여러 어려운 사정에도 불구하고 몰도바는 약40만명의 우크라이나 피난민을 인도적 차원에서 기꺼이 받아주었다.

우크라이나와 몰도바 사이에 있는 구소련의 공업지역 트란스니스트리아(Transnistria)는 소련이 붕괴하면서 몰도바가 독립할 때 이곳에서 1992년에 약4개월간 내전이 벌어졌다. 그 후 자치지역으로 있다가 2006년에 주민투표를 거쳐서 독립 공화국을 선언하였으나 사실상 러시아와 합병하였다. 현재까지 러시아만 이 나라의 독립을 인정하고 몰도바를 비롯한 다른 나라들은 트란스니스트리아를 독립국으로 승인하고 있지 않

티라스폴 시내. 전형적인 러시아식 도시이다.

다. 인구 약50만명인 트란스니스트리아는 우크라이나와 몰도바 국경사이에 폭이 좁고 길이가 긴 나라로서 인구의 97%가 러시아계이다. 현재 러시아는 평화유지군으로서 약 1,500명의 러시아군을 주둔시키며 군사, 경제 원조를 하고 있다. 지리적으로 볼 때 우크라이나의 남쪽 국경을 맞대고 있으므로 트란스니스트리아는 유사시 러시아와 협력하여 우크라이나를 남쪽에서 공격할 수 있거나 몰도바를 공격할 수 있다. 4월 25일, 트란스니스트리아의 수도 티라스폴(Tiraspol)의 국가보안부 건물을 누군가 공격하여 폭발이 일어났는바 우크라이나측은 이를 러시아측이 만든 '가짜깃발작전'으로 여기고 있다. 러시아는 이 폭발사건에 우크라이나가 연결되어 있다고 뒤집어 씌워 트란스니스트리아의 러시아군과 트란스니스트리아 민병대를 동원하여 멀지 않은 곳에 있는 우크라이나의 오데사를

우크라이나 전쟁   249

공격할 수 있다. 3월 4일, 우크라이나는 우크라이나와 트란스니스트리아 국경에 있는 쿠출간(Kuchurgan)강 위의 철교를 폭파하였다. 필자가 오데사에서 티라스폴까지 자동차로 갈 때 불과 2시간 만에 도착하였을 정도로 약 100km의 거리이다. 트란스니스트리아를 러시아에 빼앗긴 몰도바의 유리란카(Iurie Leanca) 총리는 러시아가 크림반도를 장악한 방법이 트란스니스트리아를 강탈할 때 사용한 전술과 동일하다고 이야기하였다. 즉, 2014년 3월4일, 푸틴은 러시아는 크림반도를 합병할 계획이 없다고 발표하고 그로부터 2주안에 전격적으로 크림반도를 공식적으로 합병한 것이다. 푸틴은 이러한 기만전술을 2022년 2월 24일, 우크라이나를 침공할 때도 사용하였다. 몰도바는 러시아가 우크라이나를 점령하면 그 다음은 몰도바가 될 것으로 우려하고 있다.

몰도바는 내륙국으로서 항구가 없다. 그러므로 무역을 통한 물동량은 우크라이나의 오데사 항구를 통해서 이루어지고 있다. 현재 러시아는 오데사를 점령하려고 공세를 계속하고 있으므로 만약 러시아가 오데사를 점령하게되면 우크라이나는 내륙국으로 될 것이고 몰도바는 경제적으로 더욱 타격을 받게 될 것이다.

18) 루마니아
난민 50만명을 받아들일 준비위해 국경에 난민 수용시설 설치하고 우크라이나 피난민을 받아들였다.

(2) 기부
1) 개인
- 미국 특급 요리사, 호세 안드레스는 500만 달러(60억원)를 우크라이

나에 보냈다.
- 일본 인터넷 쇼핑몰(전자상거래) 회사 라쿠텐 창업자 미키다니 히로시 회장은 10억엔(약105억 원)을 우크라이나에 기부하였다.
- 한국의 백성학 영안모자 명예 회장은 "우크라이나 전쟁은 남의 일이 아니고 72년전에 우리가 겪은일이다"라며 10만개의 구호물품을 우선 2022년 6월에 우크라이나에 보낼 예정이다. 그리고 그는 전세계 주요 지도자들에게 전쟁 피해를 입은 우크라이나 여성과 아이들을 도와달라는 편지를 쓰고 있다. 이외에도 많은 사람들이 동참하고 있다.

2) 단체, 기구
- 세계은행(WB)과 국제통화기금(IMF)은 2022년안에 30억 달러 지원(약 3조6천억원) 계획을 갖고 있다.
- 우크라이나의 맥도널드와 KFC는 우크라이나군, 주민과 의료진에게 간편식 무료 제공을 하고 있다.
- 테슬라는 폴란드, 슬로바키아, 헝가리의 자사 급속충전소에서 우크라이나 난민이동을 도우려는 차에 무료 충전을 해주고 있다.
- 에어비앤비는 우크라이나 이웃 국가들에서 우크라이나 난민 10만명에게 무료숙소 제공을 하고 있다.
- 일본의 유니클로와 닛신그룹(컵라면 첫개발회사) 등도 우크라이나에 기증을 하였다. 이외에도 많은 기업, 단체가 우크라이나를 돕고있다.

(3) 정신적 지원

벨기에의 브뤼셀, 폴란드의 바르샤바, 슬로바키아의 브라티슬라바, 독일 베를린의 유명 건물에 야간조명을 우크라니아 국기색으로 함으로써 우크라이나에 대한 연대감을 표시하였고 우리나라에서도 이런 조명이 서울시청 건물과 한 백화점에 등장하였었다.

(4) 난민 지원

1) 택시 운전기사들의 봉사

스페인 택시운전기사 60여명이 5만유로를 모금하여 자기들의 택시 29대를 통원하여 폴란드로 탈출한 우크라이나 난민 135명을 폴란드에서 마드리드까지 5일 동안 택시기사 2명씩 교대 운전하여 6천km를 달려 난민들을 도와주었다.

2) 이웃국가들의 도움

폴란드, 루마니아, 헝가리, 슬로바키아, 불가리아 등 우크라이나 인근 국가들은 우크라이나 난민들에게 개인, 구호단체, 교회 등이 앞장서서 식량, 쉼터 등을 제공하고 있다. 우크라이나 전쟁으로 인해 인구의 1/4인 약1천만명이 피난길에 올랐다. 전쟁이 시작하고 55일이 지나면서 국외로 피난을 떠난 인구는 500만명이 넘었고 나머지는 우크라이나 국내로 피난을 갔다. 국외로 간 인구의 90%는 여성과 아이들이다. 가장 많은 난민을 받은 나라는 약200만명을 받아준 폴란드인바 난민 때문에 바르샤바 인구가 갑자기 17% 증가하는 바람에 공공서비스가 붕괴하고 주거문제와 식량문제가 일어났다.

우크라이나 남쪽에 있는 몰도바의 경우 인구가 300만명인데 비해 40만명의 피난민을 받아줌으로써 여러 문제를 안고 있다. 원래 유럽에서 가장 가난한 나라 가운데 하나인 몰도바는 우크라이나 피난민 1.5만명을 수용할 수 있는 시설을 준비하였는데 계획보다 30배가 넘는 난민이 몰려들자 모두 받아 준 것이다. 난민 수용에 인색한 일본조차도 우크라이나 난민을 받아주어 2022년 3월 15일까지 37개국이 난민을 받아주었다. 친러 성향의 중국과 인도는 우크라이나 난민을 받아주지 않았다. 우리나라는 친러 국가가 아님에도 난민을 받아주지 않았다. 우크라이나 난민을 받아준 주요 국가는 다음과 같다.

국가	수용한 난민(명)	국가	수용한 난민(명)
폴란드	1,830,711	캐나다	14,000
루마니아	459,485	프랑스	7,000
몰도바	337,215	그리스	7,000
헝가리	267,570	스웨덴	6,000
슬로바키아	213,000	덴마크	6,000
체코	200,000	라트비아	4,000
독일	147,000	사이프러스(남)	3,000
러시아	142,994	벨라루스	1,000
불가리아	78,000	세르비아	1,000
이탈리아	24,000	영국	1,000
에스토니아	16,000		

이외 일본이 4월에 소수이지만 20명을 받아주었고 미국도 10만명을 수용하겠다고 발표하였다. 한편, 시리아 내전으로 발생한 난민을 유럽국가들은 서로 수용하려고 하지 않았음에 비해 우크라이나 난민은 서로 환영하며 경쟁하듯이 받아주는 상황을 보면서 유럽인들이 인종 차별을 하는 것이 아닌가 하는 씁쓸한 생각이 든다.

8. 국제사회의 제재

(1) 대러시아

1) 금융제재

　미국, EU, 영국 그리고 일본은 러시아를 SWIFT(국제은행간 통신협회)에서 배제하기로 결정함으로써 루블화 가치는 단번에 30% 이상 하락하였고 러시아 은행들은 해외은행들과 거래를 할 수 없게 되었다. 푸틴은 우크라이나 침공 이전에 독일을 비롯한 유럽 국가들이 러시아에서 공급받는 에너지 대금을 결제해야 하므로 SWIFT를 통한 제재는 유럽국가들에게 자업자득이 될 수 있는 위험 때문에 감히 하지 못할 것으로 판단하였다. 그러나 서방국가들은 큰 손실을 감수하면서 러시아에 더 큰 치명타를 가하기 위해 러시아를 SWIFT에서 내 보낸 것이다. 미국, EU, 캐나다, 일본이 약 1,000억 달러(약 120조원)로 추산되는 푸틴 대통령 개인의 해외 비자금도 동결시키는 고강도의 경제제재를 한 것과 별도로 미국, EU, 캐나다, 일본은 러시아의 라브로프 외무장관, 쇼이구 국방장관, 게라시모프 육군참모총장 등 러시아 지도층이 세계 각국에 보유하고 있는 개인 자산도 동결하는 제재조치도 취하였다.

2) 경제제재

　러시아가 우크라이나를 침공할 것으로 예상하고 있었던 미국의 상무부는 2022년 2월 24일, 우크라이나를 침공하자 즉시 같은 날 대(對)러시아 제재 조치를 발표하였다. 즉, 전자, 컴퓨터, 통신기기, 암호장치, 센서와 레이저, 항법과 항공전자, 우주 비행체 등의 분야에서 대러 수출을 광범위하게 통제하는 제재조치를 발표한 것이다.

미국 정부는 2월 28일, 러시아 중앙은행과의 달러 거래를 금지하고 러시아 국부펀드에도 제재하기로 결정하였다. 미국 정부는 러시아 정부와 유착되어 큰 재산을 일군 러시아 신흥재벌(Oligarch) 약20명과 그들 가족의 자산을 동결하고 비자제한 조치를 하였다. 이에 따라 195억달러 재산을 가진 러시아 최고재벌인 우스마노프(Alisher Usmanov)를 비롯한 상위 20대 부자들의 자산 약800억달러(약100조원)가 사라졌다.

이런 일련의 경제·금융제재조치에 이어 미국과 나토국가들은 러시아산 에너지(천연가스, 원유, 석탄 등) 수입금지 내지 제한 조치도 취하였다. 러시아는 세계3위의 원유생산국이며 2위의 천연가스 생산국이므로 서방의 러시아 에너지 수입제한은 러시아에 큰 타격이 된다. (제300쪽 참조)

3) 경제제재 조치의 미약한 효과

바이든 대통령은 취임후 처음으로 3월 1일에 연두교서를 발표하면서 연설의 초반을 우크라이나 문제에 대해 할애하였다. 바이든은 독재자 푸틴에 맞서 자유민주주의 진영을 지키겠다고 표명하고 푸틴을 비난하면서 동맹국들과의 강한 연대를 언급하였다. 그는 러시아 경제를 제재하기 위한 일환으로서 러시아 항공기의 미국 영공비행을 금지한다고 발표하였으나 미국이 우크라이나에 파병은 하지 않을 것이라고 말하며 단지 러시아가 더욱 서진한다면 나토 동맹국을 방어할 것이라고 발표하였다. 그리고 미국과 동맹국들이 우크라이나에 이미 10억 달러 이상의 군사, 경제 원조를 하였다고 말하였다. 즉, 미국은 러시아와의 직접적인 군사충돌을 피하며 러시아 제재를 경제부문에만 집중하려는 의도를 보인 것이다. 그러나 이러한 경제제재 조치는 군사적 조치보다 러시아를 궁지로 몰아 갈 수 없다. 그러므로 동맹국 군대없이 홀로 싸우고 있는 우크라이나의 젤렌스키 대통령은 미국과 서방국가가 직접적인 파병없이 경제제재 카드만 사용하는 것에 절망감과 불만을 표시하였다.

젤렌스키의 우려를 현실로 보여주듯이 서방측의 경제제재 조치에도 불구하고 러시아는 2022년 1/4분기 경상수지에서 사상최대의 흑자(580억 달러)를 보여주었다. 서방측은 에너지(천연가스) 수입금지 조치를 발표하였음에도 당장 러시아산 천연가스 대신 다른 공급처를 확보하는 것이 어렵고 또한 러시아산 에너지를 가스관을 통해서 다량 수입하는 독일의 경우, 육지에 LNG(액화천연가스) 저장시설도 없으므로 선박편으로 다른 나라에서 수입해 온다고 하여도 조만간 이 문제를 해결하기 어렵다. 여기에 더해 우크라이나 사태로 인해 에너지 수출 가격이 급등한 것도 러시아의 경상수지 흑자에 큰 요인이 되었다. 서방측의 예상과 달리 러시아가 1/4분기에 큰 폭의 경상수지 흑자를 만들어내자 전쟁초기에 폭락한 루블화 가치도 2개월이 안되어 전쟁 이전 수준으로 회복하였다. 이에 비해 제재를 주도하고 있는 미국은 같은 기간중 2년만에 마이너스 1.4% 성장률을 기록하였다. 제재발표가 아직 완벽하게 시행되지 않고 있으므로 장기적으로 보면 러시아가 경제적으로 타격을 입을 것으로 보이지만 경제제재 조치의 효과는 의심된다. 슬라브 민족은 전통적으로 인내심이 강한 민족이다. 이렇다 할 만한 자원이 없는 북한조차도 서방의 경제제재를 견디어 내는 것을 보면 자원대국인 러시아는 서방의 경제제재 조치를 극복할 가능성이 높다.

이러한 상황을 반영하듯이 푸틴의 러시아 국내 지지도는 상당히 높아 83%의 지지율을 얻은 반면(2022년 4월 12일), 같은 시점에 바이든의 미 국내 지지율은 34%로서 대비를 보여주었다.

(2) 대벨라루스

러시아의 맹방으로서 러시아가 우크라이나를 침공시 핵심 조력자 역할을 한 벨라루스도 서방국가들로부터 제재를 받고 있다. 미국은 벨라루스에 대해서 러시아와 동일하게 전면 수출통제를 시행하기로 결정하였다. 그렇지 않으면 벨라루스를 통해 군사용으로 활용될 수 있는 상품과 기술이 러시아로 넘어 갈 수 있기 때문이다. EU도 벨라루스에 대해 미국과 비슷한 제재내용을 발표하였다.

(3) 친러 중앙아시아 국가

우크라이나 전쟁으로 인해 유럽 국가들이 결속하는 데 비해 러시아를 중심으로 한 경제권에서는 경제적으로 갑작스런 침체현상이 나타나고 있다. 국제사회의 제재로 인해 러시아 루블화가 하루아침에 30% 이상 폭락하자 러시아에서는 시민들이 달러를 구하려고 아우성이고 루블화와 연동성을 갖고 있는 카자흐스탄, 키르기스스탄, 타지기스탄, 우즈베키스탄 등 중앙아시아 국가들의 화폐가치도 순식간에 폭락하였다. 물론 서방국가들이 중앙아시아 국가들에 대한 제재를 하지 않고 있으나 간접석으로 영향을 받고 있는 것이다. 중앙아시아 국가들은 러시아와 무역비중이 높고 러시아에서 일하는 자국인들이 보내오는 송금이 경제에서 차지하는 비중이 높다. 키르기스스탄과 타지기스탄의 경우 러시아에서 일하는 자국인이 보내오는 송금이 국내총생산의 각각 약30%를 차지하고 있을 정도로 경제에 큰 영향을 미치고 있다.

중앙아시아의 국가들은 지리적으로 러시아와 등을 지고는 생존에 불이익이 많으므로 친러 국가들이다. 그러나 카자흐스탄이 4월 1일, 대통령 비서실의 티무르 술레이메노프 (Timur Suleimenov) 공보담당이 크림반도를 러시아의 영토로 인정할 수 없다는 발표를 하는 사건이 일어났다. 카자흐스탄은 유라시아 경제연합(EAEU)과 집단안보 조약(CSTO)의 회원국이므로 다른 중앙아시아 국가들처럼 러시아와 경제, 군사면에서 동맹을 이루고 있지만 우크라이나 사태와 같은 특수한 경우는 동맹조약이 적용되지 않으므로 유엔의 결정(크림반도와 돈바스 지역을 러시아 영토로 인정하지 않는다는)을 지지한다는 것이다. 그리고 우즈베키스탄은 우크라이나 전쟁이 발발하였음에도 미국과 함께 자국의 셰일가스 자원을 함께 개발하기로 2022년 3월초에 합의하였다. 우즈베키스탄의 셰일 매장량은 약2조m^3에 달하는 것으로 알려져 있어 이를 미국의 기술을 이용하여 개발하려는 것이다. 군사, 경제분야에 있어 러시아와 밀착관계를 유지하고 있는 카자흐스탄과 우즈베키스탄이 국가이익을 위해 특정분야에서 독자노선을 취한 것은 특이한 사항이지만 러시아가 이를 용인하지는 않을 것이다.

(4) 영공통과 금지

2월 27일까지, 영국, 독일, 체코, 불가리아, 폴란드, 라트비아, 에스토니아, 리투아니아, 슬로베니아, 루마니아, 스웨덴 등 22개국이 러시아 항공기의 자국 착륙과 영공통과 금지조치를 발표하였다.

(5) 선박 압류·나포

1) 선박 압류

독일은 함부르크 조선소에 있는 러시아 재벌 우스마노프가 소유한 시가 6억달러(7,200억원) 초호화 요트를 4월초에 압류하였다. 이탈리아도 5월초에 토스키니 항구에서 수리중이던 푸틴의 소유로 추정되는 길이 140m의 대형요트(9천억원)를 압류하였다.

2) 선박 나포

프랑스는 2월 26일, 영불해협을 통과하는 러시아 자동차 운반선을 나포하여 칼레 항구 남쪽에 있는 불로뉴쉬르메르(Boulogne sur Mer) 항구로 끌고 갔다.

(6) 반전시위

러시아가 우크라이나를 침공하자 미국의 대(對)러시아 제재조치에 EU 27개국과 영국, 호주, 뉴질랜드, 캐나다, 일본 등이 미국과 발을 맞추어 참여하였다. 이들 국가는 러시아가 국제법을 어기고, 우크라이나 국민의 기본 인권을 침해하고 있다는 사실에 러시아를 제재하는 것이다. 그러나 인권을 소중히 여기는 진보 정권이라며 촛불을 들고 정권을 잡은 한국의 좌파 정부는 이 제재조치에 참여하지 않았다. 러시아의 침공에 대해 미국 뉴욕의 타임스퀘어에서 시작한 대규모 반전시위는 순식간에 독일의 베를린, 프랑스의 파리를 포함하여 노르웨이, 스웨덴, 스페인, 폴란드, 체코, 헝가리, 스위스, 그리스, 이탈리아, 아일랜드 등 유럽 여러나라의 수도와 일본, 레바논, 이스라엘, 호주, 터키, 인도, 멕시코, 캐나다 등의 대도시를 포함하여 전세계로 확산되었다. 러시아에서 조차 수도 모스크바를 비롯한 50개가 넘는도시에서 우크라이나 침공에 반대하는 국민이 시위를 벌이다 3월 2일까지 6천여명이 체포되었다.

(7) 민간 기업들의 참여

　러시아-우크라이나 전쟁은 과거에 볼 수 없었던, 민간기업들까지 반전 운동에 동참하는 일이 벌어졌다. 러시아에 이미 투자한 일부 외국기업들이 사업을 철수하겠다는 발표를 하자 러시아 정부는 러시아에서 철수하는 기업은 몰수하여 국유화하겠다고 위협하는 발표를 하였다. 러시아의 우크라이나 침공을 규탄하며 행동을 보인 주요 기업들은 다음과 같다.

- 미국의 패스트푸드 음식문화를 대표하는 맥도날드는 3월 8일, 러시아에 1990년에 진출하여 32년만에 철수결정하고 러시아 전역에 있는 매장 850개의 영업을 중단하였고 5월에 철수하였다.
- 스타벅스도 5월에 러시아에서 철수하였다.
- 영국의 석유기업인 BP(British Petroleum)는 보유중인 러시아 국영회사 로스네프트의 지분(19.75%)을 처분하기로 하였다
- EU는 WTO(세계무역기구)에서 러시아의 최혜국 대우 지위를 박탈하였다.
- 독일의 폴크스바겐은 러시아 칼루가, 니지니노보고르드주에서 자동차 현지생산을 임시 중단하고 러시아로의 수출도 중지하겠다고 발표, 메르세데스 벤츠 역시 같은 결정을 하였다. 스웨덴의 이케아 가구는 러시아와 벨라루스에서 사업을 중지하고 스포츠 용품업체 나이키도 러시아 영업을 중지, 샤넬 등 명품업체도 사업을 중지하였다.
- 테슬라 창업자 일론 머스크는 전쟁 때문에 끊어진 우크라이나 통신망을 회복시키기 위해 스타링크(저궤도 통신위성) 서비스를 우크라이나에서 시작함으로써 우크라이나의 사이버 항전을 돕고 있다. 그는 우크라이나 부총리의 요청을 받고 즉각 행동을 취하였다.

- 포드, 보잉, 엑손모빌은 러시아에서 사업중단을 결정 하였다.
- 애플은 러시아에서 제품 판매 중단하고 러시아에서 애플페이 서비스를 중단하였다.
- 메타는 러시아 국영언론사 게시물을 차단해 달라는 EU의 요청을 받고 EU 전역에서 러시아 국영TV인 RT와 스푸트니크 통신사의 페이스북 계정을 차단하였다.
- 마이크로소프트는 윈도앱스토어의 러시아국경매체 앱을 삭제하였다.
- 넷플릭스는 러시아내 서비스에 국영매체 채널을 추가하라는 러시아측 요구를 거절하였다.
- 유튜브는 러시아 국영매체의 유튜브 채널 광고수익을 차단하였다.
- 구글은 러시아군이 구글맵을 보고 우크라이나군의 이동상황을 파악할 수 없도록 우크라이나 도로상황을 보여주는 기능을 일시적으로 중단하였다.
- 할리우드의 워너브라더스는 신작 더배트맨의 러시아 개봉을 2월 28일, 전격적으로 취소하였다.
- 디즈니와 소니픽쳐스는 러시아에서 영화 개봉 중단을 발표하였다.
- 미국의 세계적 록밴드 그린데이는 5월 예정인 모스크바 공연을 취소하였다.
- 미국 팝그룹 AJR도 10월 러시아 공연을 취소 하였다.
- 유럽방송연합(EBU)은 5월의 이탈리아 토리노 행사에서 러시아 가수 참가를 불허 하였다.

(8) 연예, 문화, 예술, 스포츠계의 참여

- 러시아 모스크바의 스타니슬랍스키 극장의 무용감독인 프랑스의 유명한 발레리노인 힐레르는 극장에 사표를 제출하였다.

- 미국 뉴욕의 카네기홀은 2022년 2월 25일, 빈 필하모닉 연주회에 나올 예정이었던 러시아 지휘자 게르기예프와 러시아 피아니스트 데니스 마추예프에 대해 출연금지 조치를 내리고 필라델피아 오케스트라의 음악 감독 야닉 네제 세겡과 피아니스트 조성진으로 교체하였다. 그리고 2022년 5월에 예정된 러시아 지휘자 게르기예프의 공연을 취소하였다. 영국 런던의 로열 오페라 하우스도 2022년 7~8월에 열릴 예정이었던 러시아 볼쇼이 발레단의 공연을 취소하였다.
- 미국과 캐나다 등지에서는 러시아산 보드카 불매운동이 일어나고 대신 우크라이나 보드카를 마시는 운동이 일어났다.
- IOC(국제올림픽위원회)는 세계의 모든 스포츠 연맹은 전쟁을 일으킨 러시아와 러시아를 지원한 벨라루스에서 열릴 대회를 취소하거나 개최지를 변경해 줄 것을 촉구하였다. 이에 따라서 FIG(국제체조연맹)는 러시아와 벨라루스에서 열릴 예정이었던 월드컵과 챌린지컵을 모두 취소하였다. 여기에 더해 FIG는 두 나라의 국기와 국가 사용도 금지하였다.
- IJF(국제유도연맹)는 푸틴 러시아 대통령의 IJF 명예회장직을 박탈하고 2022년 5월에 러시아 카잔에서 개최예정이던 그랜드슬램 대회를 취소하였다.
- FIVB(국제배구연맹)는 2022년 6월과 8월에 러시아에서 예정되었던 세계대회를 취소하였다.
- FIA(국제자동차연맹)도 2022년 9월에 러시아의 소치에서 개최예정이던 그랑프리 대회를 취소하였다.
- 축구의 경우, 폴란드, 체코, 스웨덴이 2022년 FIFA(국제축구연맹) 카타르 월드컵 플레이오프 경기의 보이콧을 선언하였다. 아울러 러시아 기업의 후원을 받는 프로축구구단들이 연쇄적으로 계약취소를

하고 있다.
- 2022년 베이징 동계 패럴림픽 위원회(IPC)는 침략국 러시아와 러시아를 도운 벨라루스를 퇴출시켰다. 3월 4일 열린 입장식에서 우크라이나팀(선수 20명참가)이 참가한 46개국 팀 가운데 가장 열렬한 환호를 받았다. 이 대회에서 우크라이나는 조국이 침략당하는 것을 통감하며 강한 각오로 임하여 종합 2위를 차지하였다.
- 국제체조 연맹(FIG)은 3월 5일, 카타르에서 열린 기계체조 월드컵 시상식에 'Z'자(字)를 유니폼에 부착하고 나온 러시아 선수 이반 쿨리악(Ivan Kuliak)에 대해 징계절차를 요청하였다. Z자는 우크라이나를 침공한 러시아군이 전차, 장갑차 등 장비에 부착한 것으로서 러시아의 침공 지지를 상징하는 표식이기 때문이다. 한편, FIG는 러시아의 침공에 동조한 러시아와 벨라루스 선수들에게 국제대회 출전을 금지시켰다.
- 잉글랜드 프로축구 프리미어리그(EPL)의 첼시 구단주인 러시아 부호 아브라모비치는 러시아가 우크라이나를 침공하자 3월 3일, 구단 매각을 결정하고 매각수익금은 우크라이나 전쟁 피해자들을 위한 자선재단을 만들겠다고 발표하였다. 우크라이나 출신으로서 러시아 석유재벌인 그는 러시아·우크라이나의 평화회담에 참석하며 중재 역할을 하였다. 이외에도 많은 예술, 연예, 스포츠 관계자들이 러시아의 우크라이나 침공을 규탄하고 있다.

9. 전쟁의 향방

(1) 평화회담

전쟁이 장기화 되면서 러시아와 우크라이나 양국은 2월 28일, 벨라루스의 국경도시인 호멜(Gomel)에서 제1차 평화회담을 시작하였다. 그러나 러시아측은 휴전의 조건으로서 크림반도와 돈바스 지역 합병을 기정화 할 것을 우크라이나에 요구하고 있으므로 우크라이나는 나토에 가입하지 않겠다는 자세를 보이면서도 러시아의 요구조건을 거부하였다. 양측의 평화회담은 계속되고 있으나 뚜렷한 합의점을 찾지 못하고 있다.

우크라이나는 러시아의 침공이 일어나기 전에 러시아의 침공위협 이유가 우크라이나의 나토 가입저지라고 하자 (물론 이는 표면상 이유이다), 2월 14일에 젤렌스키 대통령은 숄츠 독일 총리와의 회담의 공동기자회견에서 "우크라이나는 나토에 가입하고 싶지만 나토 가입은 먼 꿈"이라고 표현함으로써 우크라이나가 나토 가입을 포기하였다는 해석을 낳았다. 아마 젤렌스키는 러시아의 침공 명분을 없애 침공을 막으려는 목적으로 이런 표현을 한 것이 아닌가 추측된다.

여하튼 제1차 평화회담에 이어 제2, 제3, 제4평화회담이 열렸으나 아무 수확이 없었다. 제5차 평화회담은 3월 29일 터키의 이스탄불에서 열렸는바 이 때 러시아는 키이우 지역에서 군사행동을 축소하겠다고 제안하였는바 우크라이나와 서방측은 이것은 러시아가 우크라이나 전쟁이 일어나기 전부터 사용한 기만전술이라고 판단하고 있다. 러시아는 동남부(마리우폴 등)를 제외한 우크라이나 전역에서 우크라이나군의 저항을 제압하지 못하고 있는 반면 전쟁을 수행하는 데 필요한 러시아의 경제력이 바닥을 보이고 있자 장기전을 피하고 승리에 자신있는 동남부, 동북부(돈바스) 지역을 택하여 집중 공격하려는 것으로 보인다. 러시아의 계획이 성공하면 러시아는 평화회담에서 유리한 고지를 점하게 되어 우크라이나 정부 지도자들을 축출하고 친러시아 정부를 만들거나 우크라이나를 러시아에 합병시키려던 전쟁 초기의 목적은 이루지 못하더라도 최소한 우크라이나를 동서로 분할시켜 동부지역을 러시아에 합병하거나 영향력 아래 둘 수 있다. 양측의 주장이 평행을 달리므로 평화 회담은 4월 이후 5월말까지 중지된 상태이다.

(2) 러시아의 계획

1) 초기 방침변경

 침공초기 며칠 안에 우크라이나의 항복을 받을 것으로 예상하였으나 예상 밖에 우크라이나군과 국민의 결사항전에 부딪혀 초기의 속도전 목적을 이루지 못하고 고전을 하게되자 푸틴은 키이우를 비롯한 우크라이나 도시들을 점령하려던 초기방침을 변경하여 돈바스 지역과 남부 해안지역을 우선적으로 완전 점령할 것으로 예상된다. 그리고 동남부 지역과 돈바스지역을 회랑(回廊)으로 연결하여 우크라이나를 한반도처럼 일단 분단할 계획을 추친하고 있는 것으로 보인다. 물론 군사작전만이 아니고 크림반도를 합병할 때와 마찬가지로 친러 성향 주민이 많은 돈바스 지역에서 러시아 연방 가입을 묻는 주민투표를 추진 할 것이다.

이 공세작전을 위해 3월 25일부터 키이우 전투에서 철수시킨 부대를 돈바스로 이동시키고 시리아 내전에서 악명을 떨치고 러시아에서 전쟁영웅으로 평가받고 있는 러시아 남부 군관구 지휘관 알렉산드르 드보르니코프(Aleksandr Dvornikov) 대장이 총사령관으로 임명되어 돈바스에 투입할 병력과 장비를 집결시키고 돈바스에서 대규모 공세를 시작하였다.

러시아는 이들 지역을 점령하고 5월 9일에 일단 전쟁승리 선언을 할 예정이었다. 1945년 5월 8일, 독일이 연합군에 무조건 항복하자 러시아는 5월 9일을 전승기념일로 삼고 모스크바의 붉은 광장에서 매년 성대한 기념식을 개회하는바 금년에는 이 날을 맞아 일단 대(對)우크라이나 전쟁

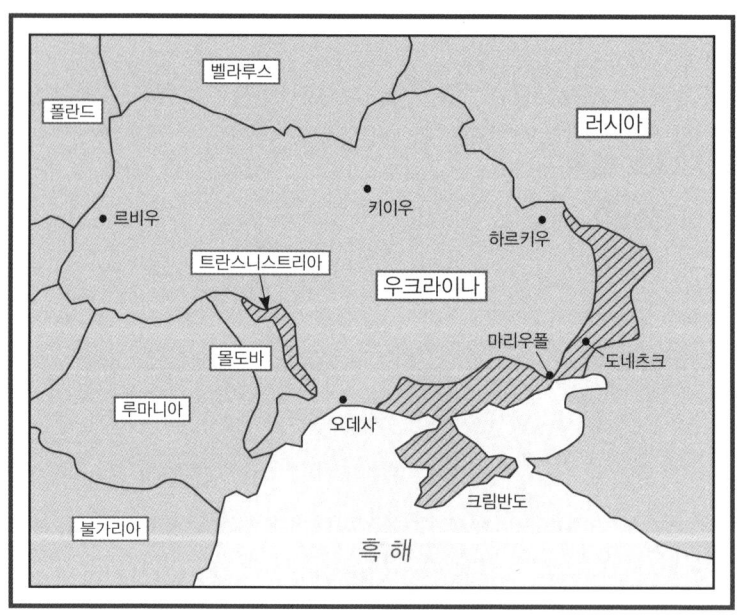

러시아군의 점령지
(2022년 4월 말)

승리를 선언할 것으로 예상되었다. 그러나 돈바스에서도 우크라이나군의 저항이 심하자 러시아군의 작전은 암초를 만나 5월 9일에 전쟁 승리 선언을 할 수 없었다. 러시아는 1990년대 체첸 공화국을 침공시 예상밖의 저항을 만나자 장기전으로 전환하여 결국 체첸을 장악하였던 것처럼 우크라이나에 대해서도 같은 전략을 구사할 가능성이 있다. 물론 서방세계가 우크라이나에 파병을 단행하는 경우에는 러시아가 장기전을 구사하지 못할 것이다.

그러나 러시아가 마음에 두어야 할 대목이 있다. 그것은 1979년에 구소련의 침공으로 시작된 아프가니스탄 전쟁이다. 10년 동안 계속된 이 전쟁에서 소련은 막대한 전비를 소모하고 결국 철수하였다. 그러므로 구소련이 갑자기 해체되고 냉전체제가 붕괴된 원인 가운데 하나는 유엔과 국제사회의 경고와 제재에도 불구하고 구소련이 강행하였던 아프가니스탄 침공이라는 사실이다. 아프가니스탄 전쟁에서 미국은 아프가니스탄의 이슬람 무자하딘을 지원하였다. 즉 아프가니스탄 전쟁은 소련에 대해 미국이 지원하는 친미 무자하딘 반군이 벌린 전쟁이었다. 우크라이나 전쟁은 소련을 승계한 러시아와 미국·영국·EU가 지원하는 우크라이나 사이의 전쟁이므로 양 전쟁은 공통의 분모를 갖고 있다고도 할 수 있다.

2) 돈바스 결전

2014년 4월 7일부터 돈바스 내전이 시작되고 러시아의 지원을 받는 친러 민병대는 초기에 돈바스 지역의 약33%를 점령하였으나 2022년 2월 21일, 푸틴의 진격명령을 받은 러시아군이 본격적으로 투입되어 2022년 4월 중순에는 돈바스 지역의 절반 이상이 러시아군 수중에 있다. 돈바스 지역을 확고하게 점령하기 위해 러시아군과 지역의 친러 민병대는 돈바스의 동부지역에서 4월 18일부터 전면공세를 시작하였다. 이는 러시아군이 3월 25일 키이우에서 철수하면서 돈바스 지역에 공격을 집중하겠다고 선언하고 24일만이다. 돈바스 지역에는 친러 반군(민병대)이 약4만5천명 활동하고 있는바 러시아군은 돈바스의 친러 민병대 일부와 용병을 포함하여 병력 5~6만명을 동원하여 루한스크주의 크레미나(Kremina), 루비즈네(Rubizhne), 리시찬스크(Lysychansk), 포파스나(Popasna) 그리고 도네츠크주의 도네츠크시 서부 지역 등 돈바스 지역 대부분에서 전면적인 공세를 시작한 것이다. 이 공세가 시작하자 인구 1만8천명의 크레미나는 처음으로 러시아군에 점령된 도시가 되었다.

크레미나의 함락은 러시아군이 노리는 크라마톨스크(Kramatorsk)의 함락으로 곧 연결될 수 있다. 이에 대해 우크라이나군도 4월 18일부터 시작한 돈바스 결전에 미국과 영국에서 받은 무기와 체코에서 받은 소련제 T72전차를 포함한 무기와 함께 4만명의 병력을 돈바스 서부 지역에 투입하였다. 현재 우크라이나군과 러시아군은 돈바스 지역에 방어진지를 만드는 한편 루비즈네시를 포함한 루한스크주의 도시들 곳곳에서 전차와 장갑차까지 동원한 시가전을 벌이고 있다. 국토의 대부분이 평원인 우크라이나에서 조차 돈바스 지역은 완전 평원이다. 그러므로 전차 기동에 적합하므로 전차와 장갑차가 많은 러시아군이 유리하다. 5월초까지 돈바스 지역의 80%를 점령한 러시아군은 돈바스의 전략 요충지인 세베로도네츠크시를 포위하여 우크라이나군을 압박하고 있으므로 돈바스에서 러시아군이 승리할 가능성이 높아 보인다.

(3) 전쟁의 전망

러시아는 2022년 2월 24일에 전면적인 침공을 하였을 때 속도전으로써 전쟁이 며칠안에 우크라이나의 항복으로 종료될 것으로 예상하였으나 우크라이나군의 예상밖의 결사항전으로 인해 러시아군도 많은 피해를 입으며 전쟁은 3개월 이상 계속되고 있다(2022년 5월말 현재). 러시아군은 초기의 목표인 수도 키이우 점령에는 실패하였으나 마리우폴을 비롯한 남부해안 지역을 점령하는 목적은 대부분 달성하였다. 즉, 러시아군 침공 이후 100일 동안 우크라이나는 국토의 20%(크림반도 포함)를 잃었다. 여기에 더해 만약 우크라이나에서 가장 큰 항구인 오데사가 점령당한다면 우크라이나는 내륙국으로 전락하고 농산물의 수출이 사실상 막히게 되어 경제는 회복할 수 없는 타격을 받게 될 것이다. 전쟁이 장기전이 될수록 국력이 열세인 우크라이나는 (서방에서 군사, 경제 원조를 받고 있음에도) 불리한 위치에 서게 될 가능성이 높다. 그러므로 EU의 중심 국가들인 독일, 프랑스, 이탈리아 등은 휴전 내지는 정전 협상을 중재하고 있으나(미국의 전 국무장관 키신저도 우크라이나가 영토 일부를 양도하고 정전하는 것을 제안함), 영국과 폴란드, 발트 3국 등은 우크라이나가 승리할 때까지 지원해야 한다고 주장한다. 우크라이나도 러시아군이 우크라이나 영토 안에서 철수할 때까지 싸우겠다는 자세이고, 러시아도 징집 제한 연령(18~40세)을 폐지함으로써 끝까지 싸우겠다는 결의를 보이고 있다.

만약 러시아가 원하는대로 우크라이나 전역을 점령하여 전쟁에서 승리할 경우, 나토는 우크라이나의 영토를 포기하고 인근 나토회원국을 통해 저항세력(게릴라전을 수행할 경우)에 군사지원을 할 것이다. 승리한 러시아는 우크라이나를 장기적으로 러시아에 합병시키거나 친러 정권을 수립하여 러시아의 괴뢰국으로 만들 것이다. 그리고 인접국인 몰도바를 트란스니스트리아에 이미 배치되어 있는 러시아군과 협력하여 쉽게 점령할 것이며 서방국에 대해서는 사이버전을 계속 강화하는 한편 에너지 공급을 무기로 서방측의 단결을 와해시키는 시도를 할 것이다. 그러나 돈바스 지역에서 우크라이나군에 패배하는 경우, 현재 러시아가 점령하고 있는 동남부 지역 4개주(루한스크, 도네츠크, 헤르손, 자포리자)의 대부분을 러시아의 영토로 인정받고 우크라이나와 휴전할 가능성이 있다. 이렇게 될 경우 우크라이나는 사실상 동남부와 서북부의 두 개 지역으로 분단되는 운명에 처해질 것이다. 가능성은 낮지만 우크라이나가 대승리를 할 경우, 우크라이나는 2014년에 잃은 크림반도를 수복할 수도 있다. 그리고 EU와 나토에 회원국이 될 것이며 미국을 비롯한 서방국가들은 우크라이나의 전후 경제회복을 위해 대규모 원조를 함으로써 우크라이나는 빠른 시간 안에 회복될 것이고 유럽의 강대국 가운데 하나로 등장할 것이다. 이럴 경우 러시아 국내에서 푸틴은 정치적 생명이 끝날 것이며 러시아의 정치체제도 크게 변동될 것이다.

제4장

급변하는 세계질서와 신냉전

1. 하이브리드 전쟁

　우크라이나 전쟁은 여태까지 인류가 경험하지 못한 새로운 국면의 융복합전쟁인 '하이브리드 전쟁(Hybrid Warfare)' 방식이 현대전쟁에 동원되고 있으며 향후 전쟁방식이 어떻게 변하겠는가를 보여주고 있다. 기존의 전쟁은 정규군 중심의 전투와 비정규전(게릴라전)이 대표하였으나 우크라이나 전쟁에서는 정규군 끼리의 전투에 사이버전, 위성인터넷 서비스를 이용한 적군의 이동 정보, 정치심리전, SNS를 통한 가짜뉴스, 영상을 통한 외교전 등 첨단 하이테크가 모두 합하여 상대방에게 결정적 타격을 입혀서 승리하려는 새로운 형태와 방식의 변칙적 전쟁개념이 새롭게 등장하였다. 이것을 소위 '회색지대 전략(Grey Zone Strategy)'이라고 부르는 사람들도 있다. 여기서 '회색지대'라 함은 전통적인 전쟁과 평화사이의 공간을 말한다. '하이브리드 전쟁'이란 새로운 용어는 2006년에 미국 해병대의 호프만(Frank Hoffman) 중령이 붙인 이름이다.

　그러나 이를 실전에서 처음 사용한 나라는 러시아로서 러시아는 2008년에 조지아 침공시와 2014년에 크림반도를 침공할 때 국적을 숨긴 부대를 투입하는 등 초기 수준의 하이브리드 전쟁을 수행하였을 정도로 하이브리드 전쟁의 원조(元祖)라고 할 수 있다. 현재 우크라이나 침공전쟁을 지휘하는 러시아군의 게라시모프 육군 참모총장은 하이브리드 전쟁의 신봉자로서 그의 이러한 전략을 러시아군에서는 '게라시모프 독트린'이라고 부른다.

걸프전쟁(1991년)과 발칸반도의 유고슬라비아 내전(1999년)에서 미국 공군의 폭격을 보고 충격을 받은 러시아군은 서방측과 첨단무기 분야를 경쟁하면서도 '신형(新型)전쟁' 수행방법을 연구하였다. 그 일환으로 러시아군의 심리전 부대 출신(예, 대령)으로서 군사전략가인 이고르 포포프(Igor Popov)와 함자토프(Musa Khamzatov) 대령(예)은 러시아군을 위해서 하이브리드 전쟁의 수행 방법을 만들어 제시하였다. 포포프는 2014년에 신형(하이브리드)전쟁 수행 방법을 8단계로 만들어 제시하였는바, 군사력을 본격적으로 투입하기 전에 공격 대상을 적의 국민에 두고 인터넷이나 소셜 네트워크, 제5열(첩자,The Fifth Column)를 통한 거짓 정보로써 적의 국민과 적군을 혼란시켜 (필요시 후방교란 특수부대도 투입하여) 적국 정부, 국민, 군대를 혼돈에 몰아넣은 뒤에 제7단계에서 군사력을 투입하여 전쟁을 승리로 마무리 짓는 것이다. 적국 국민과 군대를 혼란시키기 위해서는 지도자의 스캔들도 만들어 적국 국민으로 하여금 자국 지도자를 신뢰하지 못하게 하는 것도 많은 방법에 포함되어 있다. 포포프는 러시아군에 있어서 군사력 사용과 선전·선동의 비율은 과거에는 4:1이었으나 이 비율을 역전시킨 것이 현대전쟁의 특징이라고 정의하고 있다. 그러므로 러시아가 크림반도를 합병한 방법을 분석하면 포포프의 8단계 신형전쟁 수행 방법이 적용되었음을 쉽게 알 수 있다. 크림반도를 점령한 러시아는 이어서 돈바스 지역과 수도 키이우 그리고 제2, 제3도시인 하르키우와 오데사에서 주민들을 선동하여 소란을 일으켰으나 돈바스 이외에서는 성공하지 못하였다.

크림반도 합병이후 8년이 지난 이번 우크라이나 전쟁은 크림반도 전쟁보다 규모에 있어 비교할 수 없을 만큼 크고 양측이 사용하는 하이테크도 훨씬 첨단화되었으며 미국의 지원을 받는 우크라이나측이 오히려 러시아보다 더 효율적으로 활용하고 있다. 여하튼 우크라이나 전쟁에서 보여주는 변칙적 전쟁방식은 미래 전쟁의 정석(定石)이 될 것이다. 우크라이나 전쟁에서 등장한 하이브리드 전쟁의 주요 형태는 다음과 같다.

(1) 국적없는 군인

소속부대 마크, 계급장을 떼어낸 군복을 착용한 리틀그린맨 부대 (2014년 3월, 크림반도)

2008년 조지아에서 러시아군이 사용한 방법을 러시아군은 2014년 3월, 크림반도를 무력합병할 때 1~2천명 병력의 군복에 명찰, 계급, 휘장, 부대마크를 부착하지 않고 은밀하게 진입시켜 친러시아 민병대와 함께 크림반도를 순식간에 무력으로 강탈하였다. 이들에게는 리틀그린맨(Little Green Men)이라는 별명이 붙여졌다. 8년 후인 2022월 2월 21일, 리틀그린맨은 돈바스 지역에 다시 나타났다. 이때는 야간의 어둠속에서 전차들조차도 차체에 아무 부대표식없이 나타나 보병과 함께 우

번호, 부호가 없는 전차 (2022년 2월 22일 돈바스 지역)

크라이나 지역에 진입하였다. 이들은 군복이나 전차에 러시아군 표식이 전혀 없어 러시아 정부는 처음에는 이들이 러시아군이 아니라고 부인하였으나 나중에야 인정하였다. 당당하지 않고 비겁해 보이는 이러한 전술을 하이브리드 전쟁, 즉 '회색지대 전략'의 일환으로 러시아군은 사용하였다.

(2) 소셜 미디어를 통한 실시간 전쟁중계

1990년 8월초, 이라크의 후세인(Saddam Hussein) 대통령은 30만명의 병력을 동원하여 불과 1주일 만에 쿠웨이트를 점령하였다. 이에 미국, 영국, 프랑스 등 34개국 군대로 구성된 다국적군은 국제연합의 결의와 미국의 주도 아래 1991년 1월 17일부터 2월 28일까지 이라크를 공격한 걸프전쟁(Gulf War)을 수행하여 이라크를 패배시켰다. 당시 인공위성을 활용하여 전쟁 상황이 실시각으로 전세계에 중계되었다. 그 이전에 일어난 베트남 전쟁, 이란·이라크 전쟁 등에서는 특파원 또는 외국 통신사가 보내오는 사진을 신문이나 TV를 통해서 제한적으로 볼 수 있었으나 걸프전에서는 인공위성을 통해 전쟁의 상황을 보다 넓고 빠르게 접할 수 있었다.

그러나 2022년 2월에 일어난 러시아·우크라이나 전쟁에서는 휴대전화로써 최전선의 전쟁상황과 시민들이 겪는 참상이 실시간으로 전세계에 중계됨으로써 이를 보는 세계인의 분노를 자아내게 되었다. 우크라이나 국경을 통과하여 수도 키이우를 향해 진격하는 러시아군 전차부대의 모습도 휴대전화 서비스를 통해 장소 위치까지도 전세계에 공유되었다.

(3) 사이버 전자전

전자전(Electical Warfare)이 처음 사용된 전투는 1905년 대마도 인근 바다에서 벌어진 러시아와 일본 함대사이의 해전이다. 당시 초보 전자전에서 일본이 이김으로써 일본은 인류역사상 보기어려운 완벽한 해전 승리를 하였다. 이 해전에서 일본함대는 전함, 순양함, 구축함 가운데 한척도 잃지 않았으나 러시아는 전함이 모두 침몰하고 순양함과 구축함의 대부분이 침몰하여 전사 4,380명, 사령관을 포함한 5,917명이 포로가 되는 참패를 당하였다.

사이버 공간의 영향력이 커지면서 실시간 전쟁터에서의 상황을 중계하고 각국의 입장을 설명하기 위해 SNS가 전쟁에서도 주요 수단으로 사용되는 시대가 도래한 것이다. 러시아는 자국에 유리한 여론을 형성하려는 목적으로 일부 틱톡 인플루언서에게 제작비용을 지원하였다. 우크라이나도 마찬가지이다. 인기 소셜미디어인 틱톡이 홍보, 선전, 정치심리전의 도구로 사용되는 것이다. 과거 전쟁에서 삐라(전단지)가 심리전에 사용되었던것처럼 우크라이나 정부의 온라인상에서 사진과 동영상들이 심리전에 사용되고 있다. 우크라이나군에 의해 부서지는 러시아군 전차 영상, 러시아의 크루즈 미사일이 민간인 거주지의 건물에 명중되는 영상, 민간인 부상자들의 절규 등이 생생하게 우크라이나의 상황을 전세계에 실시간으로 전달되며 우크라이나측에 유리한 보도를 하고 있다. 전쟁 초기에 우크라이나는 포로로 붙잡은 러시아군의 모습을 텔레그램에 공개하면서 국제법을 어긴 러시아의 불법침공을 세계에 알리고 러시아내 반전여론을 일으키는데 활용하는 한편, 자국 국민의 전쟁 수행 의지를 강화하고 확산시키려고 SNS를 활용한 여론전에서 러시아를 압도하였다. 이에 대해 러시아는 인터넷을 통해 많은 가짜뉴스(젤렌스키 대통령이 키이우에서 국외로 탈출하였다는 등)를 양산하고 우크라이나는 젤렌스키가 키이우에서 활동하고 있는 모습을 휴대전화 동영상으로 페이스북에 올림으로써 러시아의 가짜뉴스를 무력화시켰다.

우크라이나는 전쟁초기 러시아군에 밀리고 있을 때 '키이우의 유령'이라는 별명을 가진 우크라이나 공군 미그 29전투기 조종사의 활약을 TV연속극처럼 그가 매일 몇 대의 러시아 전투기를 격추시켰는가를 여러 SNS 영상 매체를 통하여 세계인에게 보여주었다. 스테판 타라발카 (Stepan Tarabalka) 소령은 러시아 전투기 6대를 격추시키고 3월 13일의 공중전에서 격추되어 전사하였다. 키이우의 유령 때문에 우크라이나 국민의 사기가 크게 앙양되었었다. SNS영상 매체를 통하여 타라발카 소령의 활약상을 상세하게 전함으로써 국민의 사기를 크게 앙양시키는 방법은 과거의 전쟁에서는 상상조차 못하던 선무공작(宣撫工作) 방식이다. 참고로 타라발카 소령이 공중전 첫날 적기 6대를 격추하고 전사할 때까지 40대를 격추하였다는 주장도 있으나 제2차 세계대전이나 한국전쟁, 베트남 전쟁 그리고 중동전쟁에서의 공중전을 고려 할 때 17일 만에 적 전투기 40대를 격추하였다는 주장은 필자가 보기에는 너무 큰 과장으로 보인다.

 러시아가 우크라이나의 항전의지를 꺾으려고 인터넷 접속 차단을 시도하자 일론 머스크는 초고속 인터넷 통신위성 서비스를 우크라이나에 제공하였다. 러시아 국내에서조차 반전 여론이 강하게 일어나고 곳곳에서 시위가 발생하자 러시아는 시위참가자들을 체포하는 한편, 인스타그램, 페이스북 등을 차단하는 등의 조치를 취해 러시아 국민의 반전여론을 압박하고 있다. 그러자 우크라이나를 지지하는 외국인들이 러시아 국민들에게 다른 SNS에 접촉할 수 있도록 도와주고 있다. 이전의 전쟁에서는 상상조차 할 수 없었던 휴대전화와 소셜미디어의 활용이 자연스럽게 전생의 상황을 지구촌 곳곳에 전해주는 한편, 전쟁 당사국은 이를 전쟁 수행을 위한 방편의 하나로서 활용하고 있다.

 북한으로부터 핵과 미사일 위협을 직접적으로 받고 있는 우리나라는 한반도 안보환경을 고려하여 사이버 심리전을 넘어 사이버 전자전을 통해 적의 인터넷망 뿐만 아니라 폐쇄망인 핵무기와 재래식 무기체계 네트워크까지도 무력화시키는 네트워크 마비전략을 체계적으로 발전시키고 준비하여야 한다.

(4) 사이버 외교전

2010년대 들어 급속히 발달한 첨단 테크를 이용하여 우크라이나는 러시아의 불법 침공, 우크라이나 전역을 초토화하는 러시아군의 무차별 공격, 민간인 학살을 전세계에 실시간으로 알려주고 있다. 특히 젤렌스키 대통령이 직접 유엔총회, 미국 의회, 일본 의회, 한국 국회 등 23개국의 의회에서 5월 말까지 대면 또는 비대면 영상연설을 통해 우크라이나를 지원해 달라고 호소하며 각 나라의 사정에 맞는 맞춤형 연설을 함으로써 많은 나라로부터 성공적인 지원을 받는 방법은 완전히 새로운 방식의 외교전이다. 이러한 외교전 방법은 이전에는 없었으며 사이버 외교전에서 우크라이나는 러시아를 압도하였다.

(5) 안면 인식기술

AI(인공지능)가 급속히 발전하면서 보안을 위해 최근 발전된 안면인식(Facial Recognition)기술이 사생활 침해 등 여러 논란을 불러일으키고 있는바 이 기술이 본격적으로 우크라이나 전쟁에서 등장하였다. 우크라이나군은 위장 침투하는 러시아군을 식별하고 사망자의 신원을 확인하는데 미국 안면인식민간기업 '클러어뷰(Clearview) AI'의 안면 인식기술을 활용하고 있다. 이 회사의 알고이즘은 소셜 미디어 애플리케이션을 포함하여 30억개 이상의 이미지 데이터베이스와 안면을 일치시킬 수 있다. 이 회사의 CEO인 '호안 톤 댓(Hoan Ton That)'은 러시아 SNS에 올라 온 20억

개 이상의 이미지를 사용해 러시아군을 식별한다고 하며 우크라이나 국방부는 이 회사의 안면인식 기술을 3월 12일부터 실전에 사용하고 있다.

앞으로의 전쟁에서는 AI 전투기 조종사가 인간 전투기 조종사 대신 공중전을 치를 것이다. AI조종사가 타는 비행기는 인간이 탈 조종석 공간이 필요없으므로 기체가 가벼워질 것이고 고속 기동시 인간조종사가 초인적으로 견뎌야하는 고(高)가속도 지구중력(Gravity Force)을 극복해야 할 필요도 없다. 그러므로 미래의 공중전은 조종기술이 뛰어나고 용감한 조종사가 수행하지 않고 대신 AI조종사가 대신 할 것이다.

(6) 민간 위성과 투명한 전쟁

세계적으로 민간 기업들이 상용목적으로 우주 개발에 활발하게 참여하면서 많은 인공위성을 쏘아 올리고 있다. 2022년 1월 현재, 지구 궤도를 돌고 있는 미국 민간위성은 2,804개로서 전세계 민간 위성의 약 절반을 차지한다.

현재 약6천개의 위성이 지구를 돌고 있는바 약40%인 2,666개가 작동 중이고(2020년 4월 기준) 이 가운데 1,007개가 통신위성, 446개는 지구 관측(환경 등), 97개는 위치 판별·GPS용이다. 전세계 위성의 54%가 민간 위성이며 정부·공용 목적의 위성이 21%, 군사 위성이 13%이다(2020년 기준). 이러한 전세계 민간 위성 가운데 700개 이상의 관측용 위성이 지구를 돌며 사진과 연상을 찍는다. 이들 위성을 포함하여 위성들이 매일 지구로 보내오는 데이터의 양은 80 테라바이트(TB)로서 이것은 1,200만 화소사진 2천만장에 해당하는 분량이며 데이터량은 계속 증가하고 있다.

* 현재 작동중인 인공위성의 용도

용도	개수	%
상용	1,440	54%
정부	436	16%
군용	339	13%
Civil	133	5%
혼합(상용)	206	8%
기타	112	4%
계	2,666	100%

　러시아군이 침공개시하기 전부터 러시아군의 배치와 이동이 민간이 쏘아 올린 인공위성들을 통하여 낱낱이 언론에 공개되었다. 미국의 상업용 위성 기업인 맥사(Maxar Technologies)는 러시아군이 2월 24일에 우크라이나를 침공하기 이전에 이미 러시아군의 침공을 예견하였다. 맥사는 홈페이지의 위성사진을 통해 우크라이나와 맞다은 벨라루스 국경안에 침공개시 20일 전에 러시아군이 집결한 장면과 침공개시 10일전에 러시아 전투기들이 벨라루스내에 있는 비행장에 배치되어 있는 것을 공개하였다. 과거에는 군사위성들만이 수집하던 1급 정보들을 이제는 군사위성보다 숫자가 훨씬 많은 민간위성들이 촬영한 고품질, 고밀도 해상도 사진들이 쉽게 모든 사람들에게 알려지고 있는 것이다. 30cm 크기까지 선명하게 촬영하는 민간 위성의 기술은 도시계획, 건설현장, 농작물의 작황, 영해와 EEZ(배타적 경제수역)을 넘나드는 선박, 축산 상황, 재난(홍수, 쓰나미, 산불, 지진 등) 상황, 쇼핑몰 방문자 예측, 조난자 구출 등 수많은 분야에 관계되어 필요한 데이터를 공급한다.

　태평양 전쟁이 한창이던 1943년, 미국 해병대는 중부 태평양의 길버트 제도(오늘날은 독립국 키리바시)에 있는 일본군 기지 타라와(Tarawa) 환초에 상륙하기에 앞서 환초안에 있는 베시오(Betio) 섬에 배치된 일본군 병력 규모를 파악하기 위해 정찰기가 촬영한 항공사진을 판독하였다. 물론 그 사진에 일본군 전체 병력이 나와 있을 리가 없다. 그러나 섬의 해변에 만든 화장실 개수는 알 수 있었으므로 화장실 한 개당 이용 가능한 병사수를 계산하여 그 섬에 배치된 일본군 방어병력수를 거의 정확하게 추산한 적이 있었다. 오늘날 미국의 쇼핑몰 경영자들은 상용인공위성이 찍은 쇼핑몰 주차장의 주차 차량수를 기준으로 미국 전역에서 실시간 쇼핑몰 방문자 숫자를 쉽게 계산하게 되었다. 일반 군용 정찰기가 커버 할 수 없는 거대한 지역의 정보를 이렇게 민간위성은 쉽고 정확하게 제공해 주는 것이다. 상용 위성에 의해 너무 구체적인 움직임까지 공개되었으므로 공격측이 도저히 은밀한 공격을 할 수 없을 것처럼 여겨지기도 하였으나 러시아는 개의치 않고 침공을 하였다. 과거에는 위성사진은 군사위성을 가진 일부 강대국만의 전유물이었으나 이제는 민간기업들이 위성 이미지 분야에서도 자연스럽게 뛰어난 업적을 보여주고 있다. 우크라이나의 부총리겸 디지털 개혁부의 페도로프(Mykhailo Fedorov)장관이 위성 레이더 이미지 기업들에 위성 데이터를 요청하자 캐나다 민간위성 기업인 MDA는 캐나다 정부로부터 허가를 받아, 전천후 촬영가능 위성(RADARSAT-2)을 통해 확보한 러시아군의 세밀한 움직임조차 실시간으로 우크라이나에 제공하고 있다고 3월 8일 발표하였다.

(7) 해커의 사이버전

1) 러시아의 사이버 공격

사이버 공격은 군사공격과 함께 적국의 사회혼란을 부추겨 적국의 국민들로 하여금 패닉에 빠지게 하여 전의를 상실케하는 공격이다. 사이버 공격의 원조(元祖)라고 할 수 있는 러시아는 크림반도를 합병하고 그 다음해인 2015년 12월에 우크라이나 서부 지역의 전기공급을 사이버 공격으로 중단시켜 22만 가구 이상에 전기공급을 끊었고 2016년 12월 17일에는 수도 키이우 인근의 피브니치나(Pivnichna) 발전소를 사이버 공격으로 1시간 가동을 중지시켜 수도에 대규모 정전사태를 일으켰다. 이외에도 2016년 11월부터 12월에 걸쳐서 우크라이나의 정부 부서, 철도 시스템, 국민연금공단 등도 모래벌레(SandWorm) 등 러시아 해커들의 공격을 받아 피해를 입었다. 러시아는 우크라이나를 상대로 사전에 사이버 전쟁 연습을 한 것이다. 이에 대해 당시 우크라이나의 포로셴코 대통령은 러시아가 2016년 11~12월 사이에 약6,500회 걸쳐 우크라이나 정부와 산업시설에 대해 사이버 전쟁을 수행하였다고 비난하는 발표를 하였다. 러시아가 우크라이나를 침공하기 전인 1월 14일, 우크라이나 정부의 외교부, 재무부, 에너지부 등 7개 부처가 하이브리드 전쟁의 한 방책인 사이버 침공(해킹 공격)을 받아 마비되었다. 우크라이나 정부는 러시아가 이 사이버 공격의 진범이라고 지목하였다. 그리고 이어서 2월 15일에는 우크라이나 국방부, 외교부와 은행 2곳이 추가 사이버 공격을 받았다. 우크라이나 정부는 이 공격의 배후도 러시아로 지목하였다. 2월 24일, 전면적 군사력으로 침공하기전에 러시아로서는 우크라이나의 사이버전 수행 능력을 테스트 해 보았을 수도 있다.

2) 해커들의 우크라이나 지원

우크라이나는 러시아의 전면 침공을 받고 이틀후인 2월 26일, 부총리 겸 디지털부 장관이 전세계 해커들에게 우크라이나를 도와달라고 호소하자 전세계 약20만명의 해커가 즉시 러시아를 공격하였다. 러시아 국방부와 외교부, 모스크바 증권거래소, 러시아 최대은행인 스버 뱅크, 국영통신사 TASS, 크렘린궁 등의 웹사이트는 전세계 해커들의 사이버 공격으로 접속이 불가능해졌다. 이들은 돈을 목적으로 사이버 공격을 한 것이 아니고 침략자에 대한 응징으로서 어떤 대의를 가지고 공격에 나선 것으로서 침략자에 결사 항전하는 우크라이나를 도운 것이다. 해커들 이외에 마이크로소프트, 트위터, 메타, 넷플릭스, 유튜브 등 소위 전세계의 빅테크(기업)들도 러시아가 국영 매체를 통해 정치적 선전하는 것을 차단하는 작업에 동참하였고 구글, 스페이스X등도 러시아를 응징하였다. 한편, 세계최대의 해커조직인 '콘티'가 우크라이나 전쟁으로 인해 친러시아 성향임이 발각되었다.

(8) 가상화폐 기부

러시아-우크라이나 전쟁은 가상화폐로 피해자를 돕는 첫 번째 전쟁이 되었다. 러시아가 2월 24일에 침공하자 우크라이나 정부는 2월 26일에 전세계에 도움을 요청하며 가상 화폐계좌 2개를 공개하였다. 암호화폐인 이더리움(Ethereum) 창업자 개빈 우드(Gavin Wood)가 보낸 기부금 580만 달러(약 70억원)를 포함하여 세계 각지에서 3만명이 불과 며칠 만에 3,380만 달러(약410억원)를 가상화폐구좌와 구호단체에 보냈다. 가상화폐를 이용하면 송금이 간편하고 익명 기부가 가능하다. 가상화폐인 비트코인의 경우, 우크라이나 정부의 암호화폐 기부 사이트에 1억 달러가 넘는 비트코인이 전세계에서 모였고 SWIFT에서 축출된 러시아도 원유, 천연가스 수출대금을 비트코인 암호화폐로 받으려고 한다. 미국정부가 가상화폐를 규제할 것이라던 우려도 없어지고 오히려 지원할 것이라는 전망이 나와 3월초에 비트코인 가격이 일시적으로 급등하기도 하였다.

(9) 종교를 통한 선동

푸틴은 러시아 정교회를 이용하여 러시아의 침공을 합리화하는 선전도 병행하고 있는 것으로 보인다. 러시아 정교회의 총대주교인 키릴 1세는 푸틴의 절대 지지자이다. 2018년에 우크라이나 정교회가 러시아 정교회로부터 분리·독립하였음에도 수도 키이우의 페체르스크 수도원을 비롯해 아직도 우크라이나 전역에는 러시아 정교회 예배당이 많이 남아있다. 그런데 이들 대부분의 러시아 정교회 예배당에서는 러시아군의 침공을 규탄하지 않고 예배당 문을 닫고 침묵하고 있다. 페체르스크 수도원은 우크라이나에서 러시아 정교회를 대표하는 장소이다. 11세기에 세워졌고 유네스코 세계 문화유산에 등재된 이 수도원은 러시아가 우크라이나를 침공한 이후 문을 닫고 이곳으로 피난 오려는 시민들의 출입을 거부하였다. 시민들은 이곳은 러시아 정교회이므로 러시아군이 폭격을 하지 않을 것으로 믿고 이곳에 들어오려고 한 것이다. 그러나 이 수도원은 러시아군의 침공에 대해 어떤 규탄이나 비평도 하지 않고 일반인의 출입을 금지하고 있으므로 시민들 사이에는 이 수도원 안에 러시아군 특수부대나 탄약이 있을 것이라는 소문이 떠돌았다. 그리고 시민들이 이 수도원이 러시아편에 서있다고 비난하자 그제서야 수도원은 정문 입구에 '전쟁반대'라는 구호를 써서 붙였으나 시민의 입장은 계속 금지하였다. 동부의 하르키우에서 서부의 르비우까지 1천km를 피난 간 한 가족은 도중에 있는 개신교회나 우크라이나 정교회 예배당에 들려서 음식을 얻거나 잠을 잘 수 있었으나 대부분의 러시아 정교회 예배당은 문을 닫아 들어갈 수 없었다고 한다. 어떤 러시아 정교회 예배당에서는 주교가 나와서 우크라이나인은 죄를 많이 지었으므로 피난민이 된 것은 업보라며 저주하기도 하였다. 물론 피난민에게 잠자리와 음식을 제공한 러시아 정교회 주교도 있었으나 대부분의 러시아 정교회는 우크라이나 피난민에게 냉담하였고 돈바스 내전에서 친러 반군들과 싸우다 전사한 우크라이나 군인들을 추도하는 예배를 인도하는 것도 거부하였다. 이것을 보고 우크라이나인들은 러시아 정교회가 러시아에서 특정한 지시를 받은 것이라고 생각하는 것이다. 러시아는 종교를 통해서도 변칙적인 하이브리드 전쟁을 수행하는 것으로 보인다.

2. 미국, EU의 우크라이나 지원

미국은 러시아산 에너지 금수를 포함한 강력한 경제, 금융 제재를 실행하면서 우크라이나에 대해 무제한으로 무기를 공급하고 있다. 이것은 4월 6일, 상원에서 만장일치로 통과한 무기대여법에 근거를 둔다. 무기대여법은 제2차 세계대전중 연합국을 돕기 위해서 제정한 법으로서 이 법에 의해 소련이 미국으로부터 받은 막대한 양[25]의 무기와 각종 군수품은 소련이 전세를 역전시키고 반격작전으로써 독일군에 승리한 중요한 요인이 되었다. 이 법을 미국은 제2차 세계대전 이후에 처음으로 우크라이나를 위해 부활시켰다. 이 법에 근거하여 미국은 대전차 미사일인 재블린, 가미가제 드론이라는 별명을 갖고 있는 살상용 자폭드론(스위치블레이드)과 신형 155mm M777곡사포 등 미국제 무기와 동유럽 동맹국들(폴란드, 체코 등)이 보유하고 있는 구소련제 무기(T72 전차 등)를 우크라이나에 대량 공급한다.

한편, 지리적으로 러시아와 국경을 맞대고 있는 여러 국가를 갖고 있

---

25) 항공기 18,300대, 전차 11,900대, 기관총 131,600정, 함선 596척, 차량 427,000대, 야전전화 189,000대, 무전기 35,000대, 화차 11,156량, 항공기·함선 엔진 1,981개, 연료·폭탄 345,000톤, 화학재료 842,000톤, 식량 430만톤, 이외 의약품 등 다수 (벨라루스, 민스크 군사박물관 자료)

는 유럽 국가들은 러시아의 우크라이나 침공을 강 건너 불 보듯이 남의 일로 여기지 않고 있다. 자기들도 언제 러시아에 당할 수 있다는 안보의 불안감을 느끼고 있는 것이다. 이와 관련하여 우루술라 폰데어라이엔(Ursula von der Leyen) EU 집행위원장(European Commission president)은 2월 27일, 우크라이나에 4억5천만 유로(약 6,100억원) 상당의 무기를 지원하겠다고 발표하였다. EU로서는 전례가 없는 일로서 공격을 받는 국가를 위해 EU 역사상 처음으로 무기를 구매하기로 한 것이다. 여기에 더해 러시아 항공기가 EU 영토 안에서 이착륙과 비행하는 것을 금지하였다.

3. 서유럽의 국방강화

러시아가 우크라이나를 무력으로 위협하다가 결국 유엔헌장과 국제법을 무시하고 침공한 것은 유럽 국가들에게 러시아는 자국의 이익과 팽창을 위해서는 유럽에서 어떠한 일도 저지를 수 있겠다는 두려움을 주었다. 그리고 러시아의 행동을 보고 유럽 국가들은 러시아에 대한 신뢰를 잃었다. 그러므로 독일을 비롯하여 발트 3국, 폴란드, 네덜란드, 프랑스 등 러시아와 육지로 국경을 맞대고 있거나 한 두나라 건너면 러시아 국경에 도달 할 수 있는 국가들은 러시아에 대한 경계와 러시아가 더 이상 국제적인 불법 행위를 하지 않도록 경제, 군사면에서 압박을 하고 있다. 이와 관련하여 EU는 나토와 별도로 EU 자체의 군사력을 강화하기 위해 '유럽군(軍)' 창설을 추진하고 있다. 그 일환으로 2025년까지 5천 명 규모의 신속 대응 부대가 창설될 것으로 보인다. 한편 러시아의 우크라이나 침공은 유럽 국가들로 하여금 국방예산을 증액하여 국방력을 강화하는 조치를 취하도록 방아쇠 역할을 하였다. 즉 발트 3국(특히 에스토니아), 독일, 덴마크 등을 주도로 하여 EU 국가들은 국내 총생산(GDP)대비 국방비를 조만간 대폭증액시킬 계획이다.

4. 고립되는 러시아

(1) 푸틴의 판단착오
1) 크림반도와 동일 상황

푸틴은 2008년에 조지아를 공격하여 친러시아 주민 분리주의 지역을 합병할 때 서방측이 소극적인 비난으로 대응하는 것을 보고 2014년에 크림반도 합병을 밀어붙여도 괜찮겠다는 판단을 하였다. 그리고 2013년말부터 2014년 2월까지 우크라이나 정국이 과격한 시위로 인해 혼란 상태에 빠진 상황을 이용하여 전격적으로 크림 반도를 강제 합병하였다. 물론 미국을 비롯한 서방국가들이 규탄을 하고 경제제재 조치도 취하였으나 크림반도를 얻은 열매에 비하면 서방측으로부터 받은 제재는 크게 염려할 정도가 아니었다. 유럽국가들은 러시아로부터 천연가스와 원유를 수입하며 러시아에 에너지를 의존하고 있는 상황이었으므로 어떤 국가도 러시아의 크림반도 강제합병에 대해 눈에 띄는 반발을 하지 않았다. 이어서 2014년 7월에 말레이시아 여객기가 돈바스 상공을 비행중에 러시아제 지대공 미사일에 맞아 추락한 일이 일어났고 2018년에는 러시아가 우크라이나 함정 3척을 나포하였으나 서방측은 소극적인 규탄만 하였으므로 푸틴은 무시하였다. 2021년 8월 미국은 중국과의 경쟁에 집중하려는 듯이 갑자기 전략적인 국가안보 이익을 포기하고, 9조원 상당의 무기를 탈레반에게 넘기고 아프가니스탄에서 황급히 도주하듯이 철수하였다. 이점에 대해서는 미국 하원 안보위원회 의장인 마이클 매콜(Michael McCaul) 공화당 의원도 아프가니스탄 철수는 러시아(푸틴)를 대담하게 만들었다고 비난하였고 공화당 의원들도 바이든의 소극적 정책을 비난하였다. 이러한 상황을 예의 주시한 푸틴은 구소련의 영광을 회복하는 일환으로 우크라이나를 공격하여도 미국을 비롯한 서방측으로부터 러시아가 감내하기 어려운 결정적인 저항을 받지 않을 것으로 판단하여 우크라이나 침공을 감행한 것으로 짐작된다. 즉, 크림반도를 강제 합병하였던 상황처럼 이삼일 이내에 끝낼 수 있을 것이라고 판단하였던 것 같다.

2) 우크라이나군 전력 저평가

1991년 우크라이나가 구소련에서 독립할 때 우크라이나는 핵무기와 폭격기의 일부도 소련에서 승계받았다. 그러나 그 후 우크라이나 정부는 이들 많은 무기들을 관리하는 데 부담을 느껴 핵무기는 러시아에 보내고 전차 등 재래식 무기는 일부만 남기고 주로 아프리카 등에 수출하고 병력도 1/6 수준으로 대폭 축소하였다. 우크라이나군은 대형 폭격기 모두와 대형 함정 여러 척도 운항하지 못하고 폐기하였다. 이러한 우크라이나군의 실력은 2014년 3월, 크림반도에서 러시아군에게 최소한의 대항조차 못하는 오합지졸이고 군기(軍紀)조차 제대로 없는 군대로 판명이 났다.

그러나 우크라이나는 돈바스 지역에서 친러 주민이 러시아의 지원을 받아서 창설한 민병대와 싸우면서 영국군과 미국군으로부터 나토식 군사훈련을 받아 제대로 된 군대로 변모하여갔다. 이와 함께 우크라이나 정부는 미국제 무기(재블린 대전차 미사일 등)를 수입하여 우크라이나군을 무장시켰다. 즉, 2020년의 우크라이나군은 2014년, 크림반도를 탈취당할 때의 무능한 우크라이나군이 아니었다. 이점을 푸틴은 간과하였다.

3) 우크라이나 국민정신 저평가

독일의 전략가 클라우제비츠는 그의 명저 '전쟁론' 책을 통해 한 국가가 전쟁을 일으키려면 적국의 병력, 무기에 대한 정보는 물론 그 나라 국민의 성격이나 전의에 대해서도 깊이 파악하고 전쟁을 시작할 여부를 결정해야 한다고 말하였다. 푸틴은 러시아와 우크라이나는 슬라브 민족의 같은 뿌리라고 말하면서 같은 민족이 하나가 되어야한다는 나름대로의 논지를 수시로 이야기하였다. 그러나 푸틴은 우크라이나가 1991년에 소련에서 독립한 후 미국과 서방의 영향을 받아 지도층과 국민이 부패하다고 여겼다. 이러한 사실은 2004년부터 2014년까지 이미 우크라이나의 혼란스러운 사회와 정국을 통하여 객관적으로 확인되었다. 그리고 우크라이나는 지역적으로 동남부의 친러 성향 주민과 서북부의 친서방 성향의 주민으로 양분될 정도로 국민이 하나로 뭉치지 못하므로 만약 러시아가 침공하면 오히려 러시아군을 환영하던가 아니면 환영은 하지 않더라도 러시아 점령군에게 쉽게 복종할 것으로 파악하였다. 푸틴은 우크라이나 국민의 서구 편입에 대한 열망을 제대로 파악하지 못하고 과소평가하였을 뿐만 아니라 국민의 저항 의지를 낮게 평가하였다.

이런 반러시아 정서가 넘쳐나는 우크라이나의 상황을 대변하듯이 러시아군의 침공이 거의 확실하게 예상되는 시점에도 키이우에서는 시민들이 "푸틴은 일반 자유시민의 생각으로서는 이해 할 수 없는 사람이다", "여기가 내 조국이다. 어디에도 가지 않겠다", "말없이 그냥 점령당하지 않겠다" 등 결의를 나타내었다. 러시아 침공전에 키이우의 국제사회학 연구소에서 실시한 조사에 의하면 러시아군이 침략해오면 무기를 들고 싸우겠다는 시민이 30%이고 과반수의 시민이 저항하겠다는 의사를 표시하였다. 이러한 조사는 그 후 막상 러시아군이 침공하자 우크라이나 국민은 동서 지역에 관계없이 대통령 젤렌스키를 중심으로 강하게 뭉쳐 러시아의 침공에 생명을 내걸고 저항하면서 사실로 나타났다. 푸틴은 우크라이나 국민의 항전 결의를 과소평가하였던 것이다. 대통령이 된 후 모든 일이 자기가 계획한대로 성취되는 것을 본 푸틴은 우크라이나아와의 전쟁도 자기의 계획대로 될 것으로 믿고 큰 오판을 한 것으로 보인다.

4) 미국의 제재경고 무시

냉전이 끝나고 한 동안 미국과 러시아는 좋은 관계를 가졌다. 그러나 2008년 조지아에 러시아가 공격을 하여 조지아 영토안의 친러시아 주민 지역을 합병하려고 하자 미국은 러시아를 비난하고 경고를 보냈다. 그 후 2014년에 러시아가 크림반도를 합병하려고 하자 미국은 미국의 동맹국들과 함께 경제제재를 시작하고(강도가 약해 푸틴에게는 큰 타격이 되지 못하였으나) 다른 한편으로는 국제질서를 파괴하지 말라는 경고를 하였다. 미국으로서는 주적으로 떠 오른 중국에 대항하기 위해 어떤 면에서는 러시아의 협조가 필요하였다. 그러므로 시리아 정부를 돕기 위해 러시아군이 파병되었을 때에도 마찰을 피하였다. 그러나 서방과 러시아 사이에 지리적으로 위치하며 서방이 자기편에 편입하려는 우크라이나에 대해 러시아가 침공하려는 의도를 보이자 과거에 러시아를 대하던 태도는 변하게 되었다.

5) 측근의 보고 맹신

푸틴은 우크라이나 침공 이전에 우크라이나 국내에서 활동하고 있던 러시아 FSB(연방보안국) 정보원으로부터 낙관적인 정보를 보고받았다고 알려져 있다. FSB는 세계최고 첩보기관 가운데 하나인 구소련 KGB의 후신으로서, KGB 출신인 푸틴 스스로가 1998년에 국장을 역임하였던 기관이다. 푸틴이 측근의 정보를 맹신한 이유로는 FSB가 실제와 달리 잘못 파악한 정보를 보고하였을 수도 있고 아니면 FSB는 제대로 된 보고를 하였으나 이들의 상급자들인 푸틴의 측근들이 푸틴이 듣고 싶어하는 정보만 조작하여 푸틴에게 보고하였을 가능성도 있다.

또한 전쟁을 시작한 이후에도 우크라이나에서 싸우고 있는 러시아군 부대의 실상과 러시아가 서방측의 경제제재로 인해 직면한 심각한 문제에 대해 참모들로부터 제대로 보고 받지 못하는 것으로 미국정부는 파악하고 있다. 예스맨인 참모들은 푸틴에게 진실을 말하는 것을 두려워하고 있어 푸틴은 러시아군의 상황에 대해 불완전하거나 과도하게 낙관적인 보고와 조언을 받고 있다고 미국 정부와 언론은 발표하였다. 이것이 사실이라면 푸틴은 우크라이나 전쟁의 시작부터 첫 단추를 잘못 끼웠다고 할 수 있다.

6) 단합된 국제사회 공조

2014년 크림반도를 무력으로 합병할 때도 미국은 동맹국들을 주도하여 러시아에 경제제재를 경고하였고 이를 실행하였다. 그러나 그 제재수준은 강하지 않았고 미국의 동맹국들인 서방 국가들의 협조도 각국의 러시아 관련 이권 때문에 소극적이었다. 그러므로 러시아가 우크라이나에 침공하기 전에 미국이 여러차례에 걸쳐 러시아의 전쟁위협을 경고하였음에도 푸틴은 미국의 경고를 심각하게 받아들이지 않고 무력 신봉자답게 우크라이나 침공을 강행하였다. 전쟁발발의 위협을 느낀 미국은 우크라니아와 국경을 맞대고 있는 폴란드와 루마니아에 3천명의 병력(제82공수사단의 일부)을 즉각 파견하였다. 그러나 우크라이나에는 병력을 파견하지 않고 러시아에 대해 경제제재 경고만 하였다.

러시아가 미국의 경고를 무시하고 전쟁을 일으키자 미국의 경제제재 조치는 8년전 크림반도 합병 때와는 달리 강력하게 발동되었다. 미국이 주도한 경제·금융 제재로 인해 러시아의 금융시장은 작동불능 상태가 되었다. 미국과 EU는 미국이 주도하는 SWIFT(국제은행간 통신협회)에서 러시아를 축출시키면 자기들에게도 미칠 손실을 각오하고 러시아를 SWIFT에서 배제시켰다. 그러므로 러시아는 주수입원인 에너지 수출 대금도 결제 받을 수 없고 러시아 은행은 국제거래를 할 수 없게 되었다. 여기에 미국은 3월 8일에 러시아 외화수입의 중추인 러시아산 에너지(원유, 천연가스, 석탄)의 수입 금지조치도 발표하고 4월 7일에는 의회(상하양원)에서 이 조치를 법제화함으로써 러시아 산업과 일반경제도 붕괴 위험에 직면하게 되었다. 미국은 월평균(2021년) 2,040만 배럴의 러시아산 원유를 수입하는바 이는 미국 원유수입의 8%를 차지한다. 미국의 러시아산 원유수입 금지조치에 앞서 캐나다가 서방국가 가운데 처음으로 2월 28일에 러시아산 원유수입금지를 발표하였다. 약140만 명의 우크라이나 교민이 거주하는 캐나다는 대러시아 제재에 적극적으로 나서고 있다.

에너지 수입금지에 더해 미국 상하양원은 4월 7일, 러시아와 벨라루스에 대해 무역에서 최혜국 대우를 박탈하는 법안을 통과시켰다[26]. 러시아의 외환보유고(2021년말)는 6,300억달러로서 세계5위나 대부분이 미국과 유럽 등 해외 선진국 금융기관에 예치되었으므로 미국의 금융제재로 인해 러시아가 실제로 현금화하여 사용가능한 금액은 2%가 채 안되는 120억 달러뿐이다(6,300억 달러 가운데 해외자산이 3,960억 달러, 금보유가 1,390억 달러, 중국 국채가 840억 달러를 차지함).

---

26) 2022년 4월 7일. 상원 (찬성 100, 반대 0), 하원(찬성 420, 반대 3)

미국의 금융제재 조치에 부응하여 스위스도 자국 은행에 예치된 러시아 자금 110억 달러의 동결을 발표하였다. 이렇게 러시아 외환보유고(외환자산)의 98% 이상이 해외에 묶여서 현금화 할 수 없게 된 것이다. 여기에 미국의 신용카드회사들과 전자결제 업체들도 러시아에 대한 서비스를 중단하자 러시아 기업과 국민이 해외와 거래하는 것은 사실상 거의 끊어지게 되었다. EU도 2022년 8월 중순부터 러시아에서 석탄 수입을 전면 금지하고 일본도 러시아산 석탄 수입을 단계적으로 감축시키겠다고 발표하였다. 브렉시트로 EU에서 나온 영국도 2022년말까지 러시아산 석유와 석탄 수입을 중지하고 천연가스는 조만간에 구입중지하겠다고 발표하였다. 이렇게 미국, 영국과 EU를 포함한 국제사회(일본, 호주 등)가 보여준 대러시아 경제·금융 제재의 공조는 푸틴의 예상을 뛰어 넘은 것 같다. 이뿐 아니라 푸틴은 국제사회가 외교적으로도 러시아를 거의 완벽한 수준으로 고립시키는 상황을 지켜보아야만 하였다.

(2) 제재 대비 정책실패

러시아가 우크라이나를 침공시 서방국가들로부터 받을 경제제재를 예상하여 이에 대비한 러시아의 자체 계획이 실패하였다. 이 계획은 원래 2014년에 러시아가 크림반도를 무력으로 합병하자 서방국가들이 취한 경제제재 조치에 대항하려고 러시아 정부에서 만든 것이다. 러시아는 서방국가들의 대러시아 수출 금지정책에 대항하여 '러시아 요새(Fortress Russia)'라고 부르는 자구책을 만들었다. 그러나 러시아의 국내총생산(GDP) 성장률은 2014년 이후 세계평균에도 도달하지 못하였으며 2020년말 실질 소득은 2013년보다도 9.3% 감소하였다. 수입품을 대체할 국내 소비재 생산에서부터 중장비인 트럭 생산까지 서방세계에서 수입하는 부품이나 원자재가 부족하여 국내 생산량이 급감하고 품질도 수입품을 따라가지 못하는 형편이다. 러시아의 국토 면적은 독일이나 일본보다 각각 48,45배가 크나 경제규모는 독일, 일본보다도 작은 규모이므로 그러한 작은 경제 규모 속에서 자체적으로 복잡한 첨단기술 제품이나 품질이 높은 소비재를 생산한다는 것은 역부족인 것이다. 러시아가 우크라이나를 침공한 날, 미국의 바이든 대통령이 대러시아 경제제재를 발표하자 푸틴은 마치 기다렸다는 듯이 이날 오후에 크렘린궁으로 러시아 기업인들을 불러 미국의 경제제재에 대해 사전에 이미 대비하고 있었다면서 느긋하게 격려하였다. 그러나 군사력도 기본적으로 경제력에서 나온다는 사실을 푸틴은 너무 간과한 것으로 보인다.

(3) 살인적 인플레와 디폴트 위기
1) 인플레

러시아는 1991년에 소련이 붕괴한 이후 경제분야에서 공산주의의 계획경제를 버리고 시장경제를 채택하여 초기에는 큰 혼란이 있었으나 에너지 수출에 힘입어 현재는 어느 정도 뿌리를 내렸다. 그러나 미국이나 서방세계는 아직도 러시아를 완전한 시장경제 국가로 인정하지 않고 있다. 필자는 민간 기업에서 39년을 근무하면서 회사업무로 러시아에 여러 번 출장간 적이 있는바 그때 마다 러시아가 시장경제 국가가 되려면 아직도 멀었다는 느낌을 받은 적이 있다. 이러한 점은 그들과 직접 대금이 오가는 거래를 하지 않는 정치인, 공무원 그리고 학자는 러시아를 방문하더라도 민간 기업의 임직원 보다 피부로 느끼기 어렵다.

러시아 시중은행들이 서방 제재 리스트에 오르면서 은행계좌에 연동된 애플페이나 구글페이도 제대로 작동되지 않았다. 그러므로 모스크바 시내의 현금자동입출금기(ATM)나 환전소에는 달러를 구하려는 시민들로

붐벼 뱅크런(현금대량 인출사태) 현상이 나타났다. 대책으로서 러시아 정부는 무역업자는 외화수입의 80% 이상을 3일안에 팔아야한다는 비상 특별조치와 함께 러시아 중앙은행의 기준금리를 연9.5%에서 20%로 올리는 조치를 2월 28일에 발표하였다. 2020년 7월에 4.25%이던 기준금리가 2022년 2월 28일에 20%로 급등한 것이다.

루블화 가치 폭락으로 인해(2월1일 달러당 76루블에서 2월 28일에 119루블) 살인적인 인플레이션이 도래할 가능성이 높아지고 경제제재에 따른 재정악화로 인해 러시아가 디폴트(대외 채무 불이행) 사태에 빠질 가능성이 높은 가운데 달러표시 러시아 국채 가격도 2월 28일에 50%나 폭락하였다. 여기에 더해 세계최대의 연기금인 노르웨이의 국부펀드가 러시아 투자를 중단하고 기존 러시아 자산매각계획을 발표하였다. 이러한 일련의 사태로 인해 러시아 국내에서는 현금대량 인출사태가 일어났다. 식품, 의류 등 생필품과 가전제품 등 공산품의 가격이 30% 이상 폭등하거나 재고가 없어지자 식료품을 포함한 생필품의 사재기 사태가 일어나면서 국민 불안도 커졌다. 여러 외국 기업들이 러시아내 사업을 중단하면서 공급 부족을 예상한 시민들이 매장에 몰려들었기 때문이다. 러시아 국채 가격이 액면가의 10% 아래로 하락하면서 러시아는 국가 부도사태에 직면하였다. 1998년 세계 금융위기때 달러화 표시 국채에 대해 모라토리움(채무 지급유예)이 선언된 적이 있다.

인텔, 엔비디아, AMD같은 반도체 기업들이 러시아 제재에 동참하여 러시아에 대한 수출을 중지하고 UPS와 Fedex 등 국제물류운송회사들이 러시아로 배송서비스를 중단하자 그렇지 않아도 루블화의 40% 폭락 영향을 받은 러시아 국내의 전자제품 가격은 한동안 폭등하였다.

2) 디폴트 위기

　우크라이나 침공으로 인해 러시아는 1998년 세계금융위기 당시 모라토리움을 선언한 이래 24년만에 다시 국가부도 위기에 처하게 되었다. 2021년 9월 기준으로 해외 금융기관이 러시아에 자금을 빌려 준 금액은 1,215억 달러(약150조원)에 달하며 국가별로는 이탈리아가 253억 달러로서 가장 많고 그 뒤를 이어 프랑스(252억 달러), 오스트리아(175억 달러), 미국(147억 달러), 일본(96억 달러) 등이다. 우리나라도 12억 달러를 빌려주었다. 그러나 러시아는 우크라이나 침공에 대한 서방측의 경제제재와 금융제재 때문에 부채 상환이 어려운 상태다. 러시아는 3월중순과 하순에 지불해야 할 달러 채권이자를 간신히 상환하였으나 만약 서방측의 제재가 더욱 강화된다면 상환 불능에 직면하여 경제붕괴 내지 국가부도의 가능성이 높다. 쉽게 승리할 것으로 예상하고 도발하였던 우크라이나 침공이 푸틴에게 부메랑으로 돌아 온 것이다.

(4) 국내 반전시위

1) 시위자 체포

　러시아 전국에서 반전(反戰)시위가 이어지자 러시아 정부는 언론 검열과 통제를 강화하는 한편, 시위자들을 무차별로 체포하고 있다. 77세의 여성 예술가이며 반(反)푸틴 활동가인 옐레나 오시포바(Yelena Osipova)도 상트페테르부르크에서 반전 시위를 하다가 체포되었다. 160여개 도시에서 1만명 이상의 반전 시위자가 러시아 전역에서 당국에 체포되었다. 러시아 정부는 언론에 보도지침을 하달하고 침공, 전쟁이라는 단어를 사용 못하게 하고 대신 '특별군사작전'이라는 용어를 사용하도록 강제하고 있다. 모스크바 주재 우크라이나 대사관 앞에서 헌화하던 여성 두명과 7살 어린이를 포함한 이들의 자녀들도 모두 체포되어 철장 속에 갇히는 일도 일어났다. 푸틴에 의해 수감되어 있는 푸틴의 정적(政敵)인 알렉세이 나발리(Alexei Navalny)도 러시아의 우크라이나 침공을 감옥 속에서 비난하였다. 나발리는 2014년 크림반도 사태때 독극물 테러를 당해 중태에 빠진 적이 있다.

 러시아 정부가 반전 시위자들을 체포하고 있음에도 징집 회피 등 국내의 반전 분위기는 확산되고 있다. 러시아 정부는 3월 25일까지 우크라이나에서 러시아 군인 1,351명이 전사하였다고 발표하였으나 러시아 국민은 실제 전사자는 훨씬 많을 것이라며 정부 발표를 불신하고 있다.

2) 노벨 평화상 메달 경매

 러시아 반체제 언론인 드미트리 무라토프(Dmitry Muratov) 기자는 러시아의 우크라이나 침공으로 인해 부상입은 우크라이나 피난민과 어린이를 위해 2021년 12월에 받은 노벨 평화상 메달을 2022년 3월 22일, 경매에 내놓았다. 무라토프는 필리핀의 두테르테 대통령의 폭압에 맞선 필리핀의 언론인 마리아 레사(Maria Ressa)와 함께 공동으로 노벨평화상을 받았다. 1993년에 '노바야 가제타(Novaya Gazeta: 새로운 신문)' 신문사를 설립하여 푸틴 대통령의 독재에 생명을 두려워하지 않고 용감하게 맞서고 있다. 푸틴이 정권 잡은 이후 이 신문사 기자 3명이 저격을 당하고, 1명은 망치에 맞아 사망하는 등 6명이 의문의 죽음을 당하였고 언론인이며 편집장으로서 러시아의 조직적 부패를 파헤치던 유리 셰코치힌(Yuri Shchekochikhin)은 2003년 7월에 갑자기 방사능 독극물 중독으로써 암살로 보이는 죽음을 맞았다. 이렇게 푸틴 정권으로부터 박해를 받으면서도 무라토프 기자는 러시아의 자유, 민주, 공정한 사회를 위해 언론인의 사명을 다하고 있다.

3) 음악가 사임

모스크바 볼쇼이 극장의 음악 지휘자인 투간 소키예프(Tugan Sokhiev)는 러시아가 우크라이나를 침공한 것에 대한 반대의 표시로 사임하였다. 그는 조국이 이웃나라를 침략하는 것을 못 본 척 하지 않았다.

4) 방송사 편집자의 전쟁 반대

3월 14일, 러시아 국영방송인 채널원의 생방송 뉴스 도중에 방송사 편집자 저널리스트인 마리나 옵샨니코바(Marina Ovsyannikova)가 전쟁을 멈추라고 소리치면서 '전쟁반대(No War)'라고 손으로 쓴 큰 종이를 여성 앵커 뒤에서 펼쳐 보였다. 그녀는 이러한 1인 시위 직전에 자신의 소셜미디어에 영상과 글을 올리며 러시아의 반(反)인간적인 체제를 비난하면서 우크라이나 침공을 중지하라고 호소하였다. 우크라이나 부친과 러시아 모친을 부모로 둔 옵샨니코바는 즉시 당국에 체포되었으나(러시아법으로 15년 징역형을 받을 수도 있음) 러시아인의 양심이 살아있다는 것을 세계에 보여주었다. 물론 우크라이나 젤렌스키 대통령은 그녀의 용기를 극찬하였다.

저널리스트 마리나 옵샨니코바의 전쟁반대 항의. 여성 앵커뒤 에서 큰 종이를 펼쳐서 들고있다.

5) 외교관 사임

20년 경력의 러시아 외교관 보리스 본다레프(Boris Bondarev)는 근무지인 제네바에서 러시아 외교부에 5월 23일에 사직서를 제출하였다. 그는 우크라이나를 침략한 조국이 부끄럽다며 처벌받더라도 귀국하겠다고 발표하였다.

(5) 러시아 경제 몰락

영국 소설가 케이트 퍼니벌(Kate Furnivall)의 소설 '러시안 첩(The Russian Concubine)'은 자기 모친이 겪었던 경험을 바탕으로 소설로 만든 것이다. 1917년에 러시아에서 볼셰비키 공산혁명이 일어난 이후, 남편을 공산당에 잃고, 자유도 없어지고 살기도 어려워진 러시아를 1928년에 탈출한 러시아 피아니스트인 부인과 딸이 중국으로 망명하여 거처를 얻어 살면서 여성으로서 감내하기 어려운 힘든 생활을 하며 딸이 공산당 청년과 사랑하는 내용이 소설의 줄거리이다. 제정 러시아가 망한 후에 많은 러시아 귀족들이 중국으로 탈출하여 어려운 생활을 하였는바 여성들 가운데에는 몸을 팔면서 생계를 꾸려간 경우가 적지 않았다. 1991년 소련이 붕괴하자 많은 러시아 여성이 한국, 일본, 중국 등지의 유흥업소에서 일하기도 하였다.

우크라이나 전쟁은 중장기적으로 러시아 경제에 큰 타격을 주고 극단

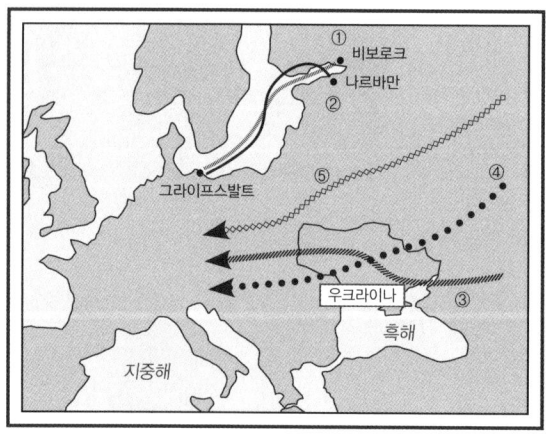
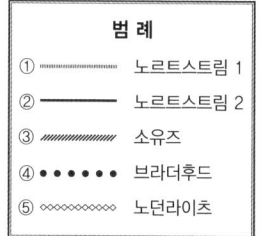

러시아-유럽 가스관

적으로는 몰락을 가져 올 수도 있다. 전쟁이 장기화국면으로 들어가자 국제금융협회는 러시아의 2022년도 국민총생산(GDP) 증가율은 전년도에 비해 마이너스 15%로 전망하는 발표를 하였다. 러시아의 2021년 GDP는 1조7,100억 달러(약2,070조원)로서 미국, 중국, 일본 등에 이어 세계 11위이다. 세계에서 가장 큰 광대한 국토 가진 국가로서는 뜻밖에 랭킹 순위가 낮은 것에 놀랄 수 있다. 러시아는 여행을 갔을 때 러시아에서 만든 마트료시카 인형 이외에는 현지에서 제조한 상품을 발견하기가 어려울 정도로 산업구조가 열악한 구조이다. 그럼에도 불구하고 세계에 강대국으로서 모습을 보이는 배경에는 러시아의 경제를 받쳐주는 에너지 자원(석유, 천연가스, 석탄 등)과 곡물 수출이 있다. 제대로 된 상품조차 못 만드는 나라이지만 미그 전투기와 수호이 전투기, 투폴레프 전략 폭격기, 극초음속 미사일 등 첨단 무기를 만드는 것을 보면 산업의 균형이 제대로 잡히지 않은 나라임을 알 수 있다. 우크라이나 전쟁으로 조국을 등지고 해외로 떠나고 있는 러시아의 전문직 인재들이 적지 않은바 이러한 두뇌유출도 러시아 경제에 보이지 않는 타격이 될 것이다.

　우랄 산맥의 서쪽지역에서 생산되는 천연가스는 세계 수출 1위, 석유 생산은 세계 3위에서 알 수 있듯이 러시아의 에너지(천연가스와 석유) 수출은 국가 GDP의 20%와 재정수입의 40%를 차지하고 있을 정도로 국가의 등뼈 역할을 하고 있다. 소련 붕괴후 구소련의 국토 면적 대부분을 승계한 러시아는 초기에 경제가 극심하게 어려워 러시아 국민은 강대국의 자부심을 잃고 3류 국가의 수모를 느낀 적도 있었다. 그러나 비교적 짧은 기간에 다시 강대국으로 회복될 수 있었던 것은 바로 러시아가 가진 방대한 에너지 자원 때문이었다. 에너지 수출이 2021년말 기준으로 러시아를 세계 5위 외환보유고(6,300억 달러) 국가로 만든 것이다.

현재 EU는 소요되는 천연가스의 40%, 석유 25%, 석탄 45%를 러시아에서 수입하고 있다. 이 가운데 독일은 2012년부터 가동중인 노르트스트림1 가스관을 통해 천연가스 수요량의 55%(연간 550억m^3), 석유 수요량의 40%를 러시아에서 공급받고 있다. 이는 영국이 석유 수요의 8%를 러시아산에 의존하는 것에 비해 엄청나게 높은 비율이다(영국은 우크라이나 사태를 보면서 자국의 에너지 자급자족을 위해 2050년까지 원자력 발전소 7~8기를 건설예정이다). 2021년에 완공된 노르트스트림2 가스관이 2022년 하반기에 가동되면 기존 가동중인 노르트스트림1과 합쳐서 천연가스 수요량의 75%를 러시아에서 공급받게 될 것인바 우크라이나 전쟁이 발발하자 서방측의 경제제재의 일환으로 노르트스트림2의 가동은 불투명하다.

독일 이외에도 폴란드, 헝가리, 불가리아, 오스트리아 등 러시아 천연가스에 크게 의존하는 국가들은 우크라이나 전쟁을 보며 국가의 안보가 언제 위협받을지 모르는 점을 인식하게 되어 향후 러시아로부터의 수입량을 금지하거나 대폭 감소시키는 것을 심도 깊게 검토하고 있다. 그러나 독일과 오스트리아는 결정을 주저하고 있는 시점에 우선 발트 3국(에스토니아, 라트비아, 리투아니아)이 러시아 천연가스 수입 중단을 4월 2일에 발표하였다. 라트비아 경우 현재 천연가스 소요량의 100%를 러시아에서 수입하고 있으나 리투아니아, 에스토니아와 함께 러시아 천연가스 수입을 중지하겠다는 결의를 보인 것이다. 기타나스 나우세다(Gitanas Nauseda) 리투아니아 대통령은 러시아 천연가스 도입 중지를 발표하면서 미온적 태도를 보이고 있는 다른 유럽국가들도 발트3국의 결정을 따라 줄 것을 호소하였다. 발트3국은 국민이 강한 반공(反共) 이념을 갖고 있으며 특히 3국 가운데 리투아니아는 수도 빌니우스 시내에 반공 박물관(구소련 당시의 고문을 상기시키는)을 갖고 있을 정도로 가장 강한 반공 이념과 반(反)러시아 성향을 갖고 있다.

한편, EU 정상회의에서는 3월 25일, 러시아산 천연가스 의존도를 현재 수준의 2/3를 줄이고 2027년에는 100% 도입 중지하는데 합의하였다. 즉, EU는 향후 천연가스를 비롯한 에너지 자원을 현재의 주 공급지인 러시아를 대체하기위해 미국, 노르웨이, 카타르, 호주 등지로 다변화하기로 합의하였다. 이렇게 되면 러시아의 에너지 자원은 수출이 크게 타격을 받게 되어 (아마 중국으로 판로를 개척하겠지만) 러시아 경제전망은 검은 구름이 덮일 것으로 전망된다. IIF(국제금융협회)는 2022년 러시아의 경제가 마이너스 15%로 추락하고 경제 수준이 15년전으로 돌아 갈 것이라고 경고하였다. 반면 미국, 노르웨이, 카타르, 남태평양의 파푸아뉴기니 등의 에너지 수출과 수익이 급신장하게 되어 세계 에너지 공급원의 지도를 바꾸게 될 것이다.

(6) 국제외교 고립

미국은 러시아가 우크라이나를 침공하고 4일이 지난 2월 28일에 러시아 유엔대표부 소속 외교관 12명에 스파이혐의로 추방을 통보하였다. 이후 우크라이나 전쟁이 진행되면서 러시아군이 우크라이나 민간인을 집단 학살한 만행이 드러나자 4월 4일, 리투아니아는 러시아군의 민간인 학살에 대한 항의표시로서 자국주재 러시아 대사를 추방하였다. 반공국가로 유명한 리투아니아는 나토의 다른 회원국과 EU 회원국들도 리투아니아의 조치에 동참해 줄 것을 호소하였다. 같은 날, 독일과 프랑스도 각각 러시아 외교관 40명과 35명에 추방명령을 내렸다. 그리고 그 다음날인 4월 5일에는 이탈리아와 스페인이 러시아 외교관을 각각 30명과 25

명에 추방명령을 내렸다. 덴마크와 스웨덴도 각각 15명, 3명에 추방조치를 하였다. 서방 유럽국가들에 이어서 일본도 러시아 외교관들을 추방하였다. 한편, 외교와 별도로 전세계의 과학계와 학계도 러시아 연구기관 또는 학자들과 공동연구를 비롯한 협력을 중단하는 분위기이다.

 러시아군이 민간인에 대해 잔인한 만행을 저지른 증거가 속속 나오고 있음에도 러시아는 이를 우크라이나의 자작극이라고 부인함으로써 국제사회의 비난을 더욱 자초하고 있다.

5. 반미 국가

(1) 이란

이란은 러시아의 전략적 동맹국이고 코카서스 지역에서 아르메니아와 함께 러시아를 지지하며, 시리아 내전에서도 러시아와 함께 알아사드 정권을 지지하고 있다. 그러므로 최고 지도자 하메네이는 우크라이나 사태의 원인은 미국과 서방국가들의 정책이며 미국 정부는 마피아 같다고 비난하였다. 한편, 모든 국가는 주권을 갖고 있다는 애매모호한 태도를 보이기도 한다. 50여년전에 미국의 강력한 우방이었던 이란은 자국의 시리아 지원이 중동에서의 미국의 팽창을 저지하기 위한 선제방어(Foward Defense) 조치라고 합리화 하고 있다.

(2) 베네수엘라

독재자 니콜라스 마두로 대통령은 우크라이나를 침공한 러시아의 푸틴을 강력하게 지지한다고 발표하였다. 러시아는 2014년 크림반도 강제합병이후 서방측의 경제제재에 맞서기 위해 현금화가 가능한 금 보유고를 꾸준히 늘려왔다. 현재 러시아는 세계5위의 금 보유국으로서 미국(8,100톤), 독일(3,400톤), 이탈리아(2,500톤), 프랑스(2,400톤)에 이어 약 2,300톤의 금을 가지고 있다. 미국은 러시아에 대한 전방위적 경제·금융제재의 일환으로 러시아 중앙은행(CBR)이 보유하고 있는 금도 제재 대상에 포함시켰다. 그러나 베네수엘라는 아프리카에서 제련된 금을 아랍에미리트에서 불법으로 달러와 유로로 교환하여 금 거래가 차단된 러시아를 도와주고 있다는 의심을 받고 있다. 한편, 중남미에서 쿠바와 함께 미국의 경제제재를 받고 있는 베네수엘라에 미국은 러시아에 대한 원유수입금지를 발표하기 며칠전에 대표단을 파견하여 마두로 대통령과 미국이 베네수엘라에 대한 제재완화를 하는 대신 원유를 수입하는 문제를 협의하였다. 미국은 러시아 원유수입금수조치로 인한 서방세계의 부족분을 베네수엘라에서 공급받으려고 베네수엘라측과 물밑 대화를 한 것이다. 베네수엘라는 구금하고 있던 미국인 2명을 석방하여 우호적 제스처를 보이고 있는바 국제사회에서 영원한 적과 친구는 없다는 사실을 보여준다.

(3) 북한

우크라이나 전쟁이 발발하자 북한은 즉각적으로 전쟁의 원인이 러시아의 합법적 요구를 무시하고 세계 패권을 노리는 미국 때문이라고 미국을 규탄하였다. 그러므로 러시아를 유엔 인권이사회에서 퇴출시키는데 중국과 함께 앞장서서 반대하였고 러시아규탄, 제재에 동참하지 않았다. 1994년 12월에 체결된 부다페스트 안전보장각서에 의해 우크라이나는 소련에서 독립시 받은 핵무기를 전량 러시아에 보내고 비핵 국가가 되었다가 러시아에 침공을 받는 한편, 러시아로부터 핵공격 위협을 받는 것을 본 북한은 핵무기를 개발하여 보유하게 된 정책을 앞을 내다본 현명한 판단의 결과라고 여길 것이다. 그리고 향후 미국과 국제사회의 어떠한 비난과 회유에도 절대로 핵무기를 포기하지 않을 것이다. 북한의 김정은 정권이 핵무기를 포기할 것이라며 미국의 트럼프 대통령을 한동안 오판을 하며 들뜨게 만드는 한편 평화라는 듣기 좋은 이름 아래서 북한의 눈치를 보면서 사실상 북한의 대륙간 탄도탄(ICBM)개발을 방관한 문재인 정부의 책임 공무원들과 정치인들은 이제라도 허망된 꿈을 깨고 현실을 냉정하게 인식해야 한다. 문재인 대통령은 2018년 9월 미국외교협회가 뉴욕에서 주최한 행사에서 "나는 김정은이 진실하며 경제개발을 위해 핵무기를 포기할 것이라고 믿는다"라고 말하였다. 문재인 정부가 이런 태도를 취하고 있는 동안 북한은 핵무기와 미사일 능력을 꾸준히 개발하였다. 2022년 2월 24일 러시아의 우크라이나 침공에 세계의 관심이 집중된 기회를 노려 북한은 2월 27일, 평양의 순안비행장 인근에서 동해상으로 개량된 탄도 미사일 발사시험을 하였다. 이것은 북한이 2022년 들어서 발사한 8번째 미사일 도발이다. 우크라이나 전쟁이 장기화되면서 세계가 계속 우크라이나 상황에 눈을 돌리고 있는 한 북한은 이 기회를 노려서 미사일 발사 도발을 계속할 것이다.

2022년 4월 25일, 평양에서 열린 '항일 빨치산 결성 90주년' 열병식에서 김정은은 적대세력에 대한 '선제 핵공격'을 언급하였다. 이것은 북한이 국제사회에 반대에도 아랑곳없이 핵개발을 완성한 목적을 보여주는 대목이다. 한편, 서방의 경제제재조치로 에너지 수출이 어려워진 러시아는 북한에 대해 낮은 가격으로 원유 등 북한이 필요한 에너지를 수출할 것이므로 북한으로서는 경제면에서도 이득을 볼 수 있다. 북한은 우크라이나 사태로 미국과 서방을 계속 비난 할수록 러시아와 중국이 북한을 더욱 지원할 것이라는 사실을 알고 있으므로 북한은 이 점을 활용할 것이다.

한편, 미국 피터슨 국제경제연구소의 노랜드(Marcus Noland)박사는 북한은 러시아와의 돈독한 관계를 위해 우크라이나에 이미 군대를 파병하였거나 아니면 파병할 가능성이 있다는 의견을 제시하였다(2022년 5월 23일, 최종현 학술원 비대면 강연).

6. 중립국가

(1) 중립입장에 선 국가들

중국, 인도, 브라질, 터키, 멕시코, 태국 등 국가들은 우크라이나 사태에 대해 중립적인 입장을 취하고 있다. 특히 아랍에미리트 등 중동의 국가들은 묘한 입장을 취하고 있다. 그러나 중국의 경우, 표면적으로는 중립을 표방하고 있으나 실제로는 러시아와 돈독한 관계를 유지하고 있으며 간접적으로 우크라이나를 조소하는 듯한 태도(예, "우크라이나 미녀를 중국으로 데려오자"는 소셜미디어)를 보였다. 그러므로 우크라이나인들의 반중(反中)정서가 나빠지고 있다. 침공을 시작하고 2주가 지나서도 수도 키이우를 점령하지 못한 러시아는 중국에게 군사지원을 요청하였으나 3월 14일, 미국의 설리번(Jake Sullivan) 백악관 국가안보보좌관은 이탈리아의 로마에서 중국의 양제츠(楊洁篪)공산당 외교담당 정치국원에게 중국이 러시아를 지원하지 못하도록 경고하였다. 한편, 터키는 나토 회원국이지만 러시아 무기를 구입하는 국가로서 러시아와의 관계악화를 우려하여 중립을 표방하고 있다.

(2) 중국이 보는 우크라이나

중국은 일대일로(一帶一路)의 요충지로서 우크라이나를 중시하며 영향력을 끼치고 있는 가운데 곡물과 군사기술에 눈독을 들이고 있다. 우크라이나를 포함하여 중국의 일대일로 협력국가는 2021년말 기준으로 84개 국이다. 그러므로 중국은 온화한 기후에 비옥한 곡창지대를 갖고 있는 우크라이나를 유력한 곡물의 조달지로서 우선적으로 여기고 있는 것이다. 곡물의 주요 수입국이었던 미국과의 관계가 악화되는 가운데 수입 옥수수의 80%가 우크라이나산이며 콩의 수입도 증가하고 있다. 이런 상황에서 2021년 7월, 시진핑은 젤렌스키와의 통화에서 우크라이나의 농토를 중국에 매각하도록 요청하였다. 곡물과 함께 중국은 우크라이나의 군사기술에도 큰 관심을 갖고 있다. 중국군과 관계가 있는 기업이 헬리콥터의 엔진을 제작하는 모토 시치 매수에 나섰다. 여기에 대해 미국과 일본이 우려를 표명하며 나서자 우크라이나 정부는 이를 중지시켰다. 그러자 중국은 반발하여 크림반도를 러시아 영토로 승인할 수도 있다고 우크라이나 정부를 위협하였다고 한다. 또한 중국 공산당 언론 매체는 우크라이나 정부가 미국의 영향아래 있다고 비판하면서 은밀하게 러시아 정부와 궤도를 같이하고 있다.

(3) 중동 국가들의 모호한 태도

크림반도 문제로 미국과 서방은 우크라이나를 지원하였으나 2014년 3월, 러시아는 크림 반도를 강제 합병하였다. 같은 해 6월 29일, 이라크 북부와 시리아 동부지역을 장악한 이라크·시리아 이슬람 국가(ISIS)가 건국을 선포하였다. 2011년 시리아 내전이 시작하자 미국의 오바마 정부는 알아사드 정권이 화학무기를 사용한다는 의혹을 제기하고 반군 세력을 시원하사 러시아는 미국을 비난하면서 알아사드 정권을 지원하였다. 2017년에 ISIS 세력은 붕괴되었으나 시리아 내전은 아직도 계속되고 있다. 시리아 내전중 미국의 트럼프 대통령은 그동안 너무 많은 비용을 사용하였다는 이유로 시리아 내전중 미국을 도와준 쿠르드족을 버리고

2019년에 미군을 철수시켰다. 미국의 이러한 행동은 이스라엘을 비롯한 미국의 우방들에게 자국 안보에 대한 심각한 우려를 하게하였고 시리아에서 미국은 러시아에게 밀리는 양상을 보여주었다. 같은 해 이라크는 미국의 F16 전투기 대신 러시아와 벨라루스에서 러시아제 중고 수호이 25 전투기들을 구입하였다.

중동에서의 정치와 종교를 배경으로하는 국제관계 구도는 복잡하다. 이스라엘, 사우디아라비아는 미국의 핵심 동맹국이다. 이와 별도로 중동의 이슬람 국가들은 이란을 중심으로 한 시아파 진영과 사우디아라비아가 주도하는 수니파 진영으로 양분되어 있다. 이러한 기본 배경에서 우크라이나 전쟁이 발발하자 미국·서방과 러시아가 중동 국가들과의 관계가 복잡하게 나타나고 있다. 우크라이나 전쟁의 여파가 미국·러시아의 중동에서의 각축전에도 영향을 미치고 있는 것이다. 이란은 이라크, 시리아, 레바논과 협력하며 영향력을 넓히고 있는 반면, 사우디는 UAE, 바레인 등과 협력을 하면서 결속을 다지고 있으며 여기에 이스라엘은 전통적 적대국인 아랍제국의 UAE와 외교관계를 수립하는 등 중동의 정치상황은 수많은 요인이 실타래처럼 복잡하게 꼬여 미국의 전통적인 우방국들이 우크라이나 사태에 있어서는 미국에 소극적인 태도를 보이고 있는 반면 이 틈을 이용하여 러시아는 중동 국가들과 돈독한 관계를 만들려고 하고 있다. 즉, 러시아의 우방국들은 우크라이나 사태가 발생하자 계속 러시아를 지지하고 있는 반면 미국의 우방국들은 우크라이나 사태가 일어나자 미국에 비협조적인 태도를 보이고 있는 것이다. 이 점에서는 러시아가 중동지역에서 미국보다 큰 영향력을 보여주고 있다. 우크라이나 사태와 관련된 주요국의 입장과 상황은 다음과 같이 요약된다.

1) 아랍에미리트

아랍에미리트(UAE)는 2022년 2월말 유엔 긴급특별총회에서 러시아의 침공을 규탄하는데 찬성한 대다수 회원국인 141개국 가운데 하나이다. 그러나 UAE는 유엔 안보리의 러시아 비판 결의안 표결에서는 기권하였다. UAE는 최근 미국산 무기 수입을 축소하고 대신 러시아 무기에 관심을 보이는 등 러시아와의 안보 협력을 진행하고 있다. 이는 2014년부터 예멘에서 내전을 시작한 이슬람 시아파 후티(Houthi) 반군이 예멘을 지원하는 UAE를 공격하고 있음에도 미국이 UAE에 소극적인 태도를 보이고 있는 상황에 대한 불만을 무함마드 빈 자이드 알 나흐얀(Mohammed bin Zayed Al Nahyan) 왕세자가 표시한 것으로 보인다. 그러므로 미국과 서방의 러시아산 원유 수입금수 제재로 국제원유가격이 폭등하자 미국은 UAE와 사우디아라비아에 석유증산을 요구하였으나 이들 국가는 미국에 협조하지 않고 있다.

2) 사우디아라비아

소련이 1980년대초에 아프가니스탄을 침공하자 미국은 소련의 전쟁자금 조달방책인 원유수출에 타격을 주려고 사우디아라비아로 하여금 원유를 증산하게하여 국제유가를 떨어뜨린 적이 있다. 당시 사우디는 미국의 요구를 수용하고 미국에 협조하였었다. 그러나 사우디아라비아는 중동에서 이스라엘과 함께 미국의 동맹국임에도 불구하고 최근 미국의 원유증산 요청을 무시하고 미국과 거리를 두면서 러시아·중국과 협력설이 나돌고 있나. 이는 2018년에 이스탄불에서 일어난 언론인 자말 카슈끄지 살해사건의 주범으로 미국이 무함마드 빈 살만(Mohammed bin Salman) 왕세자를 지목하고 그를 통치자로 인정하지 않는 것과 미국이 사우디와 UAE도 개입된 예멘 내전에서 손을 뗀 것, 그리고 미국이 사우디의 숙적인 이란과 핵무기 협상을 재개하려는 움직임에 불만을 품고있는 것으로 보인다. 그러므로 사우디의 실질적 통치자인 빈살만은 UAE의 나흐얀 왕세자처럼 바이든 대통령의 전화를 받지 않고 대신 푸틴 대통령과 젤렌스키 대통령의 전화는 받았을 정도로 우크라이나 사태를 두고 미국과 냉냉한 관계를 만들고 있다. 한걸음 더 나아가 사우디는 러시아와 군사협력까지 추진하고 있고 중국과는 석유 대금을 달러가 아닌 위안화로 결제하는 것을 협상하고 있어 미국을 당황시키고 있다.

3) 이스라엘

이스라엘은 유엔 긴급특별총회에서 러시아의 침공 규탄에 찬성한 141개국의 하나임에도 대러시아 제재에는 동참하지 않았다. 이스라엘은 미국의 동맹국이지만 이스라엘을 위협하는 이란과 시리아를 지원하는 러시아의 영향을 우려하는 것으로 보인다. 2018년 5월 11일, 시리아의 다마스쿠스 남부에 주둔한 이란군이 골란고원의 이스라엘 기지에 로켓 공격을 하자 이스라엘은 즉각 전투기로 시리아내의 이란군 주둔지를 폭격하는 등 이스라엘군은 시리아에 배치된 이란군을 공격하고 있다. 이스라엘이 이런 공격을 할 때 시리아에 주둔하고 있는 러시아군의 묵인이 필요하므로 이스라엘은 우크라이나가 이스라엘제 방공 시스템인 아이언돔을 요구하고 있음에도 거부하고 있다. 한편, 우크라이나를 포함한 흑해연안에는 유대인들이 많이 거주하고 있는바 이스라엘 정부는 유대계 우크라이나인들 가운데 이스라엘 이주를 원하는 사람들을 항공기를 동원하여 이스라엘로 데려오고 있다.

(4) 인도의 이권

미국, 영국, EU를 포함하여 자유진영 국가들이 러시아산 에너지 수입

규제를 하고 있음에도 인도는 러시아에 대해 원유 수입규제를 하지 않고 계속 수입하고 있다. 국내 수요량의 85%를 수입에 의존하고 있는 세계 제2위의 원유수입국인 인도는 미국의 요청을 비웃듯이 러시아 극동지역인 사할린섬에서 생산되는 원유도 수입하는 등 러시아와의 교역을 증대시키고 있다. 인도는 중국의 인도양 진출을 저지하는 미국의 인도·태평양 지역의 안보 파트너로서 미국, 일본, 호주와 함께 '쿼드(QUAD) 4개국'에도 속해있지만 우크라이나 사태에서는 자국의 이권 때문에 러시아 편에 서있다. 즉, 인도는 중국과의 국경분쟁 때문에 중국을 견제하기 위해서 미국과 손잡고 쿼드 4개국에 속해 있지만 경제적으로는 러시아와의 관계를 중시하고 있는 것이다. 인도는 중국, 파키스탄과의 국경 분쟁 때문에 러시아산 무기를 구입하였고 현재도 세계에서 러시아 무기를 가장 많이 구입하는 나라이다. 50여년전, 필자가 대학생이던 1970년대초 당시 이태원에 있던 인도대사관 정문 옆에는 인도의 소식을 전하는 홍보판이 있었는데 그 안에 인도가 소련제 미그 21전투기를 자체 생산한다는 기사와 함께 인도의 공장에서 생산되는 미그 21 전투기의 대형 사진이 붙어있던 것이 기억난다. 당시 미그 21 전투기는 소련이 보유한 최신예 전투기였으므로 이 사진을 본 필자는 "야! 인도에서 소련 최신예기가 생산되다니... 인도와 소련의 관계가 굉장히 돈독하구나!' 라고 혼자 생각한 적이 있다. 중국과 영토분쟁을 하고 있는 인도는 이렇게 오래전부터 러시아와 군사적으로 밀접한 관계를 갖고 있는 나라이다.

미국은 인도가 우크라이나 전쟁에서 러시아편에 서자 4월 6일에 러시아와 전략적 협력을 하지 말라는 경고를 하는 한편, 4월 11일에는 러시아 제재에 인도를 동참시키려고 미국에서 양국 국방·외교 장관 회의(2+2 회의)를 하였고 정상 회담도 추진중이다.

7. 중국·대만 양안 관계

(1) 양안 상황

중국의 시진핑은 대만을 무력으로 통일하겠다는 뜻을 공공연히 이미 여러 번 밝혔다. 러시아가 우크라이나를 침공하였는데도 미국과 서방 국가들은 초기에 경제제재 외에 별다른 조치를 취하지 않았다. 중국은 이러한 사태를 예의주시하고 있을 것이며 미국과 서방 국가들이 우크라이나 사태에 보여 준 무력한 조치들을 분석하여 대만을 공격해도 되겠다는 판단이 들면 기회를 잡아 언제라도 공격할 수 있을 것이다. 시진핑은 러시아군이 속도전으로 신속하게 우크라이나를 점령하면 국제사회의 반응도 곧 가라앉을 것이라고 기대하였으나 막상 전쟁이 시작되자 러시아군의 진격이 너무 느리고 정체되었으므로 실망 하였을 것이다. 만약 러시아의 전격전으로 우크라이나가 항복하고 사태가 조속하게 조용하게 되었다면 시진핑은 대만 침공계획을 실행에 옮겼을 수도 있다.

우크라이나가 러시아의 침공을 받자, 대만의 차이잉원(蔡英文) 총통은 우크라이나 사태가 장기적으로 양안에 미칠 영향을 분석하라는 지시를 내렸을 정도로 중국과 대만은 우크라이나 사태를 예의 주시하고 있다. 중국으로서는 러시아가 시간문제이지 우크라이나를 침공하려는 것을 알면서도 미국이 말로만 러시아에 경고하였을 뿐 직접적인 군사적 지원을 하지 않은 것을 보면서 향후 중국이 대만해협을 건너 대만을 침공하는 경우 미국이 어떠한 수준의 대응을 할 것인가를 심도 깊게 조사하고 있을 것이다. 대만 역시 우크라이나 사태를 보면서 미국의 대만 방어 약속을 분석하고 있을 것이다. 이러한 분위기 속에서 미국의 바이든 대통령은 3월 1일, 대표단을 대만에 파견하여 대만과 서부 태평양의 미래와 안보에 대한 미국의 폭넓은 지원 약속에 변함이 없다는 것을 확인시켜 주었다.

(2) 우크라이나 전쟁과 대만의 안보태세

대만 국민은 자유민주 진영인 미국과 서방국가들이 우크라이나 사태 초기에 직접 군사적으로 개입하지 않는 것을 보면서 충격을 받았다. 그러므로 중국이 대만을 상대로 전쟁을 일으킬 경우 미국이 적극적으로 나서지 않을 것이란 우려를 하면서 스스로 국방력을 키워야한다는 국민여론이 커지고 있다. 대만 남자는 3년의 의무복무를 하였으나 2018년 12월부터 사실상 징병제가 폐지되고 모병제를 실시하고 있다. 1994년 이후 출생한 남성은 4개월로 단축된 의무복무 기간(군사훈련 과정)을 시행함으로써 사실상 모병제를 실시하고 있는바 우크라이나 사태를 본 대만 국민사이에서는 다시 복무기간을 늘여야한다는 주장이 힘을 받고 있다. 정치인들이 젊은층의 표를 노려 나라의 국방과 안보는 어찌되는지 상관하지 않고 경쟁적으로 복무기간단축을 선거공약으로 들고 나온 결과 결국 망국적인 국방정책이 세워져 군대는 모양만 군대이지 실상은 소년 보이스카웃 수준의 군대를 갖고 있는 것이다.

러시아가 우크라이나를 침공하자마자 중국에서는 대만을 공격하여 통일해야 된다는 주장이 온라인상에 쏟아졌다. 이에 대만 국민은 대만이 제2의 우크라이나가 될 수 있다는 우려가 확산되었다. 2022년 대만의 국방비는 약16조원으로서 중국의 1/17, 한국의 1/3 이하이고 병력은 중국의 1/12수준으로서 중국이 마음만 먹는다면 어렵지 않게 대만을 점령할 수 있다. 우크라이나 사태를 보고 대만은 정신을 차리는 분위기이다. 추궈정(邱國正) 국방장관은 병력증강과 신무기 구입에 힘을 쏟는 한편, 복무기간의 연장과 훈련강화를 발표하였다. 대만과 중국 사이에는 자연 방애물인 대만 해협이 존재하고 있다.

여기에 비해 우리나라는 국토가 육지로 대륙에 연결되어 있고 국토가 작아 종심이 짧다. 초전에 적에게 밀리는 날에는 회복이 쉽지 않은 결정적 충격을 받을 수 있다. 우크라이나 사태를 보고 정신을 차려야 하는 나라는 대만보다 한국이다. 이 땅에서 듣기 달콤한 '평화', '종전선언' 등의 단어를 팔아먹으며 국민을 속여 표를 얻으려는 정치인이 없어져야 이 나라가 산다. 그리고 국민 수준도 높아져서 이런 정치인에게 표를 주지 않으면 달콤한 말로 국민을 속이는 사기꾼·쓰레기 정치인들은 자취를 감추게 될 것이다.

8. 우크라이나 전쟁과 세계경제

러시아가 우크라이나를 침공하기 2년전부터 시작된 코로나 때문에 세계 경제는 고물가와 성장 둔화의 스태그플레이션 늪에 빠졌다. 여기에 더해 우크라이나 전쟁이 일어난 것은 세계 경제 상황을 더욱 크게 악화시켰다. 그러므로 러시아가 우크라이나를 침공하고 55일이 지나 국제통화기금(IMF)은 2022년 세계 경제성장률을 4.4%에서 3.6%로 하향조정하였다. 전쟁의 당사자인 러시아와 우크라이나는 각각 8.5%, 35% 마이너스 성장이 예상되며 우리나라의 경우도 3.0%에서 2.5%로 떨어질 것으로 예상된다.

위기시 안전자산이라고 여겨지는 국제 금값은 침공 7일이 지나 온스당 1,943달러까지 치솟았고 미국 달러의 강세도 계속되면서 주식을 포함한 금융시장이 혼란에 직면하였다. 여기에 실물경제면에서 유럽과 아시아의 적지 않은 공장들이 러시아와 우크라이나에서 수출되는 원자재와 부품 부족으로 인해 가동 중단되면서 고물가, 고유가, 고환율이 세계경제를 더욱 악화시키는 요인으로 대두되어 미국을 포함한 전세계에 인플레이션이 악화되고 경제성장율은 저하될 것이다. 즉, 오일과 식량 쇼크(식량문제가 오일보다 더 심각하다)를 포함한 원자재 대란과 스태그플레이션의 공포가 세계를 엄습하는 상황이 되었다. 우크라이나 사태가 크게 영향을 준 세계 경제의 주요 분야를 다음과 같이 간단하게 요약정리해 보았다.

(1) 에너지
1) 원유가격 폭등

　세계는 제3차, 제4차 중동전쟁으로 인한 제1차 오일쇼크(1973~1974년)와 이라크가 이란을 침공하였을 때 일어난 제2차 오일쇼크(1979~1980년)의 악몽을 경험하였다. 러시아가 우크라이나를 침공하자 제3차 오일쇼크의 가능성이 커지고 있다. 우크라이나 전쟁이 일어나기전, 세계는 2020년초에 중국에서 시작된 코로나 팬데믹으로 인해 석유수요가 감소하고 원유선물 가격이 2년 동안 하락한 상태였으나 우크라이나 전쟁을 앞에 두고 세계 경기가 살아나는 경향을 보이자 석유수요가 늘고 탄소중립문제가 대두하면서 유가는 오르기 시작하였다. 여기에 더해 러시아의 우크라이나 침공은 유가 상승에 불을 붙였다. 우크라이나 전쟁이 발발전, 러시아의 원유 생산은 미국과 사우디아라비아에 이어서 세계 3위였고 원유수출은 세계 2위였다. 그러므로 러시아는 2021년에 1,190억 달러(약 150조원)의 천연가스와 석유를 수출하였다. 2022년 2월 24일, 러시아가 우크라이나를 침공하자 미국의회는 경제제재의 일환으로 3월 3일, 러시아로부터 에너지 수입 금지법안을 발의하면서 미국을 비롯한 세계의 정유업체들은 제재위반과 러시아 은행의 결제불능 가능성을 우려하여 러시아산 원유수입을 거의 중지하였다.

　미국을 비롯한 서방세계는 러시아에 대해 여러 방면에서 취한 경제제재의 일환으로 러시아산 원유 수입금지 조치를 택한 것이다. 즉, 국제원유시장에서 러시아산 원유의 약70%가 구매처를 찾지 못하는 사태가 발생하자 구입가능한 국제 원유가격이 폭등하여 러시아 침공전인 2월에 배럴당 80달러대이었던 국제유가는 즉시 100~120 달러를 넘어 140달러에 육박하는 최고가격을 보였다. 이 가격은 1998년 선물 거래가 시작되고 나서 24년만에 가장 큰 폭의 상승이다. 상승세인 가격은 200달러 이상 폭등할 가능성도 있으므로 1970년대 오일쇼크에 비슷한 최악의 에너지 사태를 지구전체에 가져 올 수도 있다. 원유값이 폭등하면 이와 유기적으로 연관된 천연가스, 유연탄은 물론이고 석유화학을 원료로 하는 석유제품, 플라스틱, 의류 등과 휘발유 소비자 가격까지 영향을 받아 산업 전반이 큰 타격을 받게 된다.

우크라이나 전쟁이 끝난다 하더라도 석유수출국기구(OECD) 회원국들이 증산을 거부한다면 신재생 에너지의 등장을 계산에 넣어도 매년 인구 증가에 따른 원유소비량이 증가하게되어(연평균 1.2%) 2020년의 석유수요는 2050년에는 17% 증가할 것으로 예상된다.

2) 러시아의 반격

미국을 중심으로한 서방 국가들이 러시아산 원유 수입을 금지하자 러시아는 3월 8일 비우호국가들로 지정한 미국, EU 27개국, 우크라이나, 한국, 영국, 일본, 호주, 대만, 캐나다 등 48개국에 채무를 루블화로 상환하겠다는 방침을 세우는 한편, 천연가스를 수출시 루블화로만 결제 받겠다고 3월 23일에 발표하였다. 이는 국가부도 위기에 직면한 러시아가 루블화 가치를 방어하여 러시아 금융시장을 안정시키려는 목적이다. 서유럽은 소요되는 천연가스의 40%를 러시아에 의존하고 있다. 현재 러시아의 천연가스 생산은 세계 전체의 18%이며 천연가스 수출은 세계 1위이다. 그리고 러시아는 세계 원유 생산량의 12%, 석탄 생산은 5%를 점유하고 있다.

여태까지 유럽국가들은 천연가스를 러시아에서 수입시 유로화로 결제하였다. 그러므로 독일과 프랑스가 러시아의 이러한 조치에 계속 유로화로 지불하겠다고 반발하면서(그러나 헝가리의 친러 정권은 루블화로 지불할 것이라고 발표함) 국제 에너지 시장과 외환시장에서는 큰 혼란이 일어날 수 있다. 러시아의 이러한 강수에 대해 미국 바이든 대통령은 3월 31일, 향후 6개월 동안 매일 100만 배럴의 전략 비축유를 방출하겠다고 발표하였다. 그러나 이러한 조치는 전세계 석유공급량의 1%에 지나지 않으므로 실제적인 해결책이 되기는 어렵다.

3) 셰일가스

우크라이나 사태로 인해 미국과 서방이 러시아에 대한 에너지 수입 제재를 하자 약15년만에 국제 유가가 급등하는 상황이 되었다. EU는 2022년에는 러시아산 에너지 수입을 1/3 줄이고 2030년까지는 완전중단할 계획이다. 미국은 자체로 원유와 천연가스를 생산하지만 러시아에 에너지의 많은 부분을 의존하고 있는 서유럽은 러시아의 에너지가 없으면 국가적으로 타격을 입는다. 이와 관련하여 미국은 서방세계의 에너지 부족 상황을 타개하기 위한 방법의 일환으로 베네수엘라, 이란에 대한 제재 완화하는 것을 고려하는 한편, 미국이 갖고 있는 셰일가스·오일 생산증산을 추진하고 있다. 지하 깊이 있는 퇴적암에 원유와 함께 녹아있는 셰일가스는 기술적으로 채굴이 극히 어려웠으나 미국은 2000년대에 채취기술을 개발하고 2010년대에 추출기술을 상용화함으로써 셰일가스와 오일은 활용가능한 자원이 되었다. 러시아는 미국산 셰일가스가 유럽에 들어와 러시아산 천연가스 시장을 차지하는 것을 저지하려고 러시아산 천연가스 가격을 낮추었고 사우디아라비아는 원유증산으로써 경쟁자인 미국의 셰일산업의 성장을 저지하려고 하였다. 그러므로 셰일에너지의 원가가 러시아와 사우디아라비아에 비해 높아 셰일가스·오일은 국제경쟁력을 잃고 많은 업체가 문을 닫게 되었다.

그러나 화석연료 사용과 환경오염을 억제하려는 미국 바이든 행정부와 탄소중립 문제가 걸려 있지만 우크라이나 문제로 야기된 국제원유가격 폭등은 발등에 떨어진 불이므로 미국 입장에서는 그 동안 침체되어 있던 셰일가스 사업의 부활을 적극적으로 고려하고 있다. 셰일가스·오일 기업들도 유가가 치솟자 셰일가스·오일의 수익구조가 자연히 좋아져 경쟁력을 회복하였으므로 셰일 유정(油井)을 시추하는 리그(rig, 굴착기)를 증가시키고 있다. 셰일가스혁명이 정점에 달하였던 2014년에 1,800개 이상이던 리그는 유가가 급락하자 셰일업체의 1/3이 도산하면서 리그는 300여개만 남고 가동을 중지하였으나 우크라이나 사태가 일어나면서 다시 증가하여 3월초에는 600개 이상이 되었다. 우크라이나 전쟁이 장기전이 된다면 셰일가스·오일이 과거 전성기보다 더 큰 각광을 받을 날이 도래할 것으로 보인다. 우크라이나 전쟁은 이렇게 세계 에너지자원 판도를 바꿔놓고 있다.

4) 가스 마셜플랜

미국이 주도한 러시아 경제제재에 영국과 EU, 일본, 캐나다 등 서방국가들이 동참하고 있으나 미국을 제외한 다른 나라들은 러시아에 에너지를 의존하고 있다. 따라서 제재가 계속되면 서방측의 피해와 불편도 증가할 것이다. 그러므로 미국은 동맹국들이 러시아로부터 공급받고 있는 물량을 대신 공급하려고 베네수엘라, 이란 등에 제재를 완화하려는 시도를 하며 이들 나라들에 원유 증산을 요구하고 있다. 현재 러시아는 유럽에 연간 1,500억m^3의 천연가스를 공급하고 있는바 이를 대체하기위해 미국은 2030년까지 매년 500억m^3의 천연가스를 공급할 계획이다. 부족분은 호주, 남태평양의 파푸아뉴기니 등 여러나라에서 생산과 공급을 늘리는 한편 미국내에서 셰일가스 채굴을 다시 부활시킬 것으로 보인다. 아울러 원유 공급원을 다원화시키기 위한 일환으로 아프리카(나이지리아, 남수단, 가봉 등)의 에너지 자원국가가 각광을 받을 것으로 보인다. 이렇게 미국이 더 많은 에너지 자원을 확보하여 유럽의 동맹국에 천연가스를 보내주는 방안을 세계최대 투자은행인 JP 모건의 제이미 다이먼(Jamie Dimon) 회장은 제2차 세계대전으로 파괴된 서유럽의 경제를 되살려 공산주의의 침투를 저지하려고 미국 국무장관의 이름을 따라 마셜플랜이라는 이름을 붙였던 유럽 지원정책에 빗대어 이제는 천연가스로써 에너지 위기에 직면한 유럽을 도와주는 '가스 마셜플랜'이 필요하다고 3월말에 백악관을 방문한 자리에서 주장하였다.

이와 별도로 러시아의 천연가스와 석유의존도를 낮추기 위해 원자력 발전이 에너지 파동에 대안으로 대두되고 있다. 영국은 현재 발전량의 15%를 차지하는 원전비율을 25%까지 증가시키기 위해 2050년까지 최대 7~8개의 원자력 발전소를 추가로 건설예정이고 벨기에는 기존 원전 폐쇄계획을 취소하고 기존 원전의 수명을 연장하기로 결정하였다. 이러한 움직임은 다른 국가에도 영향을 줄 것으로 예상된다.

(2) 식량

흑토(黑土)로 대표되는 우크라이나는 세계의 3대 곡창지역의 하나이다. 따라서 러시아가 우크라이나를 침공하자 세계 식량가격지수는 치솟고 있다. 우크라이나는 세계 4위의 곡물 수출국이다(2020~2021년). 우크라이나가 전세계 곡물시장에서 차지하는 점유율은 밀 27%, 보리 23%, 해바라기(식용유, 화장품의 원료) 53%, 옥수수 14%이다. 그러나 우크라이나 전쟁으로 인해 해상 수출길이 막혀 곡물 가격이 천정부지로 솟아오르고 있다. 선박대신 기차를 이용하나 기차는 선박에 비해 물동량에서 제한을 받고 있고 운송비도 비싸다.

밀은 옥수수, 콩(대두)과 함께 소위 3대 곡물로서 세계 식량문제에 중요한 위치를 점하고 있는 곡물이다. 그렇지않아도 최근 전세계적으로 발생하는 홍수, 폭염, 가뭄, 산불 등 이상 기후와 코로나 질병확산의 장기화로 인한 글로벌적인 물류의 악화, 그리고 에너지 가격의 상승 등에 영향을 받아 북아메리카 중부와 남아메리카의 곡물 생산이 급감하고, 세계적인 곡물 수급문제가 발생하고 있다. 북아메리카와 남아메리카의 가뭄 그리고 중국에서 코로나 때문에 파종시기를 놓침으로써 곡물 가격이 오르고 있는 상황에 엎친데 덮치는 격으로 우크라이나 사태까지 일어나자 3대 곡물 가격이 급등하는 등 세계적인 식량문제가 크게 대두되고 있다. 품목 가운데 특히 우크라이나의 주력 수출품인 밀가격의 상승세가 두드러져 보인다. 러시아는 전세계 밀수출의 2위, 우크라이나는 4위로서 두 나라가 세계 밀수출의 29%를 차지하고 있다. 우크라이나는 옥수수의 경우에도 전세계의 16%를 차지하며 세계 4위이다. 만약 우크라이나 사태가 장기화되면 피난민 때문에 급감한 농사인구, 경작지의 30%가 전쟁피해, 그리고 전쟁 때문에 파종시기도 놓쳤으므로 전쟁이 끝나더라도 곡창지대의 회복에 오랜 시간이 걸릴 것이다. 문자 그대로 '수퍼 스파이크(Super Spike, 대폭등)' 현상이 생각보다 빨리 도래하여 세계경제 질서가 큰 혼란을 겪을 것으로 보인다. 여기에 중국의 홍수로 인한 밀 생산 감소가 겹치고 러시아가 우크라이나를 침공한 이후 국제사회가 러시아와 벨라루스에 경제제재를 단행하자 농업용 비료를 구하기가 어려워(러시아는 전세계 비료공급의 15%이고 벨라루스도 많이 생산한다) 곡물 가격은 더욱 인상될 것으로 전망된다. 3대 곡물의 국제 가격이 25~32% 급등하였고 비료 가격은 40% 폭등하였는바 향후 더 폭등할 우려가 있다. 이미 남아메리카에서는 비료가격 때문에 경작지를 줄이고 있다.

　우크라이나의 경우, 곡물수출은 주로 흑해에 면한 항구를 통해 이루어지고 있는바 러시아는 오데사를 포함한 남부 항구들을 점령하거나 공격 중에 있으므로 러시아 침공후 우크라이나의 곡물 수출은 크게 감소하였다. 우크라이나는 수출하는 곡물의 90%를 선박편, 10%를 기차를 이용한다. 물론 기차를 이용하여 일부 곡물을 수출하고 있으나 해상운송에 비해 수량도 크게 제한받고 있으며 운송비도 고가이므로 전쟁이 장기화되면 세계 식량문제는 심각하게 될 것이다. 러시아 침공이 시작되고 다음 달인 3월에 우크라이나는 옥수수 110만톤, 밀 31만톤, 해바라기 12만톤을 수출하였으나 이 수량은 2월에 비해 1/4 수준에 불과하였으며 전쟁이 길어지면 이 수량을 유지하기도 어려울 것이다. 우크라이나 전쟁이 끝나더라도 2017년의 세계 인구 77억명은 2057년에는 100억명을 넘게 될 것으로 예상되므로 인구 증가로 인해 식량의 장기적 전망은 밝다고 할 수 없다.
이러한 사실을 파악하고 있는 러시아는 식량부족 사태로 인해 전 세계가 패닉에 직면하여, 아프리카의 개발도상국을 포함하여 50여 개 국가 약 20억 명의 인구가 아사 위기에 처한 것을 이용하고 있다. 즉, 러시아는 우크라이나의 해안 봉쇄를 풀어 곡물 수출을 허가하는 조건으로 서방측의 대러시아 경제제재 조치의 해제를 요구하고 있는 것이다.

(3) 광물
　러시아는 니켈과 알루미늄 생산이 각각 전세계의 11%, 13%를 차지하는 등 반도체, 배터리 등 현대산업에서 필요한 원자재인 금속광물 자원을 많이 갖고 있다. 특히 니켈은 전기차 배터리의 주요 소재이므로 전기차 생산과 제조원가에 큰 영향을 미친다. 러시아가 우크라이나 침공을 시작하면서 (전기차 배터리에 소요되는) 리튬, 망간, 알루미늄, 니켈, 구리 등의 국제 가격이 급등하고 있다. 더 큰 문제는 전쟁이 장기화 되면 알루미늄, 구리 등 원자재 재고조차 동이 난다는 것이다.

(4) 인플레

2020년초에 중국에서 발원된 코로나 사태가 전세계로 확산되자 각국은 경쟁하듯이 국가예산을 풀었다. 여기에 전세계 산업 각분야가 코로나 사태로 인한 물류와 운송 문제에 직면하여 2년에 걸쳐서 공급망이 붕괴되고 이어서 우크라이나 사태가 겹쳐서 원유를 비롯한 에너지, 곡물, 지하자원 등에 직간접적으로 관련된 원자재 가격이 폭등하였다. 우크라이나 사태에 따른 인플레는 주변 유럽만 아니라 남아메리카, 중동, 아프리카를 포함한 지구 전체의 광범위한 지역에까지 영향을 주어 40여년 만에 지구촌에 인플레 사태의 공포를 가져왔다. 미국은 금리인상으로 인플레 문제를 해결하려고 하므로 다른 국가들도 미국의 방식을 따를 가능성이 크다. 그러나 우리나라의 경우 지난 5년동안 급속히 크게 늘어난 가계부채가 난제로 부담을 줄 것이다.

(5) 방위사업

큰 규모의 현대전이 우크라이나에서 일어나자 그 동안 비교적 조용하던 방위산업 기업들이 활기를 띠고 있다. 우크라이나 전쟁에서 러시아 전차부대에 큰 피해를 입힌 대전차 미사일 제블린 FGM-148을 생산하는 미국의 록히드마틴, 레이시언 등을 포함하여 무기제조 업체들의 주가가 치솟고 있다. 러시아의 침공이후 즉시 독일이 국방비를 증액하기로 결정하자 독일의 최대 방산업체인 라인메탈(Rheinmetall AG) 그룹의 주가도 따라서 폭등하였다.

(6) 일반산업

1) 제조업

세계 자동차 생산도 우크라이나 전쟁의 영향으로 피해를 입을 가능성이 높다. 이 가운데 우크라이나와 러시아에 연계된 독일 자동차 업체의 피해가 가장 클 것이다. 우크라이나에서 생산되는 차량 부품은 독일과 폴란드를 포함하여 여러 국가에 주로 수출되었으나 전쟁으로 인해 야기된 생산 중지 내지 감소 때문에 폴크스바겐, BMW 등 완성차 업체의 생산이 타격을 받게 되었다. 또한 우크라이나 부품을 사용하는 러시아 국내 자동차 생산도 중지되거나 감소되는 등 이 여파로 2022년 전세계 자동차 생산량은 8,200만대로서 원래 예상량보다 수백만대 감소될것으로 예상된다. 피해를 입는 국가들 가운데에는 독일업체가 제일 피해가 심할 것으로 보여 독일 자동차를 많이 수입하는 우리나라도 그 영향을 다소 받게 될 것이다.

이외 우크라이나 사태는 미국의 금융제재가 러시아의 자금 결제수단을 중단시킬 수가 있으므로 글로벌 조선산업을 포함한 여러 산업의 공급망에도 혼란스러운 영향을 미칠 것이다. 이미 러시아에서 발주한 LNG(액화천연가스) 선들을 건조중인 우리나라 조선소들도 선박대금 약10조원의 수령이 불확실한 상황에 직면하고 있다. 반면 독일이 러시아에 대한 경제제재의 일환으로 노르트스트림2를 포기하는 경우에는 액화천연가스를 수송할 많은 LNG선박과 LNG 터미널이 필요하므로 우리나라 조선소가 초대형 물량을 수주할 가능성도 있다.

2) 경제 블록화

우크라이나 전쟁의 여파로 미국을 중심으로 하는 서방 동맹국과 러시아측(중국, 인도 등)의 '세계경제 블록화'가 일어나고 있다. 우크라이나를 지원하기 위해 경제적 손실을 감수하고 있는 독일에 대해 미국은 독일 반도체 관련산업에 23조원이 넘는 대규모 투자를 추진하고 있는 등 미국을 중심으로 한 동맹국끼리 공급망을 재편하고 있다. 러시아의 경우도 LNG를 운송할 선박 건조를 한국이나 일본보다 중국 조선소에 발주할 가능성이 높다. 이러한 동맹국끼리의 공급망 재편으로 인하여 러시아에 진출한 우리나라 완성차 기업과 가전업체도 생산과 판매에 영향을 받을 수 있다.

(7) 우리나라 산업이 받는 영향
1) 에너지 가격 급등

우크라이나 전쟁으로 인해 미국이 러시아산 원유수입 금지하는 발표를 하자 국제 원유, 가스, 석탄 가격이 급등하면서 우리나라가 2022년 3월에 수입한 3대 에너지(원유, 가스, 석탄) 수입은 162억 달러로서 2021년 3월보다 85억 달러가 급증하였다. 이는 무역수지악화에도 영향을 주며 국민생활에 직접 연관된 건축용 철재, 페인트, 시멘트(유연탄이 재료), 섬유 등 가격이 연동되어 인상되면서 국내 산업 전반과 소비자 물가에도 크게 영향을 미치고 있다.

2) 제조업 타격

2년간에 걸친 코로나 장기화로 인해 국내 산업이 위축된 데에 이어 러시아의 우크라이나 침공으로 빚어진 원자재 가격 폭등이 우리나라 산업 전반에 타격을 주고 있다. 반도체에 필요한 네온, 크립톤, 크세논(제논) 물량의 상당 부분이 러시아와 우크라이나에서 수입되고 있으며, 석유화학은 국제유가의 폭등에 의해, 그리고 자동차 산업의 경우 러시아와 우크라이나에 대한 완성차와 부품 수출의 급감이 예상되므로 우리나라의 주력 3대 산업 품목인 반도체, 자동차, 석유화학도 영향을 받을 것이다. 국내 대기업 10곳 가운데 6곳이 우크라이나 전쟁과 이에 따른 서방측의 대러시아 경제제재로 인해 피해를 볼 것으로 우려되는바 피해의 주요 요인은 원자재 가격 상승, 환율 변동(상승), 부품수급문제로 인한 생산차질, 전쟁 당사국인 러시아와 우크라이나 그리고 인접 국가에 대한 수출 위축이다.

특히, 공급처와 장기적 계약을 맺고 원·부자재를 공급받고 있는 대기업에 비해 단기적으로 원·부자재를 공급받아 제품을 만들어 납품하는 중소기업(연간 매출 120억원 이하)의 경우, 원부자재 가격 상승은 바로 생산원가 상승을 야기시켜 채산성이 열악하게 된다. 이러한 이유로 중소기업의 재무상태는 더욱 악화되어 벼랑 끝에 몰려 파산하게 되는 경우도 증가하고 있으며, 대기업과의 양극화가 점점 심해지고 있다. 우리나라 제조업 업체 가운데 중소기업수는 80%, 종사자는 36%이며 적정가동률은 80%이나 코로나와 우크라이나 사태의 영향을 받아 70% 이하이다. 전쟁이 조속하게 끝나는 경우에는 장래에 대한 불안 심리가 없어짐으로써 급등한 주요 원자재 가격도 물론 안정될 것이다.

3) 식량

우리나라의 경우 2019년 식량자급율은 46%에 지나지 않을 정도로 대부분의 곡물을 외국으로부터 수입에 의존하고 있고 특히 3대 곡물의 경우 수입이 전체 국내 수요의 90% 이상을 차지하고 있고 3대 곡물 수입물량 가운데 18%를 흑해 지역에서 수입하고 있으므로 우크라이나 사태가 해결되지 않으면 곡물 확보에도 큰 문제에 직면할 것으로 예상된다. 우리나라는 쌀을 제외한 식량 자급률이 10% 이하로서 대부분의 곡물을 수입에 의존한다. 특히 옥수수와 밀의 자급률은 1% 미만이다. 2017년에 우리나라는 옥수수 1천만톤, 밀 500만톤을 수입하였다. 그러므로 우리나라는 식량 자급률이 OECD 국가 가운데 최하위 수준이다. 글로벌 식량대란이 현실화 되면서 우크라이나 전쟁 발발 2개월이 지나 국제 밀 가격은 톤당 284달러가 402달러로 40% 폭등하였다. 그러나 문제는 우크라이나 이외 세계의 곡창지대인 북미의 프레리 평원과 남미의 팜파스 평원도 가뭄으로 곡물 생산이 크게 부진하므로 글로벌 식량문제는 이제 실생활에서 피부로 느끼게 되었다. 식량자급율이 낮은 한국은 향후 더욱 악화될 수 있는 식량확보 문제를 심각하게 대비하여야 한다.

식량은 아니지만 커피 생산도 감소되어 가격 상승이 예상된다. 커피는 우크라이나 사태와 직접 관련이 없지만 남아메리카의 가뭄 때문에 원두커피의 재고와 생산 감소가 예상되므로 커피 소비가 많은 우리나라의 경우 커피 애호가들에게 부담이 될 것 같다.

9. 재편되는 세계질서

　대국이 소국을 침략하여 세력권을 확장하던 제국주의 시대로 되돌아가는가? 자유와 인권 그리고 국경을 침탈하려는 러시아와 러시아를 지원하는 중국이 세계질서를 재편하는가? 우크라이나 전쟁은 2010년 이후 역사적인 분기점이라고 할 수 있으며 냉전이 끝난 이후 세계 질서를 재편하는 계기가 되고 있다.

(1) 국제전쟁으로 비화
1) 국제 의용군
　젤렌스키 대통령은 2022년 2월 27일, 키이우에서 세계 각국 시민들에게 우크라이나와 유럽을 위해 의용군으로 우크라이나 전쟁에 참여해 줄 것을 호소하였다. 그러므로 유엔의 긴급특별총회에서 러시아를 규탄한 것과 별도로 러시아군에 맞서 싸우고 있는 우크라이나를 돕기 위해 우크라이나 전쟁을 위한 '국제 여단(International Brigade)'에 가입하려고 미국, 영국, 노르웨이, 캐나다, 프랑스, 이스라엘, 덴마크, 라트비아, 에스토니아, 콜롬비아 등 50여개국에서 의용군이 자원하여 약 2만명이 (3월 10일까지) 우크라이나에 도착하였거나 향하고 있다. 우크라이나에 도착한 외국 지원의용병들이 폴란드 국경에서 25km 떨어진 서부 우크라이나의 야보리우(Yavoriu)의 군사훈련소에서 훈련을 받던중 3월 13일 오전에 러시아 크루즈 미사일 약30발의 폭격을 받아 180여명의 사상자(사망자, 약35명)를 발생하는 사건이 일어나기도 하였으나 이것이 의용군의 사기를 꺾지는 못하였다. 영국 정부는 러시아군과 싸우기 위해 우크라이나로 떠나려는 영국인들을 지지한다고 BBC방송을 통해 발표하였고 자국민이 참전을 위해 우크라이나로 출국하는 것을 허용하였다. 라트비아 경우, 의회가 자국민의 참전을 만장일치로 가결하였다. 조지아는 2008년에 러시아의 침공을 받은 적이 있으므로 동병상련(同病相憐) 처지가 된 우크라이나를 돕기 위해 많은 조지아 시민이 의용병에 지원하였다. 이 가운데에는 이라클리 오크리아슈발리(Irakli Okruashvili) 조지아의 전(前)국방장관도 있다. 그는 2004년부터 2006년까지 국방부 장관을 역임하였으나 우크라이나에 와서 소총병으로서 키이우 북쪽에 있는 작은 도시인 이르핀에서 전투에 참가하였다.

여기에 비해 시리아 의용군 15,000명~4만명이 3월에 러시아측에 가담하였다. 시리아 의용군은 월 300달러의 급여를 받을 예정인바, 이는 시리아에서 월 20달러 수입을 얻는 시리아 젊은이로서는 매력적인 조건이다. 체첸 의용군도 러시아를 도와 참전중이며 러시아의 우방인 벨라루스는 대규모 병력과 전차부대 파견을 준비중이다. 벨라루스는 러시아군이 우크라이나를 침공할 때 러시아군이 자국 영토를 통해 북쪽에서 우크라이나를 침공하도록 길을 터준 러시아의 맹방 국가이다. 오늘날 벨라루스는 러시아에 가장 강력한 동맹국으로서 구소련이 붕괴후 러시아가 주도한 독립국가 연합(CIS)과 집단인보조약기구(CSTO)의 핵심 회원국이다. 특히 개인적으로도 루카셴코 대통령은 푸틴과 교분이 강하고 두 나라는 통합하는 문제에도 긍정적이다. 만약 벨라루스군이 참전하여 교착상태에 빠진 러시아군의 측면을 지원해 주면 우크라이나군에 결정적인 충격을 주어 전쟁의 물줄기를 바꿔 놓을 수 있다.

　러시아와 강철 동맹국인 벨라루스는 러시아군의 작전계획이 우크라이나군의 결사항전에 저지되자 러시아군을 지원하기 위해 우크라이나 국경지역에 벨라루스군 3~4만명을 대기시켰다. 국제사회는 벨라루스군이 국경을 넘어 우크라이나로 침공할 것으로 우려하였으나 침공은 일어나지 않았다. 만약 벨라루스군이 침공하였다면 우크라이나 전쟁은 한단계 높아져 서방국도 기회를 잡아 군대를 파병함으로써 완전히 대규모 국제 전쟁으로 확대·비화될 가능성이 있다. 이외 아르메니아 지원병, 러시아 민간 군사기업인 바그너 그룹용병 등도 추가 지원병력으로 등장하고 있다.

　러시아 남부에 있는 체첸 자치공화국은 2월 26일, 러시아를 돕기 위해 체첸군을 파견하였다. 이들의 임무는 키이우에 잠입하여 젤렌스키 대통령을 암살하는 것이었으나 사전에 정보를 입수한 우크라이나군에 의해 키이우 서북쪽에 있는 호스토멜 지역에서 소탕되었다. 과거 한 때 러시아에 대항하여 싸웠던 체첸은 러시아군에 진압된 이후에 철권통치를 하고 있는 친러 지도자 카디로프 총리가 푸틴에게 충성하는 조력자 역할을 하고 있다. 그는 2월 25일, 체첸의 수도 그로즈니에서 열린 군중집회에서 연설을 한 뒤 체첸군을 직접 이끌고 호스토멜 지역까지 가서 우크라이나군에게 항복할 것을 요구하기도 하였다.

　우리나라 정부는 한국인이 의용군으로 가는 것을 허가하지 않고 있으나 여러 명이 우크라이나에 의용군으로 도착하였다. 3월에는 휴가중인 해병 제1사단의 병사(일병) 한명이 폴란드에 입국하였으나 국경에서 우크라이나에 들어가지 못하였다. 무단으로 탈영하여 외국에 의용군으로

간 것은 우리 역사상 처음 있는 일이다. 이 병사는 부사관에 지원하였다는 이유로 병사들 사이에서 가혹행위를 당하고 배신자로 낙인찍힌 불만을 갖고 있었다.

2) 우크라이나 전쟁의 제2회전

러시아가 침공이전에 계획하였던 속전속결 전략이 크게 차질이 발생하여 3~4일 안에 우크라이나의 항복을 받아 러시아에 예속된 국가로 만들겠다는 푸틴의 계획은 이제 비현실적 상황에 직면하였다. 즉 우크라이나 전쟁이 장기화 될 것으로 예상되기 때문이다. 러시아군은 수도 키이우를 순식간에 점령하려고 키이우를 포위하고 지상과 공중에서 결정적인 공격을 퍼부었으나 우크라이나군과 시민의 결사항전에 저지되어 4월초에는 안토노프 비행장을 우크라이나군에 빼앗기고 키이우에서 철수하였다. 러시아군은 키이우와 하르키우에서 철수한 일부 병력을 동부의 돈바스 지역으로 이동시켜 재정비한 뒤 돈바스를 공고하게 확보하기 위해 논바스 지역 전투에 투입하였다. 러시아는 우크라이나 전역을 점령하는 것이 무리라고 판단할 경우, 해안지역인 크림반도에서 마리우폴을 거쳐 동북쪽의 돈바스를 연결하는 선(線)을 확보함으로써 우크라이나를 동서로 분할하여 일단 한반도의 남북한처럼 만들려고 할 수도 있다.

만약 서방국가의 지원을 받는 우크라이나군이 러시아군을 격퇴한다면 우크라이나는 강국으로 등장함과 동시에 자유민주 국가로서 공고한 위치를 만들고 러시아, 중국 그리고 북한에까지 자유의 바람을 불어 넣을 수 있을 것이다. 그러나 반대로 러시아가 계획대로 승리한다면 (우크라이나 전체를 점령하지 못하고 동부나 남부의 국지적 지역을 점령하더라도) 우크라이나와 이웃하고 있는 폴란드, 몰도바, 루마니아, 불가리아 등 여러

나라가 다음 침공예정지로서 위협을 느껴 강하게 결속하게 될 것이다. 그리고 폭력, 선동, 공포에 능한 러시아의 권위주의, 전체주의 정권은 힘을 얻을 것이며 중국과 북한에 힘을 실어 줄 것이다. 권위주의, 전체주의, 사회주의, 공산주의 나라가 자유 민주주의 나라를 풍지박산내며 승리하는 모습에 중국은 대만에 대해 군사력 사용을 적극적으로 고려할 것이며 북한도 한국을 한층 강도 높여 위협하게 될 것이다.

(2) 재정립되는 미국과 유럽의 주적

1) 러시아

동서 냉전시 미국의 주적은 소련이었다. 그러나 소련이 붕괴하고 더 이상 미국에게 대항할 주적이 없었으나 2001년 9월 11일, 뉴욕 무역센타의 항공기 테러이후 미국은 국가가 아닌 알카에다 등 글로벌 테러단체를 제거하는 데 힘을 기울였다. 그 후 미국은 G2로 부상한 중국과 한편으로는 협력을 하면서 다른 한편으로는 제압해야 할 장기적 경쟁상대로 여겨 왔으므로 중국을 견제하기 위해 일본, 호주, 인도와 인도·태평양 지역의 안보협의체인 쿼드를 주도하고 별도로 영국, 호주와는 오커스(AUKUS)를 만들어 호주에 핵잠수함 건조를 지원하였다. 그러나 우크라이나 사태가 터지면서 이제 미국으로서는 러시아를 다시 주적으로 삼아야 할 상황이 되었다. 미국으로서는 글로벌적으로 동서 양쪽에서 동맹국과의 강력한 협력이 필요한 상황이 된 것이다.

한편, 미국은 석유가격 인상을 감수하면서도 러시아에 더 큰 고통을 주려고 3월 8일, 러시아 원유수입 금지조치를 발표하였다. 이에 관련되어 미국은 사우디아라비아와의 협력은 물론이고 그동안 불편한 관계를 유지하던 이란, 베네수엘라 등 국가들과도 필요하다면 관계개선을 하며 실리적인 외교를 전개할 것으로 보인다.

2) 중국

중국은 러시아의 우크라이나 침공에 대해 심중에는 러시아를 지지하나 표면적으로는 애매모호한 태도를 취하고 있다. 즉, 전쟁이 시작되고 3일 후인 2월 27일에 왕이 외교부장은 라브로프 러시아 외교장관에게 러시아의 합리적인 안보우려를 이해하나 중국은 각국의 주권과 영토를 존중한다며 불분명한 태도를 보인 것이다. 러시아와 정치이념이 같은 중국은 군사·경제 분야에서 협력을 하고 있는바 러시아를 비난할 수는 없고 그렇다고 우크라이나 문제로 미국에 너무 각을 세우게 될 경우(미국은 중국에 러시아를 지원하지 말 것을 요구하였으므로) 세컨더리 보이콧(미국의 적대 국가를 지원할 경우 부과하는 경제제재)을 당할 우려가 있으므로 중국으로서는 미국과 러시아 사이에서 처신에 어려움을 갖고 있다. 국제사회의 시선을 의식하였는지 중국은 우크라이나에 인도주의적 차원에서 9억5천만원 상당의 의약품, 식품 등을 제공하였는바 이는 한국이 4월까지 제공한 원조액의 1/15 수준으로서 옹색해 보이는 제스처이다.

제2차 세계대전 이후 미국과 소련은 냉전을 주도하였으나 소련과 중국이 국경분쟁으로 1960년대말부터 핵전쟁까지 불사하겠다며 관계가 악화되자 미국은 이 기회를 이용하여 1972년에 중국과 국교를 맺음으로써 미·소 균형을 무너뜨리고 소련에 대해 주도권을 잡았다. 그 후 50년이 지난 현재, 이제는 소련을 승계한 러시아가 중국을 든든한 조력자로서 자기 편에 끌어들여 미국에 대항하려고 하고 있다.

우크라이나 사태로 인해 미국의 외교, 군사적 관심이 중국보다 러시아에 더 쏠리게 되었으나 경제력, 군사력에서 세계를 상대로 미국과 경쟁하는 국가는 G2에 이미 자리를 잡은 중국이다.

그러므로 미국의 경쟁상대 제1번 국가는 중국이라고 할 수 있는바, 우크라이나 사태로 인해 유럽국가들도 중국을 적대국으로 인식하기 시작하였다. 중국은 EU의 최대 무역국으로서 경제적으로 유럽과 중국은 상당히 돈독하고 우호적인 관계를 유지하고 있으나 우크라이나 사태에서 중국이 유럽 안보를 위협하는 러시아를 두둔하는 것을 보며 유럽은 중국을 잠재적이고 실체적인 안보위협 대상으로 인식하게 되었다.

(3) 유럽 국가들의 친(親)서방노선

러시아의 우크라이나 침공은 제2차 세계대전 이후 유럽에서 일어난 가장 큰 전쟁이다. 2008년에 러시아가 조지아를 침공하였으나 조지아는 워낙 소국이므로 전쟁 규모는 당시 조지아를 침공한 러시아군의 규모는 크지 않았다. 그러나 우크라이나 침공 경우에는 러시아가 대규모 군사력을 동원하여 공격한 사건이다. 이 전쟁은 외교적으로 중립을 표방하던 유럽 국가들로 하여금 친서방 노선으로 바꾸어 유럽을 하나로 뭉치게 하였다. 한때 무용론이 나돌던 나토의 존재가 러시아의 우크라이나 침공 때문에 다시 중요하게 대두되었다. 아울러 유럽국가들이 자신들을 방어해야겠다는 위기의식과 인식이 퍼지면서 독일을 비롯한 유럽국가들의 방위비 지출이 늘어나고 있다. 독일의 경우, 제2차 세계대전을 일으켰다가 패배한 이력 때문에 국방비 문제에서는 소리를 죽이고 있는 경향을 보여왔으나 러시아가 우크라이나를 침공하자 3일 뒤에 숄츠 총리는 국방비를 GDP의 2%까지 증액하겠다고 발표하였다. 2020년 독일의 국방비는 GDP의 1.4%였으므로 증액금액은 약30조원 규모이다.

(4) 유럽국가들의 EU 가입러쉬

1) 우크라이나의 EU 가입신청

유럽 국가들이 EU회원국으로 가입하기 위해서는 EU 집행부에서 요구하는 조건(사회규범 등)이 있으므로 터키같은 나라는 신청한지 오래되었음에도 EU회원국이 되지 못하였다. 우크라이나는 러시아의 침공을 받은 지 4일이 지난 2022년 2월 28일, 젤렌스키 대통령이 EU 가입신청서에 서명하였다. 우크라이나의 상황을 동정하는 폴란드, 불가리아 등 8개국은 우크라이나의 신청을 지지하며 조속히 신청절차가 진행되도록 돕고 있으나 EU가입 협상이 시작되려면 전체 회원국 27개국의 동의가 필요하므로 실제 가입진행은 쉽지 않으며 1~10여년의 시간이 소요된다. 가장 최근에 EU에 가입한 크로아티아의 경우 신청하여 가입할 때까지 10여년이 소요되어 2013년에야 가입이 승인되었다. 그러므로 3월 10일, 프랑스 파리에서 열린 EU 정상회담에서 우크라이나의 EU 가입이 원칙적으로 합의되었으나 특별신속절차를 통해 즉각적인 가입을 승인해달라는 젤렌스키 대통령의 요청은 다른 신청국들과의 형평성 문제 때문에 거부되었다. 그러나 포데어라이엔 EU 집행위원장이 1개월이 지난 4월 8일, 키이우를 직접 방문하여 젤렌스키 대통령에게 우크라이나의 EU 가입 절차를 신속하게 (수주 안에) 처리하겠다고 약속하였다. 터키의 이스탄불에서 3월 29일에 열린 제5차 평화회담에서 우크라이나가 나토에 가입하는 대신 EU에 가입하는 것이 논의 된 것과 EU 집행위원장의 키이우 방문은 서로 관계가 있는 것으로 보인다. EU가 젤렌스키의 요구를 받아들여 우크라이나를 다른 신청국들과는 별도로 특별하게 대우한 것이다. 그러나 러시아는 최근 우크라이나가 EU에 가입하는 것도 반대하고 있다. 러시아는 우크라이나가 나토에 가입하는 것만 반대하던 종래 정책을 바꾸었다.

키이우 시내의 조지아 국기

2) 가입 신청국

이미 EU 회원국 신청한 국가는 터키, 알바니아, 몬테네그로, 세르비아, 북마케도니아 등 5개국이 가입신청을 하여 심의를 받고 있는 중이며 러시아의 우크라이나 침공을 보고 위협을 느낀 조지아와 몰도바도 조만간 EU회원국 가입신청을 할 것으로 예상된다. 조지아는 원래 2024년에 EU가입을 추진하려고 하였으나 러시아가 우크라이나를 침공하는 것을 보고 국민이 EU 가입을 독촉하고 있다.

2008년에 러시아군에게 침공당해 영토를 빼앗긴 쓰라린 경험을 갖고 있는 조지아 국민은 러시아가 우크라이나를 침공하자 수도 트빌리시에서 많은 시민이 모여서 러시아를 규탄하는 시위를 하였다. 그리고 조지아 시민 가운데에는 의용군으로 우크라이나 전쟁에 자원하여 무기를 들고 러시아군에 맞서는 사람들도 있다. 우크라이나 국민도 먼저 러시아의 침공을 받았던 조지아와 조지아 국민에 대해서 따뜻한 감정을 갖고 있다. 러시아의 조지아 침공에 반발한 조지아는 2008년에, 소련이 붕괴하면서 뒤를 이은 러시아가 만든 독립국가연합(CIS:Commonwealth of Independent States)[27]을 탈퇴하였고 우크라이나도 2018년에 CIS에서 탈퇴하였다. 러시아는 CIS 국가들을 상대로 관세동맹과 유라시아연합(EAU) 등의 기구들을 통해 구소련에 속하였다가 독립한 나라들을 러시아 영향력 안에 묶어 놓으려는 시도를 하였으나 러시아의 침공에 실망한 조지아와 우크라이나가 러시아 수중에서 벗어난 사례를 좌시하지 않고 있다. 제3, 제4의 탈퇴 국가들이 생겨날 수 있기 때문이다.

(5) 서방세계의 단결

러시아가 우크라이나를 침공하고 1개월이 지난 3월 24일, 벨기에의 수도 브뤼셀에서 나토 회원국 30개국 정상들의 회의, G7(주요7개국), EU 27개국 정상이 참가한 회의 등 3번의 중요한 회의가 각각 오전 10시, 오후 2시, 오후 4시에 열렸다. 이렇게 무게가 있는 회의들이 연이어 하루에 3회나 같은 장소에서 개최된 경우는 역사상 유래를 찾아보기 어렵다. 이 3개의 회의에서 미국, 영국, 독일, 프랑스 등 정상들은 우크라이나에 대한 지지를 확고하게 하였다. 즉, 나토의 옌스 스톨텐베르그(Jens

---

[27] 1991년 12월 21일, 소련이 붕괴하면서 소련의 구성공화국 11개국(러시아, 우크라이나, 벨라루스, 몰도바, 카자흐스탄, 키르기스스탄, 우즈베키스탄, 타지기스탄, 아르메니아, 아제르바이잔, 투르크메니스탄)이 결성한 정치, 경제, 군사 공동체이다. 조지아(조약체결없이 1993년에 회원국이 됨)와 우크라이나가 각각 2008년, 2018년에 탈퇴하여 현재 9개국이다. 투르크메니스탄은 준회원국으로 변경되었다.

Stoltenberg)[28] 사무총장은 러시아가 핵무기, 생화학 무기 등을 사용할 가능성에 대해 경고하고 러시아에 대한 나토의 군비확장을 협의하였다. 노르웨이 총리시절(2005~2013년)에 스톨텐베르그는 국방력을 크게 강화하였다. 군사력을 통한 외교협상을 주장하는 인물로서 우크라이나 사태에 직면한 서방국가들에 군사력 증강을 주장한다. 미국과 유럽이 러시아의 우크라이나 침공에 단호하게 맞서자 EU회원국이면서도 EU 통합정책에는 지난 30년간 소극적이던 덴마크도 정책을 바꾸어 미국과 EU의 안보정책에 동참하였다. 즉 덴마크 정부는 나토의 요구대로 2033년까지 현재 GDP의 1.35%인 국방비를 2% 수준까지 증가시키겠다고 발표한 것이다. 이미 2022년에 GDP의 2.3%를 국방비에 배정한 발트 3국 가운데 하나인 에스토니아는 나토회원국은 GDP의 2% 이상을 국방비로 지출해야 한다며 러시아 제재에 앞장서고 있다. 발트 3국은 소련 공산주의 아래서 공산주의의 선동과 실체를 경험한 뒤 소련이 해체수순을 밟고 있을 때 독립하여 2004년에 나토에 가입하였다.

나토 회의에서는 슬로바키아, 루마니아, 불가리아, 헝가리에 전투부대 4개를 창설키로 하고 중국에 대해서는 러시아의 전쟁 수행을 지지하지 말라는 경고도 하였다. 바이든 대통령은 러시아에 전쟁 책임을 물을 것과 나토 동맹을 더욱 강화하겠다고 확언하였다. 이 나토 회의를 통해 나토는 미국을 중심으로 단합하여 러시아에 대해 나토의 단결과 응집력을 보여주었다. 이것은 비단 러시아뿐만 아니고 중국에도 간접적인 메시지를 보낸 것이다.

---

28) 노르웨이 총리(2005~2013년) 출신의 정치가. 2014년부터 나토 사무총장을 맡고 있다. 총리시절에 노르웨이 국방력을 크게 강화하였다. 군사력을 통한 협상을 주장하는 인물.

나토 회의에 이어서 열린 G7회의에서는 러시아가 핵무기, 생화학 무기 사용위협을 한다면 경제제재 조치를 더욱 강화하기로 결의하였고 러시아 국회의원, 기업, 방위산업체의 주요인물에 대한 제재를 결정하였다. 그리고 마지막의 EU정상회담에서는 우크라이나 전후 복구를 포함한 경제지원과 러시아의 천연가스 등 에너지 금수에 대한 범(汎)유럽차원의 대책을 협의하였다.

러시아의 우크라이나 침공은 냉전이 끝나고 서방국가들이 하나로 단결하는 계기가 되었다. 이제 서방국가들은 냉전이 30여년 전에 끝난 것이 아니고 다시 새롭게 시작하고 있다는 것을 확실하게 인식하게 되었다. 러시아 역시 과거 소련이 위성국가들을 갖고 있을 때와는 상황이 완전히 달라졌다. 폴란드, 체코, 헝가리등 과거 소련 위성국가들과 소련의 자치공화국이었던 라트비아, 에스토니아, 리투아니아 등 발트3국은 이미 나토의 회원국이 되어, 소련을 이어받은 러시아에 적대적인 국가가 되었고 핀란드와 스웨덴은 5월 18일에 나토가입을 신청하였으므로 조만간 나토 회원국이 될 가능성이 높다. 따라서 러시아로서는 유럽지역에서는 과거 소련의 자치공화국이었던 벨라루스만이 동맹국이므로 자연히 중국과 동맹국이 되지 않을 수 없는 상황에 몰리게 되었다. 그러므로 앞으로의 세계는 미국·서방국가들과 러시아·중국의 두 개의 진영으로 군사, 경제면에서 대치될 것으로 전망된다. 러시아는 우크라이나 침공으로 우크라이나의 나토 가입을 저지하려고 하였으나 뜻밖에 다른 나라들(핀란드, 스웨덴 등)로 하여금 나토 가입을 원하도록 만들고 있다.

그렇다면 강대강의 대결 구도가 유럽과 세계 평화를 지키는 유일의 방법인가? 초국가 제도와 주권현상을 통해 국가 사이의 통합을 진행하고 있는 것은 역사상 유럽이 유일하다. 그러므로 60여년간 지속되어 오고 있는 유럽통합과정을 다층적 거버넌스 시각에서 접근할 필요가 있는 것이다. 이 시각에 기준을 두고 미국과 유럽의 지도자들은 유럽의 항구적인 평화를 위해서 러시아를 보다 넓은 틀에서 바라보며 러시아를 비롯한 유라시아 국가들을 포함하는 '확장된 유럽(Greater Europe)'을 만들어야 한다는 주장이 유럽에서 나오고 있다. 러시아도 냉전이 끝나자 구소련의 위성국가들이 소련으로부터 박차고 나가서 러시아를 가상의 적으로 삼고있는 나토와 EU에 경쟁하듯이 가입하거나 가입시도를 하는 것을 보고 러시아의 사실상 전제주의 체제를 인간이 살기에 매력있는 체제로 바꾸려는 노력을 해야 한다. 그렇지 않는 한 유럽의 항구적인 평화는 유지하기 힘들고 러시아 역시 서방 세계의 도움 없이 고립화의 길을 걷는 것은 결국 국력을 약화시키게 될 것이다.

(6) 아시아 제국

1) 호주

중국으로부터 경제, 외교 보복을 받은 호주는 대중국 억지력을 강화하기 위해 국방예산 증액(덕분에 한국산 K9 자주포 등 무기도 수출하게 되었음)과 아울러 쿼드의 일원으로서 쿼드 회원국들과의 긴밀한 결속을 추진하고 있다. 호주 관련 추가 내용은 제 245페이지에 있다.

2) 일본

일본은 중국과는 센가쿠 열도, 러시아와는 북방 4개 도서문제로 잠재적 마찰조건을 갖고 있는바 미국과의 동맹을 한층 강화하여 이들 국가와의 문제이외에 북한의 핵위협을 해결하려는 의도를 갖고 있다. 태평양 전쟁중 원자탄 폭격을 받아 연합국에 무조건 항복을 한 일본은 핵무기에 대

한 트라우마를 갖고 있다. 우크라이나 전쟁 기간중 푸틴이 핵무기 사용을 언급한 것을 본 일본에서는 국방안보를 위해 핵무장을 해야 한다는 주장이 나오고 있다. 이미 42년전인 1980년에 당시 일본 오피니언 리더 가운데 한명인 시미즈 키타로(清水幾太郞)는 "일본이여 국가가 되어라(日本よ, 國家たれ)!"라는 책을 자비로 출판하여 일본의 핵무장을 공론화한 적이 있다. 이후 일본에서는 북한이 핵무기나 미사일 시험을 할 때마다 가끔 핵무장을 주장하는 일이 있었으나 우크라이나 사태를 보면서 향후 러시아, 북한, 중국으로부터 핵공격을 받을 가능성이 있다고 판단하고 이런 주장이 다시 나오고 있는 것이다. 일본 언론에서는 만약 일본이 핵공격을 받는다면 일본에 있는 미국 기지, 즉 아오모리(青森)의 미자와(三澤) 공군기지, 도쿄 인근의 요코다(橫田) 공군기지, 가나가와(神奈川)현의 요코스카(橫須賀) 해군기지, 오키나와의 가데나(嘉手納) 공군기지 등이 제1차 표적이 될 것으로 예상하고 있다.

3)대만

대만은 중국의 침공에 대비하여 2017년에 종합적 방위구상을 만들었다. 이것은 마치 고슴도치처럼 대만섬 전체에 대공, 대함 미사일을 대량 배치함으로써 예상되는 중국군의 공격을 중국군이 해협을 건너기 이전에 괴멸시키고 중국군이 대만 해상을 봉쇄하는 시도를 저지시킨다는 계획이다.

우크라이나 시민은 부패한 친러시아 정권을 타도하기 위해 일어난 2014년 혁명에서 무력으로 시위를 진압하던 치안기관에 의해 100명이 넘는 희생자를 내었지만 후퇴하지 않고 싸운 기백을 갖고 있다. 푸틴은 우크라이나가 러시아와 같은 민족이라고 주장하였지만 이미 자유와 민주주의를 체험한 우크라이나 국민은 오히려 친서방 성향을 보인 것이다. 이

것을 보고 시진핑은 대만에서도 비슷한 상황이 일어날 것이라고 생각하였을 수도 있다. 중국은 2021년 1월의 대만 총통 선거에 은밀하게 개입하였다. 러시아가 우크라이나에 대해 퍼트린 가짜 정보보다 더 많은 가짜정보를 활용하여 대중(對中) 강경파 여당인 민진당(民進黨)의 차이잉원(蔡英文) 총통에게 사이버 공격을 퍼부었다. 이러한 중국 공산당의 정보 공작에도 불구하고 차이잉원은 중국과의 유화를 주장하는 야당인 국민당 후보를 크게 누르고 재선되었다. 홍콩의 민주화 운동을 탄압하던 중국 공산당의 행동을 본 유권자들이 친중국 후보를 외면한 것이다.

중국은 이전과 마찬가지로 대만에 대해 강경한 자세를 취할 것은 확실하다. 대만 주변에서 폭격기, 전투기 그리고 함정을 동원한 군사훈련을 반복하면서 대만을 위협하는 한편 쇼셜네트웍을 이용한 가짜뉴스 확산에도 주력하고 있다. 그러나 우크라이나가 침공 당하는 것을 본 대만 역시 양안 문제가 어느 때보다 심각함을 인식하고 미국과 결속하려는 자세를 보이고 있다.

4) 한국

북한의 핵 위협에 직면하고, 북한을 지원하는 중국, 러시아를 동북아 지역 안에 두고 있는 우리나라 역시 전쟁의 위기를 벗어나기 위해 강력한 동맹국을 가져야 하겠다는 국민차원의 인식이 형성되어야 한다. 물론 한미 동맹의 중요성을 인식하는 국민도 많지만, 좌파 정부 집권기간 동안 좌파 정부의 외교방침을 지지한 국민도 적지 않으므로 이미 약화된 한미

키이우 시내의 외교부 건물

동맹결속력을 어떻게 이전처럼 회복하는 가에 국가의 안보와 국방이 크게 좌우될 수 있다. 젤렌스키 대통령은 4월 11일, 한국 국회에서 화상연설을 통해서 무기지원을 요청하였다. 여기에 대해 우리 정부는 살상무기 지원을 거부하고 대신 이미 천만 달러를 원조한 것과 별도로 우크라이나에 보낸 10억원 상당의 의료품, 천막, 모포, 방탄철모 등 비전투용 군수품에 이어 추가로 20억원 상담의 같은 품목의 물품을 지원하기로 하였다.

한편, 우크라이나 외교부는 전쟁이 시작되고 나서 우크라이나를 지원해준 31개국의 국명을 2022년 4월 25일에 발표하였는바 이 명단에 한국, 일본, 대만은 들어있지 않았다. 일본의 경우, 러시아 외교관까지 추방하면서 우크라이나를 지원하였지만 지원국 명단에서 누락되자 우크라이나에 불만을 표시하는 사람들이 제법 있다고 한다. 우리나라에서도 비록 군사원조는 하지 않았지만 인도적 원조를 하였음에도 이름이 빠진 것에 대해 실망하는 시민도 있다. 감사인사를 들으려고 우리 국민이 지원한 것이 아니지만 이름이 누락된 것은 아쉬운 점이다. 한편, 우크라이나가 한국이 러시아로부터 제재를 받을 것을 염려하여 일부러 명단에서 빼준 것이라고 생각하는 시민도 있다.

(7) 핵전쟁 가능성

1945년 8월에 미국의 B29 폭격기가 히로시마와 나가사키에 원자탄을 투하함으로써 일본은 더 이상 전쟁을 계속할 전의를 꺾고 연합국에 무조건 항복하였다. 5년 뒤, 북한군의 기습남침으로 시작된 한국전쟁중 북한군을 물리치고 38도선을 넘어 북진하던 국군과 유엔군이 중공군의 기습을 받아 후퇴하여 서울을 다시 공산군 수중에 빼앗기고 국군과 유엔군은 사기를 잃었다. 이런 상황에 직면하자 당시 유엔군 사령관이었던 맥아더

원수는 만주의 중공군 집결지에 핵무기 사용을 주장하다가 트루먼 대통령에게 해임되었다. 베트남 전쟁중인 1968년에 중부 베트남 케산 지역에서 미국 해병대가 월맹군(북베트남 공산군)에게 장기간 포위당하자 포위망을 뚫기 위해 미국에서는 핵무기를 사용하자는 주장이 나왔으나 월맹군의 포위가 실패로 끝나자 핵무기 사용을 할 필요가 없어졌다. 제4차 중동전 초기에 이스라엘이 이집트와 시리아로부터 양면 기습을 받아 국가 위기에 직면하였을 때 이스라엘 정부는 핵무기 사용을 검토한 적이 있다. 또한 이스라엘은 이란, 이라크, 시리아로부터의 핵무기 공격을 우려하여 이라크와 시리아의 핵무기 제조시설을 폭격하였고 이란의 핵무기 과학자들을 암살하고 있다. 러시아는 우크라이나 사태와 관련하여 이미 오래전부터 러시아의 국익을 위해 핵무기를 사용하겠다고 위협하였고 2014년 8월에는 덴마크가 나토 정책에 따르자 덴마크에 대해 핵무기 사용을 언급하였다. 우크라이나 전쟁을 속전속결로 승리하려던 푸틴의 계획이 우크라이나군과 국민의 결사항전에 막히자 푸틴은 여러 번에 걸쳐서 핵무기사용을 언급하면서 우크라이나와 서방측을 위협하고 있다.

세계는 지난 3개월간에 걸친 우크라이나 전쟁을 통하여 러시아는 경제력과 군사력으로 서방의 적수가 될 수 없음을 보게 되었다. 서방의 경제력은 소련붕괴이후 경제·과학분야가 추락한 러시아와 비교할 수 없을 정도로 압도적인 차이를 보이고 군사력 또한 나토의 300만(미군제외) 병력은 병력면에서 러시아군의 3배이고 재래식 무기 수준 역시 러시아를 압도한다. 그러나 러시아는 세계 최대의 핵무기 보유국으로서 6,400개의 핵탄두를 보유하고 있다. 즉, 러시아가 서방보다 앞서는 것은 핵무기 밖에 없는 것이다. 그러므로 러시아의 핵공격을 받으면 상응하는 핵무기 보복을 할 나토국가에 대해서는 러시아가 핵무기를 사용하는 어리석은 판단은 하지 않을 것이다. 그러나 서방이 계속 우크라이나에 파병을 하지 않으므로 핵무기를 우크라이나에 사용하더라도 서방이 러시아에 대해 보복 핵공격을 하지 않을 것이라는 판단이 서면 최소한 전술핵무기라도 우크라이나에 대해 사용할 가능성이 있다. 우크라이나가 제3차 세계대전의 도화선이 되지 않을 것이라는 보장은 없다. 미국이 2021년에 아프카니스탄을 갑자기 포기하고 미군을 철수시키는 장면을 세계는 확실히 보았다. 한반도가 아프가니스탄과 다른 지정학적 요인을 갖고 있다고는 하지만 오늘의 적과 친구가 내일에는 서로 바뀔 수 있는 것이 냉정한 국제관계이다. 북한이 대륙간 탄도탄으로 미국을 위협하며(북한이 한국을 핵공격할 때 미국이 핵보복을 한다면 북한은 미국에 핵공격을 하겠다는) 한국을 핵으로 공격하는데 과연 미국은 자기영토에 핵무기가 떨어진 것으로 여겨 북한에 대해 즉각적인 핵보복에 나설 것인가? 필자는 그 가능성을 100%로 여기지 않는다. 한국도 자체 핵무장을 해서 국가 안보를 지켜야 한다.

(8) 성전
1) 종교 이용

1924년에 레닌이 사망하자 스탈린은 권력투쟁에 성공하여 1927년에 소련 지도자에 올랐다. 그는 무신론과 유물론에 근거하여 소련에서 러시아 정교회를 없애버렸다. 독재와 폭정으로써 그는 종교까지 자기 계획대로 하는 데 성공하였다고 자찬하였다. 그러나 소련 민중이 천년이상 갖고 있었던 조상대대로의 신앙이 폭정과 독재로써 한숨에 없어지지는 않았다. 공포 때문에 드러내고 반대만 하지 않았을 뿐 일반 소련국민 가운데는 신앙을 간직한 사람이 적지 않았다. 이들은 공포에 질려 공산당에 반대의사를 표시하지 않았지만 공산당을 혐오하였다. 1941년, 독일이 소련을 침공하자 소련군은 도처에서 독일군에 패배하였다. 그러자 스탈린은 국민을 하나로 묶어 총력전에 나서기위해 그동안 박해한 러시아 정교회를 부활시켰다. 정교회가 좋아서가 아니고 종교를 정치에 이용한 것이다.

우크라이나 전쟁은 물론 종교전쟁이 아니다. 우리가 중동에서 보아온 이슬람국가(IS)의 극단적인 원리를 내세운 전쟁, 같은 이슬람이지만 수니파와 시아파로 갈라져 서로 적대시하여 무력충돌을 하고있는 전쟁도 아니다. 그러나 우크라이나 전쟁은 기독교안에서 3대 계파(개신교, 가톨릭, 동방정교회) 가운데 하나인 동방정교회 안에서 러시아 정교회와 우크라이나 정교회가 대립하는 관계를 만들어 놓았다. 또한 심각한 상황은 아니지만 러시아의 침공을 비난하는 바티칸(가톨릭)과 러시아 정교회의 균열을 야기시키기도 하였다. 문제가 되는 것은 푸틴에 의해서 야기된 러시아 정교회와 우크라이나 정교회의 대립이다. 스탈린이 종교를 전쟁 수행에 이용하였던 것처럼 푸틴도 비슷한 행보를 하고 있다.

2) 두 나라 정교회의 분리
동방 정교회

서로마 제국이 서기 476년에 게르만족에게 멸망하자 비잔티움 제국은 가톨릭 로마 교구보다 콘스탄티노플 교구가 신앙적으로 더 우위에 있다고 여겼다. 이러한 정치적 상황에서 726년부터 성상(聖像) 파괴령이 계기가 되어 로마 교구와 콘스탄티노플 교구는 서로 대립을 계속하다가 1054년에 지중해 서쪽에는 로마 가톨릭, 그리고 동쪽에는 동방정교회로 정식으로 갈라졌다.

자기들이 기독교의 Orthodox(정통성)를 이어받았다고 주장하는 동방정교회는 터키 이스탄불에 있는 콘스탄티노플 총대주교(總大主敎:

Metropolitan)가 전체 동방교회를 형식적, 상징적으로 대표할 뿐이고 각국의 교구들은 독립적인 별도의 권한을 가지고 있다. 이는 교황을 수장으로 하나의 일사불란한 조직으로 움직이는 가톨릭과는 전혀 다른 모습이다. 각국의 독립교회 수장은 모두 동등하나, 콘스탄티노플 총대주교가 이들 독립교회수장 지도자들 가운데 수석 총대주교로 존중받고 있을 뿐이다.

우크라이나의 분노

2014년 3월, 러시아가 우크라이나의 영토인 크림반도를 무력으로 합병하고 이어서 2018년 11월에 크림반도 인근 해상에서 우크라이나 군함 3척을 나포하자 양국 사이에 고조된 갈등은 종교에까지 갈등이 번지게 되었다. 2018년 12월 15일, 우크라이나 정교회가 러시아 정교회로부터 분리, 독립을 선언한 것이다. 이때까지 우크라이나 정교회는 러시아 정교회 산하에 있었으나 성직자 192명과 포로셴코 우크라이나 대통령이 키이우의 성소피아 교회에서 열린 우크라이나 정교회 공회에 참석하여 우크라이나 정교회 창설과 에피파니 두멘코(Epifani Dumenko) 주교를 우크라이나 정교회 수장(Primate)인 총대주교로 선출하였다. 그러므로 그의 정식 명칭은 'Metropolitan of Kyiv and All Ukraine'이다. 그 동안 우크라이나 정교회는 러시아 정교회를 이끄는 모스크바 총대주교구 소속 우크라이나 정교회와 독립적인 키이우 총대주교 소속의 우크라이나 정교회, 우크라이나 자치 정교회 등 3개 분파로 나뉘어져 있었으나 12월 15일 회의를 통해 하나로 통합되었다. 즉, 러시아와 정치적인 마찰을 겪고 있는 우크라이나는 우크라이나 정교회 분파를 통합하고 러시아 정교회에서 분리·독립함으로써 우크라이나 정교회를 만든 것이다. 여기에는 친서방 정책을 추진하고 있는 포로셴코 대통령의 의도도 영향을 주었으며 세계 정교회 가운데 가장 권위를 갖고 있는 콘스탄티노플 총대주교가 우크라이나를 지원해 준 것이 결정적인 역할을 하였다.

러시아 정교회에서 분리

2018년 10월, 우크라이나 정교회를 러시아 정교회에서 분리하려고 포로셴코 대통령은 이스탄불의 동방정교회 총대주교청을 방문하여 바톨로뮤 1세 총대주교를 만났다. 이 협상을 방해하려고 푸틴은 에드로안 터키 대통령에게 여러 번에 걸쳐서 전화를 하여 우크라이나측의 주장이 관철되지 못하도록 협조해 달라고 부탁하였다. 그러나 이슬람 국가인 터키의 에드로안은 러시아 정교회가 발칸 반도에 있는 이슬람 국가인 몬테네그로, 세르비아까지 영향을 줄 것을 우려하여 자기는 종교에는 관여를 하지 않겠다며 푸틴의 요청을 거부하였다. 푸틴은 포로셴코와 바톨로뮤 1세의 협상을 저지하려고 사이버 공격을 하였다는 소문도 있다. 여하튼 바톨로뮤 1세는 푸틴의 압력을 무시하고 여러 분파로 나누어진 우크라이나 정교회를 통합하는 동시에 우크라이나 정교회가 러시아 정교회로부터 분리, 독립하는 절차를 승인하고 진행하였다. 그러자 러시아 정교회의 모스크바 총대주교는 우크라이나에서 새로 선출된 에피파니 총대주교는 종교적 정통성이 없으므로 총대주교로 인정할 수 없음을 선언하였다. 러시아 정교회는 여기에 그치지 않고 우크라이나 교구의 독립을 허락한 콘스탄티노플 총대주교와 결별할 것을 2018년 11월 15일에 발표하였다.

러시아 인구 1억5천만명 가운데 75%가 러시아 정교회 교인이며, 국가 전체 인구로 계산할 때 러시아 전체인구는 전세계 동방정교회 교구 2억5천만명의 60%를 차지하고 있다. 그러나 바톨로뮤 1세는 2019년 1월 5일, 이스탄불의 성조지 (St. George) 교회에서 열린 콘스탄티노플 총대주교구 예배에 참석한 에피파니 총대주교에게 우크라이나 정교회 수장직을 임명하였다. 이로써 우크라이나 동방 정교회는 공식적으로 더 이상 러시아 정교회에 속하지 않는 분리, 독립된 정교회가 되었다. 러시아 정교회는 우크라이나 정교회를 포함하여 구소련 소속 국가들의 정교회 대부분을 관할하여왔다. 우크라이나인들은 러시아 정교회와 우크라이나 정교회를 크게 구분하지 않았으나 러시아가 크림반도를 합병하면서 러시아와의 관계가 나빠져 우크라이나 정교회가 별도로 독립하는 것에 대해 관심과 열망이 커져서 결국 우크라이나 정교회가 완전히 분리 독립되었다.

3) 주변국에 영향

우크라이나 정교회가 러시아 정교회에서 분리되었다는 보고를 받은 푸틴은 마치 우크라이나가 나토에 가입하였다는 소식을 들은 것처럼 큰 충격을 받았다고 한다. 그 만큼 푸틴은 정치에 있어 러시아 정교회의 무게를 크게 여겼던 것이다. 그러므로 푸틴은 2009년에 키릴 1세가 러시아 정교회의 총대주교가 되는 데 도움을 주었고 그를 앞세워 러시아 국민정신에 영향을 주려고 한다. 금년 75세인 키릴 총대주교는 푸틴과 같은 고향(상트페테르부르크) 출신으로서 KGB(국가 보안위원회) 출신인 푸틴처럼 KGB에서 근무하였다는 소문이 있다. 키릴 총대주교는 2014년, 러시아가 크림반도를 점령할 때 우크라이나 정권을 사악한 정권이라고 비난하였고 그 이후에도 "푸틴의 통치는 신에 의한 기적이다"라고 말하며 항상 푸틴의 정책을 지지하는 발언을 하였다. 그러므로 러시아 정교회는 푸틴 정부의 한 기관이라는 비평을 받고 있다.

키릴 1세는 러시아 국내의 정교회 주교들에게 영향력을 행사하고 있으므로 대부분의 주교가 키릴 1세를 따라서 푸틴의 정책을 지지하고 있으나

2022년 3월, 우크라이나의 오데사 출신인 이오안 부르딘(Ioan Burdin) 주교를 비롯한 280여명의 주교가 당국의 보복위협에도 불구하고 전쟁반대 의사를 서명으로 표시하였다. 키릴 총대주교는 푸틴이 2016년에 러시아 대통령 관저인 크렘린 궁에, 10세기에 기독교를 국교로 만든 블라디미르 대공의 동상을 세웠을 때 제막식에 참석하여 "푸틴 대통령이 블라디미르 대공과 이름이 같은 것은 우연이 아니다"라는 연설을 하면서 푸틴을 블라디미르 대공처럼 러시아 역사에 큰 획을 긋는 인물로 아부하는 면도 보여주었다. 그러므로 많은 사람들은 성직자인 키릴 총대주교가 3만 달러 스위스제 브레게 고급시계를 차고 다니는 모습을 보며 순수한 성직보다는 권력욕과 물욕(物慾)이 강한 인물이라고 평가하고 있다.

러시아 정교회 전체 소교구(小敎區)의 약30%가 우크라이나에 있다. 구소련에서 독립한 국가들과 구소련의 위성국이었던 나라들에는 러시아 정교회가 들어가 있거나 그 나라의 주요종교가 되어있다. 조지아 경우는 2008년에 러시아군의 침공을 받았으므로 러시아에 대해 국민감정이 좋지 않음에도 러시아 정교회가 주요종교이다. 이것은 보이지 않는 러시아의 영향으로 연결된다. 우크라이나가 러시아 정교회에서 이탈한 것이 선례가 되어 다른 나라도 종교면에서 러시아의 영향력에서 벗어나는 사태가 일어날 가능성에 러시아는 우려하고 있다.

푸틴은 2022년 2월 21일, TV 연설에서 우크라이나와 러시아는 동일한 역사, 문화, 정신적 공간을 갖고 있으나 우크라이나 정부가 러시아 정교회를 박해하고 있다며 우크라이나를 같은 정교회의 일원으로 보는 시각을 갖고 있음을 보여주었다. 그러므로 만약 우크라이나 전쟁이 러시아의 승리로 끝나 러시아가 우크라이나를 점령할 경우, 우크라이나 정교회는 다시 러시아 정교회에 복속될 것이다.

10. 신냉전

(1) 신냉전의 씨앗

1) 고르바초프와 신냉전

제2차 세계대전 이후 미국과 소련이 주도하던 동서냉전을 종식시키는 데 결정적으로 기여한 인물 가운데 한명인 고르바초프 전 소련 대통령은 러시아가 크림 반도를 합병하고 8개월이 지난 2014년 11월에 독일 베를린을 방문하였다. 그는 냉전 종식을 상징하는 베를린 장벽 붕괴 25주년 기념 토론회에서 "세계가 새로운 냉전시대에 진입하고 있다"고 말하였다. '신(新)냉전(New Cold War)'이라는 단어를 사용하며 새로운 냉전 즉 신냉전 시대를 언급한 것이다. 그는 1985년에 소련 공산당 서기장이 되자 페레스트로이카(개혁)와 글라스노스트(개방) 정책을 추진하며 상대인 미국의 로널드 레이건 대통령과 함께 동서 진영의 화합을 추진하였던 인물이다. 고르바초프가 없었다면 독일 통일은 일어날 수 없었고 냉전 종식은 없었을 지도 모른다. 그가 1991년 12월 25일에 사임을 발표하면서 소련은 공식적으로 해체되었다. 한편, 냉전이 끝나고 25년이 지나 고르바초프는 나토의 확장 등을 지적하며 냉

고르바초프의 소련연방해체 연설

전이 끝난 뒤에도 세계 도처에서 전쟁과 마찰이 끊이지 않는 것은 서방측의 패권주의라고 주장하였다. 즉, 서방측은 냉전 종식후 러시아가 약해진 것을 기회로 세계를 독점적으로 영향력 아래 두려고 한다며 서방측에 의해 세계가 신냉전 시대로 들어가고 있다고 주장한 것이다.

소련 붕괴로 냉전이 끝나고 미국 주도의 단축 체제로 고착되는 듯하였으나 우크라이나 전쟁을 기점으로 데탕트(긴장완화) 시대는 저물어가고 미국·서방측의 자유주의와 러시아·중국의 전체주의(비자유주의) 대결 구도가 뚜렷이 대두되고 있다. 세계적으로 냉전은 끝났으나 아직도 대규모 군대가 서로 대치하고 있는 곳은 한반도가 유일하다. 사이프러스섬에서도 2개의 국가가 남북으로 나누어 대치하고 있으나 한반도와는 달리 전혀 긴장감이 없이 양측이 자유로이 왕래하고 있다. 이런 글로벌 상황에서 우크라이나는 러시아와 서방 세계가 대립하는 최전선에 서서 신냉전을 주도하는 나라가 되어 버렸다.

2) 중거리 핵전력 조약(INF) 파기

INF(Intermediate Range Nuclear Forces Treaty)는 1987년에 레이건 미국 대통령과 고르바초프 소련 공산당 서기장이 맺은 조약으로서 사거리 500~5,500km 중·단거리 탄도·순항 미사일의 생산과 실험 그리고 배치를 전면 금지하는 조약이다. 실제로 냉전시대 군비경쟁을 종식시킨 조약이다. 이후 3년간 양국은 중·단거리 탄도·순항 미사일 약 2,700기를 폐기함으로써 냉전시대의 군비경쟁을 종식시키는데 크게 기여하였다는 평가를 받았다. 그러나 소련의 뒤를 이은 러시아가 단거리 탄도 미사일 이스칸데르를 개발하는 등 여러 해 동안 조약을 위반하며 2017년 2월에 SSC-8(9M729 시스템) 순항미사일을 실전 배치하자 미국은 러시아가

INF를 위반한 것을 강하게 비난하였다. 이어서 2018년 10월 20일, 미국의 도널드 트럼프 대통령은 이 조약을 파기 선언하였다. 한편 러시아는 미국이 2000년대 들어서 '미사일 방어시스템(MD)' 구축을 추진하며 조약을 위반하였다고 미국을 비난하였다.

미국을 비롯한 나토 회원국들은 이러한 러시아의 신형 순항 미사일을 유럽에 대해 기습적인 핵공격이 가능한 무기로 판단하여 러시아에 철수를 촉구하는 한편 미국은 북대서양에 배치되었다가 해체한 제2함대를 다시 편성하겠다고 러시아에 경고하였다. 그러나 푸틴이 미국측의 항의와 비난을 무시하자 트럼프 대통령은 INF를 파기하고 전략무기개발을 재개하겠다고 선언한 것이다. 미국이 INF를 탈퇴한 다른 이유는 미국과 러시아가 INF에 매여서 전략무기개발을 제대로 하지 않는 동안 이 기회를 이용하여 중국(INF서명하지 않았으므로)은 무제한적으로 중거리 미사일을 개발하자 미국도 족쇄를 풀고 군비경쟁에 다시 나서겠다는 것으로 해석된다. 한편 버락 오바마 미국 대통령과 러시아의 드미트리 메드베데프 러시아 대통령이 2010년 4월에 체결한 포괄적 신전략무기 감축협정인 뉴스타트(NEWSTART)는 2021년에 만료예정이었으나 5년 연장되어 2026년에 만료예정이다.

(2) 러시아·중국의 신동맹
1) 6·25 전쟁의 전우
13세기 몽골이 키이우 루스 공국을 멸망시키고 이어서 모스크바 공국은 몽골에 조공을 바치며 연명한 역사를 갖고 있는 러시아는 역사적으로 몽골과 중국으로부터 위협과 거부감을 느꼈다. 그러나 제2차 세계대전 이후 두 나라는 같은 공산주의 이념을 가지고 형제관계가 되었다. 러시

중국 뤼순에 있는 6·25 전쟁 참전 소련군 전투기 조종사 전사자 묘지.
상세설명 – 〈권박사 지구촌TV〉 유트브의 '한국전쟁 공중전과 중국의 소련군 묘지'

아는 중국에 전차(戰車)를 원조하고 전차생산 공장을 지어주는 등 군사지원을 아끼지 않았다. 6·25 한국전쟁에서는 양국은 혈맹의 전우로서 북한을 도와 한국, 미국을 비롯한 자유민주주의 국가들과 3년 동안 전쟁을 벌이며 휴전선을 경계로 한반도의 분단을 주도하였다. 6·25전쟁시 소련은 북한에 무기를 지원해주고 전투기 조종사들을 중국에 주둔시키면서 압록강 상공에서 미공군의 F86전투기와 공중전을 벌이는 한편 중국공군에 미그 15전투기들을 공급하고 훈련을 시켜주었다. 6·25 전쟁중 중공군은 공개적으로 참전하였지만 소련군은 은밀하게 신분을 감추고 참전하면서 두 나라는 국군과 유엔군을 상대로 싸웠다. 이에 중국 정부는 요동반도의 뤼순(旅順)에 한국전쟁 기간중 전사한 소련공군 전투기 조종사와 전차 지휘관을 위해 대규모 묘지를 조성해 주었다. 그러나 같은 공산주의 사상과 이념을 갖고서도 1969년에 아무르강(중국은 흑룡강이라고 부름) 국경 문제로 서로 무력충돌을 시작하며 중국군이 소련군 31명을 사살하자 두 나라는 핵전쟁 직전까지 간 적도 있었다. 그 후 두 나라는 화해하고 2015년 5월, 러시아의 제2차 세계대전 승전 기념식에 중국 의장대 100여명이 참가하기도 하였다. 그 이후 러시아와 중국은 연합군사훈련을 계

러시아·중국 합동군사훈련. 연해주 클레르크(Klerk) 상륙훈련장 (2015년 8월)

속하면서 관계를 돈독하게 하고 있다. 특히 2014년에 러시아가 크림반도를 점령하였을 때 서방이 경제제재 조치를 취하자 중국은 러시아로부터 4천억 달러의 천연가스를 구입하고 첨단 방공망인 S400과 수호이 35 전투기 등 다량의 무기를 구입함으로써 러시아 경제를 도와주었다.

2) 양국 공동성명

푸틴은 2022년 2월 4일, 베이징에서 열린 동계올림픽 개회식에 참석하면서 시진핑 주석을 만나 "핵심적 이익을 서로 지원하자"고 합의하였다. 러시아·중국의 공동성명에서 중국은 러시아가 우려하는 나토 확장에 반대하며 유럽 안보에 관해 러시아의 계획을 지지한다고 하였다. 여기에 대해 러시아는 한 개의 중국 원칙을 지지하며 대만의 독립을 반대한다

는 것과 인도·태평양에서 중국을 억제하기 위해 미국, 영국, 호주가 만든 안전보장기구인 오커스(AUKUS)동맹에 우려를 표명하는 내용을 명기하였다. 이러한 러시아와 중국의 동맹에 준하는 결속에 대해 1985년에 세계 체스참피온 경력을 갖고 있는 러시아 태생의 러시아 반체제 활동가 게리 카스파로프(Garry Kasparov)는 러시아·중국의 결탁을 독일 나치스의 히틀러와 소련 최고 지도자 스탈린이 1939년에 체결한 독소(獨蘇) 불가침 조약에 비교하였다. 카스파로프는 러시아는 크림반도를 우크라이나에 되돌려 주어야 하고 우크라이나 침공 전쟁을 중지하여야 한다고 주장하며 푸틴의 퇴진을 요구하는 인물이다.

독소 불가침 조약의 뒷면에 히틀러와 스탈린은 동유럽을 분할하는 비밀 협정이 있다. 이 비밀 협정에 따라서 독일은 조약 체결후 1주일만인 1939년 9월 1일에 서쪽에서 폴란드를 침공하였고 이어서 소련은 동쪽에서 폴란드를 침공하여 폴란드를 양분하였다. 소련은 발트 3국도 점령하였다. 카스파로프는 전제주의인 양국의 경우, 푸틴은 구소련에 속하였던 국가의 재(再)지배를, 시진핑은 대만을 포함한 동중국해와 남중국해를 핵심적 이익으로 삼고있다고 보고 있다. 러시아는 극동과 시베리아(중국 국경)에 배치된 부대를 우크라이나 국경지대에 투입하였다. 현재 중국 국경주변에 배치된 러시아군은 1922년 소련이 연방으로 성립된 이후 가장 작은 규모이다.

3) 우크라이나 침공지지

2022년 2월 24일 러시아군이 침공을 시작하자 25일에 푸틴은 중국의 시진핑 주석에게 전화를 하여 미국과 나토가 러시아의 합리적 안보 우려를 무시하고 동진 정책을 추진하고 있으므로 러시아로서는 인내의 한계에 도달하게 되어 우크라이나를 전격적으로 침공한 것을 설명하여 주었고 시진핑은 러시아의 입장을 지지하였다. 2022년 2월 4일, 베이징 동계 올림픽 개막식날 푸틴은 베이징을 방문하여 시진핑과 정상회담을 하였고 이때 시진핑은 러시아산 천연가스 추가 도입을 약속함으로써 러시아를 경제적으로 지원하였다.

 우크라이나 사태에서 러시아는 침공하자 즉시 우크라이나로부터 항복을 받아 크림반도 합병때와 같이 전광석화처럼 사태를 수습할 줄로 예상하였다. 그러나 우크라이나군과 국민의 거센 저항으로 인해 전쟁이 장기화되면서 세계 여론이 러시아를 규탄하고 서방 세계가 단결하는 상황으로 전개되는 반면 러시아를 지지하는 국가는 벨라루스, 북한 등을 제외하고는 거의 없었다. 중국도 내심으로는 러시아를 지지하였으나 미국과 EU국가들이 거듭하여 러시아를 지원하지말라고 경고를 하자 표면상으로는 러시아에 대한 전폭 지원을 자제하고 있다. 그러나 러시아의 입장으로서는 동맹으로 큰 역할을 해줄 만한 국가가 중국밖에는 없는 형편이다.

 이와 같이 러시아의 우크라이나 침공을 중국은 지지하였다. 중국 외교부 대변인 화춘영(華春瑩) 대변인은 러시아가 침공한 2월 24일, 러시아는 우크라이나에 특별군사행동을 하였으나 도시를 미사일과 대포로 공격하지 않고 있다는 등 사실과는 다른 발표를 하였다. 전세계의 거의 대부분의 국가들이 러시아가 침공하였다고 규탄하고 있는 데 비해 중국은 침공이라는 단어를 사용하지 않고 러시아의 입장에 서서 특별군사행동이라는 단어를 사용하였다.

4) 중앙아시아에서 협력
 중국이 일대일로 정책을 추진하고 있는 중앙아시아에서도 러시아와 중국은 협력하고 있다. 2022년 1월에 중앙아시아의 카자흐스탄에서는 반정부 시위가 각지에서 일어났다. 시위가 강도를 높이며 진행되자 카심조 마르트 토카예프(Kassym Jomart Tokayev) 대통령은 러시아가 주도하는 집단안전보장조약기구(CSTO)에 긴급지원을 요청하자 푸틴은 즉시 조치를 취하여 러시아 등 구소련의 가맹국(러시아, 벨라루스, 카자흐스탄, 키르기스스탄, 아르메니아, 타지기스탄)이 2,500명 규모의 특수부대를 파견하였다. 이때 특수부대의 주력은 러시아 육군의 특수부대인 스페츠나츠였다. CSTO가 가맹국에 군대를 파견한 것은 1992년 창설 이후 최초이다. CSTO가 군대를 파견한 배경에는 토카예프와 29년에 걸쳐서 군림하였던 초대 대통령 누르술탄 나자르바예프(Nursultan Nazarbayev) 일파와의 권력투쟁이 있었다. 시위 사태를 기회로써 토카예프는 나자르바예프 일파를 배제하고 러시아는 토카예프의 후견인이 되어 카자흐스탄에 영향력을 강화하였다. 러시아는 CSTO 부대파견을 사전에 중국에 알리지 않았다. 그럼에도 중국 외교장관 왕이(王毅)는 러시아 외교부장관 라브로프와의 전화협의에서 카자흐스탄의 안정회복에 CSTO군 파병이 적극적인 역할을 하였다고 평가해 주었다. 중앙아시아에서 석유채굴, 철도 부설 등 인프라 사업을 전개하는 중국으로서는 안정이 확보된다면 카자흐스탄을 비롯한 중앙아시아가 러시아의 영향 아래 있더라도 문제가 없다고 받아들인 것이라고 볼 수 있다.

5) 두명의 독재자

러시아 정부에 가까운 관계자는 푸틴 정권의 카자흐스탄 정책을 벨라루스 시나리오라고 지적한다. 장기 독재체제를 유지하고 있는 벨라루스의 대통령 루카셴코는 서방과 러시아 사이에서 밸런스를 유지하여 왔으나 2020년에 부정선거에 항의하는 반정부 운동을 탄압한 일로 서방으로부터 제재를 받자 푸틴의 비호 아래로 들어왔다. 러시아군이 우크라이나를 침공하기 전에 러시아는 3만명 병력을 벨라루스의 우크라이나 국경에 배치하였다가 우크라이나로 투입하였다. 중국은 국제적으로 고립된 벨라루스를 지지하는 러시아를 측면에서 지원하는 움직임을 보이고 있으며 경제와 안전보장 분야에서 정부사이의 협의를 반복하고 있다.

2021년 6월, 중국의 신장(新疆) 위구르 자치구에서 일어난 인권탄압에 대해 서방국가들이 공동규탄성명에 서명 할 때 우크라이나는 서명하지 않았다. 코로나 백신이 부족한 우크라이나로서는 중국이 제공하는 백신을 받기위해 중국의 압력을 받아준 것이다. 러시아는 자국의 영향권 아래 있다고 여기는 우크라이나에서 중국의 이러한 영향력이 증가하고 있음에도 못 본척하고 있다. 중국의 관심이 경제분야에 특화되어 있다고 보기 때문이다. 오히려 중국이 미국의 영향력을 분쇄하고 있는 것을 러시아의 이익과 합치된다고 여긴다. 러시아군이 우크라이나 침공전에 우크라이나 국경부근에 병력을 집결시키고 있을 때 미국은 유엔안전보장이사회 개최를 요구하자 중국은 러시아와 함께 반대표를 던졌다. 중국은 러시아가 우크라이나 동부 돈바스지역에서 친러 국가 2개의 독립을 승인하자 이 문제도 러시아편을 들어 주었다. 하나의 국민이라며 우크라이나를 반드시 러시아에 귀속 시키겠다는 푸틴의 집념과 하나의 중국을 만들기 위해 대만을 중국에 통일 시키겠다는 시진핑의 야망은 목표하는 지역만 지리적으로 다를 뿐 그 계획은 동일하며 동시에 두 독재자들로서는 핵심적 이익에 관련된 큰 과제이다. 두 독재자는 임기를 크게 조정한 점에서도 공통적인 성향을 갖고 있다. 시진핑은 2018년에 헌법을 개정함으로써 주석 임기제한을 철폐하였고 마땅한 후임이 없는 상황에서 2027년까지 국가 주석직을 유지할 것으로 예상된다.

(3) 새로운 2개의 진영대립

1989년에 베를린 장벽이 무너져 냉전이 끝난 이후 세계는 기후변화 문제, 금융위기, 코로나 질병, 중동전쟁(걸프전쟁, 이라크 전쟁 등) 등 여러 문제에 직면하였으나 우크라이나 전쟁처럼 세계 정치와 경제에 동시에 큰 영향을 끼친 사건은 없다. 즉, 최근에 세계가 직면한 에너지 폭등, 식량자원 부족, 에너지 자원문제, 세계의 무역 공급망 축소 등 여러 중요한 사건의 배후에는 '국가간의 갈등(Interstate Conflict)'과 분쟁이 있었던 것이다. 냉전기간중에는 미국과 서방에 대해 소련이 주도하였으나 이제 신냉전이 시작되면서 러시아와 중국이 한 팀이 되어 서방에 대해 대립하고 있다. 물론 러시아와 중국은 중국이 1949년에 공산정권을 수립한 이후부터 같은 사상과 이념을 가지고 밀착관계(1960년대에는 영토분쟁으로 전쟁일보 직전까지 갔으나)를 유지하고 있으나 구소련의 위성국(폴란드, 동독, 체코슬로바키아, 루마니아, 불가리아, 헝가리 등)과 소련연방의 자치국(에스토니아, 리투아니아, 라트비아 등)들은 소련의 승계자인 러시아를 떠나 미국을 비롯한 서방측에 합류하였다.

그럼에도 1972년에 개방한 중국이 급속도로 경제력이 성장하여 국력에서 러시아를 훨씬 능가하는 수준에 이르렀으므로 서방측보다 국가 숫자는 적지만 러시아·중국팀은 서방측과 대등한 군사력, 경제력, 자원 그리고 무기를 갖고 있다. 중국(외교부장 왕이)은 우크라이나 전쟁발발은 미국과 나토에 책임이 있다고 러시아를 두둔하면서도 한편으로는 미국을 의식하여 침략 자체는 부정적으로 평가하였다. 그러므로 이러한 상황 속에서 러시아의 라브로프 외교장관이 3월말 중국을 방문하여 왕이 외교부장에 전략적 협력 요청을 하였는바 러시아로서는 중국에 구애작전을 펼치지 않을 수 없게 된 것이다.

중국은 1970년대까지 중국 연안 활동을 벗어나지 못하다가 경제력의 급성장을 배경으로 강력한 국방력을 구축하여 현재 남중국해, 동중국해, 남태평양, 중남미, 아프리카, 인도양 그리고 지중해와 발틱해까지 진출하고 있다.

두 개의 진영은 군사력으로만 뭉치는 것이 아니고 에너지(석유, 천연가스 등) 공급, 식량공급, 반도체를 포함한 최첨단 기술분야에서도 '글로벌 벨류체인' 공급망을 같은 진영 우방끼리 결속·연대하는 '신뢰벨류결속(Trust Value Chain)'으로 재편하고 있다. 두 개의 진영은 우주경쟁분야에서도 미국·일본과 러시아·중국으로 나누어져 있다. 두 개 진영이 여러 분야에서 진행하는 결속이 신속하게 진행되고 있는 현실에서 한국은 어떤 진영에 속하는 스탠드를 취해야 할 것인가?

우크라이나 사태를 기점으로 세계는 미국, 영국, EU, 일본, 호주, 캐나다 등 자유민주 국가들인 문명 세력과 중국, 러시아, 북한 등 권위 독재주의 반(反)문명세력으로 양분되고 있다. 한국의 경우, 자유주의 문명세력과 동맹을 해야 미래번영이 가능하다. 문재인 정권 5년 동안 한미동맹은 껍데기만 남고 반문명국가인 중국에 최소한의 국가 자존심도 없이 '3불(不) 1한(限)'[29]으로 주권국의 주권(군사)도 포기하였다.

(4) 탈세계화

2000년대에 들어서면서 글로벌 경제, 글로벌 경영, 글로벌 기업, 글로벌 금융, 글로벌 대학, 글로벌 인식, 글로벌 사고, 글로벌 시야, 글로벌

---

29) 3불: 미국이 주도하는 미사일방어 체계에 가입하지 않는다. 사드(THAAD, 고고도 미사일 방어 시스템) 추가배치 하지 않는다. 한미일 군사동맹을 하지 않는다. 1한: 사드 운용을 제한한다.

공급망, 글로벌 리스크 등등 눈만 뜨면 보이는 글로벌 이라는 이름의 홍수 속에 현대인은 살고 있다. 개방된 경제와 자유로운 교역으로 상징된 글로벌화(세계화, Globalization)는 인류의 미래가 가야 할 방향으로 정착된 지 오래이다. 그러므로 정치, 경제, 사업, 교육 등에서 글로벌이라는 단어가 빠지면 뭔가 현대적 감각이 결여된 것으로 인식되고 있는 것이 오늘날의 풍조이다. 그러나 우크라이나 사태는 세계화 대신 탈(脫)세계화라는 단어 사용을 가속화 시키고 있다. 이미 2008년에 일어난 세계금융위기에서 탈세계화가 시작되었다고 주장하는 학자[30]도 있다.

개방경제와 자유무역의 상징인 세계화는 트럼프 대통령의 미국우선주의, 브렉시트(영국의 EU탈퇴) 등 보호무역주의의 부활, 미국·중국의 패권 경쟁, 코로나의 세계적 유행 등으로 2010년 이후 세계 경제의 글로벌 공급망은 제한되는 상황에 처했는데 우크라이나 사태가 발생하면서 이제 세계화는 이름뿐이고 세계 정치와 경제가 불록화되면서 사실상 탈세계화가 급작스럽게 진행되고 있다. 탈세계화는 세계의 경제를 후퇴시킬 것이며 특히 개발도상국에 어려움을 더욱 가중시킬 것이다. 2년이 넘는 코로나 질병의 유행으로 경제가 위축된 상황에 우크라이나 사태까지 일어나자 스리랑카, 파키스탄, 이집트, 레바논, 페루, 아르헨티나 등 아시아, 아프리카, 남미 대륙의 40여개의 개발도상국들이 시간문제이지 디폴트(채무불이행)에 직면하게 되었다. 탈세계화는 여러 국가와 자유무역을 하므로 무역의존도가 높은 우리나라 같은 국가들에게는 국가경제의 부담이 될 것이다.

---

30) 미국 하버드 대학의 제프리 프랑켈(Jeffrey Frankel) 마이크로 경제학자. 교수.

11. 우크라이나 전쟁과 한국

(1) 우크라이나 전쟁과 한국경제

러시아는 우리나라 교역국 가운데 12위로서 대러시아 수출량은 전체 수출의 1.5%, 수입은 2.8%를 차지하는 규모이다. 수출품은 자동차 등 공산품이고 수입은 원유 등 원자재로서 수입이 수출보다 거의 2배에 달한다. 주요 무역 품목은 다음과 같다.

1) 러시아와의 무역(2021년)

- 수출

품목	금액(U$)	%
자동차	26억 4,200만	26.5
자동차 부품	15억 900만	15.1
합성수지	4억 7,600만	4.8
기계	4억 2,800만	4.3
기타	49억 2,500만	49.3
합계	U$ 99억8,000만	100.0 %

- 수입

품목	금액(U$)	%
나프타	43억 8,300만	25.3
원유	42억 6,900만	24.6
유연탄	22억 300만	12.7
천연가스	17억 1,500만	9.9

백금	5억 9,300만	3.4
게	4억 5,300만	2.6
무연탄	3억 6,300만	2.1
알루미늄 스크랩	3억 200만	1.7
고철	2억 6,700만	1.5
우라늄	2억 5,200만	1.4
기타	25억 5,700만	14.8
합계	U$ 173억 5,700만	100.0 %

2) 산업

🚜 대(對)러시아 제재영향

우리나라의 많은 기업이 러시아에 각종 물품을 수출하고 있는바 러시아의 침공이후 미국이 발표한 대러시아 제재에 미국 기술을 사용한 부품의 수출을 금지하였으므로 이는 직접적 파장이 되어 우리기업에 피해를 줄 수 있다. 더욱 현대자동차, 삼성전자, LG전자 등은 러시아 현지에 공장을 갖고 있는바 제재 기간이 장기화되면 기업경영에 어려움을 받을 수 있다.

🚜 원자재 문제

우크라이나 전쟁이 발발하자 불과 며칠만에 국제 유가(30% 이상)와 곡물가격(30%)이 급등하고 따라서 철광석(11%), 니켈(14%), 금, 코발트, 망간, 리튬 등의 광물 가격도 급등하였다. 반면 주식시장은 급락하였다. 우리나라의 경우, '우크라이나 리스크'라는 새로운 말이 생겨날 정도로 수출입 중소기업의 79%가 우크라이나 사태가 야기한 원자재 구입문제로 수익성 악화가 예상된다.

🚜 원유수입

제4차 중동전쟁에 의한 제1차 오일쇼그(1973~1974년), 이란·이라크 전쟁이 야기한 제2차 오일쇼크(1979~1980년)에 이어 우크라이나·러시아 전쟁은 제3차 오일쇼크를 만들 가능성이 크다. 제2차 오일쇼크가 끝난 1981년 당시 우리나라 에너지 수요는 4,600만 Toe(석유환산톤)였으나 현재 에너지 수요는 약3억Toe로서 40년전보다 6배 이상이다. 당시 우리나라는 에너지 수요에 비해 국내의 석탄생산 때문에 에너지 수입의 존도는 75%였으나 세계 5대 원유수입국이 된 현재는 93%로 높아졌으므로 에너지 위기가 올 때 그 취약성은 더욱 높아졌다고 할 수 있다. 러시아는 세계 2위의 석유수출국가로서 일간 수출량은 700만 배럴이다. 이는 전세계 공급량의 7% 양이다. 한편, 2021년 우리나라가 러시아에서 도입한 원유는 5,375만 배럴로서 전체 수입량의 5.6%이다. 원유만을 보면 큰 비중은 아니나 천연가스를 포함한 광물성 연료의 러시아 수입비중은 사우디아라비아(17%), 미국(14%), 호주(11%)에 이어 4위(10%)이다. 한국으로서는 러시아에서 수입하던 에너지를 다른 공급처에서 조달해야 하는 입장인바 우리나라와 같은 입장에 처한 국가들도 적지 않으므로 원유, 천연가스, 석탄 등의 공급처를 확보하기 위해 수입국 사이에 치열한 경쟁이 예상된다.

폭락한 러시아 증시

2022년 2월 러시아가 우크라이나를 침공하자 미국을 비롯한 서방국가들은 러시아에 대해 금융 분야를 포함한 경제제재를 단행하였다. 그러므로 한국에서는 러시아 주가지수가 갑자기 약50% 빠졌으나 곧 반등할 것이라고 판단한 사람들은 ETF(상장지수펀드)를 사들였다. 그러나 ETF가 투자한 러시아 주식들의 가치가 사실상 '0'으로 평가되자 3월 7일부터 거래가 중지되고 휴지조각이 되어버렸다. 그러므로 우크라이나와 러시아 사태의 긴장감이 높아질수록 더욱 ETF를 사들였던 한국의 투자가들은 큰 손실을 본 것이다.

(2) 한국 정치인과 국민의 역사 인식

1) 듣기 좋은 평화에 열광하는 국민

🚜 러시아와 조지아 전쟁

러시아가 평화라는 미명을 앞세우고 이웃 나라를 침략한 전례는 우크라이나 침공이전에도 여러번 있다. 코카서스(캅카스) 지역에 위치하고 있는 조그만 나라인 조지아를 2008년 8월에 침공하였을 때도 조지아에서 분리독립을 추진하던 남오세티야의 평화와 안정을 위해 평화유지군을 파견한다는 명분으로 전쟁을 시작하였다. 친미 성향인 미하일 사카슈발리(Mikheil Saakashvili) 대통령의 조지아 정부군이 반격하자 이를 빌미로 조지아에 대해 전면적인 공격을 하여 5일만에 조지아를 굴복시켰다. 그리고 결국 러시아는 실질적으로 남오세티야를 합병하였다.

🚜 휴지가 된 평화조약

1938년 독일의 히틀러와 영국의 체임벌린 수상이 뮌헨에서 체결한 협정도 평화협정이었으나 독일은 1939년 폴란드를 침공함으로써 제2차 세계대전을 일으켰다. 베트남이 공산화되기 전인 1973년에 맺은 파리협정도 이름이 평화협정이었으나 북베트남은 이를 무시하고 전격적인 군사공세로 남베트남을 점령하고 베트남 전역을 공산화하는데 성공하였다. 러시아, 중국, 북한 등 공산주의 국가들이 주장하는 평화는 곧 이어 나올 군사행동을 가려주는 역할을 하는 그럴듯한 단어

런던 공항에 도착하여 군중에게 평화조약 합의서를 흔들어 보이고 있는 체임벌린 수상(총리).

일 뿐이다. 문재인 정부도 북한 김정은의 비핵화 의지가 확고하다면서 3차례에 걸친 남·북 정상회담을 하고 2차례에 걸친 미국·북한 정상회담을 주선 하였으나 아무런 열매도 없이 그 기간동안 북한이 핵무기와 미사일 능력만 발전시킬 시간을 벌어주었을 뿐이다. 북한은 핵탄두 장착 가능한 미사일을 수시로 발사하여 한국을 핵인질로 삼고 있음에도 문재인 대통령 시절에는 "국군은 군사력 아닌 대화로 나라를 지킨다"고 선언하기도 하였다. 대화로 나라를 지킨다는 군대는 세계 역사상 한국군이 처음인 것 같다. 한마디로 듣기 좋은 궤변(거짓말)이다. 북한의 김여정이 한미 연합훈련을 하지 말라고 하자 문재인 정부는 이에 동조하는 여당 국회의원들의 협조로 한미 연합훈련도 중지하였다. 역사상 적이 훈련하지 말라고 한다고 군사훈련을 중지한 나라가 한국 이외에 어디에 있겠는가? 모두 듣기에 좋고 평안함을 느끼게 하는 '평화'를 외쳤지만 결국 북한에만 유익한 결과를 만들어 주었고 국가위기에 대한 우리나라의 방어력만 허약하게 만들었을 뿐이다.

2) 한국인의 국방의식
정치인의 국방의식

러시아가 우크라이나를 침공하자 당시 여당의 유력한 대선 후보(이재명)는 "우크라이나는 지구 반대편 남의 나라 이야기이다"라고 대선 선거운동중에 말하였다. 그러나 우크라이나 전쟁은 우리나라와 대만을 포함하여 여러 나라와 무관하지 않다. 특히 세계 여러 나라 가운데 우크라이나와 지정학적으로 비슷한 상황에 처한 우리나라와는 가장 연관성이 많다. 이어서 그 후보는 "우크라이나의 경험없는 대통령이 잘못하여 러시아가 침공하였다"고 주장하며 밑도 끝도 없는 논리로 평화를 외쳤다. 당시 검찰총장 출신인 야당 후보(윤석열)가 외교 경험이 없다는 것을 강조하여 유권자의 지지를 받지 못하게 하려는 의도가 다분히 드러나는 행동이다. 단순히 평화와 전쟁 가운데 어느 것을 원하느냐고 묻는다면 누구나 평화를 원한다고 할 것이다. 평화도 평화나름이지 적이 요구하는 조건을 다 수락하고 적의 노예가 되어 적이 주는 형편없는 밥먹고 자유가 없이 적의 의지에 따라서 하루하루를 살아가는 것이 무슨 평화인가. 평화가 아니고 평화라는 허구성의 이름 속에 갇힌 노예의 삶이다. 그러므로 4세기 로마의 군사전략가 베게티우스(Vegetius)는 그의 논문에서 "평화를 원한다면 전쟁을 준비하라"고 하였다. 중국에도 거안사위(居安思危:평안할 때 위기를 생각하라)라는 경구(警句)가 있다. 평화는 저절로 얻는 것이 아니고 평화를 지킬 힘이 있을 때 얻을 수 있는 것이다.

2022년 3월 9일 대통령 선거를 앞둔 2월 25일, TV토론에서 당시 여당(더불어 민주당) 후보는 "6개월 초보 정치인이 대통령이 돼서 러시아를 자극하는 바람에 (러시아와 우크라이나가) 충돌하였다"고 말하였다. 전직 법무부 장관을 지낸 여성 정치인은 "대통령 잘못 뽑는 바람에 전쟁이 일어났다"고 말하고 당시 여당의 공동 선대위원장(박용진 의원)은 우크라이나 젤렌스키 대통령을 가리켜 "잠깐 인기 얻어 대통령이 된 코미디언"이라고 말하자 각국의 네티즌들은 "일본의 한국 침략도 한국 탓이냐?"고 한국 여당정치인들의 발언을 문제 삼았다. 물론 이들 여당 정치인들은 우크라이나 대통령을 비판함으로써 정치 초년병인 한국의 야당 대통령 후보를 비난하는 정치적 목적을 가지고 우크라이나 사태를 활용하였던 것이다. 그렇더라도 당시 젤렌스키 대통령을 지지하고 있던 세계의 여론에 대해 이재명 후보와 이를 지지하는 여당 인사들의 행동은 역행하는 비상식적인 모습을 보여주었다. MBC도 여당 정치인들과 같은 목적의 비난내용을 방송하였다. 그러자 한국에서 모델 활동을 하는 우크라이나 여성은 "젤렌스키에게 투표한 우크라이나 국민의 72%를 바보로 생각하느냐"며 MBC를 오만한 언론이라고 비난하였다.

한국 국방의 롤 모델, 이스라엘

우리나라는 안보와 국방에 있어서 이스라엘을 본받아야 한다. 이스라엘의 모든 국민은 남녀 공히 18세가 되면 군에 입대한다. 개인의 자유가 제한되는 군대 생활을 좋아하는 사람은 별로 없을 것이다. 그러나 2019년, 이스라엘 유권자 가운데 18~24세 계층은 65%, 25~34세는 53% 비율로 젊은이들이 앞장서서 강한 안보를 원하는 것(예루살렘 포스트 신문)은 자기 개인주변의 일보다 국가의 상황도 둘러보는 시야를 가진 이스라엘의 젊은이들이 많다는 것을 말해준다. 이스라엘 청년들이 부모세대보다 우파성향이 강한 것은 성장기 동안 끊임없이 일어난 외부 도발로 안보, 국방 의식이 높아진 한편 국가관을 심어주는 유대인의 가정교육 덕분이라고 보아야 한다.

(3) 순양함 모스크바와 한국 경항모

2022년 4월, 흑해에서 우크라이나 해군 연안포병이 발사한 지대함 미사일에 맞아 순양함 모스크바(만재배수량 1만2천톤)가 침몰한 것은 현대전에 있어서 대형 수상함정의 미사일에 대한 취약성을 보여준 좋은 예이다. 1967년 1월 19일, 우리나라 동해안에서 한국해군의 당포함(만재배수량 650톤)은 북한 해안포대와의 포격전에서 북한 해안포대가 보유한 소련제 122mm 포사격을 받고 침몰하였다. 그리고 1967년 10월 21일, 이스라엘군의 구축함 에일랏(배수량 1,700톤)은 이집트 해군의 고속정이 발사한 소련제 함대함 스틱스 미사일을 맞고 격침되었다. 그러나 필자가 알고 있는 한 육상에서 발사한 적군의 미사일에 맞아 격침된 대형 군함은 모스크바가 처음이라고 생각된다. 우리 해군은 북한해군이 보유하지 못한 강습상륙함 2척(독도함, 마라도함)을 이미 보유하고 있고 조만간에 경항모도 보유하게 되는바, 영해가 작고 전투 종심이 좁은 우리나라의 경우 북한의 지대함 미사일에 이들 함정이 크게 노출될 위험이 있다. 북한을 공격하는 데는 경항모에서 전투기가 발진할 필요는 없다(육상기지에서 출격하는 전투기의 비행반경안에 북한의 목표물이 모두 들어있으므로). 이웃나라(일본)가 경항모를 보유한다고 (자존심 문제로 여겨) 우리도 경항모를 반드시 보유할 필요는 전혀 없다. 일본은 우리나라보다 경제수역(EEZ)이 11배나 큰 나라이다(다음표 참조).

동북아시아 각국의 경제수역 크기

국가	경제수역 면적(㎢)	국가	경제수역 면적(㎢)
한국	348,478	대만	392,381
일본	3,862,000	북한	129,650
중국	1,355,800		

막강한 전력을 자랑하던 순양함 모스크바가 지대함 미사일을 맞고 격침된 사실을 보며 우리군도 발전하는 지대함 미사일의 파괴력을 고려하여야 한다. 미국으로부터 받은 모스크바함의 위치 정보에 기반하여 우크라이나군은 모스크바를 격침시킨 것으로 알려져 있다. 유사시 중국은 첩보위성으로 얻은 우리나라 경항모의 위치 정보를 북한에 제공할 가능성이 높다.

(4) 한국정부의 비굴한 자세
1) 명분과 실리를 잃은 동참

러시아가 유엔헌장과 국제법을 무시하고 2022년 2월 24일에 우크라이나를 침공하자 미국의 주도로 대(對)러시아 제재조치가 시행되었다. EU

27개국과 영국, 호주, 캐나다, 뉴질랜드, 일본 등 국가도 미국의 조치에 동조하여 경제·금융제재에 가담하였다. 그러나 좌파 정부가 이끄는 한국은 러시아의 달러 결제방법과 무역에 타격을 주는 이 제재조치에 동참하지 않았다. 미국 상무부는 첨단 기술이 들어간 품목을 광범위하게 통제하는 제재조치를 발표하였는바, 특히 외국 기업이 미국의 통제 대상인 기술과 소프트웨어를 사용해 제작한 물품에도 해외직접생산품 규칙(FDPR)을 적용하여 러시아에 수출하기 전에 미국 정부의 승인을 받도록 규정하였다. 그러나 자체적으로 미국에 동조하여 대러시아 수출 통제를 발표한 EU,영국, 호주, 캐나다, 뉴질랜드, 일본 등 32개 동맹국에 대해서는 자국정부가 수출을 승인하며 별도로 미국정부의 승인을 받을 필요가 없는 조치를 해주었다. 그러므로 한국은 미국 동맹국 가운데 유일하게 FDPR 면제를 받지 못하였다. 이 조치로 인해 우리 기업이 피해를 입을 수 있게 되자 한국 정부는 뒤늦게 미국 정부에 연락을 취하면서 미국 정부와 협의를 하겠다고 발표하였고 우크라이나에 1천만 달러를 원조하고, 미국이 제재 대상으로 발표한 러시아 7개 은행과 거래를 중지하고 러시아 국채 거래도 중단하겠다는 등 조치를 취하여 며칠 후에 FDPR 면제를 받을 수 있었다. 이렇게 될 바에야 처음부터 미국의 조치에 동참을 선언하여 동맹으로서의 명분과 실리를 취했었으면 좋을 뻔 하였다.

이웃 나라인 일본은 북방 4개 도서를 러시아로부터 반환받는 문제로 러시아와 좋은 관계를 유지하여야 함에도 러시아가 우크라이나를 침공하자 즉시 일본주재 러시아 대사를 불러 러시아의 국제법 위반을 항의하고 침공중단과 우크라이나 영토 안에서 러시아군의 즉각적인 철수를 요구하였다. 그리고 4월 중순에는 일본주재 러시아 외교관들을 추방하였다. 그러자 러시아도 일본 외교관 8명을 추방하는 조치를 취하였다.

1950년, 소련과 중국의 군사지원을 받은 북한 공산군이 6·25 한국 전쟁을 도발하였을 때 미국을 비롯한 16개국이 파병을 해주어 우리는 공산국가로 되는 길을 피할 수 있었고 오늘날 세계경제 10위권의 부유한 나라가 되었다. 국제사회의 도움을 우리나라처럼 이렇게 크게 받은 국가는 현대 세계역사에서 찾아보기 어렵다. 그러나 6·25 전쟁의 폐허 속에서 고생하던 우리나라를 도와 준 이러한 국제사회의 크나큰 도움을 애써 잊고 러시아의 눈치를 보기 위해서 우크라이나에 관련된 국제적인 보조에서 빠진 한국은 미국에 동조한 국가들의 시선에서는 자기 이익만 추구하는 얄미로운 나라로 보였을 것이다. 미국 전직 관리(국무부 부차관보)인 피츠페트릭(Mark Fitzpatrick)은 "우크라이나 사태에 대해 한국의 소심하고 미온적인 접근이 부끄럽고 어리석다"고 말하였다. 인간에게 인격이 있듯이 국가에도 국격이 있다는 사실을 한국 국민은 알아야한다. 그리고 한국이 자유민주주의 진영에 속한 국가라고 생각한다면 한국 정부와 국민은 세계의 자유민주주의를 위해 무엇을 해야 하는 가를 단호하게 결정해야 한다.

2) 젤렌스키 연설에 반응

전쟁을 진두지휘 하느라 젤렌스키 대통령은 세계 각국을 순방하면서 그 나라에 우크라이나 지지를 호소할 수 없자 사이버 외교전의 일환으로서 23개국의 의회의 대부분에서 비대면 화상연설을 통하여 호소를 하였다. 총리, 하원의장 등을 비롯하여 의원들이 가득채운 미국을 비롯한 이들 나라의 의회장에서는 젤렌스키의 연설이 끝나면 약속이나 하였듯이 의원들이 일어나 젤렌스키에게 기립박수를 보냈다. 이는 자기들의 조국을 위기에서 구하기 위해 분투노력하는 젤렌스키와 우크라이나 국민에게 보내는 격려의 상징이었다. 이웃나라 일본에서도 다른 나라들과 마찬가지로 총리, 국회의장, 장관 등 500여명이 의사당에 모여서 젤렌스키의

1. 젤렌스키 대통령 화상연설(한국국회). 빈 자리에 참석자들조차 여러명이 졸거나 휴대폰을 보았다.
2. 젤렌스키 대통령 화상연설(미국의회). 연설이 끝나자 기립박수하는 참석자들

연설을 경청해서 듣고 기립박수를 보냈다. 이와 대조적으로 우리나라 국회에서는 의원 300명 가운데 1/6 밖에 안 되는 약 50명이 국회 본회의장도 아닌 도서관 대강당에서 4월 11일에 열린 화상연설에 참석하였는바 (국회의장도 불참석) 그조차 참석자 가운데에는 졸거나 휴대폰을 보는 등 젤렌스키의 연설에 관심을 보이지 않았다. 이것이 북한군의 남침으로 시작한 6·25 한국전쟁 3년을 통해 민족상잔의 비극을 겪은 우리나라 국회의원들의 수준이다. 우리보다 국민소득이 낮은 나라를 은근히 낮추어 보며, 글로벌 마인드를 가진 식견이 부족하므로 품격있는 기립박수는 물론 없었다. 15분간의 연설을 통하여 젤렌스키는 1950년대 6·25전쟁에서 국제사회의 도움으로 이겨낸 한국이 우크라이나에 무기를 지원함으로써 우크라이나와 함께 러시아에 맞서주기를 요청하였다. 그러나 자유진영에 속한 나라 가운데 젤렌스키의 연설을 이렇게 홀대한 나라는 한국뿐이라고 한다.

앞서 언급한 바와같이 미국이 대러시아 제재조치를 발표하자 자유 우방국들이 미국의 조치에 동참하였음에도 한국만 동참하지 않고 있다가

FDPR 면제 조치를 받지 못하게 되자 그제서야 1천만 달러를 우크라이나에 기부하며 뒤늦게 동참하겠다고 나서 명분과 실리를 모두 잃은 사실이 그냥 생겨난 게 아니다. 러시아가 우크라이나를 침공하자 한국에 주재하는 EU 25개국 대사는 즉시 러시아 규탄성명을 내고 한국정부가 국제사회와 함께하기를 촉구하였다. 그러나 우크라이나 사태를 보면서 가장 큰 교훈을 받아야 할 나라인 한국의 정부는 미국을 포함한 다른 나라들의 눈을 의식해서인지 표면적으로만 마지못해 우크라이나에 동조한다고 표시할 뿐 마음속에서 우러나는 참여인식은 별로 없는 것 같다.

(5) 동맹의 중요성
1) 동맹이 없는 우크라이나

우크라이나가 러시아로부터 침공을 당하자 세계의 거의 모든 국가는 국제법을 무시하고 불법 침략을 한 러시아를 규탄하였다. 그리고 미국, 영국, EU를 포함한 많은 나라에서 우크라이나에 무기 등 군수품을 비롯하여 경제적으로도 큰 지원을 하였다. 우크라이나 이웃 국가들은 우크라니아의 피난민을 거의 무제한으로 받아주었다. 그러나 어느 나라도 군대를 파병하여 도와 준 나라는 없다. 미국조차 우크라이나와 국경을 맞대고 있는 폴란드에 최정예 제82공수사단을 파견하는 한편 대전차 미사일 등의 원조를 하였으나 미군을 우크라이나 영토안에 파병하여 도와주지는 않았다. 나쁜 말로 표현하자면 우크라이나 홀로 강대국 러시아군을 상대로 싸우게 둔 것이다. 이것이 우크라이나 전쟁이 주는 교훈의 하나이다. 만약 우크라이나가 나토 회원국이었다면 나토 국가들은 자동적으로 군대를 파병하였을 것이다. 나토에 가입을 하지 않았더라도 양자(兩者) 동맹이라도 맺은 국가가 있었더라면 홀로 싸우는 상황을 피할 수 있었을 것이다. 그 이전에 아마도 러시아는 나토 회원국인 우크라이나를 감히 침공할 엄두를 내지 못하였을 것이다.

2) 껍데기만 남은 한미동맹

우리나라의 경우, 이승만 대통령이 한미(韓美) 동맹이라는 큰 선물을 대한민국에 안겨주었다. 그의 뛰어난 혜안과 선견지명 그리고 강한 의지가 세계 최강국인 미국이 당시 약소국이던 우리나라와 동맹국이 되는 문서에 서명하게 하였다. 그러나 문자 그대로 혈맹이던 한미 동맹이 최근 5년간 이름뿐인 동맹이 되어버렸다. 문재인 정부는 6.25 전쟁을 일으킨 북한에 대군을 파병하여 한반도가 자유민주주의 체제로 통일하는 것을 방해하고 휴전선을 경계로 남북이 분단되는 것에 결정적으로 기여한 중국의 눈치를 보는 한편 6.25 전쟁에서 하마터면 북한군에 점령되어 공산국가가 될 뻔하였던 자유 대한민국을 구해준 미국을 멀리하는 정책을 취하였다. 나라 크기에 걸맞는 국격이 부족한 중국의 시진핑 주석은 2017년에 미국을 방문하여 트럼프 대통령에게 "역사적으로 한국은 중국의 일부"였다며 한국 국민을 모욕하였다. 이렇게 중국은 19세기의 청나라처럼 한국을 속국으로 대하며 한한령(限韓令) 등으로써 중국에 진출한 한국기업에 큰 피해를 주고 한국을 길들이고 있는데도 중국을 큰 산으로 여긴 문정권은 동북아 평화구조를 정착시켜 한반도의 긴장을 완화하겠다는 명분으로 중국에 굽신거리며 아무 항의조차 못하였다. 오히려 재임 5년 동안 한미 연합훈련을 사실상 중지시켜 동맹을 격하시키고 폄하함으로써 자유민주주의 국가를 기어코 지키겠다는 국민의지와 동맹의 가치를 없애버렸다. 2022년 5월에 새로이 출범한 윤석열 정부는 이름만 남은 한미동맹을 조속히 회복하고 강철동맹으로 유지해야 한다.

3) 동맹을 잘못 맺어 망한 국가들

고대나 현대나 동맹은 필요하다. 어느 국가와 동맹을 맺는 것도 중요하다. 13세기에 건국된 오스만 제국이 제1차 세계대전이 끝나고 망한 것은 독일과 동맹을 맺은 결과이다. 오스만 제국의 군대는 막강하여 1915년, 터키의 유럽지역인 갈리폴리 반도에 상륙한 영국 연방군과 프랑스군을 전투에서 패배시키고 대승리를 거두었으나 독일이 전쟁에서 지는 바람에 함께 패전국이 되어 국토의 많은 부분을 잃고 하루아침에 2류 국가로 전락하였었다. 근세에 들어서 동맹을 잘못 맺어 실패한 대표적인 경우이다. 이탈리아도 제1차 세계대전초기 독일과 함께 동맹국으로서 싸우다가 도중에 영국, 프랑스편에 가담함으로써 전쟁이 끝날 시점에는 승전국의 위치에 설수 있어 당시 오스트리아의 항구인 트리에스테를 승전기념물로 얻을 수 있었다. 반대로 오스트리아는 제1차 세계대전중에 독일과 동맹을 맺었다가 패배하는 바람에 아드리아해에 면해 있던 해안과 트리에스테 항구를 이탈리아에 빼앗김으로써 바다가 없는 내륙국가가 되어 버렸다. 당연히 오스트리아 해군은 해체되어 군함이 없는 나라가 되었고 해양으로 나가는 길이 막혀버린 나라가 되었다. 일본은 제1차 세계대전시 동맹을 잘 맺어 큰 수익(사이판이 있는 마리아나제도, 캐롤라인 제도 등 중부태평양의 광활한 해역을 차지함)을 본 국가이나 제2차 세계대전에서는 동맹을 잘못맺어 결국 나라가 망한 운명에 처한 적이 있다.

4) 자주국방

철통같은 동맹을 유지하기 위해서는 우리 스스로가 경제, 군사, 외교면에서 강해야 한다. 우크라이나 사태에서 전세계의 거의 모든 나라가 우크라이나를 지지하고 지원하는 것은 우크라이나 국민이 하나가 되어 침공한 러시아군에 결사항전하는 모습을 보았기 때문이다. 만약 우크라이나군이 침공군에 대해 용감하게 맞서지 않고 여러 전선에서 항복이나 하였더라면 미국, 영국과 EU 국가들은 무기를 포함한 원조를 해주지 않았을 것이다. 도와주고 싶더라도 원조해 준 무기가 러시아군 수중에 넘어갈 것이라고 여겨 도와주지 않았을 것이다. 그러나 우크라이나군과 국민은 강철같이 단결하여 싸우는 모습을 보여주었기에 미국 등 국가들이 전쟁초기에 보여주던 소극적 지원방침을 바꾸었고 우크라이나는 많은 나라로부터 원조를 받을 수 있었다. 스스로 지킬 마음이 없으면 동맹국도 도와주지 않을 것이다. "평화적 수단으로 평화를 이룬다", "국군은 군사력 아닌 대화로 나라를 지킨다" 등의 안일하고 듣기에 달콤한 말은 허구일 뿐이다.

태평양 전쟁시 미국에 대해 싸웠던 일본은 우리나라와 반대로 미국과의 미일동맹을 철통동맹으로 격상시켜 미국의 맹방이 되었다. 지금이라도 우리나라는 자유민주주의의 가치를 지키기 위해 한미 동맹을 회복시키고 자유민주주의 체제를 갖고 있는 일본과도 이웃 관계를 복원하여야 한다.

로마의 군사전략가 베게티우스의 명언 "평화를 원한다면 전쟁을 준비하라(If you want peace, prepare for war)"와 중국 춘추시대 제(齊)나라의 군사전략가 사마양저(司馬穰苴)가 남긴 '망전필위(忘戰必危: 선생을 잊으면 반드시 위험해진다)'를 인용함으로써 본서를 마무리한다.

▶ 우크라이나 사태 연표

1991년 8월 24일 우크라이나 독립선언
1994년 12월 5일 부다페스트 안전보장 각서 체결(우크라이나 핵무기 포기)
2004년 11월   부정선거 규탄하는 오렌지 혁명 시작
2005년 1월   친서방계 유셴코 대통령 당선
        2월   친서방계 티모셴코 총리 임명
2010년 2월   친러시아계 야누코비치 대통령 당선
2013년 11월   야누코비치가 EU와 FTA협상 중단하자 대규모 시위 발생
2014년
   2월18~20일 키이우에서 반정부 시위대와 경찰의 유혈충돌. 100명 이상 사망
   2월 21일   우크라이나 의회가 야누코비치 탄핵
   2월 22일   우크라이나 의회, 올렉산드로 트루치노프 대통령 권한대행 선출
   2월 23일   야누코비치, 러시아로 도피
   2월 27일   크림 친러 민병대와 러시아군의 리틀 그린맨 부대가 심페로폴의 정부 청사와 의회 점거
   2월 28일   미국 대통령(오바마), 러시아에 크림반도 합병시도를 경고
   3월 1일   *러시아 의회(상원), 푸틴의 크림반도 파병요청을 만장일치로 승인
            *러시아군 6천명이 추가로 크림반도에 진입
            *우크라이나 해군 참모총장, 러시아군에 투항
   3월 2일   우크라이나 정부, 예비군 소집과 전군에 전투태세 돌입명령

| | 3월 3일 | G7 정상들, 러시아의 크림반도 침략에 규탄 성명 발표 |
| | 3월 4일 | *미국 국무장관(존 케리), 우크라이나 키이우 방문
*푸틴은 크림반도 합병하지 않겠다고 서방을 기만하는 발표 |
	3월 6일	크림 자치 공화국 의회는 러시아와 합병결의안 채택
	3월 11일	친러 크림 공화국 정부, 우크라이나로부터 독립선언
	3월 16일	주민 투표. 투표자의 96%가 러시아와 합병에 찬성
	3월 17일	크림 자치공화국 의회, 독립선언과 러시아 정부에 합병요청
	3월 18일	푸틴이 크림반도합병 선언
	3월 19일	크림반도의 친러 민병대가 세바스토폴의 우크라이나 해군 사령부 습격
	3월 24일	우크라이나의 트루치노프 대통령 권한대행이 크림반도의 우크라이군에 철수 명령
	3월 26일	크림반도의 주둔중인 러시아군 2만5천명이 크림반도의 우크라이나군 시설 193곳 접수
2014년	4월 7일	*돈바스 지역에서 내전 시작
*도네츠크 인민공화국(DPR) 정부수립
	4월 21일	미국 부통령(바이든), 우크라이나 키이우 방문하여 트루치노프 대통령 권한 대행과 돈바스 지역에 대한 협의
	4월 27일	루한스크 인민공화국(LPR) 정부수립
	5월	러시아, 중국에 천연가스 수출 공급 체결
	6월 6일	노르망디 포맷(우크라이나 사태해결위한 독일, 프랑스, 러시아, 우크라이나 4개국 외교 협의체) 결성
	6월 7일	페트로 포로센코, 우크라이나 대통령 취임

	7월 17일	돈바스 상공에서 친러 반군의 미사일에 말레이시아 여객기 격추
	8월 25일	러시아군, 돈바스 지역의 마리우폴 인근 점령
	8월 26일	벨라루스의 러시아, 우크라이나 정상회담에서 푸틴은 포로센코에게 구소련권 관세동맹은 우크라이나에 대한 수입관세 면제혜택 폐지통보
	9월 3일	우크라이나와 러시아가 돈바스 지역 휴전합의
	9월 5일	제1차 민스크 휴전협정(돈바스 내전 종식위한) 체결
2015년	1월 22일	친러 반군, 도네츠크 공항 점령
	2월 12일	제2차 민스크 휴전협정 체결
2016년	10월 19일	제2차 노르망디 포맷 회담. 독일 베를린에서 러시아, 우크라이나, 독일, 프랑스 정상회담
2017년	1월 12일	미군 6천명이 폴란드 등에 배치되자 러시아 반발
2019년	4월 21일	젤렌스키 대통령 당선
	12월 9일	제3차 노르망디 포맷회담(프랑스 파리)에서 러시아, 우크라이나 돈바스 전투 휴전합의. 푸틴(러시아), 젤렌스키(우크라이나), 메르켈(독일), 마크롱(프랑스),
	12월 23일	크림반도와 러시아 본토 연결하는 케르치 철교개통
2021년	4월 21일	푸틴, 우크라이나 국경에 배치된 러시아군에 철수명령
	8월 23일	10월말 젤렌스키, 크림반도 수복위한 크림 플렛폼 출범
	10월말	러시아군 10만여명이 우크라이나 국경에 재집결
	11월 22일	우크라이나 정부, 20222년 1월말~2월초에 러시아 침공예상 발표
	11월 30일	나토, 러시아에 우크라이나 침공시 대가 지불하게 될 것이라고 경고

	12월 3일	푸틴, 레드라인 언급하며 나토에 동진하지 말라고 경고
	12월 7일	바이든과 푸틴, 화상회담 (바이든의 경고. 해결책없이 양측 이견 확인)
	12월 12일	*바이든과 푸틴, 전화회담 (바이든의 재차 경고에 대해 푸틴은 침공계획 없다고 바이든을 기만).
		*미국정부, 우크라이나 거주 자국민에게 출국종용
2022년	1월 1일	우크라이나, 국민저항법 발효
	2월 15일	러시아 하원이 돈바스 LPR, DPR의 독립승인촉구 결의
	2월 21일	*푸틴, 크렘린궁에서 TV연설(돈바스 DPR, LPR 독립 승인과 돈바스에 평화유지작전 예정)
		*바이든, DPR과 LPR에 투자와 무역금지 행정명령에 서명
		*리틀그린맨(러시아군 부대마크없는)부대, 돈바스 지역 공격
	2월 22일	*돈바스 지역에 러시아군이 평화유지군으로 진입
		*러시아군 돈바스 지역 루한스크주의 스차스티예 발전소 폭격
	2월 24일	러시아군, 우크라이나를 전면 침공
	3월 15일	폴란드(마테우시 모라비에츠키), 체코(페트로 피알라), 슬로바니아(야네스얀사) 총리가 우크라이나 지원 위해 열차편으로 키이우 방문. 젤렌스키와 회담
	4월 10일	러시아군, 돈바스 지역으로 대규모 병력이동시키며 집중 공격
	4월 24일	미국 블링컨 국무장관과 오스틴 국방장관, 열차편으로 키이우 방문하여 젤렌스키와 회담

4월 26일 구테호스 유엔사무총장 모스크바 방문. 푸틴과 성과 없는 회담
4월 28일 *미국 하원, 우크라이나 지원위해 무기 대여법 개정안 통과(찬성 417표, 반대 10표)
*바이든 대통령, 미 의회에 우크라이나 지원용으로 330억 달러 추기지원 요청
*구테호스 유엔사무총장이 키이우 방문(젤렌스키와 회담)
5월 17일 러시아군, 82일 전투끝에 마리우폴 점령
5월 18일 핀란드, 스웨덴, 나토가입 신청
5월 19일 미국 상원이 우크라이나에 400억 달러(약51조) 추가 원조 예산 승인
5월 30일 EU는 대러시아 6차 제재안(러시아 원유 수입을 2022년 말까지 90% 줄이는) 합의
6월 5일 *젤렌스키 대통령은 러시아군 침공 100일째 우크라이나 영토 20%(크림반도 포함)를 잃었다고 발표
*러시아군, 전략 폭격기 동원하여 키이우에 대한 미사일 공격 재개

저자 후기

　필자는 제2차 세계대전 이후 소련의 위성국이 되었던 동유럽 국가(동독, 폴란드, 체코, 슬로바키아, 루마니아, 불가리아, 헝가리)와 1991년말 소련 해체후 소련 연방에서 탈퇴한 발트 3국(에스토니아, 라트비아, 리투아니아), 우크라이나, 몰도바, 그리고 러시아의 맹방인 벨라루스가 공산주의에서 자유민주주의 국가로 변모하는 과정과 결과를 저술하려는 목적으로 10여년 전부터 현지를 방문하고 관련 자료를 수집하여왔다. 그러던 중 2014년에 러시아가 크림반도를 합병한 연장선에서 2022년 2월 24일에 우크라이나에 대한 전면침공을 감행하여 제2차 세계대전 이후 유럽에서 가장 큰 전면전쟁이 발생되었다. 그러므로 원래 여러나라를 아우르는 저술계획에서 변경하여 우크라이나 관련 자료만을 떼어내어 우크라이나 사태를 위에서 내려다 보는 시각으로써 우크라이나 전쟁을 우선 저술하게 되었다.

　러시아는 우크라이나를 침공한 이유를 우크라이나의 나토(NATO) 가입과 신(新)나치화를 막고 동부 우크라이나, 돈바스 지역의 러시아계 주민을 보호하기 위함이라는 대의명분을 내걸고 있다. 물론 러시아는 우크라이나가 나토와 EU에 가입하는 것을 원치 않고, 나토의 동진(東進)을 저지하고 싶어하므로 러시아의 전쟁목적 주장이 전혀 근거없는 것은 아니나 필자가 보기에 러시아가 전쟁을 일으킨 가장 큰 이유는 구(舊)소련의 계승자로서 구소련의 영광을 회복하고 슬라브 민족(러시아, 우크라이나, 벨라루스)의 통합을 이루기 위해서이다.

푸틴은 단기간의 속도전으로 우크라이나의 항복을 받아 현재 우크라이나의 친서방 정권을 축출하고 친러 정권을 수립하여 중장기적으로 우크라이나를 러시아에 합병시키는 전략을 갖고 전쟁을 일으켰으나 예상 밖에 우크라이나 국민의 결사항전에 직면하여 전쟁목표 달성이 어렵게 되었다. 개전 2~3일 안에 점령하려던 수도 키이우는 우크라이나군의 저항에 부딪혀 개전 3개월이 지나도록 결국 점령하지 못하자 동부의 돈바스 지역을 확고하게 점령하려고 돈바스 지역에 공세를 하였으나 이 역시 우크라이나군의 방어를 돌파하지 못하고 전선이 고착되어 가고 있다. 그러므로 러시아는 매년 5월 9일에 거행하는 제2차 세계대전 전승기념일에서 푸틴 대통령이 돈바스 지역에 대해 승리를 선언할 것이라는 예상을 깨고 승리에 기반한 종전선언이나 돈바스 승리에 대한 발표를 하지 않았다.

러시아군이 유일하게 확보한 곳은 동남부의 해안지대이다. 만약 서부 해안의 오데사 항구를 점령한다면 우크라이나는 내륙국으로 차단되어 사실상 경제가 무너져 내릴 것이다. 이 경우, 힘을 받은 러시아는 우크라이나 인근에 있는 몰도바와 코카서스의 조지아 등에 대해서도 우크라이나에 적용한 같은 방식으로 침공할 가능성이 크다. 반면, 러시아의 공격으로 많은 시민을 잃고, 군사전력 역시 큰 피해를 입었음에도 우크라이나는 서방측의 군사원조와 경제원조를 받아 러시아에 대해 끈질긴 전쟁을 계속하려는 전의를 갖고 있으므로 우크라이나 전쟁은 푸틴의 원래 의도와는 다른 방향으로 전개되고 있다. 또한 우크라이나 사태로 인해 서방측이 단결하여 우크라이나를 지원하자 러시아는 핵무기 사용으로 서방측과 우크라이나를 위협하고 있다. 이러한 상황에서 우크라이나 전쟁은 많은 전문가들의 예상을 뒤집고 장기전이 될 가능성이 높다.

우크라이나 전쟁은 제2차 세계대전 이후 일어난 어떤 전쟁보다도 세계 전체에 식량위기와 에너지 위기를 촉발시켰고 큰 영향을 끼치고 있다. 군사전쟁측면에서도 우크라이나 사태는 유럽의 서방국가들에게 안보 위기의식을 일깨워주는 계기가 되어 1954년부터 추진해온 EU유럽군의 창설을 서두르게 만들었다. 그리고 세계를 신(新)냉전의 상황으로 확고하게 몰고가 세계는 미국·EU·영국·호주·캐나다·일본 등 자유민주 서방국가들과 러시아·중국 등 권위·독재주의 국가들을 중심으로한 양대 진영으로 나누어지는 상황을 만들고 있다. 이와 관련하여 한국은 피상적이고 듣기에 그럴듯한 평화구호에 끌려 다니지 말고 어느 진영에 속할 것인가에 대해 현명한 판단을 하여야 한다. 또한 우크라이나 전쟁을 통해 과거에 볼 수 없었던 하이브리드 융합(복합전)전쟁 방식이 극명하게 등장함으로써 미래 전쟁에서 일어날 새로운 형태의 전쟁수행 방법이 등장하게 되었다. 우크라이나 전쟁은 남의 일이 아니고 강건너 불이 아니다. 이런 전쟁은 한반도를 비롯하여 양안(중국과 대만) 등 동북아시아와 동·남중국해를 포함하여 세계 어디에서도 언제든지 발생할 수 있다.

이점 역시, 북한의 선제 핵타격 위협에 직면하고, 북한을 지원하는 중국, 러시아를 주위에 두고 있는 우리나라로서는 명확하게 인식하고 자주국방 능력을 향상시키는 한편 자유민주주의를 사랑하는 동맹국들과의 강철 동맹을 유지해야 할 것이다. 진정한 평화를 원한다면 전쟁을 두려워하지 말아야한다.

　참고로 필자는 '권박사 지구촌TV' 유트브 방송을 운영하고 있다. 이 방송에 필자가 우크라이나 방문시 직접 촬영한 여러 영상이 있으므로 관심 있는 분은 시청하기 바란다.

　본서가 발간될 때도 우크라이나 전쟁은 끝나지 않고 계속되고 있다. 그러므로 향후 우크라이나 전쟁이 끝나게 되면 그때 다시 본서의 개정판을 발간할 예정이다.

참고문헌

구로가와 유지, 안선주譯 〈유럽 최후의 대국, 우크라이나의 역사〉 글항아리, 서울, 2022
김병호 〈유럽변방으로 가는 길〉 한울엠플러스, 서울, 2017
다케다 요시노리, 이용빈譯 〈러시아의 논리〉 한울엠플러스, 서울, 2013
H.R.맥메스터, 우진하譯 〈배틀 그라운드-자유세계를 위한 전쟁〉 교유서가, 서울, 2022
마르가레타 몸젠, 이윤주譯 〈푸틴 신디케이트-비밀경찰 수중에 놓인 러시아〉 한울엠플러스, 서울, 2019
마스다 다카유키, 이상술譯 〈세계분쟁지도〉 해나무, 서울, 2004
미하일로 흐루셰브시키, 한정숙譯 〈우크라이나의 역사①〉 아카넷, 서울, 2016
발레리 한센, 이순호譯 〈세계가 처음 연결되었을 때 1000년〉 민음사. 서울, 2022
송병준 〈유럽통합이론〉 한국학술정보(주), 서울 2021
세계정세를 읽는 모임, 박소영譯 〈지도로 보는 세계분쟁〉 이다미디어, 서울, 2005
스티븐 리 마이어스, 이기동譯 〈뉴차르-블라디미르 푸틴평전〉 프리뷰, 서울, 2016
월터 라쿼, 김성균譯 〈푸티니즘〉 바다출판사, 서울, 2022
후베르트 자이펠, 김세니譯 〈푸틴: 권력의 논리〉 지식갤러리, 서울, 2022

黑川祐次 〈物語 ウクライナの 歷史〉 中公新書, 東京, 日本, 2022
宮崎正弘 〈世界の紛爭地圖〉 學陽書房, 東京, 日本, 1982
中村逸郎 〈虛榮の帝國 ロシア〉 岩波書店, 東京, 日本, 2007

Aseyev, Stanislav 〈In Isolation-Dispatches from Occupied Donbas〉 Harvard

University Press, MA, USA, 2022
D'anieri Paul 〈Ukraine and Russia〉 Cambridge University Press, Cambridge, UK, 2019
Kuzio, Taras 〈Putin's War against Ukraine〉 Create Space, Scotts Valley, CA, USA 2017
Longworth, Philip 〈Russia's Empires- From Prehistory to Putin〉 John Murray, London, UK, 2006
Plokhy, Serhii 〈The Gates of Europe-A History of Ukraine〉 Basic Books, New York, USA, 2021
Shore, Marci 〈The Ukrainian Night-An Intimate History of Revolution〉 Yale University Press, MA, USA, 2018
〈Armored Vehicles of Russia〉 Astrel, Moscow, Russia, 2002
〈Russian Military Power〉 Bonanza Book, New York, USA, 1982

※ 논문

권주혁 〈현대 기갑전의 비교전투사적 연구〉 경기대학교 정치전문대학원, 2013
송운수 〈사이버 전자전을 통한 네트워크마비전략 수행방안에 관한 연구〉 단국대학교 대학원, 2021
조상근 〈우크라이나-러시아 전쟁분석〉 유용원의 군사 세계, 2022. 3.11
정진섭 〈예비전력 관점에서 본 우크라이나 사태〉 국방대학교 예전전력 연구센터, 2022.5.19

※ 신문, 잡지, 방송

해군 〈우크라이나 사태와 유엔의 한계〉 2022. 4월호
軍事硏究 〈プーチン, ウクライナへ 全面 侵攻〉 2022. 4월호
文藝春秋 〈ウクライナ 戰爭〉 2022. 4월호
文藝春秋 〈ウクライナ 戰爭と核〉 2022. 5월호

문화일보 〈미·러 냉전이후 최대갈등〉 2014.3.3
문화일보 〈말레이시아 여객기 추락〉 2014.7.18.
서울신문 〈우크라이나 평화회담〉 2022.3.30
조선일보 〈말레이시아 여객기 피격배후〉 2014.7.25
조선일보 〈동맹요청 외면한 한국〉 2022.3.1
조선일보 〈백성학 영안모자 명예회장, 우크라 지원〉 2022.5.17
중앙일보 〈푸틴, 24년 최장집권〉 2018.3.19.
크리스천투데이 〈러시아 정교회〉 2022.4.13
每日新聞 〈マレーシア機撃墜〉 2014.7.25
讀賣新聞 〈佛, 露へ揚陸艦輸出停止〉 2014.9.4.
The Australian 〈Pro Russian Separatist〉 2014.7.26
The Australian 〈Poroshenko, Cold War 2〉, 2014.12.13
The National 〈Unmarked Army〉 2014.11.14.
TvN 〈러시아는 왜 우크라이나를 침공했나〉 2022. 4. 26
최송현 학술원 영상 〈우크라이나 전쟁과 동북아경제-Marcus Noland 박사〉 2022.5.23

※ 방문한 관련 군사 박물관

Military Museum, Kyiv, Ukraine

Naval Museum, Odessa, Ukraine

Military Museum, Moscow, Russia

Military Museum, Minsk, Belarus

Military Museum, Bucuresti, Romania

Military Museum, Sofia, Bulgaria

Military Museum, Warsaw, Poland

Military Museum, Gdansk, Poland

소련군 묘지, 뤼순, 중국

찾아보기

ㄱ

가상화폐 283
가스 마셜플랜 321, 322
가짜뉴스 47, 138, 139, 272, 276, 344
갈리폴리 378
강습양륙함 124, 125
강제합병 6, 288, 305
걸프전쟁 4, 273, 275, 362
게라시모프 220, 221, 226, 254, 272, 273
견착식 176, 195, 212, 214, 236, 245
고려인 63 109
고르바초프 72, 78, 353, 354
곡물가격 366
공군력 214
공수부대 109, 178 183, 199, 206
국가부도 297, 319
국방비 287, 325, 336, 337, 340
국방의식 369
국제 의용군 330
국제형사재판소 228
국내총생산 144, 258
그루지야 114
기갑부대 27, 168, 195, 196, 210, 220
기시다 후미오 239

김정은 306, 307, 369

ㄴ

나토 회원국 79, 116, 130, 235, 340
나치스 152, 160, 194
나폴레옹 77, 81
나히모프 103
남부전선 200
남오세티야 150, 368
넵튠 56, 194, 208
노르트스트림1 242, 302
노르트스트림2 165, 237, 302
니지니노보고로드 260
니켈 57, 325, 366

ㄷ

대대전술단 175, 183
대장 부리바 22
도네츠크 인민공화국 201, 122, 133
134, 136, 142, 201, 381
독립광장 37, 39, 92, 93
독립국가 연합(CIS) 331
독일군 26, 27, 28, 101, 129, 217, 285
347

돈바스　　6, 7, 30, 31, 34, 51, 71, 104
　　　106, 113, 120, 121, 132, 133, 134
　　　135, 136, 138, 139, 140, 141, 142
　　　143, 147, 156, 160, 161, 163, 164
　　　165, 173, 175, 178, 186, 187, 200
　　　203, 209, 217, 227, 229, 230, 232
　　　243, 253, 258, 264, 265, 267, 268
　　　269, 273, 274, 284, 288, 289, 333
　　　381, 382, 383, 384, 385, 386
동방정교회　　22, 32, 74, 348, 350
동부전선　　199
드니프로　　21, 34, 40, 41, 45, 47, 51
　　　64, 76, 197
드론　　80, 213, 214, 191, 194
드미트리 메드베데프　　223, 355
디폴트　　137, 144, 295, 296, 297, 364

ㄹ

라인메탈　　325
라트비아　　18, 70, 79, 128, 132, 161
　　　253, 258, 302, 330, 331, 341, 362
　　　385
러시안 첩　　300
로널드 레이건　　353

로이드 오스틴　　164
루한스크　　104, 122, 132, 133, 134
　　　135, 135, 140, 142, 175, 229, 268
　　　270, 381
루치　　55, 194, 208, 213
랴오닝　　56
리튬　　57, 325, 366
리투아니아　　18, 22, 32, 70, 79, 117
　　　161, 244, 258, 302, 341, 362, 385
리틀그린맨　　103, 104, 140, 274, 383

ㅁ

마리우폴 극장　　228
마크롱　　143, 166, 244, 382
말레비치　　61, 62
말레이시아　　6, 120, 121, 122, 123, 124
　　　142, 288, 381, 389, 390
메르켈　　79, 107, 137, 143, 231, 237
　　　242, 382
모스크바　　23, 27, 28, 49, 56, 60, 62
　　　73, 74, 76, 129, 208, 261, 282, 295
　　　297, 299, 349, 350, 355, 371, 384
몰도바　　18, 52, 114, 217, 247, 248, 249
　　　250, 252, 253, 266, 334, 339, 385

몽골	20, 22, 97, 128		253, 263, 266, 280, 285, 339, 359
무인기	138, 191, 246		360, 386
문재인	166, 369, 306, 307 377	벨베크	107
미콜라이우	34, 224	보리스 넴초프	76
민방위군	130	볼로디미르 젤렌스키	146
민병대	51, 106, 109, 113, 136, 139	볼셰비키	24, 60, 77, 98, 128, 173, 300
	201, 268	부다페스트	87, 141, 306, 380
민스크	137, 140, 142, 143, 285, 382	부차	207, 230
		부크 미사일	122, 123, 214
		북베트남	368
ㅂ		블라디미르 대공	21, 37, 76, 352
바르샤바 조약기구	116, 130	블라디미르 푸틴	388
바리케이트	92, 197, 204	비셰그라드	243
바이든	80, 113,150, 151, 152, 155	비키브니아	26, 27
	157, 163, 167, 170, 173, 175, 223	비핵화	88, 369
	295,228, 295, 312, 315, 320, 321	빅토르 오르반	246
	340, 381, 383, 384		
바이락타르	213, 214, 246	**ㅅ**	
바호주	153	사다트	210
반기문	107, 124	사우디아라비아	188, 310, 311, 320
발락클라바	97, 98		367
발트해	130, 151	사이버 공격	150, 281, 282, 344, 350
베게티우스	8, 370	사이판	378
베네수엘라	157, 305, 320, 321, 335	삼지창	20, 93, 130, 195
베르단스크	203	세계질서	77, 330
베이징	59, 168, 263, 357, 359	세바스토폴	28, 97, 101, 102, 103, 106
벨라루스	18, 40, 84, 85, 157, 158		109, 110, 111, 193, 208, 217, 381
	172, 178, 196, 212, 213, 239, 245		

셰일가스	258, 320, 321	얀안	314, 344, 387
쇼이구	105, 164, 176, 221, 222, 254	에너지 시장	320
순양함	56, 192, 194, 208, 276, 371, 372	에르도안	246
스카이라이즌	56	에스토니아	18, 70, 79, 128, 161, 253, 258, 287, 302, 330, 341, 362, 385
스키타이	19, 28, 232	엘리셰예프	105
스탈린	24, 26, 61, 91, 99, 232, 347, 358	연평도	42, 44
시리아	73, 95, 150, 157, 158, 226, 253, 266, 291, 305, 309, 310, 331	연합훈련	369, 377
		오일쇼크	318, 319, 366, 367
시베리아	64, 65, 173, 358	오데사	49, 50, 59, 60, 67, 125, 178, 204, 205, 247, 250, 266, 352, 386
시진핑	309, 314, 344, 357, 358, 359, 361, 377	오렌지 혁명	29, 39, 72, 88, 89, 112, 380
식량자급율	328, 329	오바마	95, 105, 111, 112, 124, 309, 355, 380
신냉전	4, 7, 353, 354	오커스(AUKUS)	334, 358

ㅇ

아랍에미리트	308, 311	올레그	20, 37, 116, 226
아조우	97, 125, 133, 202, 203	올레나 젤렌스카	148
아조프	203	올리가르히	89
아프가니스탄	4, 121, 151, 267, 289	우니아트	32
안면인식	278, 279	우크라이나 난민	239, 240, 243, 251, 252, 253
안젤라 스텐트	83		
안토노프	54, 56, 122, 178, 198, 206, 333	우크라이나 사태	30, 76, 84, 165, 170, 245, 302, 312, 31, 315, 316, 343, 363, 370, 376, 380, 385
야누코비치	39, 88, 89, 90, 91, 92, 94, 95, 106, 110, 112, 145, 146, 380	원유가격	318
얄타	97, 99, 151	유라시아연합(EAU)	339

유로마이단	29, 39, 72, 92, 145		231, 232, 272, 291, 331, 338, 339
유센코	29, 89, 112, 146, 380		352, 368, 386
유엔안보리	159	존 케리	112, 380
유엔총회	158, 278	죽음의 숙녀	217
윤석열	44, 369, 377	지미니섬	200
이스라엘 유권자	371	진공폭탄	223, 224, 229
이승만	377	진영대립	362
이재명	44, 369, 370	집단안보조약기구(CSTO)	70, 331
일대일로	308, 309, 359	집속탄	188, 224, 229

ㅈ

자유민주주의	5, 235, 255, 356, 374
	377, 379, 384, 385, 387
자주국방	378, 387
자포리자	34, 270, 192
재블린	189, 196, 210, 212, 213, 218
	285, 289
저격병	226, 227
정상회담	143, 150, 164, 239, 337
	341, 359, 369, 381, 382
제공권	195, 196
제국주의	330
제임스 베이커	78
제철소	202
제82공수사단	292, 376
젤렌스키 연설	374
조지아	6, 18, 74, 79, 114, 150, 219

ㅊ

차이잉원	314, 344
차이콥스키	59
채플린	148
처칠	44, 99, 147, 148
체르노빌	88, 199, 225
체임벌린	152, 368
체첸군	202, 224, 332
침공군	172, 179, 378

ㅋ

케르치	97, 125, 126, 382
코카서스	27, 65, 305, 368
쿠르드	246, 309
쿠치마	38, 39, 87, 88, 89, 146
크루즈 미사일	208, 223, 276, 331
크림 칸국	97

크림 플렛폼	382	평화회담	137, 227, 246, 263, 264, 337, 391
키릴	31, 37, 73, 74, 75, 283, 351, 352	포로셴코	85, 110, 123, 126, 137, 145, 146, 147, 282, 349, 350
키메레스 하우스	45, 46, 47	포템킨	50
키이우 시내	21, 23, 26, 35, 37, 52, 64, 187, 338	푸티니즘	75, 76, 389
키이우 루스	20, 21, 22	품위혁명	39, 92
킨잘	206, 224, 225	프란치스코 교황	158
		프랑수아 올랑드	124
		피봇	8, 35

ㅌ

타라와　　　　　　　　　　　　280
타타르　　　　　　　　　　 31, 108
탄도미사일　 55, 178, 187, 188, 192, 223, 225
토니 블링컨　　　　　　　 170, 384
토니 에벗　　　　　　　　　　 123
트란스니스트리아　 114, 248, 250, 266, 269
트럼프　 131, 151, 218, 306, 309, 355, 364, 377
트리에스테　　　　　　　　　　378
티모셴코　 39, 89, 110, 112, 145, 380

ㅍ

페레발노예　　　　　　　 97, 106, 107
페레아슬라프 협정　　　　　　　23
페체르스크　　　　　　　 40, 41, 284
평화조약　　　　　　　　　211, 368

ㅎ

하르키우　 34, 47, 48, 55, 60, 91, 95, 133, 183, 199, 207, 209, 215, 224, 226, 230, 266, 284, 333
하이브리드　 5, 272, 273, 274, 275, 282, 284, 387
하인리히 법칙　　　　　　　　　6
한국정원　　　　　　　　　　　63
한미 동맹　　　　　　　 344, 379, 377
한한령　　　　　　　　　　　377
핵무기　　7, 55, 86, 87, 88, 109, 124, 159, 222, 223, 224, 312, 340, 341, 343, 346, 387, 380
핵심적 이익　　　　　　 357, 358, 361
핵탄두　 86, 87, 141, 142, 172, 222, 346, 369

헤르손	34, 203, 204, 270
호스토멜	178, 206, 207, 332
홀로도모르	26
화상연설	148, 239, 345, 374, 375
흐루숍카	35, 36
흐루쇼프	24, 36, 100
흐리우냐	144
흑토	19, 51, 53, 54, 194, 181, 322
히틀러	44, 93, 113, 114, 152, 160, 194, 358, 368